Prefácio da Edição Brasileira

É difícil pensarmos em alguma atividade do nosso dia a dia que não tenha sofrido mudanças consideráveis na última década. Pedir uma condução para o trabalho, alugar um filme, reservar um hotel ou ouvir uma música são apenas alguns exemplos de hábitos que foram totalmente transformados.

Não surpreende, portanto, que o sistema financeiro, um dos setores mais tradicionais e conservadores, também esteja surfando esta onda. E as FinTechs são as iniciativas que estão impulsionando estas mudanças.

Gestão financeira, empréstimos, investimentos, seguros, câmbio, pagamentos, moedas virtuais... não há nada que não esteja sendo repensado. O acesso a tecnologias de ponta e revolucionárias a baixo custo, uma geração de pessoas que nasce conectada a um mundo digital, a maturidade de um novo ecossistema de empreendedorismo e soluções sendo pensadas do zero para resolver problemas existentes há décadas são apenas alguns fatores que tornam tudo isso possível. A nova realidade definitivamente coloca em cheque o modelo tradicional de consumir serviços financeiros.

Os atores responsáveis pela revolução FinTech em curso são os mais diversos. Liderados pelo movimento de startups, representantes das indústrias de telecomunicação e varejo, gigantes da tecnologia como Apple e Google, e até mesmo grandes e tradicionais bancos se movimentam para entrar no jogo. São milhares de cabeças repensando o mundo financeiro e a relação das pessoas com o dinheiro. Termos como APIs, robo-advisors, open banking, seamless banking e blockchain passam a fazer parte do novo vocabulário estratégico.

Pelo mundo, alguns centros ganham destaque quando o assunto é FinTech. Londres é o mais emblemático deles, seguido de perto por Nova York, Singapura, Tel Aviv e Shangai. Essas regiões reúnem empresas, investidores e mentes dispostas a desenvolver este novo setor. O Brasil também vem acelerando. Quando criamos o FintechLab, em meados de 2015, mapeamos 50 iniciativas. Em pouco mais de um ano este número saltou para mais de 200 iniciativas de startups voltadas para o mercado financeiro nacional, segundo a última pesquisa realizada em dezembro de 2016. E este número não para de crescer.

Ao mesmo tempo em que surgem negócios dispostos a alterar a maneira que interagimos com o dinheiro, surgem oportunidades em diversos temas críticos neste novo cenário. Biometria, criptografia, segurança da informação, big data, machine learning, entre outros, são alicerces que viabilizam estas mudanças. O que está em formação é um verdadeiro ecossistema FinTech.

Seguramente estamos vivenciando somente o início desse movimento. Porém, como já observamos em diversas outras situações, pioneirismo e tamanho não são garantias de perpetuidade. Tecnologias se tornam obsoletas do dia para noite, modelos de negócios tradicionais ruem, abrindo espaço para novas formas de pensar. O que parece impossível hoje em dia, pode ser a realidade de amanhã. O que nunca sonhamos ser possível poderá entrar nas nossas vidas em um futuro próximo. O setor financeiro está em ebulição.

No FintechLab temos trabalhado constantemente para aumentar este movimento no Brasil e apoiar aqueles que querem ser protagonistas. Para nós, é um orgulho contribuir com a entrada de uma obra tão importante como esta no nosso mercado.

Boa leitura!

Marcelo Bradaschia
Sócio-fundador do *FintechLab*
www.fintechlab.com.br

"Muitos estão familiarizados com investimentos-anjo. Muitos estão familiarizados com tecnologia. Muitos estão familiarizados com disrupção e inovação. Ainda assim, poucos realmente entendem como é diferente a indústria de serviços financeiros. Vetores como regulação, acordo, risco, lidar com o dinheiro de outros e comportamentos psicológicos em torno do dinheiro e capital garantem que nossa indústria de serviços financeiros seja cheia de particularidades e complexidades. Assim, *A Revolução FinTech* oferece uma visão original e conhecimento técnico, tornando a leitura aconselhável tanto a novatos quanto a especialistas."

Pascal Bouvier, Sócio de Risco, Santander InnoVentures

"O primeiro livro de colaboração no amplo ecossistema FinTech traz uma leitura extremamente válida para qualquer um tentando entender por que e como a tecnologia impactará a maioria, se não toda a indústria de serviços financeiros. Ele captura e destaca as forças disruptivas em jogo. FinTechs por todo o mundo terão um profundo impacto na entrega futura de serviços tanto para instituições quanto para indivíduos. Este livro é uma compilação espetacular de informações e pensamentos visionários que devem provar-se úteis tanto para profissionais quanto para usuários de serviços financeiros."

R. Todd Ruppert, CEO aposentado e Presidente da T. Rowe Price Global Investment Services, Investidor FinTech Serial e Conselheiro

"Às vezes um livro explica como o mundo mudou. Raramente surge um livro que explica como o mundo mudará no futuro. Esta é uma dessas raras compilações que descrevem as mudanças fundamentais ocorrendo em como as pessoas vivem suas vidas. Ele retrata um mundo onde, por meio de uma potente poção de tecnologia e empreendedorismo, o poder se afasta das instituições bancárias centrais para comunidades locais e as pessoas nelas. Este livro ajuda a explicar por que Londres é o *point* da inovação em tecnologia financeira e de pagamento. Você não será capaz de largá-lo."

Tony Craddock, Diretor-Geral, Emerging Payments Association

"Finalmente FinTechs estão entrando no vernáculo corrente, de forma que não apenas nós, geeks e inovadores financeiros, bancários e de pagamentos, estejamos cientes da revolução em curso. Se você está buscando um 'curso relâmpago' sobre a indústria FinTech e a explosão da inovação que ela está criando por todo o mundo, não procure mais. A profundidade e diversidade de visões aqui é assombrosa; uma compilação fenomenal que o atualizará rapidamente. Definitivamente, vale a pena ler."

Roy Vella, Especialista FinTech, Palestrante e Diretor Administrativo da Vella Ventures Ltda.

"Fantástico ver um livro sobre FinTech com informações reunidas pela comunidade e escrito pela comunidade. Será valioso para qualquer um começando com FinTech."

Nigel Verdon, Fundador, Currency Cloud; Sócio, Digital Change

"FinTech é sobre todos nós – é a futura interseção de pessoas, tecnologia e dinheiro, e está acontecendo agora. Há uma explosão de possibilidades na nossa porta. Susanne e *A Revolução Fintech* fazem uma pintura visual das possibilidades e as tornam reais para cada leitor. Uma leitura necessária para cada disruptor, inovador, criador, bancário."

Derek White, Diretor Global de Soluções para Clientes, BBVA

"FinTech está reformando a experiência financeira de milhões de pessoas e negócios por todo o mundo hoje e tem o potencial de alterar dramaticamente nosso entendimento de serviços financeiros amanhã. Estamos no meio do desenvolvimento de uma Internet de Valor que entregará mudanças radicais positivas por todo o mundo, assim como a própria internet o fez algumas poucas décadas atrás. *A Revolução FinTech* captura o ecossistema único que se uniu ao redor deste setor, reunindo empreendedores visionários, líderes financeiros inovadores e estrategistas políticos com visão de futuro para comentar as mudanças animadoras que estão ocorrendo."

Chris Larsen, Cofundador e CEO da Ripple

"Há alguns livros por aí que exploram o modo como a internet está mudando as finanças, mas *A Revolução FinTech* capturou as visões de muitos dos players construindo a ValueWeb. Provará ser uma leitura essencial para qualquer um que queira saber mais sobre a próxima geração de transações bancárias, seguros e finanças."

Chris Skinner, Autor de *ValueWeb* e Diretor do Financial Services Club

"Ao longo da próxima década, a noção do que é um banco será revolucionada — onde tijolos e argamassa darão lugar a aplicativos, inteligência artificial e registro descentralizado. *A Revolução FinTech* chega na hora certa, quando incumbentes, startups e investidores estão tentando entender o que o futuro nos reserva, pois as chances de acertar ou errar são realmente enormes."

Greg Rogers, Diretor Executivo, Techstars

"*A Revolução FinTech* fornece uma excelente plataforma aberta para ouvir uma ampla variedade de vozes instigantes. A mudança verdadeiramente inovadora só acontece com o apoio de ecossistemas colaborativos. *A Revolução FinTech* permite que os leitores tenham esse ecossistema na palma de suas mãos."

Liz Lumley, Diretor de Desenvolvimento de Ecossistema Global, Startupbootcamp FinTech e InsurTech

"Um guia realmente indispensável para qualquer um que queira entender as dinâmicas de mercado da revolução FinTech e a disrupção por trás dela. Inteligente e instigante, você ficará ou animado pela escala das oportunidades de crescimento ou horrorizado por perceber que seu mundo mudará tão fundamentalmente."

Dr. Louise Beaumont, Chefe de Relações Públicas e Marketing, GLI Finance Limited

"Londres estabeleceu-se firmemente como uma potência global em FinTech. Sendo o principal centro financeiro internacional do mundo e o hub tecnológico com o crescimento mais rápido da Europa, Londres está à frente das últimas inovações em tecnologia financeira, e nós estamos mudando a maneira como os governos, negócios e consumidores lidam com suas finanças. Também somos uma cidade de grande criatividade, onde novas ideias prosperam e a disrupção é bem-vinda. Todos esses ingredientes ajudarão Londres a se tornar a capital FinTech do mundo. É importante que continuemos a promover o setor e gritemos sobre nossos sucessos. *A Revolução FinTech* não só fornece uma visão valiosa da indústria de alguns dos maiores especialistas líderes de Londres, mas também coloca o foco no que faz de Londres um destino ideal para empresas FinTech."

David Slater, Diretor de Comércio Internacional e Investimento, London & Partners

"Compartilhamos com muitos dos colaboradores deste livro os primeiros dias de FinTech, lá em 2008. No meio da comoção de agora, em que muitas vezes barulho e relevância se entrelaçam, estou muito feliz em ver tantos pensamentos significativos e opiniões sobre o que certamente é uma das mudanças mais fundamentais nos serviços financeiros."

Matteo Rizzi, Investidor FinTech e Cofundador, FinTechStage

"O FINTECH Circle está à frente dos últimos desenvolvimentos e inovações de FinTech, e *A Revolução FinTech* reflete sua abordagem aberta, colaborativa e inclusiva. O livro oferece uma visão única das tendências-chave nesta indústria para cada parte do ecossistema – empreendedores, investidores e prestadores de serviços se conectarem com as dinâmicas capturadas aqui. Alcançar uma gama tão ampla de especialistas fornece visões sem precedentes em FinTech, tornando esta uma leitura interessante para qualquer um interessado neste assunto."

Axel Coustere, Sócio Fundador, The Hub Exchange

"*A Revolução FinTech* é um grande ponto de partida para qualquer um buscando entender FinTech, especialmente na Ásia. À medida que esse tipo de tecnologia se torna mais onipresente, recursos como este livro se tornarão cada vez mais valiosos, tanto para novatos quanto para mãos experientes."

Vladislav Solodkiy, CEO, Life.Sreda

"Este livro é um brilhante caleidoscópio de temas, histórias de sucesso e tendências atuais e futuras no espaço da tecnologia financeira. Leitura obrigatória para qualquer um interessado em FinTech, ele fornece uma visão geral sólida das várias maneiras em que a inovação digital pode transformar transações bancárias e finanças."

Dr. Markos Zachariadis, Professor Assistente, Warwick Business School; FinTech Research Fellow na Cambridge Digital Innovation, Universidade de Cambridge

"Há muita confusão sobre o que realmente é FinTech e como poderia ser aproveitada por empresas de serviços financeiros existentes. Este livro é conveniente, já que vai direto ao ponto e permite ao leitor revisar abordagens práticas de expoentes verdadeiros e, portanto, educar-se sobre as diferentes tecnologias que podem ser aplicadas a seus negócios."

Brendan Bradley, Diretor de Inovação e Membro do Conselho Executivo Eurex; Presidente do Conselho Executivo, Deutsche Boerse Asia Holdings Ltd

"*A Revolução FinTech* realmente faz jus ao seu título. Janos e Susanne não só foram bem-sucedidos em explicar as tendências-chave, os condutores e as implicações através de um amplo espectro de temas FinTech (incluindo pagamentos, crowdfunding, consultoria e criptomoedas), mas também deixaram claro o caminho adiante, detalhando pragmaticamente fatores como administração regulatória/de compliance, capacidades analíticas e competências técnicas que são exigidas para capturar e monetizar eficazmente as diferentes disrupções promovidas pela FinTech. Interdisciplinar, prática e abrangente, essa é uma verdadeira bíblia sobre FinTech, da qual todos os players desse mercado podem se beneficiar, incluindo investidores, empreendedores, instituições tradicionais e reguladores."

Robin J. Loh, Diretor-Geral, Ping'an FinTech

"A inovação FinTech é um componente importante do desenvolvimento econômico, especialmente para economias emergentes. Há poucos livros que resumem o movimento FinTech tão bem quanto *A Revolução FinTech*. Ele fornece um resumo maravilhoso da inovação global na indústria até o momento."

Melissa Guzy, Sócia e Fundadora, Arbor Ventures

"Eu tenho uma paixão em ajudar empresas a investir e crescer, e, muitas vezes, a chave para isso é a educação. De uma só vez, aqui está um livro que abre o mundo FinTech para todos que são curiosos, ambiciosos e empreendedores. FinTech está se movendo em um ritmo acelerado, e este excelente livro permite que o leitor acompanhe e até mesmo se adiante sobre como a inovação global na tecnologia financeira e de pagamento mudará e moldará o mundo em que vivemos. Os editores conjuntos, Susanne Chishti e Janos Barberis, fizeram um trabalho extraordinário."

John Davies, CEO, The Just Loans Group PLC

"Londres está ficando rapidamente conhecida internacionalmente como o centro líder em FinTech. O desenvolvimento de *A Revolução FinTech* é oportuno e inovador, capturando o conhecimento dos players do ecossistema da cidade. Será um recurso valioso para aqueles que buscam entender as implicações dessas tecnologias disruptivas para o cenário financeiro."

Professor Michael Barrett, Cambridge Judge Business School, Diretor Acadêmico, Cambridge Digital Innovation

A Revolução FinTech

A Revolução FinTech — O Manual das Startups Financeiras

Impresso no Brasil — 1ª Edição, 2017 - Edição revisada conforme o Acordo Ortográfico da Língua Portuguesa de 2009.

Obra disponível para venda corporativa e/ou personalizada. Para mais informações, fale com projetos@altabooks.com.br

Produção Editorial
Editora Alta Books

Produtor Editorial
Claudia Braga
Thiê Alves

Produtor Editorial (Design)
Aurélio Corrêa

Gerência Editorial
Anderson Vieira

Supervisão de Qualidade Editorial
Sergio de Souza

Assistente Editorial
Christian Danniel

Marketing Editorial
Silas Amaro
marketing@altabooks.com.br

Gerência de Captação e Contratação de Obras
autoria@altabooks.com.br

Vendas Atacado e Varejo
Daniele Fonseca
Viviane Paiva
comercial@altabooks.com.br

Ouvidoria
ouvidoria@altabooks.com.br

Equipe Editorial
Bianca Teodoro
Illysabelle Trajano
Juliana de Oliveira
Renan Castro

Tradução
Samantha Batista

Copidesque
Alessandro Thomé

Revisão Técnica
Marcelo Bradaschia
Sócio-fundador do FintechLab

Diagramação
Lucia Quaresma

Dados Internacionais de Catalogação na Publicação (CIP)
Vagner Rodolfo CRB-8/9410

C542r Chishti, Susanne

A revolução Fintech: o manual das startups financeiras / Susanne Chishti ; traduzido por Samantha Batista. - Rio de Janeiro : Alta Books, 2017.
320 p. ; 24cm x 17cm.

Tradução de: The Fintech Book
Inclui índice.
ISBN: 978-85-508-0062-5

1. Startup. 2. Finanças. 3. Tecnologia. I. Batista, Samantha. II. Título.

CDD 658.11
CDU 65.016

Erratas e arquivos de apoio: No site da editora relatamos, com a devida correção, qualquer erro encontrado em nossos livros, bem como disponibilizamos arquivos de apoio se aplicáveis à obra em questão.

Acesse o site www.altabooks.com.br e procure pelo título do livro desejado para ter acesso às erratas, aos arquivos de apoio e/ou a outros conteúdos aplicáveis à obra.

Suporte Técnico: A obra é comercializada na forma em que está, sem direito a suporte técnico ou orientação pessoal/exclusiva ao leitor.

ALTA BOOKS
EDITORA

Rua Viúva Cláudio, 291 — Bairro Industrial do Jacaré
CEP: 20970-031 — Rio de Janeiro - RJ
Tels.: (21) 3278-8069 / 3278-8419
www.altabooks.com.br — altabooks@altabooks.com.br
www.facebook.com/altabooks

A Revolução FinTech

O Manual das Startups Financeiras

Editado por
Susanne Chishti
Janos Barberis

ALTA BOOKS
EDITORA
Rio de Janeiro, 2017

Sumário

7. Inovação Empresarial

8. Mais Histórias de Sucesso

9. Criptomoedas e Blockchains

10. O Futuro de FinTech

Prefácio

Nós dois começamos mergulhando no campo de FinTech aproximadamente na mesma época. Ávidos para aprender mais, rapidamente descobrimos que não havia uma única fonte consolidada e oficial sobre o assunto. Em um dia ensolarado em Londres, nos encontramos em um café local, descobrindo nossa paixão mútua por FinTech e nosso desejo de descobrir mais. Típico de empreendedores, decidimos preencher a lacuna existente sobre conhecimento de FinTech e produzir nós mesmos um livro sobre FinTech, um livro que alimentaria o cérebro de novatos pioneiros e especialistas em FinTech. Foi assim que nasceu *A Revolução FinTech*.

O leitor notará que essa é a primeira abordagem "globalmente colaborativa" sobre o assunto. A razão pela qual decidimos buscar colaboradores da comunidade global FinTech está na natureza inerentemente fragmentada do campo da Tecnologia Financeira. Não havia um único autor, organização ou mesmo região no mundo que pudesse cobrir completamente todas as facetas e nuances da FinTech. Além disso, sendo capazes de chamar uma base de colaboradores realmente global, nós não só permanecemos fiéis ao espírito da FinTech, fazendo uso dos canais tecnológicos de comunicação na busca, seleção e revisão de nossos futuros colaboradores, mas também nos certificamos de que todo canto do globo tivesse a chance de participar. Assim, visamos cumprir uma das propostas mais importantes de *A Revolução FinTech*: dar voz àqueles que permaneceriam não ouvidos, aqueles que não pertencem à real comunidade FinTech em suas áreas locais, e espalhar essa voz para um público internacional. Nós gostamos imensamente da jornada de editar *A Revolução FinTech* e sinceramente esperamos que você aproveite a jornada de lê-lo, pelo menos tanto quanto nós.

Mais de 160 autores de 27 países submeteram 189 resumos para fazerem parte do livro. Nós pedimos à nossa comunidade FinTech global sua opinião sobre quais resumos eles gostariam de ter totalmente desenvolvidos para *A Revolução FinTech*. De todos esses colaboradores em potencial, selecionamos 86 autores, que foram requisitados a escrever capítulos completos, que foram, então, incluídos neste livro. Ainda realizamos um questionário entre todos os nossos autores selecionados para compreender melhor suas experiências e conhecimentos.

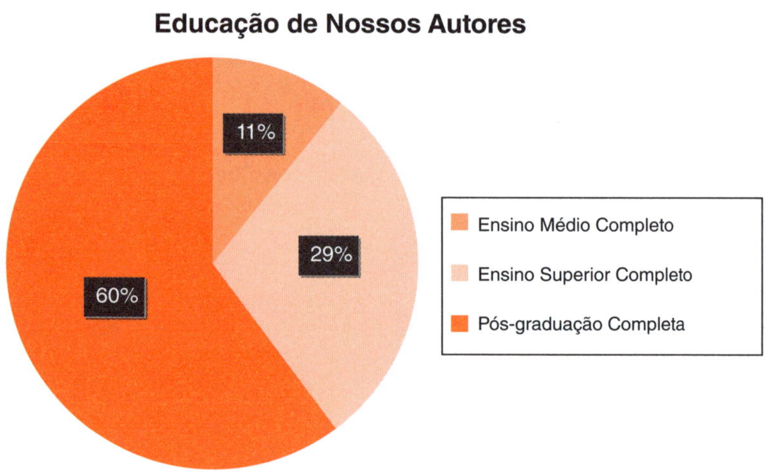

Figura 1: Qual é a formação educacional mais alta de nossos autores?

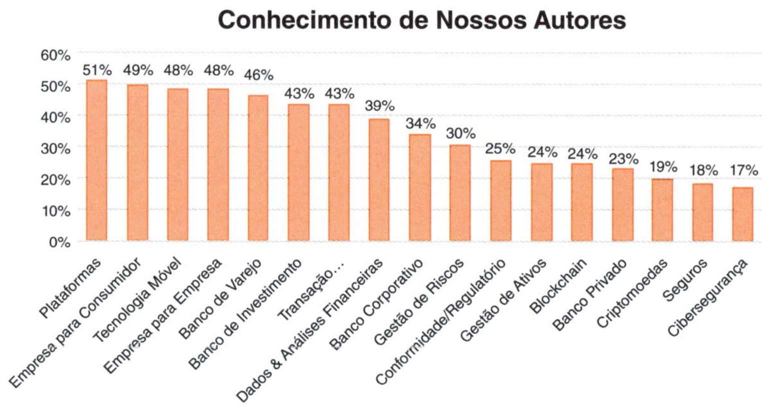

Figura 2: Áreas em que nossos autores têm domínio de conhecimento (múltiplas escolhas eram possíveis)

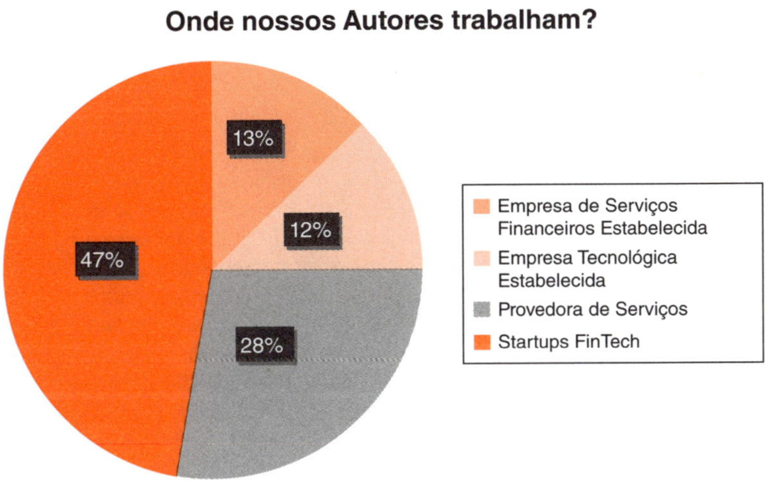

Figura 3: Tipo de empresa em que nossos autores trabalham

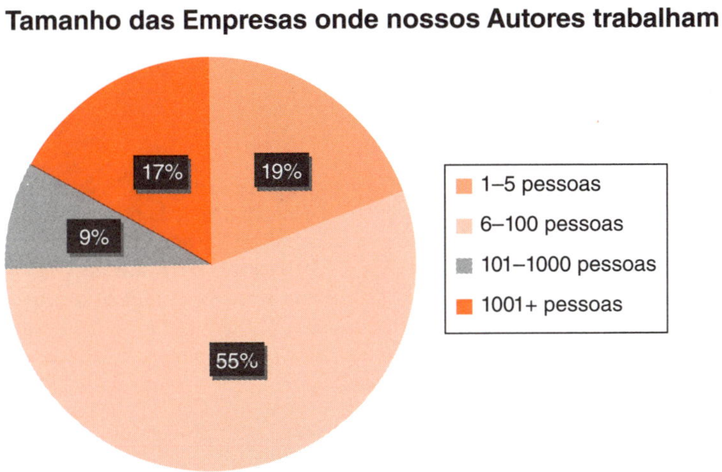

Figura 4: Tamanho das empresas para as quais os autores trabalham

Nossos autores finais selecionados vêm de 20 países. A maioria tem pós-graduação (60%) (Figura 1), forte domínio de conhecimento em vários campos (Figura 2), e 93% dos autores finalistas tiveram artigos publicados anteriormente.

As figuras 3 e 4 mostram que quase a metade de nossos autores finalistas são empreendedores trabalhando para startups de FinTech (muitos deles parte do time de fundadores), um quarto vem de empresas financeiras e tecnológicas estabelecidas e outro quarto vem de provedoras de serviços como firmas de consultoria ou firmas de advocacia prestando serviço para o setor FinTech.

Quase 1/5 de nossos autores trabalham para startups com até cinco pessoas, e outros 55%, para startups/pequenas e médias empresas (PMEs) de até cem pessoas. Dezessete por cento de nossos colaboradores são empregados por uma grande organização de mais de mil empregados.

Resumindo, estamos muito orgulhosos de nossos altamente qualificados autores, com vasto conhecimento e paixão por FinTech, sendo empreendedores ou, muitas vezes, "intraempreendedores" em grandes organizações, e que estão comprometidos em ter um papel significativo na revolução FinTech global. Essas pessoas notáveis estão dispostas a compartilhar suas visões com todos nós nestas páginas.

Primeiramente, o projeto não teria sido possível sem a dedicação e esforços de todos os colaboradores de *A Revolução FinTech* (tanto aqueles que submeteram seus resumos iniciais para consideração pela comunidade FinTech global quanto os autores finais, cujas visões você lerá em breve). Além disso, gostaríamos de agradecer a Inna Amesheva, Suki Jutla e Maya Petersohn por sua ajuda inestimável nos estágios finais do processo de edição. Por último, mas certamente não menos importante, gostaríamos de agradecer a nossos editores na Wiley, cuja orientação e ajuda garantiram que o projeto que começou como uma ideia em um café de Londres se tornasse o livro que você agora tem nas mãos.

Susanne Chishti e Janos Barberis
Editores de *A Revolução FinTech*
2016

Sobre os Editores

Susanne Chishti

Susanne Chishti é CEO do FINTECH Circle, a primeira Rede de Anjos da Europa focada em investimentos em FinTech, fundadora do London FINTECH Tours e presidenta do FINTECH Circle Innovate. Selecionada como uma das mulheres líderes em FinTech e uma das 15 principais influenciadoras de FinTech do Twitter do Reino Unido, foi reconhecida no European Digital Financial Services 'Power 50' 2015, um ranking independente das pessoas mais influentes nos serviços digitais financeiros na Europa.

Susanne é gerente sênior de mercados de capitais, empreendedora e investidora com forte conhecimento em FinTech. É mentora, juíza e instrutora em eventos de FinTech como SWIFT Innotribe, Barclays TechStar Accelerator, Cambridge Judge Business School e Startupbootcamp FinTech Accelerators. Tem mais de 14 anos de experiência pelo Deutsche Bank, Lloyds Banking Group, Morgan Stanley e Accenture em Londres e Hong Kong. Selecionada entre as principais influenciadoras de FinTech no Reino Unido pela City A.M., Susanne também é a autora de artigos sobre FinTech e palestrante internacional em conferências sobre FinTech. Dirige uma das principais comunidades de FinTech online de empreendedores, investidores, gestores sêniores de firmas financeiras e tecnológicas tradicionais e formadores de opinião – o grupo FINTECH Circle, no LinkedIn, com mais de 10 mil membros espalhados pelo mundo.

Você pode seguir Susanne no Twitter através de sua conta @SusanneChishti.

Sobre o FINTECH Circle

Fundado por Susanne Chishti, o FINTECH Circle é uma marca internacional conectando o ecossistema de investidores de FinTech, empreendedores, líderes de negócios e influenciadores, todos entusiastas do crescimento global do setor FinTech. Além de acessar as melhores oportunidades de investimento em FinTech por meio da Rede de Anjos, membros também aproveitam o compartilhamento de conhecimento entre colegas, acesso a posições do conselho e não executivas em empresas de FinTech e oportunidades de participar de seminários educacionais de FinTech e de investimento-anjo exclusivos (www.fintechcircle.com). Além disso, o London FINTECH Tours (www.fintechtours.com) fornece a empreendedores FinTech fora do Reino Unido a oportunidade de visitar Londres para aproveitarem o ecossistema de investidores e clientes FinTech da cidade para ajudá-los a aumentar seus negócios. O FINTECH Circle Innovate (www.fintechcircleinnovate.com) foi estabelecido em resposta à demanda crescente de bancos e grandes instituições que precisavam de ajuda para preencher a lacuna entre estratégia corporativa e inovação sustentável em FinTech. Nós os guiamos pelo cenário FinTech global e somos capazes de obter os melhores alvos de parceria, incubação, investimento e propostas de aquisição. Você pode seguir o FINTECH Circle no Twitter via @FINTECHCircle e @FINTECHTours, e o FINTECH Circle Innovate via @FTCInnovate.

Janos Barberis

Janos Barberis é um Millennial em FinTech, reconhecido como um dos 35 principais líderes FinTech globais. Seu conhecimento é focado nas novas considerações regulatórias criadas pelo desenvolvimento de FinTech. Com uma paixão por realizar mudanças, ele fundou o FinTech HK, uma plataforma de liderança de pensamento, e o SuperCharger – um Acelerador FinTech que se aproveita estrategicamente de Hong Kong como uma porta de entrada para a Ásia.

Em paralelo, está no conselho consultivo do Comitê FinTech do Fórum Econômico Mundial e é Candidato a ph.D. na Escola de Direito da Universidade de Hong Kong. Janos realiza palestras regularmente e foi destacado na *Forbes*, no *The Financial Times* e no *Business Insider*, entre outras publicações. Ele também é cofundador e editor de *A Revolução FinTech*.

Anteriormente, Janos foi a primeira contratação de um challenger bank no Reino Unido, Lintel, ajudando-o a assegurar uma licença bancária da PRA e FCA. Esta função seguiu interesse especializado, desenvolvido por sete anos, nos sistemas financeiros e em sua estabilidade. Notavelmente, em 2012, Janos propôs reformar o obscuro setor bancário chinês desenvolvendo canais de empréstimo P2P. Também introduziu uma estrutura de modelos de desenvolvimento em tempo real e supervisão regulatória dinâmica para redes financeiras, preparando o caminho em direção ao que agora é considerado RegTech.

Janos tem mestrado em Lei Corporativa e Financeira (UHK), assim como bacharelado em Economia & Finanças e um bacharelado em Direito (Reino Unido). Foi premiado com uma bolsa de estudos de pós-graduação em Pesquisa pela Escola de Direito da Universidade de Hong Kong. É coautor do artigo acadêmico "The Evolution of FinTech", que foi classificado globalmente entre um dos dez melhores do site SSRN.

Você pode seguir Janos no Twitter através de sua conta @JNBarberis

Sobre a FinTech HK

Fundada por Janos Barberis em julho de 2014, a FinTech HK é uma plataforma de liderança de pensamento que tem o objetivo de catalisar a posição de Hong Kong como um Hub FinTech com liderança global. A FinTech HK produziu o primeiro Relatório FinTech de Hong Kong: "The Rise of FinTech: Getting Hong Kong to Lead the Digital Financial Transition in APAC". Desde então, a plataforma recebeu e apoiou vários eventos de FinTech locais e internacionais. A FinTech HK é a principal organização de suporte ao SuperCharger, o primeiro acelerador FinTech de Hong Kong dedicado a empresas iniciantes e estabelecidas que estão crescendo na Ásia.

Agradecimentos

Quando começamos a discutir nosso desejo por um livro que resumisse o setor FinTech global de uma maneira fácil, era só uma ideia entre duas pessoas. Desse momento em diante, conversamos com centenas de amigos pelo mundo e todos apoiaram a ideia. Empreendedores de FinTech de todos os continentes estavam ávidos para compartilhar suas poderosas visões. Queriam explicar os novos modelos de negócios e tecnologias em que estavam trabalhando para mudar o mundo financeiro. Investidores de FinTech, "intraempreendedores", líderes de inovação em importantes instituições financeiras e formadores de opinião estavam ansiosos para descrever sua aceitação pela revolução FinTech. Finalmente, muitos visionários da FinTech quiseram dividir suas visões do futuro.

Esse esforço global de colaboração coletiva e reunião de tantas visões é algo inédito. Estamos cientes de que isso não teria sido possível sem as comunidades globais FINTECH Circle e FinTech HK. Somos muito gratos a nossos membros, que estão conosco desde 2014, quando ambos os grupos foram criados. Nosso grupo no LinkedIn FINTECH Circle tem mais de 10 mil membros, e todos os leitores do livro estão convidados a participar e continuar a conversa online. Também queremos agradecer a nossos 20 mil seguidores do Twitter pelas contas @FINTECHCircle; @FinTechHK; @FTCInnovate; @FINTECHTours; @SuperChargerFT; e, claro, nossa conta do Twitter dedicada @TheFINTECHBook. Sem o apoio do público e o envolvimento de nossa comunidade global FinTech, este livro não teria sido possível.

Os autores que você lerá foram escolhidos por nossa comunidade global FinTech por puro mérito, portanto, não importa o tamanho de suas organizações, em que países trabalham, se são bem conhecidos ou ainda desconhecidos, todos tiveram a mesma chance. Estamos orgulhosos disso porque acreditamos que a FinTech mudará o mundo das finanças para sempre, e a comunidade global de FinTech é formada pelas pessoas mais inteligentes, inovadoras e agradáveis que conhecemos. Obrigado por fazerem parte de nossa jornada. É difícil citar todos aqui, mas estão todos listados no diretório ao final deste livro.

Queríamos também selecionar a melhor editora para o livro, e escolhemos a Wiley para permitir que leitores de todo mundo adquirissem suas cópias impressas. Um agradecimento especial vai para nosso fantástico editor Thomas Hyrkiel, que entendeu a ideia do livro desde o momento em que nos conhecemos. Obrigado a você e sua equipe – não poderíamos ter feito isso sem seu maravilhoso apoio!

Estamos ansiosos para ouvir sobre você. Por favor, visite nosso site www.TheFINTECHBook.com para conhecer nossa comunidade FinTech global, composta pelos melhores empreendedores, investidores, intraempreendedores e visionários de FinTech!

Por favor, envie seus comentários sobre *A Revolução FinTech* e nos conte como você gostaria de se envolver, falando conosco em info@thefintechbook.com

Susanne Chishti
Twitter @susannechishti

Janos Barberis
Twitter @JNBarberis

Introdução

1

A Tecnologia Financeira, ou FinTech, é um dos setores mais promissores de 2016. A revolução FinTech, guiada por uma onda de startups com modelos de negócios e de receita inovadores, está mudando o setor financeiro mundial para melhor. Essas firmas de FinTech oferecem aos usuários uma gama de serviços financeiros que um dia foram quase exclusivamente o negócio dos bancos. Os bancos deveriam temer a explosão FinTech?

No final de 2015, a Forbes concluiu:

> A indústria bancária está pronta para a mudança com o surgimento de startups de FinTech, a popularidade crescente da tecnologia blockchain e o domínio dos millennials. A indústria está evoluindo, e a necessidade sempre crescente de preparar-se para ameaças de cibersegurança continua em destaque, pois os bancos continuam avaliando novas ameaças e potenciais riscos de fraude.[1]

Esta introdução oferece uma visão geral sobre o setor de Tecnologia Financeira, definindo a cena e explicando o que realmente significa "FinTech". Esses capítulos servem como um caminho das pedras em direção a tópicos mais específicos tratados com mais detalhes em *A Revolução FinTech*.

---

[1] Forbes, 20 de novembro de 2015: "Millennials and FinTech are Top of Mind for Traditional Banks": <http://www.forbes.com/sites/franksorrentino/2015/11/20/heard-at-the=2015-ABA-national-convention/>.

Bancos e o Momento E-Book

Por Warren Mead
Sócio, Chefe do Challenger Banks e Colíder Global FinTech, KPMG

Lance sua mente de volta a 2007, ano em que houve o lançamento da primeira geração do Kindle. Nessa época, leitores eletrônicos estavam amplamente disponíveis em lojas eletrônicas, mas não havia indicação real de que uma revolução estava prestes a varrer a indústria editorial. Os méritos do e-book foram amplamente discutidos por compradores de livros, mas o mundo impresso ainda reinava supremo – o consumo digital era esporte da minoria.

Voltando aos dias atuais, tanto leitores quanto editores estão em um momento diferente e as vendas de e-books dispararam. De acordo com os números do site Statista[1], o mercado de livros digitais dos Estados Unidos valia apenas US$0.27 bilhões em 2008, mas em 2015 esse número subiu para US$5.69 bilhões. A venda de livros físicos não desmoronou; o que vemos é a edição digital pegando um atalho do desconhecido para o convencional em menos de dez anos. O e-book agora é parte de nossas vidas. É uma jornada que reflete a vontade – e a avidez – dos consumidores de abraçarem a conveniência mesmo onde isso só é possível graças a complexas novas tecnologias, canais de entrega e modelos de negócios. E essa jornada está sendo ecoada na indústria de serviços financeiros.

A Mudança do Cenário Financeiro

Os principais bancos de varejo do mundo ainda dominam o cenário de serviços financeiros, fornecendo depósitos, pagamentos e infraestrutura de crédito que todos nós usamos sem nos dar conta, mas eles não são mais os únicos players no mercado. O comprador online atual pode pagar com um cartão de débito, mas pode também escolher o PayPal. O negócio que um dia teria contado com seu banco para crédito pode agora emprestar de plataformas peer-to-peer (P2P) ou de credores especialistas. E os bancos digitais estão competindo com seus pares físicos por depósitos de clientes. Tudo gira em torno de acesso e conveniência.

[1] Receita de vendas de e-books dos Estados Unidos de 2008 a 2018 (em bilhões de dólares americanos): <http:// www.statista.com/statistics/190800/ebook-sales-revenue-forecast-for-the-us-market/>.

À medida que a finança alternativa ganha força com os consumidores, a FinTech está se aproximando do seu momento e-book – o ponto em que uma massa crítica de consumidores e clientes empresariais veem as soluções guiadas pela tecnologia ofertadas por novos players no mercado como alternativas viáveis – e muitas vezes preferíveis – aos serviços oferecidos por bancos tradicionais.

As implicações para a indústria bancária tradicional são imensas. Desenvolvimentos em FinTech têm o potencial de corroer a marca de players incumbentes e devorar parte do mercado. Por outro lado, os bancos também têm uma oportunidade de abraçar a inovação FinTech e oferecer novas soluções a seus clientes.

Uma Revolução Inacabada

Qualquer um buscando evidências do poder de mercado potencial e alcance de provedores de serviços movidos à tecnologia não precisa ir além do venerável PayPal. Lançado em 1998, a empresa foi assumida pelo eBay em 2002 e tornou-se o sistema de pagamento padrão em todos os sites internacionais da operadora de leilões online. Desde então, o PayPal expandiu sua oferta e está agora ao lado dos cartões de débito e crédito como uma opção de pagamento em um número sempre crescente de sites de e-commerce. Se essa performance online se traduzirá em domínio de transações presenciais, ainda veremos. Hoje a empresa conta com mais de 100 milhões de contas ativas e processa uma média de US$315 milhões em pagamentos todos os dias.[2]

O mercado de pagamentos está evoluindo rápido, e essa evolução buscará conveniência, velocidade e compilação de dados. Testemunhe o sucesso inicial do sistema de pagamento sem contato Apple Pay da Apple, que permite que os consumidores comprem e paguem por bens e serviços simplesmente colocando um iPhone 6 próximo ao terminal do ponto de vendas. O Apple Pay acabou de ser lançado no Reino Unido, mas já responde por US$2 a cada US$3 processados por sistemas sem contato nos EUA.[3]

Um dos únicos grandes obstáculos é a ubiquidade – o consumidor pode encarar várias maneiras de pagar. Estamos agora testemunhando uma onda

[2] Estatísticas da Empresa Paypal: <http://www.statisticbrain.com/paypal-statistics/>.

[3] Bloomberg, "Apple Sees Mobile-Payment Service Gaining in Challenge to PayPal", 28 de janeiro de 2015: <http://www.bloomberg.com/news/articles/2015-01-27/apple-sees-mobile-paymentservice-gaining-in-challenge-to-paypal>.

global para introduzir transferências bancárias conta a conta em tempo real, 24 horas, em todas as principais jurisdições. Essa mudança, junto à reforma regulatória, criará oportunidades para novos players entrarem no mercado e fornecerem serviços de "agregação de dados" e opções de pagamento para dar vida à revolução da Internet das Coisas.

O uso de cartões pré-pagos também está aumentando. Um relatório de 2012 da MasterCard[4] prevê que o mercado do então chamado e-money (cartões pré-carregados com dinheiro) valerá cerca de £822 bilhões até 2017. Se esses números impressionam, eles representam apenas a ponta do iceberg FinTech.

Empréstimos e depósitos também passam por certa revolução, graças em grande parte à emergência de plataformas de empréstimos P2P. No Reino Unido, o empréstimo P2P emergiu pouco antes da crise financeira com o lançamento de Zopa, em 2005. Outras plataformas, como a Funding Circle e a RateSetter, seguiram. Até agora, a indústria emprestou um número cumulativo de £2.6 bilhões e o mercado está crescendo. Empréstimos no primeiro trimestre de 2015 chegaram a £459 milhões, um aumento de 1/3 sobre os três meses anteriores.[5] Esses números são pequenos quando comparados às somas adiantadas pelos grandes bancos, mas é um mercado jovem e em rápido crescimento.

Importante notar que o mercado P2P não só fornece a negócios e mutuários privados uma fonte de dinheiro, mas também oferece a investidores e poupadores um lugar para depositar dinheiro e receber taxas de juros mais altas do que em uma conta de banco convencional. Em outros lugares, challenger banks – alguns deles só digitais – também estão entrando no mercado de depósito.

Alguns aspectos da inovação FinTech permanecem bem fora do convencional. Moedas digitais, como a bitcoin,[6] oferecem potencialmente uma oportunidade e meios de trocar valores, mas a maioria concorda que o valor real emergirá da aplicação da tecnologia de registro distribuído. O uso dessa tecnologia traz valor adicional no registro da posse de bens não financeiros, e junto à moeda digital, poderia fornecer uma plataforma para inovação futura que reduzirá custos e

[4] 2012 Global Prepaid Sizing Study, commissioned by Mastercard: A look at the potential for global prepaid growth by 2017: <https://www.partnersinprepaid.com/pdf/a-look-at-the-potentialfor- global-prepaid-growth-by-2017.pdf>.

[5] P2P Finance Association, "Strong Growth Continues in Peer-toPeer Lending Market", 30 de abril de 2015: <http://p2pfa.info/strong-growth-continues-in-peer-to-peer-lending-market>.

[6] Para mais informações sobre criptomoedas, tecnologia blockchain e bitcoin, veja a Parte 9.

acelerar transações. A regulação eficaz desse ambiente é requerida para reduzir riscos para todos os participantes.

Além da face corporativa da inovação FinTech – PayPal, Apple, Google, e outras –, milhares de empresas trabalham em hubs tecnológicos ao redor do mundo para tornar atividades comuns, como negociação de ações ou transferências de dinheiro, não só mais convenientes, mas também mais alinhadas à maneira com que os consumidores usam seus smartphones, tablets, PCs e smartwatches. Essa onda de inovação não está vindo só de centros FinTech tradicionais, mas também de hubs emergentes. Por exemplo, Joanesburgo tornou-se um centro para o desenvolvimento bitcoin, enquanto empreendedores por toda a África estão desenvolvendo sistemas de pagamento e banco baseados em tecnologia mobile, adequados às telecoms locais e infraestruturas de serviços financeiros.[7]

O Desafio para os Bancos

Como as instituições financeiras – e particularmente os grandes bancos – responderão a essa onda de inovação FinTech? O setor bancário é vulnerável à disrupção parcialmente como um resultado da história recente. Até o começo da crise financeira, os bancos gozavam de um grau de confiança pública que era fundamental às suas marcas. Embora essa confiança não tenha sido totalmente eliminada, certamente foi corroída. Como um estudo da CCP Research Foundation revelou em junho de 2015, os 16 principais bancos do mundo têm, entre eles, US$306 bilhões incorridos em custos relacionados à conduta desde 2010.[8] Em contraste, as principais luzes da era digital tendem a ser vistas positivamente. A pesquisa realizada para o relatório Millennial Disruption Index descobriu que 73% dos entrevistados (de adolescentes a adultos de trinta e poucos anos) ficariam mais animados sobre um novo serviço financeiro da Google ou Apple do que sobre um anunciado por seu banco incumbente.[9] A esse respeito, provedores de serviços financeiros tradicionais estão em risco. Clientes não necessariamente veem mais o banco como o provedor padrão ou primeiro ponto de contato – o que está no mercado é mais legal. E o que está no mercado está pisando com força nos pés dos gigantes. Afinal, enquanto indivíduos e negócios sempre precisarão de serviços bancários, ainda precisarão de bancos?

[7] Para mais visões relacionadas a hubs FinTech emergentes e estabelecidos, veja a Parte 3.

[8] Financial Times, "Banks' Post-Crisis Legal Costs Hit $300bn", 8 de junho de 2015: <http://www.ft.com/ cms/s/0/debe3f58-0bd8-11e5-a06e-00144feabdc0.html#axzz3eT1XUB4B>.

[9] Millennial Disruption Index: <http://www.ritholtz.com/blog/2015/04/millennial-disruption-index/>.

No nível mais simples, bancos de varejo fornecem três funções cruciais, a saber:

- Eles recebem depósitos e fornecem aos clientes um lugar seguro para armazenar dinheiro e receber juros, apoiado por seguro de depósito e regulação.
- Facilitam pagamentos através de uma gama de sistemas, incluindo dinheiro, cartões e transferências.
- Emprestam dinheiro.

Para um agnóstico de serviços financeiros, os mesmos serviços podem ser fornecidos pela nova geração de concorrentes guiados por tecnologia. Em termos de banco de varejo, o dinheiro pode ser depositado em challenger banks, colocado em cartões pré-pagos, armazenados em contas PayPal, investido em bitcoins ou por meio de locais de empréstimo P2P.

O crédito está disponível em challenger banks e credores alternativos (incluindo P2P), e os clientes têm cada vez mais opções de escolha de pagamento, incluindo PayPal, e-wallets e sistemas mobile. Enquanto muitas dessas opções ainda usam a capilaridade do sistema bancário, em médio prazo, poderemos ver pagamentos e mecanismos cambiais que ignoram completamente os sistemas bancários tradicionais.

O Risco da Infraestrutura

O principal risco para os bancos tradicionais é que eles sejam percebidos como veículos que fazem pouco mais do que fornecer a infraestrutura enquanto as empresas de FinTech recebem o crédito por fornecer serviços inovadores amigáveis – e, por fim, têm o relacionamento com o cliente. Quando isso acontece, o valor da marca dos bancos certamente recebe uma pancada.

Diferente dos grandes bancos, que muitas vezes são restringidos por sistemas de TI antigos e modelos operacionais, os novos players projetaram seus serviços digitais do zero para atender às necessidades de grupos específicos de clientes. FinTech challengers podem ser ágeis e completamente focados em resultados positivos de clientes.

Enquanto bancos tradicionais lidam com cada vez mais camadas de acordos, proteção ao consumidor e suas próprias estruturas burocráticas, P2Ps têm uma abordagem transparente para empréstimos, com base em divulgação pela empresa, buscando crédito e avaliação pela comunidade de credores (em vez de por meio de comitês de crédito sem rosto). Esta abordagem fala para uma geração criada nas mídias sociais, e esses credores normalmente pontuam alto em satisfação do cliente. Igualmente importante, sites P2P têm custo operacional mais baixo do que os bancos, e os requerimentos de capital que encaram também são mais baixos.

O Futuro para o Setor Bancário

O presidente e CEO do BBVA Francisco González fez uma previsão no início de 2015 de que metade dos bancos do mundo vão desaparecer por entre as fendas abertas pela disrupção digital da indústria.[10]

Isso pode ser verdade, mas eu argumentaria que os bancos mais voltados para o futuro não só sobreviverão à onda de disrupção digital, mas prosperarão, à medida que os concorrentes guiados por FinTech ganham impulso. Os principais bancos de varejo do mundo gozam de enormes vantagens, inclusive em termos de sua base de clientes coletiva e dos dados que possuem de seus clientes. Esses "bancos prósperos" migrarão a maioria de seus clientes para seus próprios serviços bancários digitais. Eles se reposicionarão na cadeia de valor, passando de fornecedores de infraestrutura e produtos para o coração do relacionamento com o cliente em um ambiente digital seguro e holístico. Com efeito, se tornarão lojas de aplicativos financeiros apresentando uma gama de soluções financeiras de diferentes provedores. Ao fazer isso, permanecerão relevantes para os clientes como uma fonte única para as melhores soluções financeiras globais.

Então, no futuro, uma vez que eu tenha entrado no meu banco móvel (presumidamente usando biometria ou reconhecimento facial), serei capaz de emprestar dinheiro P2P via Ratesetter, fazer um pagamento internacional usando Transferwise, encher minha e-wallet da Starbucks ou fazer um depósito na minha poupança Alibaba. Para alcançar tal objetivo, a colaboração precisará tornar-se regra. Corporações não conseguem alcançar a velocidade do mercado e a habilidade de inovar que os melhores desenvolvedores FinTech estão trazendo à tona. Então, em vez de tentar reinventar a roda desenvolvendo suas próprias soluções, os bancos terão que trabalhar com inovadores para levar novos serviços a seus consumidores.

De startups trabalhando em espaços compartilhados na Cidade Tecnológica de Londres ou Joanesburgo, para gigantes corporativos como a Apple ou

[10] Half of the world's banks set to fall by the digital wayside – BBVA: <http://www.finextra.com/ news/ fullstory.aspx?newsitemid=26965>.

Google, FinTech é um setor dinâmico. Mas enquanto líderes de mercado têm surgido, ninguém realmente sabe de onde virá o próximo sistema de pagamento ou moeda bitcoin. E de todas essas ideias que chegam ao mercado, muitas falharão. Os serviços que tiverem sucesso serão aqueles que genuinamente facilitarão a vida, talvez misturando FinTech com outras tecnologias. O banco do futuro poderia ser um lugar para depositar não só o seu dinheiro, mas outros objetos de valor – por exemplo, seus registros médicos, seu testamento, ou os dados biométricos usados para dar partida no seu carro.

Com sua base de clientes e experiência em lidar com dados de maneira segura, os bancos estão na posição ideal para criar soluções holísticas para clientes que combinem serviços financeiros com uma ampla gama de ofertas digitais. Essa poderia ser a chave para sua prosperidade futura.

Por que Estamos tão Animados com FinTech

Por Rébecca Menat
Diretora de Comunicações, The Assets

Bancos não são animadores – FinTech é. Por que deveríamos ficar animados com o setor FinTech global?

Aqui estão informações de base para leitores novatos: FinTech significa "tecnologia financeira". Engloba uma nova onda de empresas mudando a maneira que as pessoas pagam, enviam dinheiro, emprestam e investem. Os setores mais perturbados – ou, pelo menos, aqueles de que ouvimos mais – são os de pagamentos e transferência de dinheiro, como TransferWise (transferência de dinheiro), Square (pagamentos móveis), crowdfunding (Kickstarter, Crowdcube, Smart Angels...) e empréstimo peer-to-peer (Lending Club, Zopa, Prêt d'Union...), cada vez mais se tornando nomes e produtos conhecidos. Onde está ocorrendo toda essa atividade animadora? Londres é claramente o hub FinTech líder, seguido por Nova York e outras cidades lutando para chegar ao topo: Paris, Hong Kong, Singapura, Tel Aviv... Só para lhe dar uma ideia, investimentos em FinTech alcançaram $22 bilhões (incluindo $4 bilhões em seguros) em 2015, e espera-se que aumentem significantemente, então há lugar para novos players!

Como Tudo Começou?

O nascimento e a ascensão da FinTech estão profundamente enraizados na crise financeira e na erosão da confiança que ela gerou. A raiva das pessoas com o sistema bancário foi o terreno fértil perfeito para a inovação financeira. Na hora certa, porque nativos digitais (também conhecidos como millennials) estavam ficando velhos o bastante para serem clientes potenciais e suas preferências apontavam para serviços móveis que eles compreendiam e dominavam, em vez de bancários com quem não conseguiam se relacionar. Nesse cenário favorável, provedores de FinTech chegaram, oferecendo serviços novos a custos mais baixos, por meio de plataformas bem projetadas ou aplicativos móveis.

Resumindo, empresas de FinTech oferecem confiança, transparência e tecnologia. Respondendo a uma crise de confiança em relação aos bancos, startups são capazes de oferecer serviços a um custo mais baixo de uma maneira mais transparente, por meio de interfaces fáceis de usar. O cliente é o rei, e não há ninguém que conheça seus clientes melhor do que as jovens e afiadas startups, muitas vezes provenientes das fileiras da própria geração millennial.

Mais do que um Barulho: O que a FinTech Traz?

Em quatro palavras simples, FinTech significa: "Poder para o Povo!". Pegue a transferência de dinheiro, por exemplo. Ao permitir transparência e cortando as taxas do intermediário, as startups de FinTech permitem que indivíduos tenham controle sobre seu próprio dinheiro. Usuários finais sabem quanto pagam, e, incidentalmente, é menos do que costumavam pagar. Essa inovação está, na verdade, tendo um grande impacto social,[1] pois há startups especializando-se em um certo tipo de transferência de dinheiro: remessas (dinheiro enviado por trabalhadores estrangeiros para seu país natal). WorldRemit e Remitly estão atraindo muita atenção, tendo levantado respectivamente $100 milhões e $12,5 milhões em financiamento. Isso não é surpreendente, já que estão entrando em um mercado que vale mais de $600 bilhões por ano.

Outra maneira de empoderar o povo é fornecer a ele... dinheiro. A crise financeira não só resultou em uma falta de confiança em relação aos bancos – ela também dificultou que as pessoas consigam empréstimos. Empréstimos peer-to-peer têm ampliado a disponibilidade de financiamento, permitindo que pessoas e negócios emprestem dinheiro mais facilmente, mais rápido e de maneira mais transparente. Essas startups de FinTech aplicaram a desintermediação ao crédito, conectando compradores e vendedores através dos mercados. Na linha de frente dessa tendência está o Lending Club, que levantou quase $900 milhões em um dos maiores IPOs de 2014.

A FinTech também está ampliando o acesso a oportunidades de investimento por meio do crowdfunding (financiamento coletivo).[2] Não vamos esquecer que o investimento de capital já foi restrito para indivíduos ricos. Agora é acessível a todos! Se você tem uma pequena quantia para investir, pode ainda causar impacto e colher alguns benefícios. Kickstarter, Indiegogo, Crowdcube... é só escolher seu projeto. Parecemos já acostumados com este

[1] Para visões adicionais sobre o impacto social da FinTech, veja a Parte 4.

[2] Para mais informações sobre crowdfunding e o impacto de FinTech em outros setores, veja a Parte 6.

setor de FinTech e tendemos a esquecer o quão revolucionário ele é. Robo-advisors também estão balançando o mundo do investimento, estendendo conselhos financeiros a praticamente todo o mundo.[3] De acordo com um relatório da firma de consultoria A.T. Kearney, esses serviços de investimento automatizados administrarão cerca de $2 trilhões nos EUA até 2020, representando 5,6% dos ativos de investimento americanos.[4]

Geralmente – e eu acho que esta é a maior revolução – a FinTech está fornecendo acesso a informações, que um dia pertenceram a poucos, para uma quantidade de pessoas cada vez maior. Em nossa era de "economia da informação", essa é uma jogada muito democrática.

FinTech no Mundo em Desenvolvimento: Começando do Zero[5]

John Chaplin, um veterano da indústria de pagamentos, reuniu vários especialistas para gerar visões do estado da indústria FinTech: suas conclusões estão reunidas no *The Payments Innovation Jury Report*.[6] Entre várias questões, eles se perguntaram: que região mostrará a maior inovação de pagamentos nos próximos 24 meses? Veredito: a inovação FinTech virá da Ásia em sua maioria, seguida pela África, América do Norte, América Latina e, eventualmente, Europa. A razão é bem intuitiva: a falta de infraestrutura nos países em desenvolvimento abre espaço para a inovação que não encontraria sucesso em economias com bancos demais e altamente entrincheiradas no ocidente. Como um dos colaboradores do relatório resume perfeitamente, "o mundo em desenvolvimento não é limitado por sistemas antigos, modelos de negócios ou comportamentos de clientes e como tal oferece uma perspectiva fresca que pode, muitas vezes, ver além do escopo de modelos de negócios estabelecidos".[7]

Além disso, enquanto os serviços de FinTech em países desenvolvidos são focados em clientes online, as startups em países em desenvolvimento estão

[3] Veja a Parte 6 para mais informações sobre FinTech influenciando tendências de capital e investimento.

[4] Veja: http://money.cnn.com/2015/06/18/investing/robo-advisor-millennials-wealthfront/.

[5] Para mais informações da aplicabilidade de soluções FinTech em mercados emergentes e seu impacto social, veja a Parte 4.

[6] Currency Cloud, "The Insider's View to Payments and Fintech", 2015: <https://www.currencycloud.com/payments-innovation-2015>.

[7] Ibid.

abordando um mercado mais amplo: usuários de celular. De acordo com a União Internacional de Telecomunicações, uma estimativa de 95,5% da população mundial têm acesso a um telefone celular – o que dá ao SMS um impacto maior do que o da internet. Serviços de transferência de dinheiro móvel como o M-Pesa fizeram grandes contribuições para mudar a situação econômica de populações com poucos bancos em Bangladesh e no Quênia. Em Bangladesh, o equivalente ao M-Pesa é o bKash, que é focado em serviços financeiros móveis de mercado de massa. Enquanto Bangladesh oferece uma indústria de microfinanças forte (crédito não segurado em pequena escala), bKash funciona como M-Pesa, enviando pagamentos mais rápido e facilmente para outros usuários.[8]

Em 2013, a Corporação Financeira Internacional (IFC– do inglês, International Finance Corporation), membro do Grupo Banco Mundial, tornou-se sócia do bKash, e em 2014, a Fundação Bill & Melinda Gates também investiu no bKash para garantir acesso a uma gama mais ampla de serviços financeiros para que as camadas mais baixas de Bangladesh alcancem maior inclusão financeira.[9]

Observando o impacto das soluções em FinTech na África, é importante lembrar que em 16 mercados africanos já existem mais contas de dinheiro móvel do que contas bancárias.

Assim, FinTech em países em desenvolvimento não se trata só de tornar serviços existentes mais convenientes: trata-se de criar nova infraestrutura e fornecer maior inclusão para milhões de pessoas na economia real. Já que os mercados abordados são enormes – e admitidamente representam oportunidades de enorme potencial –, pode-se realmente dizer que a FinTech está "mudando o mundo para melhor".

Bancos, Cuidado!

A FinTech já revelou muitas "disrupções", e provavelmente esconde muitas mais. Há espaço bastante para esses novos participantes e também para instituições tradicionais? Quais são as ameaças concretas para as últimas?

"Pessoas precisam de serviços bancários, mas não precisam necessariamente de bancos", disse Heather Cox, chefe de Experiência do Cliente, Digital e diretora de Marketing do Citi, durante o IBM InterConnect 2015. Novos e mais convincentes serviços centrados no cliente estão

[8] Fonte: http://www.totalpayments.org/2014/08/05/bkash-bangladeshs-m-pesa/.

[9] Fonte: http://www.bkash.com/about/company-profile.

mudando o cenário, enquanto clientes estão ficando mais exigentes. Nenhum banco pode negar isso: a proliferação de players de nicho focando em certos serviços dificulta cada vez mais que as instituições financeiras tradicionais mantenham seus clientes. O tempo em que as instituições financeiras podiam juntar seus serviços sem transparência e ainda desfrutar de lealdade total de seus clientes está chegando ao fim. Reconhecidamente, esse fenômeno se aplica apenas a uma certa geração em certas áreas, e até a maioria dos meus colegas "millennials" ainda está usando serviços de bancos para todas as suas operações financeiras. Não chegamos lá ainda. Na verdade, este é provavelmente apenas o começo do que está previsto ser uma revolução financeira.

Em sua carta anual para acionistas em abril de 2015, o CEO do JP, Morgan Jamie Dimon, deu o alarme: "Há centenas de startups com muitos cérebros e dinheiro trabalhando em várias alternativas para serviços bancários tradicionais". Apesar da aparente hegemonia desses grandes estabelecimentos, cada vez mais instituições tradicionais estão ficando conscientes da ameaça que os players inovadores representam. Seria uma jogada inteligente tentar vencê-los? Nada é menos certo. Startups têm certas vantagens sobre gigantes financeiras. Seu tamanho pequeno, cultura enxuta, progresso tecnológico e habilidade de atrair os melhores talentos lhes dá uma vantagem competitiva que é inerente à sua natureza.

Disrupção, Reimaginação

Você sabe o que dizem: se não pode vencê-los, junte-se a eles. A jogada mais esperta é colaborar, não competir – e muitos bancos entenderam isso. Eles estão criando incubadoras (acelerador da Barclays), estabelecendo fundos de risco especializados (Innoventures da Santander), criando parcerias (Metro Bank e Zopa) ou simplesmente adquirindo startups. As estratégias diferem, mas o objetivo continua o mesmo: sobreviver e até mesmo lucrar com a disrupção financeira.

Sim, os grandes players precisarão seguir as regras das startups de alguma maneira. Mas na realidade isso pode ser benéfico. O que é melhor do que ter alguém inventando tudo bem na sua frente e permitindo que você só compre? Essa é uma oportunidade única para bancos obterem capacidades avançadas e modernizar infraestrutura ineficiente sem ter que desenvolvê-las. Em outras palavras, os bancos só precisam ter uma mentalidade aberta a inovação para entrar no jogo.

Neste contexto, diferentes cenários podem ser imaginados. No relato intitulado *The Future of Fintech and Banking: Digitally disrupted or reimagined?*,[10] a Accenture detalha os que considera mais prováveis. Cenário 1: bancos continuam a acreditar na supremacia de seus modelos de negócios e falham em adaptar-se, perdendo, assim, para os novos players. Cenário 2: eles entendem a importância da experiência do cliente e abraçam a inovação dentro de seus modelos de negócios, colaborando principalmente com novos participantes. A segunda opção parece ser muito mais provável, agora que os bancos estão expressando sua ciência e colocando suas cartas na mesa. Vamos esperar que isso resulte em muitas situações de ganho para o setor de serviços financeiros e seus clientes globais.

[10] Accenture, "The Future of Fintech and Banking: Digitally disrupted or reimagined?" http://www.fintechinnovationlablondon.net/media/730274/Accenture-The-Future-of-Fintechand- Banking-digitallydisrupted-or-reima-.pdf.

Tendências Atuais em Tecnologia Financeira

Por Alexandre Glas
Cofundador e CMO, The Assets

e Marcin Truszel
CEO, Kontomatik

Há muito tempo os bancos tiveram que competir primariamente com outros bancos. Esses eram os tempos de aberturas em massa de agências, campanhas de marketing audaciosas e competição contínua pela poupança mais rentável. Em 2015, FinTech tornou-se não só "uma" palavra, mas, indiscutivelmente, "a" palavra, e isso não parece que irá mudar. Agora a pressão competitiva direta por bancos não está vindo apenas de outros bancos, mas de milhares de startups de FinTech e poderosos gigantes da tecnologia com capital suficiente para escolher as áreas mais interessantes de serviços bancários para aproveitar seus próprios modelos de negócios e milhões de clientes.

Por décadas, bancos universais têm servido o escopo completo de serviços financeiros. Na maioria dos países, a competição no setor bancário era moderada, já que a maior parte das jurisdições tinha apenas alguns grandes bancos que contavam com uma fatia bem grande do mercado. Era, assim, raro ver um banco que havia crescido de um player pequeno para um industrialmente grande. Enquanto os bancos tentam oferecer um amplo escopo de serviços, há muitas empresas inovadoras de FinTech que focam apenas no desenvolvimento de um serviço simples com ótima experiência de usuário. Isso certamente dificulta a vida dos bancos, pois é simplesmente impossível para uma grande organização alcançar crescimento sustentável em cada nicho do setor de serviços financeiros. Esse desenvolvimento se refere à tendência de "separação", significando que firmas de FinTech focam em áreas distintas de serviços financeiros com o objetivo de se tornar as "melhores da categoria" nessas áreas. Portanto, em um nível agregado, há o perigo de que a oferta de serviços bancários em geral seja "separada" pelos melhores provedores de FinTech em cada categoria.

Enquanto os residentes de países desenvolvidos certamente gostam de fazer suas atividades financeiras no conforto de suas casas com o internet banking, podemos ainda ver que esse modelo de banco não está amplamente ou sequer presente em mercados emergentes. Entretanto, mercados emergentes experienciarão crescimento bem rápido e melhoria substancial em provisão de serviços financeiros. Esse processo deve levar substancialmente menos tempo do que os mercados desenvolvidos levaram para alcançar. Será um cenário bem similar ao que já aconteceu com o desenvolvimento de redes de internet em tais países. Enquanto os residentes de países desenvolvidos mudaram gradualmente de um tipo de conexão para outra, não é incomum ver países em desenvolvimento pularem rapidamente de um modem comum de 56k direto para conexões sem fio de alta velocidade. Em outras palavras, países em desenvolvimento tendem a começar e ficar na tecnologia de baixo nível por mais tempo do que os países desenvolvidos; entretanto, eles pulam muitos estágios e adotam rapidamente o produto mais desenvolvido.

Regulação Apoiando o Setor FinTech

O ano de 2015 começou com notícias animadoras vindas do Reino Unido, onde o governo anunciou o início de uma iniciativa de compartilhamento de dados e open data em serviços bancários (a iniciativa aberta Interface de Programação de Aplicativo – API).[1] Oficiais do Reino Unido estão planejando implementar uma estrutura detalhada para um ambiente de dados abertos de serviços bancários que possa ser usada por bancos e empresas de FinTech para colaborar mais para o benefício de seus clientes. O objetivo é impulsionar a competição para o benefício dos clientes. Esse é um passo importante, e graças à influência do governo do Reino Unido, muitas organizações inovadoras poderão ter acesso a dados financeiros daqui para a frente.

Outra peça importante de legislação na Europa é o Payment Services Directive 2 (PSDII). Embora toda a análise de PSDII seja muito complexa e além do escopo deste capítulo, em resumo, o Parlamento Europeu também quer ter acesso facilitado a dados bancários para permitir inovação enquanto, ao mesmo tempo, previne qualquer mal uso de dados e brechas de segurança.

[1] Fonte: <https://www.gov.uk/government/consultations/data-sharing-and-open-data-in-bankingcall-for-evidence/call-for-evidence-on-data-sharing-and-open-data-in-banking>. A Interface de Programação de Aplicativo é um conjunto de rotinas, protocolos e ferramentas para construir aplicações de software. O API especifica como os componentes do software devem interagir. Veja o capítulo intitulado "Abraçando a Economia API Conectada" para mais detalhes sobre APIs.

Wearables, Câmbio (FOREX), Bitcoin e Tendências Blockchain

Tendo revisado as tendências de regulação, agora queremos destacar aplicações-chave de FinTech. No setor cambial, serviços como WeSwap[2] são participantes no mercado de câmbio, mas estão fazendo as coisas bem diferente dos câmbios tradicionais – WeSwap realmente permite que pessoas de diferentes países interajam e troquem moeda local a uma taxa pré-determinada, muito mais barata do que a praticada pela comissão tradicional de negócios de câmbio. WeSwap é apoiada pela Master Card,[3] e espera-se que cresça exponencialmente ao longo dos próximos 18 meses.

Embora não sejam ainda habituais, wearables (tecnologias vestíveis) inteligentes revolucionarão a indústria bancária. A previsão para despachar wearables em 2015 era de 45,7 milhões de unidades,[4] e este número só aumenta. O Apple Watch já permite que quem o usa verifique o saldo da conta, rastreie seu histórico de transações e encontre uma agência próxima – uma vez que os sistemas de transações bancárias móveis estão mais abrangentes e melhores, a funcionalidade desses wearables aumentará ainda mais. Jeremy Mugridge, Diretor de Marketing no Instinct Studios, diz: "wearables estão por aí há algum tempo, mas provavelmente os veremos ganhar impulso depois do lançamento do Apple Watch. 2015 será o ano em que veremos uma mudança no foco de saúde e fitness para outras áreas como a saúde financeira das pessoas".[5] Para aqueles que duvidam que wearables inteligentes se tornarão populares, deem uma olhada no seu smartphone e pense em dez anos atrás.

Talvez não seja coincidência que depois da crise econômica, guiada em parte por bancos, os consumidores estejam agora prestando mais atenção do que nunca às suas finanças. De fato, vários aplicativos têm sido criados para permitir que consumidores façam exatamente isso – um aplicativo chamado Spendific se conecta à conta bancária do usuário e, depois de levar em conta todas as suas despesas, diz o que restou para gastar. Essa é uma atualização em tempo real enquanto compras e pagamentos são feitos na conta. Essa inovação, no entanto, é básica quando comparada ao MoneyHub, que desenvolveu um aplicativo que faz algo similar, mas também inclui economias de longo prazo no processo de planejamento financeiro. Coisas como comprar uma casa e idade de aposentadoria desejada são incluídas, e diferentes cenários podem ser criados para ver o impacto que as decisões do consumidor terão em seu panorama financeiro.

Cada vez mais provisões de serviços financeiros estão sendo conduzidas online, e como a Geração Z (o segmento demográfico nascido depois dos millennials) só conhecerá "mobile", não deve ser uma surpresa que isso seja e continue sendo o caso. Wearables inteligentes, aplicativos financeiros tecnologicamente avançados e um aumento nas oportunidades de pagamentos móveis são o resultado de exigências do consumidor.

Embora estejam tomando uma posição de certa forma lenta, há sinais claros de que as criptomoedas vieram para ficar – a Califórnia as legalizou em 2015, por exemplo.[6] Na Europa, alguns países já estão vendo a bitcoin – exemplo de uma criptomoeda – assumir protagonismo em sistemas de câmbio. Indiscutivelmente, não há ainda um modelo de uso de bitcoin exatamente onde a indústria precisa que esteja, mas isso será desenvolvido com o tempo. Entretanto, o desenvolvimento de tudo isso poderia ser prejudicado pelas regulações e leis nacionais. De um ponto de vista idealístico, as pessoas seriam capazes de usar bitcoin, ou outro tipo de criptomoeda, em qualquer lugar do mundo, instantaneamente. Ainda assim, com diferentes regras e regulações governando os estados, e as diferentes instituições financeiras envolvidas, obter acordos unânimes sobre como as criptomoedas devem funcionar pode provar-se difícil.

A esse respeito, a blockchain (tecnologia na qual a bitcoin é baseada) é um armazenamento de dados distribuídos que retém o registro público de transações para criptomoedas, tais como a própria bitcoin. Um capítulo no livro trata de criptomoedas e da tecnologia blockchain.

Está claro que a FinTech já fez incursões enormes em muitos aspectos de nossa vida diária. O que talvez seja mais claro é que a superfície mal foi arranhada em relação ao que a FinTech pode fazer por todos nós no futuro. Como nós consumidores nos tornamos ainda mais exigentes e perspicazes em nossas escolhas, você pode esperar instituições financeiras dependendo cada vez mais de desenvolvimentos em FinTech para fornecer soluções para manter-nos felizes e atender às nossas necessidades.

---

2 Veja: <https://www.weswap.com/en/>.

3 Veja: <https://www.weswap.com/en/learn-more/>.

4 Ibid., e veja: <http://www.idc.com/getdoc.jsp?containerId=prUS25519615>.

5 "FinTech Trends and Predictions for 2015", 14 jan. 2015: <http://www.bobsguide.com/ guide/news/2015/Jan/14/fintech-trends-and-predictions-for-2015.html>.

6 "Cryptocurrencies made legal in California", 8 jan. 2015: <http://www .bobsguide.com/guide/news/2015/Jan/8/cryptocurrencies-made-legal-in-california.html>.

Resumindo, estamos vivendo agora tempos de transformações significativas do setor bancário. Provavelmente podemos supor que os serviços bancários ao longo dos próximos dez anos experienciem um grau de mudança maior do que nos últimos cem anos. A inovação da tecnologia financeira começou a dar uma sacudida global do setor. Agora a questão mais importante permanece: os bancos serão ou não capazes de abraçar a inovação FinTech com sucesso? A FinTech está definida para ter um papel maior na sua vida do que você pode esperar.

Temas FinTech

2

Depois da introdução ao setor de tecnologia financeira na parte anterior, esta segunda parte foca em alguns temas-chave. Os capítulos destacam a importância da colaboração entre os players estabelecidos e as startups de FinTech, enquanto fornecem uma visão global sobre estruturas regulatórias impactando a FinTech. Compliance regulatório é um pré-requisito para o sucesso de empresas de FinTech em todo o mundo. Marketplace de empréstimos – um dos principais modelos de negócios disruptivos de Fintech – também é explicado em mais detalhes aqui.

Vivemos uma vida cada vez mais digital, com várias identidades online. O tópico de gerenciamento de identidade, particularmente importante para a FinTech, é tratado aqui. Também é destacada a ameaça de gigantes da tecnologia, para incumbentes, em empresas como a Apple e o Facebook, que têm entrado na arena global de pagamentos.

Finalmente, são discutidos os princípios e a importância de um bom design para garantir que a experiência do usuário de produtos e serviços financeiros seja aquela esperada pelo cliente, com base em suas interações com as soluções líderes de consumo e tecnologia.

Bancos Precisam Pensar em Colaboração, em vez de em Competição

Por Rachel Nienaber
VP de Engenharia, Currency Cloud

Historicamente, bancos são responsáveis pela maioria das inovações na indústria financeira. O advento do cartão de crédito na década de 1950 e dos caixas eletrônicos na década de 1970 revolucionou completamente a maneira como acessamos e pagamos por bens. Pule para 2016 e será uma história bem diferente. Esses desenvolvimentos vieram com décadas de diferença, mas, seguindo o crescimento significativo e a acessibilidade da internet e da tecnologia que avança junto – incluindo smartphones, big data, mídias sociais e computação em nuvem –, a demanda surgiu de consumidores para facilitar ainda mais a administração de suas finanças. Como tal, a inovação financeira não é mais restrita àquelas instituições, permitindo que players de fora entrem lentamente para sacudir a indústria.

O setor financeiro continuou a testemunhar muitas inovações e avanços tecnológicos impressionantes, como tecnologia sem contato, carteiras digitais e criptomoedas. No entanto, os inovadores raramente estão em bancos agora, mas em pequenas empresas de FinTech. Estas normalmente são lideradas por antigos empregados de bancos que identificaram uma lacuna em uma oferta ou serviço existente.

Interface de Programação de Aplicativo (API – do inglês, Application Programming Interface) é o termo usado para descrever um conjunto de ferramentas que permitem que diferentes componentes de software ou sistemas se comuniquem eficazmente uns com os outros.[1] Usando um API, os bancos ou os provedores de serviços financeiros concorrentes podem incorporar a tecnologia de empresas de FinTech em áreas-chave nas quais o suporte é requerido – simplificando o processo de adicionar serviços inovadores de tecnologia juntando blocos de serviços flexíveis, muito como um lego financeiro.

Com legos financeiros de API, líderes de TI dentro de negócios podem criar suas próprias soluções de TI financeiras ou apoiar outros processos internos sem ter que construir cada pedaço de tecnologia do zero. Em vez disso, podem misturar um portfólio de APIs de tecnologia financeira para criar uma solução sob medida em que a equipe de desenvolvimento pode integrar a funcionalidade dos APIs como parte de sua tecnologia. Por exemplo, bancos e empresas de pagamentos podem enviar dinheiro internacionalmente através do API da Currency Cloud, em vez de ter que desenvolver uma tecnologia própria.

A flexibilidade dos APIs significa que também é mais fácil criar experiências que os usuários gostem, pois podem ser facilmente dissociadas do sistema por trás deles. O desenvolvimento do serviço de pagamento móvel Pingit da Barclays é um ótimo exemplo disso, pois abrir seu API os ajudou a levar um novo serviço de sucesso ao mercado. Pingit experimentou um crescimento extraordinário desde o lançamento, em 2012, só com os usuários em Londres enviando mais de £60 milhões via Pingit nos primeiros seis meses de 2014.

Apesar da escala de inovação que está varrendo a indústria de serviços financeiros, muitos bancos ainda guardam seus departamentos de P&D a sete chaves. Compreensivelmente, a segurança é uma de suas principais prioridades, e, em vez de arriscar compartilhar informações com outros, os bancos preferem confiar apenas em si mesmos. Embora isso limite a ameaça de fora, também não impede o desenvolvimento externo. E nós só precisamos ver até onde vão as histórias de sucesso da Apple e do Google, que rotineiramente abrem seus APIs para mentes criativas de fora, para entender quão valiosos e animadores os resultados podem ser.

Desenvolvidos na era pré-internet, os modelos de negócios e a infraestrutura tecnológica dos bancos foram amplamente construídos sobre conjuntos de produtos e entregues através da agência. Em outras palavras, bancos não foram construídos para servir aos clientes rápidos e digitalmente espertos de hoje. Como tal, toda uma série de players tecnológicos aproveitou a oportunidade para desenvolver alternativas inovadoras, construídas em plataformas flexíveis que podem se adaptar a esse ambiente em mutação. PayPal é um dos primeiros exemplos notáveis de uma solução de sucesso que forneceu grandes benefícios para os clientes e, desde então, abriu o caminho para uma explosão de serviços alternativos, oferecendo tudo, desde investimentos a pagamentos internacionais, empréstimos e contas bancárias. De empresas como Kickstarter e Seedr, que têm liderado o

[1] Veja o capítulo intitulado "Abraçando a Economia API Conectada" para mais detalhes.

mercado de crowdfunding há algum tempo, a Amigo, que fornece aprovação de crédito personalizado, e a Transferwise, que oferece acesso mais barato a transferências para o exterior, essas empresas estão redefinindo velhos setores e criando alguns totalmente novos.

E a ascensão de novatos em FinTech na indústria não precisa fazer os bancos entrarem em pânico sobre os desafios envolvidos na revisão de toda a sua infraestrutura de TI para competirem. O debate "nós *versus* eles", que ganhou popularidade perpétua, não fornece uma imagem precisa do relacionamento entre inovadores de FinTech e bancos. Sejamos bem claros, os bancos são a base sobre a qual nossas economias são construídas, são os trilhos nos quais a maioria das empresas de FinTech operam e não irão a lugar algum, nem agora nem mais no futuro. Entretanto, estamos criando uma maneira fundamentalmente diferente de ver e abordar a indústria.

Startups tecnológicas observam esse cenário de serviços financeiros e, usando a racionalidade da internet, veem um serviço ao consumidor pobre e espaço para grandes eficiências. A mesma lógica foi aplicada em outras indústrias, como a da música e a das telecomunicações, que também foram completamente transformadas pelo poder das novas tecnologias e da internet. O que um banco tradicional pode ver como uma ameaça na era digital, seus pares mais ágeis podem ver como uma oportunidade. O resultado é uma onda de empresas de FinTech que buscam otimizar segmentos particulares da cadeia de valor financeira (sejam transferências de dinheiro internacionais, empréstimos ou processamento de pagamento) e que oferecem seus serviços especializados para outros negócios e bancos, via APIs. Uma empresa que queira apoiar músicos poderia, por exemplo, usar uma empresa tecnológica como o Kickstarter para fornecer empréstimos, e outra firma, como a Currency Cloud, para fazer o pagamento. O sucesso desses players se deve, em parte, às suas habilidades de focar em um nicho bem segmentado da indústria, em vez de tentar competir em todos os níveis. Bancos, por outro lado, sempre tentaram possuir todos os aspectos do espectro de serviços financeiros, e é aqui que estão encontrando dificuldades enquanto players alternativos oferecem serviços mais sofisticados para clientes dentro de um nicho específico.

Apesar de suas diferenças, tanto players FinTech quanto os bancos têm muito a ganhar trabalhando juntos. Empresas de FinTech podem se beneficiar do longo histórico de operações bancárias e da base que os bancos fornecem. Eles são uma parte vital do quebra-cabeças, já que os bancos fornecem os instrumentos financeiros que as empresas de FinTech empacotam de diferentes maneiras, ao mesmo tempo se concentrando em um caso específico de cada vez. Bancos podem ganhar valor simultaneamente em novos players – seja buscando parcerias ou adquirindo suas ofertas tecnológicas avançadas. Usar capacidades de API entregues dessa maneira pode ajudar os bancos a expandirem serviços internacionalmente, reduzir os custos de desenvolvimento e abrir renda nova sem ter que investir e construir uma arquitetura nova.

O crescimento da FinTech e o impulso para acesso aberto a dados financeiros têm sido notados por toda a indústria, enquanto o governo continua seu apoio a empresas de FinTech, e o desenvolvimento do Reino Unido como o hub financeiro se torna o mais animador do mundo. Não é tão surpreendente que eles tenham anunciado recentemente planos de criar um padrão de API aberto e consolidado para bancos. O governo se comprometeu a buscar soluções para entregar melhor um padrão aberto para APIs no sistema bancário do Reino Unido e questionar se mais dados abertos poderiam beneficiar os consumidores. Esse processo teve início com discussões sobre o produto que os bancos oferecem, e as empresas de FinTech estão realmente interessadas no próximo passo: abrir os dados transacionais de dentro de um banco. Bancos, no entanto, ainda estão muito desconfiados sobre dar acesso a desenvolvedores externos a esse tipo de dados e farão mais discussões antes que tal mudança se torne realidade. Pode não ter sido o avanço que havíamos esperado originalmente para quando ouvíssemos sobre o padrão aberto, mas, pelo menos, é um bom começo. Esse é um passo encorajador para a indústria. Nós já temos visto como alimentar a economia API pode fornecer uma grande dose de inovação à indústria e, com mais apoio, continuará, indiscutivelmente, a produzir novas oportunidades para bancos e players alternativos emergentes. O governo do Reino Unido está colocando sua fé nesses novatos de sucesso para levar a indústria para o século XXI, e isso indica que players alternativos fizeram um trabalho bem-sucedido de provar seu valor à indústria – e tal credibilidade continuará a crescer.

Há muito a se ganhar de empresas de FinTech e bancos tradicionais embarcando em um relacionamento colaborativo para descobrir e definir o crescimento potencial futuro dentro da indústria. Acreditamos muito em trabalhar com os bancos, e não contra, e não temos dúvida de que a colaboração com empresas tecnológicas com visão do futuro garantirá que a indústria financeira continue a inovar.

Acordo Global é a Chave

Por Jan C. Wendenburg
Membro, Conselho Executivo, XCOMpetence AG

Nós amamos ótimas FinTechs, como PayPal, Apple Pay e Stripe. Amamos vê-las crescer e usá-las. Mas as deixaríamos em um segundo se falhassem – em confiança, segurança ou obediência a regulamentos financeiros. O cumprimento de regulamentos financeiros legais não é opcional, é obrigatório. É obrigatório para cada FinTech construir um serviço seguro e confiável, independente da geografia e legislação. Quase toda nação tem seu próprio regulamento financeiro com base em sua cultura distinta, sistema financeiro e experiências históricas.

Se você lançou sua empresa FinTech, mas não levou em conta o acordo para seu serviço, pode ser fechado por autoridades supervisoras, resultando em danos potenciais à reputação e custos para retificá-los. Se você cumprir em excesso os regulamentos, não se moverá tão rapidamente e ficará atrás da competição. Há algum atalho para o acordo?

FinTechs Devem Entender Cada Pedaço de Regulamentos Locais!

Se você quer evitar as burocracias industriais, deve entender as regras do jogo. FinTechs estão tentando evitar os grandes players, não podem começar a atacá-los, a não ser que entendam o cenário regulatório e aprendam rapidamente a usar os regulamentos e especialidades legais em proveito próprio.

Uma regra-chave é nunca tentar evitar o regulamento. É muito melhor aceitá-lo como função central em sua organização. Se cuidar da regulamentação e dos acordos no início, terá uma posição mais forte desde o começo, em vez de ter que jogar para se atualizar. É como a aquisição de clientes: traz muitos benefícios no final. Pense duas vezes sobre o que sua organização faz e como pretende estruturar seu acordo. Você realmente vê a regulamentação e o acordo como parte da sua organização, de sua vida e do DNA da startup? O que você faz hoje em relação ao cumprimento de regulamentação? Você sabe como o regulamento financeiro funciona nas regiões mais importantes do mundo?

Os Estados Unidos: Um Mercado Único com Regulamentos Complexos

Vamos primeiro observar o regulamento financeiro dos Estados Unidos, que é altamente fragmentado, se comparado aos países europeus e asiáticos, onde a maioria das jurisdições tem apenas um banco regulador. Nos EUA, o sistema bancário é regulado no nível federal e estadual. Dependendo do tipo de alvará que uma organização bancária tem, e de sua estrutura organizacional, pode estar sujeita a várias regulamentações bancárias federais e estaduais.

Essa estrutura complica a vida de FinTechs nos Estados Unidos. Por exemplo, se você quer fornecer gestão de investimento e conselhos, como a Wealthfront em Palo Alto, CA, deve primeiro especificar qual lei estadual pode aplicar a um cliente específico. Além disso, não terá permissão de servir clientes internacionais, a não ser que implemente procedimentos internacionais antilavagem de dinheiro e lide adequadamente com questões fiscais transfronteiriças. Como resultado, pode ser mais fácil abrir escritórios internacionais dentro de outros países e servir clientes dentro da estrutura regulamentar.

Se quer lançar algo no campo de empréstimos, como o Lending Club em San Francisco, CA, terá seu marketplace de credores e investidores na base. Acima deles, em ordem crescente de dificuldade e amplitude de mercado, os legisladores a nível estadual dos EUA, então reguladores federais dos EUA, NASA, e a Securities Exchange Commission (SEC). Assim que tiver sucesso aqui e quiser servir credores e investidores europeus, terá que abrir escritórios europeus ou asiáticos e seguir suas regulamentações locais.

Europa: Ainda Complexa, mas com Alguns Regulamentos Harmonizados

Em 2014, a Europa implementou o Single Supervisory Mechanism (SSM), que pretende harmonizar os diferentes regulamentos financeiros nacionais dentro dos 27 estados-membros europeus. Dentro de cada país, uma National Competent Authority (NCA) supervisiona bancos nacionais e provedores de serviços financeiros. Se quiser expandir para outros países europeus, terá que trabalhar com as NCAs locais e seus respectivos regulamentos, isto é, no Reino Unido, a Prudential Regulation Authority (PRA), que supervisiona cerca de 1.700 bancos e provedores de serviços financeiros, e na França, a

Autorité de contrôle prudentiel et de résolution (ACPR), ambas com base em um marco jurídico e regulatório similar ao da Alemanha.

Ásia: Continua Muito Fragmentada

Indo para a Ásia, você pode querer focar apenas na China e na Índia – o restante ainda é muito fragmentado e foca principalmente no que os dois maiores países asiáticos fazem. O sistema financeiro chinês é altamente regulado e começou recentemente a liberalizar-se à medida que a política financeira se tornou mais significativa para sua estratégia econômica geral. Como resultado, os bancos e provedores de serviços financeiros estão se tornando mais importantes para a economia, fornecendo cada vez mais recursos para empresas investirem, buscando depósitos e emprestando dinheiro ao governo. O Banco Popular da China é o maior banco e age como a tesouraria. Também emite moedas, monitora o suprimento de dinheiro, regula as organizações monetárias e formula políticas monetárias para o Conselho Estadual. O Banco da China administra operações de câmbio e reservas internacionais. O Banco de Desenvolvimento da China distribui capital estrangeiro de uma variedade de fontes, e o China International Trust and Investment Corporation (CITIC), antigamente uma organização financeira que suavizava a entrada de fundos estrangeiros, é agora um banco de pleno direito, com permissão de competir por fundos de investimento estrangeiros com o Banco da China. O Banco de Construção da China empresta fundos para projetos de construção capitais do orçamento do estado, e, finalmente, o Banco Agrícola da China funciona como uma instituição de empréstimo e captação de depósitos para o setor agrícola.

No fim de 2014, o governo chinês adotou novos regulamentos requerendo 75% de todos os produtos tecnológicos usados pelas instituições financeiras chinesas para serem classificados como "seguro e controlável" até 2019. Isso significa que fornecedores e provedores de serviços serão forçados a entregar seu código-fonte secreto para auditores para permitir auditorias governamentais invasivas para detectar backdoors em hardware e software. Essa regra se aplica a todas as instituições financeiras e seus fornecedores de serviços financeiros na China, dificultando bastante a competição para empresas estrangeiras.

Na Índia, a regulação e supervisão do sistema financeiro tem uma arquitetura multinível complexa executada por diferentes autoridades regulatórias. O Banco da Reserva da Índia (RBI) regula e supervisiona a maior parte do sistema financeiro. O papel de supervisão do RBI cobre bancos comerciais, bancos cooperativos urbanos (UCBs), algumas instituições financeiras e Instituições Financeiras Não Bancárias (IFNBs). Bancos Rurais Regionais, bancos cooperativos e empresas de financiamento de habitação são supervisionados pelo National Housing Bank (NHB). Através do Department of Company Affairs (DCA), o governo da Índia regula atividades de captação de depósitos de empresas, além das IFNBs. O mercado capital indiano, os fundos mútuos e outros mercados capitais intermediários são regulados pelo Securities and Exchange Board of India (SEBI); o Insurance Regulatory and Development Authority (IRDA) regula o setor de seguros; e o Pension Funds Regulatory and Development Authority (PFRDA) regula os fundos de pensão.

Em 2011, apenas cerca de 35% dos indianos acima de 15 anos possuíam uma conta em uma instituição financeira formal.[1] Depois de uma iniciativa fracassada de conectar cada família a uma conta bancária, a iniciativa ADHAR emitiu 770 identidades únicas (UID), um pilar para o registro fácil de cartões SIM móveis e dinheiro móvel. Promovido pela campanha PMJDY, hoje, cerca de 99,7% das famílias são conectadas a uma conta bancária. Levado por esse enorme sucesso, o comitê indiano RBI começou a aceitar inscrições de empresas para uma licença bancária especializada – uma licença bancária apenas para pagamentos, sujeita ao controle regulamentar e investigação, foi garantida aos primeiros inscritos no final de 2015.

Serviços de Pagamento são Regulados Globalmente

Adicionar serviços de pagamento ao seu portfólio acionará outro conjunto de regulamentos rígidos. Para prevenir lavagem de dinheiro, serviços de pagamento em geral, incluindo P2P, P2B e B2B, são altamente regulados por governos em quase todos os lugares. O GAFI (Grupo de Ação Financeira Internacional), uma organização internacional conjunta de mais de 34 países-membros localizada nos escritórios globais da OECD na Bélgica, emitiu em 2012 uma estrutura abrangente contra a lavagem de dinheiro e o financiamento do terrorismo. Essa estrutura, internacionalmente aceita, foi convertida em regulamentos nacionais de transferência de dinheiro bem específicos, que são essenciais ao operar uma transferência de dinheiro internacional ou global ou um serviço de pagamento.

[1] Fonte: The World Bank; Veja também Raymond Zhong, "India Launches Program Giving Poor Access to Bank Accounts", *The Wall Street Journal*, 28 abr. 2014: <http:// www.wsj.com/articles/india-government-launches-program-giving-poor-access-to-bankaccounts- 1409234530>.

A Europa implementou a Directive on Payment Services (PSD), para fornecer a estrutura legal para a criação de um único mercado para pagamentos para toda a UE. A PSD, recentemente atualizada para PSD2, visa estabelecer um conjunto de regras moderno e abrangente aplicável a todos os serviços de pagamento na União Europeia. O alvo é tornar pagamentos transfronteiriços tão fáceis, eficientes e seguros quanto pagamentos "nacionais" dentro de um estado-membro. A PSD também busca melhorar a competição abrindo os mercados de pagamento para novos participantes, promovendo, assim, maior eficiência e redução de custos. Ao mesmo tempo, a Diretiva fornece a plataforma legal necessária para a Single Euro Payments Area (SEPA).

Nos EUA, em 26 de janeiro de 2015, o FED emitiu o "Strategies for Improving the U.S. Payment System", que representa um plano multifacetado para colaborar com acionistas de sistema de pagamentos incluindo grandes e pequenos negócios, empresas emergentes de pagamentos, redes de cartões, processadores de pagamentos, consumidores e instituições financeiras para melhorar a velocidade, segurança e eficiência do sistema de pagamento americano. Esse documento inclui regulamentos multiníveis e comentários ao ISO 20022 para melhorar a eficiência e segurança de pagamentos nacionais e transfronteiriços.

Acordo Local ou Global – Fazer, Comprar, ou Formar Parceria?

Cada FinTech, serviço, nível e geografia tem seu próprio conjunto de regras, e você deve implementar uma estratégia de como usar o regulamento a seu favor a cada estágio da expansão e desenvolvimento da sua FinTech. A maneira que você administra o processo em cada estágio terá implicação substancial para estágios posteriores. Você pode precisar mudar uma experiência de usuário abaixo do ideal ou o crescimento rápido, por exemplo, para ganhar aprovação regulatória, a caminho de posteriormente fornecer uma experiência do cliente melhor e um crescimento mais rápido.

Mesmo algo tão simples quanto a regulação em uma geografia específica deve ser considerado com cuidado. Por exemplo, a escolha sobre onde basear sua startup é uma das decisões mais importantes que fará. Pode haver leis locais, nacionais e internacionais que podem apoiar (ou danificar) seu modelo de negócios, e é seu trabalho encontrá-las. Exemplos globais de problemas são muitos, como o Uber entrando em um mercado sem se importar com regulamentos legais e específicos da indústria, resultando em muitos desafios regulamentais e de união em um nível local em vários países e cidades pelo mundo. Outros, como o PayPal, investigaram antes com cuidado o ecossistema regulamentar de cada região, lançaram um "sistema de pagamento eBay" bem básico e, então, expandiram para outras áreas, isto é, pagamentos P2P, depois de saber exatamente como obedecer cada regulamento para cada serviço em cada jurisdição. Ter um fluxo de receitas originando na jurisdição também ajudou.

Se você tem um financiamento multimilionário ou de bilhões de dólares para um negócio global, pode ter os fundos para comprar quaisquer conselhos de que precise de empresas de consultoria globais ou locais. Para startups de FinTech, pode não ser uma má ideia formar parcerias com bancos locais flexíveis e de tamanho médio, e ser guiado por alguns especialistas experientes. Por todas as geografias (China é uma história mais complexa), há alguns bancos grandes e poderosos especializando-se em serviços de estrutura FinTech, por exemplo, Barclays (Reino Unido), biw-Bank & Fidor (Alemanha), mBank (Polônia), Santander (Espanha), Toronto-Domion (Canadá), Westpac Banking Corp. (Austrália), e muitos outros. Por uma taxa, eles cuidarão de muitas das coisas regulamentares relevantes para que você possa se concentrar no seu negócio central.

Independentemente de qualquer conselho comprado ou grande parceria, por favor, lembre-se de que nunca será capaz de terceirizar ou delegar compliance regulatório. Se o acordo se tornar parte da sua empresa, sua vida e seu DNA, esse será um de seus fatores-chave de sucesso.

Empréstimo (de Capital) no Século XXI

Por Rodolfo Gonzalez
Sócio, Foundation Capital

Finanças parecem algo grande demais. Certamente, alguns bancos ainda são grandes demais para falir. Mas e se as finanças ainda não forem grandes o suficiente? Serviços financeiros são altamente concentrados. Algo como 1% das famílias mais ricas controlam 20% da renda nos Estados Unidos, e a distribuição de serviços financeiros ao consumidor pode ser vista da mesma maneira – mas em escala global. Agora, apenas 50% das pessoas do mundo têm uma conta poupança,[1] e apenas 20% têm acesso a um produto de empréstimo de uma instituição financeira. Há aproximadamente cinco bilhões de pessoas que os bancos não servem atualmente. Mais do que qualquer coisa, as finanças são mal distribuídas.

É impressionante pensar em como o sistema bancário – uma das indústrias mais velhas, poderosas e globalizadas – permanece esquivo para 4/5 da humanidade. Fala-se também que os bancos não descobriram como lucrar com empréstimos para esses outros cinco bilhões de pessoas (enquanto ainda alienam muitos de seus clientes reais por meio de serviço ruim). Ano passado, no documento da Foundation Capital, foi previsto que o novo mercado de plataformas de empréstimo originaria $1 trilhão em empréstimos em uma década[2] – mas e se o potencial real for ainda maior? Empréstimos mantêm o potencial transformativo mais alto para aqueles excluídos de serviços bancários. Afinal, é por meio do crédito que o dinheiro é criado na economia moderna.

Dados e Novas Tecnologias são a Chave para Destravar o Crédito Mundialmente

Nos EUA, abrir uma conta bancária, obter um cartão de crédito ou um empréstimo para começar a construir uma vida ou negócio dependem da aprovação dos dados do bureau de crédito. O Lending Club construiu um negócio multibilionário por precificar com precisão o risco de devedores que foram sobretaxados por operadoras de cartão de crédito. Plataformas emergentes de empréstimo estão encontrando novas maneiras de desviar e superar o FICO – o "padrão de ouro" dos departamentos de crédito. No mundo desenvolvido, os bancos estão sentados (e não utilizando) sobre uma riqueza de dados disponíveis que melhoraria suas decisões de originação de empréstimo. Os bancos precisam ficar mais espertos para alcançar as capacidades assumidas das novas plataformas de empréstimos do mercado.

Até quando se tem um repositório privado para dados de pagamento, como os departamentos de crédito nos EUA, é incrivelmente caro acessá-lo. Um hard pull de um único bureau americano custa ao credor entre $1 e $2 em escala, dependendo do seu tamanho. Isso funciona bem para um empréstimo de automóvel ou hipoteca, em que a assinatura é feita apenas algumas vezes na vida do consumidor, mas é inteiramente antieconômico fazê-lo regularmente – como uma taxa ajustável de empréstimo rotativo ou para empréstimos de pequenas quantias ("Você pode me emprestar alguns dólares? Esse documento de seis meses atrás mostra que eu tenho uma boa pontuação FICO!").

Por todo o mundo, o desafio é que a maioria dos países não tem bureaus de crédito, e aqueles que o têm apenas tendem a reportar um comportamento negativo de pagamento (oposto ao comportamento positivo e negativo e à pontuação numérica). Mesmo assim, a cobertura é irregular, já que a maioria da população não está nem listada nas bases de dados do bureau de crédito. A maioria dos pagamentos de utilidades e contas não é capturada ou relatada. Muitas organizações ainda mantêm grande coleção de dados à mão.

Subscrições baseadas em dados comportamentais, usando machine learning (aprendizado de máquina), redes neurais e outras técnicas estatísticas avançadas, fornecerão a escalabilidade exigida para que instituições financeiras ofereçam mais àqueles ainda sem acesso. Telefones celulares estão tornando a maioria das pessoas do mundo eletronicamente acessíveis pela primeira vez e estão fornecendo uma riqueza de dados que não pode ser comparada com uma pilha obsoleta de recibos carimbados de contas. A não ser que os bancos e os credores tradicionais pensem em si primariamente como empresas de dados e tecnologia, eles se tornarão cada vez mais irrelevantes.

Subscrição de não crédito baseada em bureau é uma área que promete muito no mundo em desenvolvimento. De fato, na China, o Social Credit Scoring realizado pela Sesame Credit (parte do Alibaba) deve pontuar o crédito de

[1] Veja: <http://elibrary.worldbank.org/doi/pdf/10.1596/1813-9450-6025>.

[2] Veja: <http://www.foundationcapital.com/admin/resources/whitepapers/p2p-lending-print-h-v20.pdf>.

900 milhões de pessoas antes de 2020. Nos EUA e em alguns outros países em desenvolvimento, leis de empréstimo justo limitam o uso de muitas partes dos dados comportamentais e demográficos para fazer decisões de crédito. Acredito que a transição mundial de feature phones (celulares intermediários entre os smartphones e os modelos comuns) para smartphones estará praticamente completa dentro de um ou dois ciclos de substituição (máximo de 5–10 anos) e, a essa altura, o uso abrangente de dados de telefones móveis para tomar decisões de subscrição de clientes será a regra.

Há muitas oportunidades pela frente, e uma nova noção de identidade pode emergir via novas tecnologias. As blockchains de bitcoin têm um potencial enorme aqui. Eu não entrarei em detalhes de bitcoin, mas dada a natureza distribuída da blockchain, a emergência de um bureau de crédito descentralizado com alcance global é agora uma possibilidade real. Usar a blockchain para criar um repositório global das transações de crédito mundiais estabelecerá uma nova maneira de avaliar subscrições e riscos com dados que estavam indisponíveis anteriormente. A noção de um histórico pequeno ou inexistente de crédito pode tornar-se irrelevante – pessoas e empresas terão acesso total e instantâneo a seu histórico de crédito completo e farão uso dele para acessar empréstimos em qualquer país, independente de por quanto tempo que esses mutuários estejam lá. A noção de portabilidade de dados por bureaus de crédito ainda é inexistente. Para clientes, os custos de mudar de instituição financeira (monetária e conveniência) serão reduzidos drasticamente. Para manter um cliente, os bancos terão que competir em níveis de serviço e preço.

Baixando os Custos, Aumentando a Frequência de Transações

Todos os dias, a maioria dos americanos passa seus cartões de crédito para mantimentos, contas de utilidades ou uma saída à noite. Taxas são aplicadas – os comerciantes pagam aproximadamente 30 centavos mais 3% do valor da transação –, e, apesar de caro, os comerciantes aceitam, devido à conveniência que os cartões de crédito dão a seus clientes. Dado que a maioria dos varejistas tem margens líquidas de 5% a 10%, aceitar pagamentos de cartão de crédito normalmente varre metade ou mais de seus lucros! Além disso, imagine que você seja um comerciante que também faz parte dos três bilhões de pessoas (50% da população mundial) que vive com menos de $2,50 por dia. A taxa fixa de cartão de crédito de 30 centavos não funciona. Quem pagaria um terço de sua renda (mais impostos, que frequentemente não são coletados em transações com dinheiro) só para passar um cartão?

Neste caso, a bitcoin – a internet do dinheiro – tem um potencial promissor para diminuir os custos de transações. Qualquer um pode enviar milhares de bitcoins pelo mundo tão facilmente quanto enviar um centésimo de uma bitcoin, sem ficar sujeito a taxas de transação e envio. Além do mais, diferente do dinheiro, informações detalhadas da transação podem ser anexadas a ela, e esta pode ser programada para ser validada apenas depois que qualquer condição combinada tenha sido satisfeita – tudo sem qualquer custo extra. Isso, sim, é reduzir os custos de mover dinheiro pelo mundo!

A maioria dos custos de conter e mover pequenos balanços será retirado de tal sistema (eventualmente incluindo o seguro de depósito). A entrega eletrônica e o desembolso instantâneo de fundos ocorrerão via telefone celular. A amortização diária será possível para microempréstimos. Serviços financeiros de repartição simples (PAYG – do inglês, Pay As You Go) estão no horizonte. À medida que a frequência das transações aumentarem, por todos os serviços financeiros, a habilidade de todos os participantes (tanto clientes quanto credores) de reagir melhor e prevenir choques financeiros melhorará dramaticamente.

Não bancos, enquanto ainda dão lucro e servem mais clientes, realizarão melhor muitas funções dos bancos. É natural que fornecedores de serviços que interagem mais frequentemente com clientes (telefonia móvel, varejistas, provedores de internet) realizem muitas das funções de relacionamento do consumidor. Em muitos cenários, os bancos precisarão fazer parcerias com tais provedores de custo mais baixo para permanecerem competitivos e relevantes aos consumidores que estão experimentando serviços financeiros pela primeira vez. É difícil de se imaginar que bancos usarão suas agências daqui a vinte anos!

A Mudança está Chegando, Passando em um Banco Perto de Você

O atual sistema bancário não está equipado para realizar a tarefa desafiadora de adaptar-se ao novo cenário digital. Bancos usam principalmente infraestrutura tecnológica antiga centralizada e dependem muito de agências caras e processos manuais. Além disso, dado seu papel na recente crise financeira, eles continuarão enfrentando cada vez mais restrições capitais e regulamentais. Bancos continuarão a se afastar do empréstimo para clientes "arriscados". Dada sua alta base de custos, eles não podem pagar para subscrever e emprestar dinheiro em pequenas quantias, como seria conveniente para os clientes.

Com essa estrutura de custo, os bancos contam muito com taxas e penalidades complicadas para fazer dinheiro – não precisando manter reservas de capital para obtê-las. Veja o cheque especial, que gera mais de \$30 bilhões em taxas por ano,[3] em empréstimos automáticos de cheque especial de menos de \$30 bilhões para o mesmo período. Um estudo da FDIC descobriu que o consumidor médio pagaria uma APR implícita de 3.520% em um cheque especial de \$24 em caixa eletrônico (com a taxa média de débito de \$34) – se o empréstimo do cheque especial fosse pago em duas semanas.[4] A propósito, em 2007, as cobranças totais de cheque especial foram de \$ 17,5 bilhões, então esse item de linha cresceu em "saudáveis" 9% CAGR desde então.

As plataformas de empréstimos (marketplace) têm a chave para tornar as finanças tão significativas e bem distribuídas quanto deveriam. Abraçar novas fontes de dados e técnicas de subscrição, assim como usar tecnologias de redução de custos e facilitadoras de recursos como a bitcoin e a blockchain, é onde as próximas oportunidades em escala de massa serão destravadas. Empréstimos no século XXI virão com a promessa de transformar o mundo. O mercado tratado é imenso – cinco bilhões de pessoas. Há ainda muitos empréstimos a serem feitos, e um trilhão deles podem ser só o começo.

[3] Veja: <http://www.bloomberg.com/news/articles/2014-07-31/banks-face-hit-on-30-billion-inoverdraft- fees-from-cfpb-rules>.

[4] Veja: <http://www.bankrate.com/finance/investing/fdic-study-outrageous-overdraft-fees-1.aspx>.

A Próxima Grande Inovação em FinTech – Identidade

Por Benjamin Wakeham
Fundador & CEO, Pollen

A identidade está mudando. Historicamente baseada na família, clã e reputação, é agora governada pelo estado – incumbente na forma mais verdadeira. Um cartão de plástico deve ser um mecanismo para definir quem somos, de onde viemos e se essa informação é legítima. Algo em que empresas e indivíduos arriscam seu futuro e sua história.

Identidade é uma peça-chave da infraestrutura global que sustenta cada elemento de nossa vida. Residimos em um mundo muito avançado para nossa infraestrutura atual de identificação. À medida que nos movemos de um mundo físico para um mundo digital, a identidade deve adotar qualquer inovação transformativa.

Entretanto, não é só a identidade que está mudando. O conceito de dinheiro também está se transformando profundamente – foi previsto que 2015 seria marcado como o ano no qual transações digitais ultrapassariam o dinheiro. Com as duas tendências convergindo, potencialmente, tudo de que precisaremos para fazer transações será nossa identidade. O conceito de pagamento não é o de duas entidades trocando valores de qualquer maneira? Se você observar a nota de £10, "Eu prometo pagar ao portador", é um mecanismo de confiança, exceto que com o dinheiro físico a confiança é colocada no banco central.

Nos EUA, no início da década de 1950, devido à falta de infraestrutura de viagens pelo país, as transações ocorriam dentro de vilas e cidades. A maioria dos comerciantes conhecia seus clientes por nome e, portanto, mantinha um livro de crédito para cada cliente, que pagaria seus débitos a cada mês, por medo de ser banido da loja. No entanto, com o crescimento das redes ferroviárias e estradas, as pessoas começaram a se mover de um estado a outro. Julgar a credibilidade de uma pessoa tornou-se quase impossível.

Então, em 1960, um engenheiro da IBM chamado Forret Parry, que estava desenvolvendo um novo tipo de cartão de identidade para a CIA, teve uma epifania: por que não tornar cada cartão um pequeno dispositivo de armazenamento de dados em si e por si? Ele cortou um pequeno comprimento de meia polegada de largura de fita magnética de um rolo e envolveu o cartão de plástico em branco, segurando-o com fita adesiva e, então, por sugestão de sua esposa, pressionou-o com um ferro quente. Nasceu a fita magnética. Ao fazer um pagamento, isso, junto com sua assinatura, tem sido a verificação de identidade de fato há mais de 50 anos.

Se Não Está Quebrado, Não Conserte, Certo?

No entanto, a pirataria de dados de pagamento estava nas alturas em 2014, com um aumento de 21% sobre o ano anterior. A Home Depot acredita que um ciberataque anteriormente naquele ano afetou 56 milhões de cartões únicos de pagamento como parte da maior falha da segurança do varejo da história.

Javelin Strategy & Research descobriu que $16 bilhões foram roubados de 12,7 milhões de consumidores norte-americanos em 2014, ou, em outras palavras, houve uma nova vítima de fraude de identidade a cada dois segundos em 2014.

A identidade, no entanto, alcança muito além de apenas pagamentos. O escritor de um artigo do *New York Times* detalhou como uma recente falha de segurança no setor da saúde expôs sua filha ao roubo de identidade que poderia deixá-la impossibilitada pelo resto da vida, pois seu número de Seguro Social foi roubado. Desde 2005, mais de 675 milhões de registros de dados estiveram envolvidos em falhas de segurança só nos EUA, de acordo com o Identity Theft Resource Center. Com esse nível de informação, fraudadores podem criar novas contas bancárias ou obter empréstimos com o nome verdadeiro da pessoa. As oportunidades para fraudadores são em grande parte devido ao número absoluto de contas online que as pessoas têm atualmente. A Experian descobriu que, em média, os residentes do Reino Unido terão cerca de 26 contas, enquanto pessoas entre 25 e 34 anos são mais propensas a ter 40, e cerca de 25% usam a mesma senha para a maioria de suas contas, em vez de fazer uma senha única para cada site.

Algumas pessoas argumentam que ligar identidade e pagamentos leva à perda de proteção de dados e anonimato. Minha refutação consiste do fato de que há uma diferença entre privacidade e anonimato. O uso dos cartões de presente da Amazon na indústria de serviços adultos de webcam (eu descobri isso por meio de pesquisa, não por conhecimento próprio) significa que os usuários precisam apenas compartilhar um identificador como um endereço de e-mail para criar transações, protegendo, portanto, sua privacidade. Aqueles presos à noção de anonimato por meio de transações monetárias não têm muita escolha. Eric Karson, professor de Marketing e direito empresarial na Escola de Negócios Billanova, acredita que daqui a 20 anos, o dinheiro em papel e as moedas estarão próximos da extinção, em parte porque o custo de produzir dinheiro continuará a aumentar e a resistência dos clientes eventualmente enfraquecerá. "À medida que o tempo passar, cada vez mais clientes ficarão mais confortáveis com tudo digital. As crianças de hoje crescerão. Haverá cada vez menos separação entre a vida digital e a vida no geral."

Então vamos todos embarcar e navegar por um novo mundo de identidade e confiança digital – existem certas empresas tentando estabilizar esse navio.

Login Social

Isso tem sido adotado amplamente tanto por negócios quanto por clientes, permitindo que os usuários verifiquem suas identidades e entrem em websites e aplicativos móveis usando perfis existentes de redes sociais como o Facebook e o LinkedIn. Isso não só cria uma experiência mais simplificada, mas também permite que os comerciantes capturem e aproveitem dados primários e ricos da identidade social – assustador, embora os usuários claramente não se importem – o Login do Facebook foi usado mais de 10 bilhões de vezes só em 2013.

Digits do Twitter

No fim de 2014, o Twitter introduziu o Digits, uma ferramenta que permite que os usuários registrem-se para apps móveis e autentiquem suas identidades sem precisar criar novas credenciais de login. Em vez de criar novos nomes de usuários e senhas, os clientes podem entrar usando o número de celular – um mecanismo de identificação que já usam todos os dias, eliminando a fadiga das senhas para os usuários e reduzindo a quantidade de spam ou contas inativas com as quais os negócios precisam lidar. Um indivíduo entra usando seu número de celular, recebe um código SMS, insere o código no campo de verificação, e o processo está completo.

Apple Touch ID

Introduzido ao iPhone 5S, é uma combinação de digital biométrica, localização GPS e tokenização. A Natwest e a RBS no Reino Unido estão usando-o atualmente, em vez de senhas para login de contas, e é um ponto focal para segurança do Apple Play, levando-o além de cartões de débito/crédito em termos de segurança. É algo para se observar nos próximos anos.

Trulioo

Trulioo é o primeiro "bureau de identidade" impulsionado socialmente do mundo, fornecendo um API[1] a negócios online apresentando níveis de grau bancário de segurança, para verificar instantaneamente usuários por todo o mundo. Trulioo criou um produto de verificação de identidade que funde dados tradicionais e de ciberidentidade, permitindo que organizações verifiquem pessoas online independente de localização, raça, credo, cor, situação, circunstância ou ambiente – em qualquer lugar e momento.

Enquanto essas aplicações tentam criar uma solução para o problema da senha, eu acho que precisamos olhar mais fundo e pensar grande. A gestão de identidade foi identificada como um dos desafios mais importantes a ser superado – se soubermos exatamente quem faz/recebe pagamentos globalmente, os sistemas financeiros poderão ser mais seguros (evitando fraude, economias de mercado negro etc.) e, portanto, levar a um maior desenvolvimento econômico.

"Identidade" não é uma noção simples. Pessoas podem ter muitas identidades sobrepostas que são fundamentais à sua individualidade. Identidades podem exercitar uma influência poderosa na saúde e no bem-estar de comunidades e no grau em que podem construir capital social.

> O maior princípio de uma política de estado bem regulada é este: que cada pessoa deve estar em todos os tempos e lugares... reconhecida como tal ou como a pessoa específica.
>
> *Johann Gottlieb Fichte (1796)*

[1] API (Application Programming Interface) significa, em português, Interface de Programação de Aplicativo, um conjunto de rotinas, protocolos e ferramentas para construir aplicações de software. O API especifica como os componentes do software devem interagir. Veja o capítulo intitulado "Abraçando a Economia API Conectada" para mais detalhes.

Identidade, no entanto, não se trata de controle, mas de honestidade.

A internet é atualmente algo parecido com o Velho Oeste. Exceto que, em vez de foras da lei, há hackers e fraudadores. Atualmente, o motivo pelo qual essas entidades black hat operam é principalmente para causar danos digitais. Mas nossos mundos digital e físico estão ficando cada vez mais integrados – como pagamentos, eles são um, e é tudo sobre conectividade e interação. Com o advento da robótica, a internet das coisas e a inteligência artificial, podem não ser nossas contas bancárias a serem hackeadas, mas potencialmente nossos aviões ou robôs ajudantes de parentes idosos. Estou muito otimista com a IA (Inteligência Artificial). Nas mãos certas, pode fazer mais pela humanidade do que qualquer outra inovação até hoje. Entretanto, nas mãos erradas poderia ser catastrófica, e a quem pertencem essas mãos remete à identidade.

Minha visão é para "White Space" na internet. Um conceito construído sobre redes, em vez de cartões de índice em um arquivo. Dados sendo compartilhados entre entidades para criar uma visão mais holística de um indivíduo ou entidade. Será a reputação, em vez de regulação, que animará a confiança na troca econômica. O político Edmund Bohun, em 1696, disse que não havia dinheiro na Inglaterra porque "nenhuma troca é gerida a não ser pela confiança".

Devido a avanços em tecnologia de registro descentralizado, agora é possível para um registro, seja um passaporte ou conta bancária, ser encriptado e validado entre todos os participantes na rede. Estou falando da blockchain, a infraestrutura na qual a bitcoin se baseia. É atualmente a maior tecnologia de registro descentralizado de 2015 e, portanto, a mais à prova de falhas – como nas redes, o tamanho importa. Para todos aqueles envolvidos em tecnologia blockchain, parece impossível de ser escalado, e é. Eficiências precisarão ser criadas ao redor disso – à medida que a rede cresce, nem todo registro precisará ser resumido em cada nodo. A chave é o poder da rede fazendo a informação armazenada de tal maneira que alterações não autorizadas sejam impossíveis e, portanto, a rede possa ser confiável.

Podemos então criar um porto seguro onde apenas "identidades validadas" possam interagir e fazer transações, onde pessoas estejam conectadas permanentemente à rede. Mas é necessário ir ainda mais fundo do que apenas estar conectado biometricamente a um telefone, precisa ser uma conectividade web com pontos de contato regulares confirmando ou questionando a identidade. Essa teia de informações criaria essencialmente uma rede de autopoliciamento que não precisa ser bisbilhotada ou monitorada da maneira que é atualmente. Ela, portanto, nos leva de volta a algo remanescente do século XVII, e à importância da reputação. Uma época em que indivíduos tinham orgulho de como se portavam em todos os aspectos de sua vida de negócios, social e pessoal. Algo que, eu acho que todos concordariam, poderia ajudar a civilização no presente.

Gigantes da Tecnologia Tornando-se Bancos Não Bancos

Por Eric van der Kleij
Antigo Chefe do Level 39 Technology Accelerator;
Diretor Administrativo, ENTIQ

Em março de 2015, o Level 39, o maior acelerador da Europa de tecnologias financeira, de varejo, cibersegurança e de cidade futura com base em Canary Wharf, em Londres, celebrou seu segundo aniversário. Isso nos deu uma grande oportunidade de pegar o que aprendemos nos últimos dois anos e aguardar o futuro de FinTech. Fizemos várias previsões, e a mais tentadora foi a de que o gigante das mídias sociais Facebook, se escolhesse fazê-lo, poderia tornar-se um banco não banco. Só duas semanas mais tarde, o Facebook anunciou o Facebook Pay. Tal é o ritmo animador de mudanças afetando a indústria. É também a maior oportunidade.

Para alguns, o Facebook tornando-se um grande player de serviços financeiros capaz de concorrer com os atuais gigantes pode ser uma afirmação estranha. Mas se explorarmos alguns dos raciocínios por trás disso, começam a surgir algumas possibilidades atraentes e totalmente perturbadoras para o setor FinTech como um todo.

A grande questão voltada para organizações estabelecidas de serviços financeiros, de bancos a seguradoras, e além, é se podem recuperar a confiança do consumidor para proteger seu banco de varejo e privado e negócios voltados ao consumidor. A crise financeira teve muitas vítimas, e os grandes bancos e seguradoras estão entre elas. A incerteza adicional de tudo isso é se os consumidores podem confiar nos governos, e isso está acontecendo atualmente em lugares como a Grécia – com ainda mais incerteza pela frente. A falta de confiança em qualquer coisa que pode ser entendida pelo consumidor como serviços financeiros tradicionais estão atingindo em níveis desconfortáveis, se não tornando-se endêmicos. Mas a questão mais fascinante não é se os bancos podem reconquistar a confiança, mas, sim, se deveriam tentar. Deveríamos estar repensando em modelos de serviços financeiros para permitir que uma nova onda de marcas voltadas ao consumidor surgisse, com bancos tradicionais se tornando os bancos de serviço por trás dessas novas marcas?

A erosão da confiança em bancos de varejo é, claro, parcialmente uma função da partida dos bancos de sua proposta original de manter nosso dinheiro seguro em troca de uma nota promissória. A promessa de pagar ao portador sob demanda permanece nas notas bancárias, mas é coisa da história. Indiscutivelmente, a partida dessa antiga promessa é um fator contribuidor para a decepção do cliente no que a marca de seu banco passou a representar no final.

Você pode ver sinais interessantes dessas flutuações no valor de uma bitcoin (efetivamente uma moeda não soberana, com apenas a confiança de seus usuários apoiando seu valor), que tende a subir quando há sentimentos negativos ou desconfiança nos serviços bancários e finanças tradicionais. Se, por exemplo, os gregos descobrirem que não podem sacar dinheiro do banco, mas que podem receber pagamento por seu produto em bitcoin, e se eles puderem comprar cada vez mais coisas com essas bitcoins (instantaneamente e sem taxas bancárias), então quem poderia culpá-los por fazer a troca?

Mas considere isso: se provedores tradicionais de serviços financeiros se reposicionarem como "infraestrutura" ou bancos de serviço, ou seguradoras de serviços por trás das novas marcas não financeiras de confiança, eles podem não mais precisar lutar para permanecer como marcas caras de varejo. Isso criaria uma oportunidade para que marcas com melhor confiança dos consumidores surgissem como players de serviços financeiros potencialmente muito fortes, à medida que os mercados se abrem para a competição de plataformas inteiramente novas. Esses concorrentes digitais gozariam do privilégio de construir plataformas altamente eficientes do zero sem as despesas gerais financeiras ou de reputação de apoiar um legado. Como tal, devem achar mais fácil atender às novas exigências regulatórias demandadas da indústria. Eles certamente estarão bem posicionados para alcançar uma única visão de cliente, que é algo que iludiu os bancos antigos por anos.

Mas isso realmente acontecerá? Os primeiros sinais sugerem que sim, e o ritmo da mudança é rápido. Em apenas um ano vimos o Facebook lançar uma ferramenta gratuita de pagamentos de amigo para amigo; a Atom lançou seu challenger bank baseado em aplicativo; Alibaba, a maior plataforma de e-commerce da China, abriu o Mybank online; e a Amazon ofereceu empréstimos a PMEs que vendem através de sua plataforma. O potencial para o Facebook neste contexto é fenomenal. Mais do que qualquer outra plataforma de mídia social, o Facebook é o guardião da narrativa de nossas vidas. Enquanto o debate atual sobre privacidade aumenta e os comentaristas se confrontam com imperativos políticos, um fato permanece: o Facebook sabe de coisas sobre nós que nenhuma outra empresa sabe. Logo, estão em uma posição incomparável para nos oferecer produtos de serviços financeiros, porque podem avaliar demanda, risco e potencialidade de caráter de uma maneira mais rica e profunda do que já foi possível anteriormente. Diferente de casas de notação de crédito, o tesouro de visões pessoais do Facebook adiciona mais camadas à avaliação de risco do que investigações através de dados antigos, históricos transacionais e listas eleitorais. Portanto, move o processo de uma posição numérica amplamente unidimensional para uma dimensão completamente mais comportamental e temática.

Um contribuidor-chave para a crise financeira foi a origem descontrolada de processos de subscrição de empresas de hipoteca. Se esses credores tivessem um sinal a mais, tal como um sistema simples de semáforos com base em um perfil baseado em narrativa de vida e apenas emprestassem aos "verdes" e "amarelos", você acha que seus títulos hipotecários teriam sido mais seguros? Meu palpite é absolutamente que sim, especialmente se o valor máximo real e o risco dessas seguranças "empacotadas" fossem instantaneamente tornadas transparentes por meio da inovação FinTech como a indelével verdade incorporada em uma blockchain.

A extensão completa das ambições do Facebook em serviços financeiros está só começando a ficar aparente, mas o que é óbvio é a fenomenal vantagem disruptiva que o Facebook teria se escolhesse entrar totalmente no setor. Se bem tratado, e com transparência tranquilizadora, um movimento sério em serviços financeiros poderia encantar totalmente sua comunidade.

Se, pelo bem do argumento, considerarmos o Facebook como sendo uma marca mais confiável do que muitos bancos são agora, o fato de que pode competir muito agressivamente oferecendo serviços gratuitos é uma boa coisa para o consumidor. Ele reduz o custo do consumidor e fornece uma escolha melhor. Para quem tem pouco acesso ao banco e orçamento familiar apertado, a economia de algum dinheiro em pagamentos de contas ao longo do ano pode ser significativa.

Mas esse modelo levanta a necessidade de um relacionamento totalmente novo de confiança. O consumidor precisa estar satisfeito de que confiam seus dados com seu novo "banco não banco". Então precisa haver uma nova promessa. Enquanto antigamente o banco prometia pagar ao portador com prata, a nova promessa pode ser uma garantia de não compartilhar seus dados, e ser, de fato, o banco dos seus dados que irá mantê-los seguros. Ou eles ainda vão um passo além? A nova promessa ao portador poderia ser realmente: "Se você confiar em mim para manter seus dados seguros, eu otimizarei seu valor ajudando-o a monetizá-lo". Ainda, é claro, serviços financeiros gratuitos.

Há um volume potencialmente grande de continuous data a ser retirado de narrativas financeiras de clientes que consentem. Os melhores monetizadores de dados do mundo, como Facebook, Google e Twitter, poderiam naturalmente prometer pagar para você, o portador dos dados, em alguma forma de crédito financeiro. Basicamente, o banco não banco poderia pagar "juros" a você sobre seus depósitos de dados. Essa é uma forma inteiramente nova de promessa que a indústria poderia propagar.

Mas as coisas nunca são tão simples, e nem tudo é tão lindo para novos participantes do já estabelecido setor de serviços financeiros. Como eles são novos no mercado, há o risco de subestimar significativamente a escala técnica e as exigências regulatórias para entregar serviços aos bancos tradicionais aos quais estamos acostumados. Novos participantes podem estar aproveitando seu período de lua de mel, mas isso pode facilmente azedar se o consumidor digital sofisticado encontrar interfaces de usuário de segunda classe ou latência nas transações.

Pior ainda, qualquer falha em proteger dados de clientes da maneira que os clientes de serviços financeiros esperam poderia ser devastador. E claro, os novos players também apresentam uma tela mais abrangente de vulnerabilidade para hackers. Quanto mais sistemas existem, mais dados há para hackear, e maior é a vulnerabilidade. Novos participantes no mercado precisarão se atualizar seriamente para entender, replicar ou, de fato, melhorar os sistemas proprietários estabelecidos para proteger os clientes.

Mas uma coisa é certa – a tecnologia terá sucesso. Tecnólogos aprenderão rapidamente que precisam fornecer serviços seguros competitivos à qualidade exigida, ao padrão e ao rigor regulatório. E quando o fizerem, o potencial completo dos bancos não bancos ficará claro.

E se, por exemplo, uma única (ou uma colaboração de) marca de novos serviços financeiros criasse volume suficiente de transações para permitir uma "rede"? É um conceito do setor de telecomunicações, onde operadores permitiam uns aos outros originar e finalizar chamadas em suas respectivas infraestruturas e ter os custos líquidos no final de cada mês. Se aplicada às novas plataformas de bancos de varejo, a rede digital permitiria que um enorme volume de transações contornasse a necessidade de transferência de valor por meio de redes estabelecidas. Os reguladores e autoridades fiscais precisariam ficar felizes, mas se ficassem, então a rede poderia economizar custos substanciais de transmissão com um impacto proporcional em margens. Claro, a rede só seria viável para novas marcas com escala suficiente. Claramente, a oportunidade para um Facebook ou um Alibaba neste contexto é significativa.

Céticos podem fazer uma pergunta simples, mas pertinente: uma nova marca pode, sem experiência nenhuma em serviços financeiros, ter sucesso como um banco, seguradora ou outro provedor de serviços para o consumidor financeiro? De uma perspectiva puramente de marca, há alguns precedentes afirmativos. Como uma marca, a Virgin foi uma gravadora antes de ser um banco (embora um banco que agora oferece cartões de crédito do Sex Pistols). E o Russian Standard Bank, com seus 28 milhões de clientes e 53 mil pontos de vendas em 1.800 cidades, foi uma marca líder de vodca quando seus donos empreendedores fizeram a mudança para serviços bancários. Hoje, a vodca e o banco coexistem com muito sucesso sob uma única identidade de marca e fidelidade de clientes. Então, de uma perspectiva de marca, a ascensão de um banco não banco é completamente possível. Especialmente com o trabalho fenomenal sendo feito por empreendedores para melhorar o controle de acesso, para desenvolver autenticação incontestável e, com o apoio do regulador e da tesouraria, para encorajar bancos a abrir seguramente suas plataformas por meio de APIs.[1]

[1] Veja o capítulo intitulado "Abraçando a Economia API Conectada" para mais detalhes.

Design Não é Mais uma Opção – Experiência do Usuário (UX) em FinTech

Por Terry Cordeiro
Formador de Opinião FinTech

e Ivo Weevers
Cofundador, Albert – Mobile Invoicing App

O design foi, anteriormente, um pensamento secundário no setor de serviços financeiros. No entanto, isso mudou completamente à medida que tais serviços passaram a competir por clientes com as marcas de consumo mais famosas. Um bom design é estrategicamente importante e também fornece orientações para uma boa experiência do usuário (UX – do inglês, User eXperience) em FinTech.

Se um estranho na rua lhe pedisse seus dados bancários, você os daria a ele? E se ele dissesse que os usaria para ajudá-lo com seu planejamento financeiro, você os compartilharia? E, finalmente, se você descobrisse que ele trabalha para uma organização de confiança, autorizada pela Financial Conduct Authority, isso o persuadiria a divulgar seus dados bancários?

Esses tipos de conversas não são incomuns no mundo de FinTech. Tanto no mundo real quanto no digital, o cliente decide com base em sua primeira impressão e normalmente conta com a confiança e a integridade percebida do relacionamento. Projetar UX para FinTech trata dessas interações e relacionamentos construídos em confiança entre o usuário final e o produto.

UX DESIGN = Muita Grana

A mudança de design de um botão aumentou a receita anual de um grande varejista online em $300 milhões.[1] A Expedia aumentou os lucros em $12 milhões mudando o design de seu processo de registro.[2] E um relatório recente da empresa de capital de risco Kleiner Perkin em San Francisco demonstra o importante papel que o design tem no sucesso de novas startups e tecnologias.[3] Hoje, novas soluções tratam menos da tecnologia em si e mais da experiência e valor que criam para o usuário. Muitas empresas de FinTech ainda não abraçaram totalmente a UX, o que pode ser um risco para o sucesso do produto. Este capítulo dá uma breve introdução à UX em FinTech junto a orientações de nossas próprias experiências que esperamos que incitarão o pensamento acerca do tema mais adiante.

Uma Definição para UX

Vamos começar com uma definição formal. "A experiência de usuário engloba todos os aspectos da interação do usuário final com a empresa, seus serviços e seus produtos."[4] Seu objetivo é aumentar a satisfação do usuário melhorando a usabilidade, acessibilidade e prazer fornecido pela interação entre o usuário e o produto (normalmente digital). O UX design inclui design de interação, visual, de movimento, pesquisa de usuário e mais. É um ingrediente crítico em uma abordagem de sucesso de desenvolvimento de produto.

UX e FinTech

Mais de 15 milhões de aplicativos bancários foram baixados no Reino Unido, e quase 80% dos clientes de bancos usam serviços online ou móveis pelo menos uma vez por mês. Os serviços financeiros estão abraçando a revolução digital. Organizações financeiras estão começando a entender o papel crucial da UX na experiência geral do cliente e fidelidade à marca. Cada vez mais têm estabelecido equipes internas de design contratando talentos e adquirindo agências de UX ou empresas de tecnologia guiadas por UX. O banco Capital One, por exemplo, adquiriu a grande agência de UX design Adaptive Path e o aplicativo de finanças pessoais guiado por UX Level Money para criar rapidamente uma quantidade excepcional de talentos internos de design.

A natureza dos serviços financeiros, no entanto, impõe desafios específicos para projetar grandes experiências. Seu ambiente altamente regulado precisa de segurança e proteção de dados, identificação forte e procedimentos de autenticação e depende de infraestruturas antigas, mas cruciais. Essas condições normalmente ameaçam interações ideais.

---

[1] O botão de $300 milhões: <http://www.uie.com/articles/three_hund_million_button>.

[2] Expedia apaga um campo de seu processo de registro e aumenta lucro em $12m: <http:// www .conversionvoodoo.com/blog/2011/11/expedia-deletes-one-field-from-their-registration-processincreases-profit-12m/>.

[3] Design In Tech Report, John Maeda, Design partner, Kleiner Perkins Caufield & Byers: <http:// www. kpcb.com/blog/design-in-tech-report-2015>.

[4] Experiência de Usuário: http://www.nngroup.com/articles/definition-user-experience/.

Um Exemplo: Fadiga de Senha

Para proteger seus dados e seu dinheiro, os serviços verificam se somos quem dizemos ser. Essa autenticação normalmente depende muito de nomes de usuários e senhas. O problema é que senhas seguras são difíceis de criar e de lembrar. Além disso, temos várias senhas e nomes de usuários.

Para dar uma indicação, a pessoa média:

- Entra em 10 sites/apps móveis diferentes por dia
- Tem senhas para 30–40 sites.

Para lidar com esse fardo cognitivo, as pessoas criam senhas fáceis de lembrar, como o nome da primeira namorada com o ano de nascimento dela (laura1980). Fácil de lembrar? Sim. Segura? Não. O mais seguro seria criar uma senha única para cada site, consistindo de uma combinação aleatória e longa de alfanuméricos e símbolos (KJ76RTnns!). Segura? Sim. Fácil de lembrar? Não. UX pobre? Definitivamente.

Telas de login de serviços bancários móveis escolheram diferentes mecanismos de autenticação, resultando em diferentes envolvimentos de produtos. Com o primeiro, o usuário precisa contar em sua cabeça os caracteres necessários, o que é um grande fardo cognitivo. O segundo usa o reconhecimento de digital do iPhone, que exige muito menos poder cognitivo. Mecanismos recentes estão explorando alternativas emocionais, como usar emojis para encontrar maneiras mais seguras e muito mais fáceis de interagir. Escolhas de design em processos de registro e botões têm um impacto enorme na adoção e na renda. Elas devem ser levadas a sério.

Sete Orientações

Os últimos anos viram mudanças dramáticas em como as pessoas se envolvem com marcas. Novos dispositivos inteligentes, com mecanismos de interação variados e com o poder de computadores desktop, estão revolucionando as necessidades imediatas das pessoas. E isso está acontecendo em um mundo que se move cada vez mais rápido todos os dias.

Com esses paradigmas em movimento, e a necessidade de construir interações de confiança entre usuários e produtos, as organizações de FinTech precisam colocar o UX design como algo central em suas organizações. Essa não é uma questão de colocar uma cor em produtos. Decisões de design feitas em vários estágios do processo de desenvolvimento terão impacto significativo no sucesso do produto.

Com base em nossos próprios anos de experiência em organizações FinTech grandes e pequenas, definimos sete orientações que se provaram úteis em projetar experiências financeiras.

1. Investir em design desde o início

   A perspectiva de marketing do século XX de "fazer as pessoas desejarem coisas" mudou para uma abordagem do século XXI de "fazer coisas que as pessoas queiram".[5] Design – com foco em usuários – é a rota através da qual as marcas terão ou não sucesso. Imagine a criação de um novo produto de pagamento móvel. Seu sucesso depende de se os clientes têm uma primeira impressão positiva, confiam, assinam, entendem e voltam da próxima vez para fazer outro pagamento. O UX design influencia todos esses passos e, portanto, deveria ser importante desde o início. Precisa ser integrado de perto com a maioria das decisões de negócios. Para alcançar isso, uma organização precisa:

   a. Dedicar tempo e dinheiro para o design desde o início;
   b. Construir uma equipe de design empoderada, talentosa e, de preferência, interna;
   c. Definir objetivos claros de design de negócios.

   O quarto empregado do Square, a empresa de pagamentos baseada nos EUA, foi um diretor criativo. Muitas novas empresas de tecnologia de sucesso, como a AirBnB e o Pinterest, têm designers como fundadores.

2. Entender todos os passos na experiência end-to-end

   Quando realizamos um piloto de pagamento móvel para um grande banco do Reino Unido, descobrimos que seu potencial contava principalmente com a compatibilidade de sistemas de ponto de vendas terceirizados. Os usuários entenderiam como usar o app de pagamentos, iniciariam o pagamento e até lembrariam de pegar seu telefone celular para fazê-lo. Entretanto, como sistemas de pontos de vendas se comunicam de maneira diferente (mesmo dentro das mesmas lojas), houve falhas de pagamento e, como consequência, os usuários perderam a confiança.

[5] The secrets of the Chief Design Officer: <http://www.designcouncil.org.uk/news-opinion/secretschief-design-officer-0

Frequentemente, serviços financeiros, mais do que muitas outras indústrias, dependem de sistemas terceirizados para completar as experiências end-to-end. Estas podem incluir sistemas de compra, segurança e verificações de crédito, conexões bancárias e muito mais. Escolhas estratégicas como com quais sistemas fazer parceria terão um impacto enorme na adoção do produto. Por exemplo, os dados exigidos, o suporte necessário ou a maneira com que esses sistemas se integram em experiências móveis, todos são importantes influenciadores na experiência do usuário. Qualquer escolha estratégica de infraestrutura e tecnologia deve ser considerada e testada à luz da experiência esperada pelo usuário final.

3. Casar design e engenharia

Ótima UX não se trata do que está acontecendo na tela. Colaboração próxima com a engenharia é um fator subestimado, mas crucial. O código e sua performance impactam diretamente na percepção da qualidade do produto pelo usuário. Essa percepção é formada por coisas como o tempo de inicialização, comportamento de carregamento de página, suavidade de transições e animações, erros e tempo de espera. O Instagram é um ótimo exemplo de como alcançar uma experiência móvel extremamente rápida fechando uma colaboração próxima com a engenharia e o design.[6] Alguns exemplos:

a. O software inicializa fazendo o upload da imagem depois que o usuário a tirou, mas *antes* ele confirmou os detalhes, fornecendo ao cliente um sentido de velocidade e contribuindo com a facilidade de uso.
b. O processamento local rápido de filtros de fotos para a imagem tornou-se um recurso matador, diferenciando o app de todos os outros.

As melhores experiências digitais são criadas por um casamento feliz entre design e engenharia. Nós vimos muitas iniciativas lutarem com isso por causa da terceirização de um ou outro, ou não entendendo e não se comunicando entre os dois. Escolhas sobre como organizar o design e a engenharia são cruciais para fazer o casamento funcionar.

4. Use o design para acelerar a tomada de decisão

Técnicas de design como protótipo rápido maximizam o aprendizado rápido. Elas são usadas pelo Design Sprint da Google Venture[7] e o método Build-Measure-Learn.[8] O design torna as ideias tangíveis, o que permite que sejam testadas rapidamente com usuários finais em potencial, e, muito importante para FinTech, podem ser avaliadas rapidamente à luz de outros fatores financeiros, como risco e acordo. Cria um atalho para os ciclos usuais de debates infinitos e comprime meses em uma semana.

Um exemplo: em uma startup anterior, tínhamos que construir o fluxo de inscrição para um serviço de pagamentos. A equipe tinha debates infinitos sobre se o usuário deveria usar um código pin numérico, uma senha com base em caracteres ou um login do Facebook. Um protótipo simples construído em meio dia revelou que (naquela época) o login do Facebook não era confiável com serviços financeiros e uma senha diminuiria a velocidade do usuário muito mais do que um código pin. Uma decisão foi tomada. Técnicas rápidas de prototipação ajudaram a entender problemas por todas as disciplinas e a tomar decisões muito mais rapidamente.

5. Economize tempo de desenvolvimento caro

Os designers e engenheiros da FinTech Albert baseada em Londres repetiram várias vezes o fluxo de inscrição para nosso app móvel. Eles projetaram telas, as reuniram em um protótipo e testaram com várias pessoas. E então incorporaram o feedback, atualizaram os designs e começaram novamente. Até que a melhor experiência do usuário fosse encontrada.

O que começou como um fluxo de onze telas foi simplificado para seis telas. A maioria das telas seguia um layout similar. Isso não só resultou em uma experiência muito mais simples (um sucesso de 100% de inscrições foi alcançado no teste beta), mas também em um ciclo de desenvolvimento muito mais rápido:

a. Equipe de desenvolvimento necessária para implementar e menos telas e casos de erros.
b. As telas seguiam layouts similares, o que permitiu a reutilização do código.

Horas de repetições de design economizaram semanas de trabalho de desenvolvimento. Instilar práticas de design desde o começo economizará muito trabalho dessa natureza.

[6] The 3 White Lies Behind Instagram's Lightning Speed: <http://www.fastcodesign.com/1669788/the-3-white-lies-behind-instagrams-lightning-speed>.

[7] Design Sprint da Google Venture: <http://www.gv.com/sprint/>.

[8] Método Build-Measure-Learn em "The Lean Startup": <http://theleanstartup.com/>.

6. Vise uma simplicidade como a do Uber com um alto nível de confiança

   Apps financeiros móveis residem no mesmo telefone que apps como o Uber e o Instagram. Os usuários comparam apps financeiros com esses apps de consumo (em vez de outros apps financeiros). Além disso, o app financeiro precisa construir confiança extra. Perder uma foto é chato, mas vazar dados financeiros é desastroso. Experiências em FinTech devem ter a simplicidade de outras experiências de consumo, mas com cuidado a mais devotado à segurança e construção de confiança. Há muitas maneiras de se fazer isso. Esses são alguns exemplos que se mostraram muito úteis:

   - Explique medidas de segurança: A ferramenta de finanças pessoais Mint foi uma das primeiras a começar explicando clara e sinceramente para os usuários os mecanismos de encriptação que usou para garantir a segurança de dados.
   - Pessoas esquecem senhas: Acontece. Garanta que a jornada para reiniciar a senha seja uma parte simples e integrada da experiência geral; isso nunca deve ser deixado para depois.
   - Deixe os usuários controlarem quando dados sensíveis forem exibidos: Um ótimo recurso novo em pagamento móvel que desenvolvemos gerou um código de acesso para o usuário entrar em um caixa eletrônico. Um teste rápido com usuários mostrou que as pessoas estavam preocupadas que outros poderiam ler o código na tela do celular. Garantimos que o código fosse inicialmente mascarado, deixando o usuário decidir quando se sentisse confortável para revelá-lo.
   - Novas tecnologias normalmente introduzem novas maneiras de interagir com dados. Isso pode ser legal e único, mas também perturbador. Quanto mais próximo um design ressoa com o que um usuário sabe, mais fácil é construir confiança. Soluções em FinTech devem manter as expectativas dos usuários atuais de interagir com novas tecnologias em mente quando projetam novas experiências.

7. Coisas atraentes reduzem erros

   A boa estética não terá somente um apelo maior, mas também trará benefícios funcionais e redução de custos. Pesquisadores japoneses e israelenses[99] desenvolveram duas formas de automatizar seus caixas eletrônicos, aqueles que nos permitem sacar dinheiro e fazer tarefas bancárias simples. Ambas as formas foram idênticas em função, em número de botões e em como funcionavam, mas um dos caixas tinha os botões e as telas organizadas de maneira atraente, e o outro não. Os pesquisadores descobriram que os atraentes eram mais fáceis de usar.

   E caixas eletrônicos mais fáceis de usar significam:

   a. Menos erros;
   b. Processamento mais rápido;
   c. Menos requisições de serviço ao consumidor;
   d. Menos bloqueios de cartões;
   e. E, por fim, clientes mais felizes.

   Apesar de os caixas eletrônicos não serem o último avanço em FinTech, isso demonstra o impacto que interfaces bem projetadas têm em produtos financeiros e em seus clientes.

Conclusão

Nós passamos por sete orientações que abordam UX em relação a FinTech. Escolhas de design em níveis diferentes afetam a adoção do usuário, a confiança, a satisfação do cliente e, por fim, a renda. Adotamos com sucesso essas orientações para criar relacionamentos de confiança entre o usuário e o produto, e esperamos que iniciem conversas para melhorar o papel de UX em FinTech.

---

[9] Donald Norman (2005) Emotional Design: *Why We Love (or Hate) Everyday Things.*

Hubs FinTech

3

Esta parte fornece uma visão geral dos atuais e aspirantes "hubs" FinTech – os locais onde os ecossistemas FinTech estão catalisados e crescendo. Ela dá exemplos reais dos pré-requisitos essenciais para o estabelecimento de centros FinTech por todo o mundo. É uma história de sucesso e um checklist do que os players FinTech fizeram por sua cidade (ou país) para prosperar em um ambiente FinTech globalmente competitivo.

Exploraremos centros de FinTech estabelecidos, como Londres, discutiremos as condições favoráveis para a FinTech na França e examinaremos a Holanda como um ecossistema FinTech integrado. Além disso, revisaremos cenas FinTech agitadas, de Luxemburgo à Áustria, Índia e Singapura, cada uma com suas próprias características que as diferenciam como potenciais favoritas em FinTech.

Promovendo Novas Comunidades FinTech

Por Claire Cockerton
CEO & Presidente, ENTIQ

Empreendedores, cientistas da computação, programadores, investidores, governos e consumidores estão se voltando a inovações em FinTech para impulsionar a reinvenção de serviços bancários, finanças e comércio. A tecnologia de serviços financeiros está por aí há décadas, claro, mas agora estamos vendo o surgimento de modelos de negócios, inovação técnica e experiências de clientes completamente novos, que estão, felizmente, construtiva e criativamente rompendo o status quo.

No Reino Unido, nós os chamamos de um grande movimento de transformação guiado por tecnologia. De maneira similar ao que aconteceu nas indústrias musicais, de viagem e de mídia, a FinTech está trazendo a revolução digital para as finanças e, no processo, criando PMEs de alto crescimento, mais trabalhos e maior desenvolvimento econômico. A densidade de clusters e startups de FinTech pode ajudar a acelerar essa transformação e esse crescimento no setor financeiro, assim como a superar desafios comuns. Identificar os ingredientes e as melhores maneiras de estimular esses clusters de FinTech será vital para que a indústria siga em frente, e considero isso um dos assuntos mais importantes que um governo pode dar atenção.

O setor FinTech global está crescendo a uma velocidade incrível, chegando a 200% no comparativo anual em financiamento, e, de acordo com dados do CB Insights, atraiu $12,2 bilhões em crescimento de capital em 2014. Naquele mesmo ano, só no Reino Unido, o setor FinTech gerou mais de £20 bilhões em renda. Clusters estão emergindo por todo o mundo e oferecendo aos inovadores (grandes bancos e startups) acesso para comunidades engajadas de empreendedores seriais, investidores, acadêmicos, tecnólogos e especialistas da indústria, todos os quais, combinados, podem fornecer aprendizado acelerado, iteração de produto e oportunidades para colaborar e crescer.

A regulação, suas restrições e mudanças futuras, assim como as complexidades atuais e exigências em relação à proteção do consumidor, requerem um novo tipo de engajamento entre investidores. Grandes instituições financeiras fornecem visões históricas, uma poderosa variedade de recursos (de capital humano a fundos de risco), acesso ao mercado global e infraestrutura, e são clientes perfeitos que precisam dessa comunidade de inovadores FinTech. Investidores, de anjos FinTech a especialistas em capital de risco (CRs), estão atentos ao risco calculado por todo o mundo, com interesses específicos e conhecimento em pagamentos, computação em nuvem, blockchain, software empresarial, cibersegurança e análise de dados – grandes desafios, grandes oportunidades. Reguladores estão forjando hubs de inovação para aumentar a acessibilidade a startups, a clareza acerca do processo de autorização, e para ajudar a informar sobre a reforma. Universidades estão revisando os currículos para focar em linguagens digitais e aprendizado aplicado e estão criando canais para esses hubs FinTech para que estudantes façam sua parte logo depois da graduação. Programadores amadores e por "hobby" estão se alistando em hackathons de serviços financeiros, mostrando que o talento não vem necessariamente de uma torre de marfim ou das metrópoles corporativas. Formuladores de políticas estão abrindo suas portas para essas comunidades FinTech, atentando-se a feedbacks de inovadores e participando de demonstrações de tecnologia e mesas redondas com aceleradores. Desenvolvedores imobiliários, como o Canary Wharf Group, também tiveram um papel importante ao trabalhar o espaço de escritório, que se aproveita da proximidade desses players poderosos da indústria, e criaram uma proposição de crescimento rápido para essas empresas. Apesar das agendas diversas e dinâmicas e dos grandes desafios de fazê-lo, os clusters de FinTech mais fortes estão conseguindo facilitar conversas entre esses investidores, guiadas pelo resultado potencial para a indústria.

Londres e Nova York já estão bem estabelecidas como hubs FinTech globais, mas o que comunidades startup de FinTech emergentes, como aquelas em Sydney, Leeds, Singapura, Dublin, Tel Aviv e Seul, podem aprender do sucesso de hubs FinTech existentes?

Indo além da abordagem de cima para baixo de Michael Porter para clusters de negócios, e dando atenção ao influente livro *Start-up Communities*, de Brad Feld, vamos explorar alguns estudos de caso de hubs FinTech de sucesso e considerar como novos hubs FinTech podem ser criados. Como pode outro cluster surgir com sua própria composição única de empreendedores, tecnólogos, especialistas industriais e incumbentes e como essas comunidades se reúnem para formar interações construtivas e uma narrativa coesa para prosperar e crescer em um estágio global?

Lições de um Líder

Londres foi nomeada como o hub FinTech da Europa de mais sucesso em 2015 e serve como um exemplo primário para o desenvolvimento futuro no setor. Então o que diferencia Londres na competição?

Londres esteve no coração do comércio global por séculos e tem uma indústria bem estabelecida de serviços financeiros. Como é de se esperar, há grandes bancos instituídos com novos fundos de risco, anjos focados em FinTech e CRs, assim como opções financeiras, como crowdfunding e empréstimo peer-to-peer, que são muito importantes para fornecer capital de giro em estágio inicial para startups de FinTech. Baixas taxas de impostos corporativos, leis trabalhistas, assistência ao empreendedor, esquemas de investimento empresarial, recuperação fiscal de pesquisa e desenvolvimento (como uma caixa de patentes) e a facilidade com a qual os negócios podem ser estabelecidos, são todas medidas governamentais significativas que fizeram do Reino Unido um lugar favorável para empreendedores e inovadores. A proximidade com investidores por meio do recebimento de eventos de lançamentos e combinações, eventos de mesas redondas iniciados pelo governo e consultas profundas com PMEs como parte da reforma regulatória, tudo isso está fomentando o engajamento profundo com o setor. Essas características fazem de Londres um local onde você pode ter um lugar à mesa, independente do passado ou tamanho do negócio.

A proximidade e a criação de pontos de encontro fornecem um foco importante para a comunidade FinTech. Investidores podem minimizar as viagens para se encontrar com muitas empresas e podem maximizar a exposição ao ecossistema. Vale a pena para os investidores, por exemplo, uma visita de avião ao Vale do Silício, porque eles sabem que podem visitar dezenas de empresas em alguns dias, com centenas de empresas tecnológicas localizadas a 50 km uma da outra. Essa proximidade cria um compartilhamento de conhecimento natural e um efeito de rede, em que uma reunião leva a outra apresentação complementar, que pode levar a uma fusão, um empreendimento conjunto ou uma parceria. Esse cluster também cria competição, já que uma empresa estimula a outra a refinar os produtos e serviços.

O talento multidisciplinar e multinacional que existe na cidade é outra razão por trás do sucesso de Londres. Há uma infinidade de talentos disponíveis, não só formados por banqueiros experientes que buscam entrar no cluster de FinTech "emergente", mas também por uma cultura florescente de inovação tecnológica entregue por clubes de programação e desenvolvedores de garagem. Junte a isso algumas das instituições educacionais líderes, como a University College London e a Imperial College, que servem como estufas de estudo acadêmico e tecnológico especializado. O instituto Open Data e programas de ciência da computação estão ligados com estágios e programas de aprendizado dentro da comunidade startup. Negócios estão ávidos por encontrar talentos, e talento é um catalisador poderoso para crescimento e inovação. É nossa responsabilidade como indústria identificar e nutrir esses talentos e levá-los à FinTech – mostrar a eles as oportunidades de desenvolvimento de carreira, as habilidades que podem ser desenvolvidas na base de negócios em crescimento. E não estamos falando só sobre talentos tecnológicos ou financeiros – a indústria FinTech precisa de designers, comunicadores, marqueteiros, especialistas em fatores humanos e com habilidades de comercialização. O multiculturalismo e a diversidade também são a chave para o sucesso escalável em longo prazo. Recém-chegados a Londres levam com eles um entendimento de mercados estrangeiros, e a diversidade leva a um negócio mais saudável e a melhores produtos para todos os consumidores. Londres tem isso em suas raízes, e deve continuar a cultivar, pois é fundamental à nossa competitividade.

Londres também é uma beneficiária de circunstâncias negativas. Se a necessidade é a mãe da invenção, Londres certamente teve uma plataforma pulsante para mudanças. A crise financeira de 2008 causou uma enorme contração de incumbentes, instigando uma mudança regulatória rápida, mudou o sentimento público em relação aos serviços bancários e promoveu uma onda de empreendedorismo. A crise de crédito fez surgir formas alternativas de empréstimos, consumidores tinham um novo desejo de mudar de provedores de serviços, e muitos ex-empregados de empresas buscaram usar seu conhecimento de mercado para criar novos produtos e serviços para os bancos, agora sob novas pressões de reforma. A indústria bancária passou por reestruturação, e foi essa mudança, precedida pela crise, que deu a base para o surgimento de um mercado mais diverso e dinâmico.

Para abraçar e acelerar essa mudança, o Reino Unido viu também a ascensão de um novo corpo industrial para FinTech, chamado Innovate Finance, uma organização intersetorial liderada por membros que visam ancorar e desenvolver a posição de liderança do Reino Unido em serviços financeiros globais servindo como um único ponto de acesso aos serviços financeiros completos e aos ecossistemas tecnológicos. O Innovate Finance foi projetado para ser uma voz neutra para essa revolução FinTech. A organização de membros serve a grandes e pequenas empresas, trabalha com a tesouraria e visa impulsionar a agenda da competição, diversidade e escolha do consumidor. Tem um papel-chave em entregar uma voz convocatória para todas as partes de maneira não enviesada e cria canais para o mapa de investidores discutido antes.

Esses fatores combinaram-se para criar o que é o hub FinTech de mais sucesso na Europa até hoje, portanto, aprender as lições de Londres será vital para desenvolver clusters similares por todo o mundo. Se empresas podem acessar talento, tecnologia e capital em um ambiente físico unido e favorável à comunicação, inovação e troca, elas têm uma excelente chance de sucesso. Vamos pegar essas duas linhas relativas ao local e à cultura empresarial para investigar o impacto de desenvolver clusters de FinTech pelo mundo hoje.

Localização, Localização, Localização

Virando para outros clusters emergentes, vemos a comunidade FinTech de Sydney reunir-se em hubs tecnológicos como Tyro e Stone & Chalk, que visam encorajar a criatividade e a inovação no setor. Tim Williams, chefe executivo do Comitê de Sydney, afirmou que isso é "uma necessidade absoluta se Sydney quer ficar à frente do jogo de serviços financeiros", descrevendo-o como "uma oportunidade de cada década, para reunir ICT, serviços bancários e setores startups".

Como Londres, Sydney já tem um setor de serviços financeiros respeitado e robusto. É atualmente estimado que, a partir de junho de 2015, há mais de 100 empresas que podem ser classificadas como startups de FinTech baseadas na cidade, incluindo players em processamento de dados, pagamentos, gestão de fortunas e mercados capitais, com os bancos de Sydney estando entre os mais lucrativos do mundo.

Da mesma forma, Leeds, outro hub FinTech emergente no Reino Unido, tem uma riqueza extraordinária de back office e divisões operacionais para grandes bancos, então continua a atrair interesse e investimento nessas áreas. Identificar as forças de uma cidade é, portanto, crucial para que se crie um ecossistema duradouro de alta qualidade e especializado que seja reconhecido globalmente.

A localização de um hub FinTech não pode ser subestimada. Bens históricos e locais devem ser engajados e aproveitados para construir um hub com suas próprias especialidades. Para que esses hubs tenham sucesso, uma ampla gama de indústrias e organizações precisa participar – designers, escritores, equipes comerciais –, e precisamos conectar esses hubs a universidades, laboratórios, organizações de comércio, centros de dados, provedores de serviços profissionais e comunidades mentoras especialistas.

Hubs FinTech suecas citam a "Lei de Jante" nórdica – a ideia de colocar ênfase no benefício coletivo, em vez de no sucesso individual. Isso significa criar uma cultura aberta e colaborativa, que abrace o potencial e a novidade, em vez da familiaridade e hierarquia.

Encorajar ativamente os empregados a gerar novos conceitos não é apenas ótimo para aumentar a moral e manter todos na mesma página, mas pode agir como um catalisador poderoso – acordar o talento latente e a especialidade dentro de um time existente. Algumas das melhores ideias vêm do "chão de fábrica", das linhas de frente de entrega de negócios, então a estratégia de inovação de uma corporação deve também começar com seus próprios bens – seus empregados.

Além do espírito de colaboração e parceria, a competição também é uma força muito saudável para acelerar o crescimento global de comunidades FinTech. É um mandato crítico para reguladores, governos e comunidade acadêmica. A competição força os players tradicionais a reexaminar consistentemente sua proposta para clientes, não ficando confortáveis demais e investindo em um processo de melhoria contínua.

É com essa dinâmica em mente que mapeamos os ingredientes de hubs FinTech prósperos. Podemos ver que nutrir comunidades FinTech especializadas tem o potencial de permitir uma transformação muito maior em tecnologia. Não se trata só de startups, inovadores e empreendedores, mas de reunir sua visão, agilidade e poder com os outros investidores necessários para entregar uma mudança duradoura.

A Conexão FinTech (Francesa)

Por Alain Clot
CEO, Dexia Credit Local; Presidente, France FinTech

e Jean-Michel Pailhon
Formador de Opinião FinTech

Nos últimos anos, a FinTech começou a atrair a visibilidade da mídia, também devido às quantidades massivas de novos financiamentos levantados por alguns de seus representativos mais notáveis, seja por IPO (Lending Club, Yodlee, On Deck) ou por rodadas de financiamento de $100M ou mais (Stripe, Funding Circle, Transferwise, SoFi, Klarna, Square, Adyen, para citar alguns). Entre todos esses novos "campeões digitais de serviços financeiros" que levantaram centenas de milhões de dólares com sucesso – às vezes chamados de "unicórnios FinTech" –, a maioria é de empresas dos EUA e do Reino Unido, algumas são escandinavas, uma holandesa, mas até agora nenhuma francesa.

Os empreendedores franceses são ruins em criar empresas de FinTech de sucesso? Renaud Laplanche[1] (CEO/fundador do Lending Club), Stephane Dubois[2] (CEO/fundador do Xignite), Philippe Gelis[3] (CEO e cofundador do Kantox) e até David Marcus[4] (Chefe de Produtos de Mensagens no Facebook, que entrou na batalha de pagamentos móveis em março de 2015 com o novo recurso de transferência de dinheiro do Facebook Messenger), todos nasceram na França. Infelizmente (de uma perspectiva puramente francesa), eles todos migraram para outro lugar para lançar ou escalar seus empreendimentos de sucesso (seja para os EUA ou para o Reino Unido). Esses empreendimentos teriam tido menos sucesso se essas pessoas tivessem decidido ficar, ou retornar, à França para lançar seus projetos FinTech da metade para o meio dos anos 2000? Talvez... provavelmente... certamente.

O que aconteceu no passado é passado. A pergunta de hoje deve ser: os novos empreendedores FinTech nascidos na França terão que migrar para terem sucesso no espaço FinTech durante a segunda metade da década de 2010?

O Centro Internacional de Excelência em Ciência e Tecnologia da França

Antes de tudo, a França é muito conhecida pela qualidade de seus programas acadêmicos em ciência, tecnologia, engenharia e matemática. A França é o quarto país que mais ganhou Prêmios Nobel em ciências (com prêmios em química, física, fisiologia e medicina, além do Prêmio de Ciências Econômicas em Memória de Alfred Nobel), com 36 laureados.[5] Laboratórios franceses de pesquisa em matemática aplicada, estatística e ciências econômicas são amplamente reconhecidos como os melhores do mundo: o Institute of Advanced Scientific Studies (IHES), a Ecole Normale Supérieure (ENS, Paris), a Toulouse School of Economics (TSE) e a Paris School of Economics (PSE), entre outros. Alguns pesquisadores franceses obtiveram recentemente a maior distinção internacional em matemática (Fields Medal for Cédric Villani em 2010) e ciências econômicas (Prêmio Nobel em Ciências Econômicas para Jean Tirole em 2014). Sem mencionar os engenheiros mais procurados em criptologia e codificação, graduandos de escolas francesas de ciências da computação como o National Institute for Research in Computer Science and Automation (INRIA) ou a Ecole Polytechnique (X).

Em um nível mais aplicado (por exemplo, em termos de negócios), vários banqueiros, investidores de capital privado, gestores de fundos de investimentos e analistas quantitativos trabalham para as empresas de serviços financeiros mais prestigiadas e poderosas (por exemplo, bancos, fundos de investimentos e empresas de capital privado) em Londres, Nova York, Hong Kong ou Singapura, são formados em escolas francesas de ponta em engenharia e negócios.

É geralmente esperado que startups de FinTech que terão sucesso o façam graças às suas habilidades de inovar e aproveitar sua própria tecnologia e seu modelo de negócios. Nesse contexto, ser capaz de obter e atrair capital humano altamente qualificado é o fator-chave do sucesso para uma startup de FinTech recentemente incorporada. E estar próximo de alguns dos clusters

[1] <https://www.lendingclub.com/public/renaud-laplanche.action>.

[2] <http://www.xignite.com/market-data/about/people/stephane-dubois/>.

[3] <http://www.fintechprofile.com/2015/04/15/philippe-gelis-kantox/>.

[4] <http://www.bloomberg.com/research/stocks/people/person.asp?personId=23246193&ticker=EBAY&previousCapId=27862&previousTitle=EBAY%2520INC>.

[5] <http://people.idsia.ch/~juergen/all.html>.

de gestão de talento mais desenvolvidos em ciências da computação, economia e criptologia é definitivamente um grande diferencial. Não é coincidência que Paris tenha sido classificada como Melhor Capital de Capital Intelectual do Mundo pela PwC em maio de 2014[6] e que o Facebook tenha lançado seu primeiro laboratório de Inteligência Artificial (IA) em Paris (o primeiro fora dos EUA depois daqueles em Menlo Park e Nova York).[7]

Os Ambientes Empresariais, de Investimento e Fiscais da França

Em segundo lugar, a França se tornou um país (muito mais) favorável para empreendedores e investidores nos últimos anos. O governo francês lançou várias iniciativas públicas para apoiar o empreendedorismo, fornecendo às startups capacidades de financiamento altamente competitivas para atividades de P&D por meio de ajuda pública, subsídios e crédito fiscal para pesquisa ("CIR"), melhorou e facilitou a entrada de sócios e financiamento de dívidas para empresas de tecnologia e inovação através do banco francês de investimento público ("BPI"), regime específico de impostos em ganhos de capital para investidores varejistas ("PEA" e "PEA/PME"), um desconto de 50% em investimentos em PMEs para indivíduos com alto patrimônio líquido ("ISF") e amortização de cinco anos de investimentos de risco corporativo em PMEs, entre (muitas) outras iniciativas.

O relatório *Competitive Alternatives* da KPMG (2014) comparou as taxas de tributação das empresas em dez países diferentes e classificou a França em 1° lugar para serviços de P&D e em 3° para serviços digitais, dois tópicos altamente relacionados à FinTech.[8]

Desde o começo da década de 2010, Paris mostrou atividade empresarial flutuante, com mais de 40 incubadoras de negócios sendo criadas, centenas de espaços de coworking, vários fab labs, entre 1.000 e 1.500 startups estabelecidas anualmente e um número crescente de histórias de sucesso em tecnologia (Criteo, BlaBlaCar, Deezer, SigFox, para citar alguns).

A França também visa atrair talentos empreendedores internacionais. Para alcançar esse objetivo, o país se beneficia de uma vantagem particular: sua qualidade de vida é elogiada internacionalmente, tornando a França o melhor lugar do mundo para se viver, de acordo com vários estudos internacionais. A França se sai bem em muitas medidas de bem-estar em relação à maioria dos outros países no Better Life Index da OECD: ela se classifica acima da média em qualidade ambiental, habitação, equilíbrio trabalho-vida social e saúde.[9] Além disso, o governo francês criou um programa dedicado a empreendedores não franceses de todo o mundo que querem estabelecer suas startups em Paris: The French Tech Ticket.[10] Por meio desse programa competitivo, o time fundador será ajudado a estabelecer-se na França, com um contato dedicado para ajudar a lidar com procedimentos administrativos. O prêmio de até €25.000 será dado a cada fundador selecionado, e a startup também terá espaço de escritório gratuito no coração de Paris, em uma das incubadoras líderes locais.

O Ambiente Regulador para Serviços Financeiros Inovadores da França

A França também foi bem rápida em adaptar-se ao "novo negócio FinTech" de um ponto de vista regulador e legislativo. De fato, o país criou um regime regulador específico para atividades de crowdfunding em outubro de 2014 (com a criação de um status de Consultor de Investimentos de Crowdfunding: o "CIP", em francês), e tem respondido positivamente à inovação em serviços financeiros com regulamentos mais leves para atividades não bancárias.[11]

E se a França não está (ainda?) na mesma situação que o Reino Unido, onde o Financial Conduct Authority (FCA) lançou uma iniciativa dedicada para aconselhar e assistir startups de FinTech com seus deveres regulatórios em outubro de 2014,[12] a última iniciativa fornece um modelo muito interessante que pode potencialmente ser replicado na França para melhorar o crescimento no setor de serviços financeiros, enquanto mantém um nível adequado de entendimento e monitoramento regulatório no setor de FinTech francês.

---

6 Fonte: "PwC Cities of Opportunity 6": <http://www.pwccn.com/home/eng/cities_of_opportunity_6.html>.

7 <http://newsroom.fb.comf/news/2015/06/introducing-facebook-ai-research-paris/>.

8 <http://www.gouvernement.fr/en/attractiveness-productivity-taxes-10-cliches-about-franceproved-wrong-once-and-for-all>.

9 <http://www.oecdbetterlifeindex.org/countries/france/>.

10 <http://www.frenchtechticket.paris/>.

11 <http://www.amf-france.org/en_US/Acteurs-et-produits/Prestataires-financiers/Financementparticipatif—crowdfunding/Cadre-reglementaire.html?langSwitch=true>.

12 <http://www.fca.org.uk/news/innovation-the-regulatory-opportunity>.

Negócios Estratégicos e Posicionamento Geográfico da França

A França tem uma economia forte e altamente diversificada. Localizada no coração da Europa, o maior mercado mundial, também é um trampolim ideal para mercados em outros países europeus, bem como para a África e o Oriente Médio. De um ponto de vista de negócios, a França é um país de 67 milhões de consumidores, mostrando uma demanda potencialmente massiva por serviços financeiros inovadores em bancos, seguros, gestão de investimentos/bens, finanças e pagamentos, sejam eles fornecidos por empreendimentos domésticos ou internacionais.

A Associação de Startups de FinTech da França

Na base de todos esses fatores positivos, e ansiosos por mostrar ao mundo que a FinTech está prosperando na França, 45 (a partir do fim de junho de 2015, e ainda crescendo) empreendedores FinTech franceses se juntaram para criar um corpo lobista chamado "France FinTech".[13]

Essa associação recém-criada (lançada em 2015) foi projetada para acolher todas as startups usando negócios inovadores e modelos tecnológicos que visem abordar questões existentes ou emergentes na indústria de serviços financeiros. O France FinTech almeja compartilhar experiências, conhecimento e informações com seus membros, para comissionar e coordenar estudos de pesquisa de mercado e relatórios, assim como construir relacionamentos com outras associações digitais na França e no exterior. Também certifica-se que os direitos e as expectativas dos seus membros sejam levados em consideração pelo governo, legisladores, corpos reguladores, a mídia e outros tipos de organizações de mercado.

[13] Veja: <www.francefintech.org/>.

Mostrando que a FinTech tornou-se um assunto-chave na agenda política francesa, o lançamento do France FinTech beneficiou-se do duplo apoio da Secretaria Nacional Francesa para a Economia Digital (Sra. Acelle Lemaire) e do Ministério Francês de Finanças e Economia (Sr. Michel Sapin). A Sra. Axelle Lemaire comentou:

> Os desafios enfrentados pela indústria financeira são da nossa economia toda. Para que essa indústria seja um player-chave na revolução digital é necessário simplicidade, confiança e forte apoio de startups e inovações francesas. O governo francês também precisa que a indústria (FinTech) se estruture. Esse é o racional para a criação da associação FinTech France, a que eu dou as boas vindas.

E o Sr. Michel Sapin, reforçando a mensagem anterior:

> FinTech é um grande desafio para o desenvolvimento dos serviços financeiros para todos; consumidores têm uma participação no que novos players empurram players estabelecidos do setor financeiro.

Concluindo, a França tem algumas forças a construir quando lida com FinTech: uma base forte de habilidades financeiras e tecnológicas, uma infraestrutura financeira "decente" crescendo rapidamente e incentivos fiscais estaduais notáveis. Empreendedores e investidores no setor FinTech deveriam manter a França em seu radar. Quem sabe? O Lending Club de 2020 pode muito bem ser fundado por um francês, mas, desta vez, na França.

A Jornada em Direção a um Ecossistema FinTech Integrado – A Holanda

Por Don Ginsel
Fundador, Holland FinTech

A Holland FinTech foi lançada em 2014 com o objetivo de construir um ecossistema FinTech com base em Amsterdã. A Holland FinTech reúne diferentes players no espaço FinTech holandês, ligando-os a desenvolvimentos globais via newsletters, pesquisas e viagens internacionais. Como um hub local, estamos no caminho, com mais de 65 membros, variando de startups de FinTech a bancos e de investidores a agências governamentais. Cada vez mais estamos expandindo nosso alcance internacional.

Mas ainda não chegamos lá. Ainda há muitos obstáculos a superar para FinTech em geral. Não nos consideramos especialistas em construir ecossistemas FinTech ainda, mas achamos que compartilhar nossa jornada pode ajudar outros em uma busca similar.

Holanda em 2014

Em 2014, a FinTech na Holanda estava tão dormente quanto na maioria dos outros países na Europa continental. Apenas um grupo muito pequeno de profissionais financeiros internacionalmente bem conectados sabia sobre essa novidade chamada FinTech, um termo sendo usado no Vale do Silício, em Nova York e em Londres. O termo FinTech era apenas usado para abordar os principais fornecedores de TI da indústria financeira. Mas startups de FinTech eram algo de que ninguém havia ouvido falar ou pensado. Dada o cenário financeiro bem inovador, isso foi uma oportunidade perdida, especialmente porque a Holanda esteve competindo em escala global por algum tempo na área de pagamentos e segurança. Então o que causou essa desconexão?

Para a grande indústria financeira na Holanda, a crise ainda não havia acabado. Lidar com uma economia atrasada, reduções de funcionários, regulação em compliance crescente e finalizar as medidas de resgate do governo eram as prioridades. Combinado com o escrutínio público e político acerca de bônus e produtos financeiros não transparentes, as instituições financeiras apenas tinham outras coisas em mente.

Não só houve falta de competição séria para guiar a inovação, mas também falta de consciência política sobre inovação financeira. Além disso, com a crise financeira sendo causada por produtos financeiros "inovadores", o tópico da inovação nesse setor era altamente sensível. Além do mais, o Holland Financial Centre, a organização holandesa que tinha como uma de suas tarefas promover inovação na indústria financeira, foi forçado a fechar devido ao sentimento negativo em relação a essa indústria. Basicamente, a indústria financeira holandesa foi desativada para inovações e não teve onde buscar apoio.

E as startups e empresas tecnológicas? Realmente não havia nenhuma empresa na Holanda? Aparentemente, o termo FinTech não havia pisado lá antes de 2014. A maioria das empresas relevantes simplesmente se considerava empresas de TI, como outras milhares. Muitas delas estavam até mesmo inconscientes da oportunidade que a ascensão internacional de FinTech oferecia ou não sabiam como associar-se a ela. E os investidores de risco locais também não estavam captando a oportunidade FinTech, exceto por alguns que já eram ativos em Londres e além.

Mas havia uma área em que a Holanda já estava à frente da competição FinTech: pagamentos. Os holandeses tinham algumas ótimas soluções de pagamento via bancos (iDeal) e jovens empresas tecnológicas como a Global Collect e Adyen. Para uma nação comerciante como a Holanda, era óbvio que desenvolvimentos de e-commerce estavam levando em frente novas soluções, especialmente aquelas relacionadas a processos financeiros.

Aproveitando a Oportunidade

Dado o grande potencial de pagamentos inovadores da Holanda e a forte capacidade de empresas de TI (infraestrutura, segurança, software ERP & Trade), o potencial FinTech da Holanda era bem considerável. Isso, combinado com uma infraestrutura excelente (um dos nodos de internet mais ocupados do mundo), uma população bem educada (melhor país na Europa a fazer negócios em inglês, depois do Reino Unido e da Irlanda) e uma ótima rede internacional, fez da Holanda um ótimo lugar para se fazer negócios. Então como colocar isso em movimento?

Depois de confirmar que há uma oportunidade com FinTech para impulsionar a competição e trazer novas soluções que importem para empreendedores e consumidores, o próximo passo é fechar a lacuna de conhecimento entre instituições financeiras e seus clientes. Isso permitirá financeiramente que empreendedores e consumidores apresentem crescimento econômico e prosperidade.

O Primeiro Passo

Alavacando minha rede: como alinhar as várias partes interessadas em minha rede, em bancos, startups, investidores e provedores de serviços e torná-los entusiastas da ideia de fazer "algo" com FinTech na Holanda. Isso exigiu muita explicação à indústria. Primeiro, foquei em fazer um blog em meio período, mas à medida que o entusiasmo surgia com cada entrevista e discussão do tópico, pareceu que havia, talvez, impulso para algo maior. A equipe KPMG para Innovative Start-ups foi a primeira a ser fisgada, uma boa combinação, dado seu foco atual em startups combinado com o fato de ter muitos clientes na indústria de Serviços Financeiros. Sua equipe foi de grande ajuda para estruturar o conceito e promovê-lo. Innopay, uma empresa de consultoria avançada de pagamentos, foi a próxima a se comprometer verbalmente, já que a iniciativa também se encaixava para o complemento de sua especialidade de pagamento. Eles foram bem úteis em compartilhar a história de FinTech na Europa antes de o termo FinTech ser amplamente reconhecido. Logo depois, Van Doorne, uma empresa de advocacia holandesa inovadora, e a IBM se juntaram ao grupo de apoiadores, e o conceito começou a tomar forma. Em 23 de outubro de 2014, tivemos nosso primeiro encontro, com mais de 100 pessoas presentes, e a Holland FinTech nasceu.

Primeiras Escolhas

Nós convocamos os membros fundadores adeptos e começamos a estabelecer objetivos e estruturar a organização. Pareceu um passo lógico para formar uma ponte entre o mundo FinTech, como encontrado predominantemente fora da Holanda, e o ecossistema FinTech local que estávamos construindo. Portanto, determinamos que um foco internacional era fundamental e decidimos nos comunicar somente em inglês. As principais tarefas, então, eram reunir os players FinTech e fazer conexões para desenvolvimentos e hubs FinTech pelo mundo. Isso significava contar às pessoas sobre FinTech, buscando empresas de FinTech (em potencial), organizar eventos e estabelecer comunicação estruturada sobre desenvolvimentos globais de FinTech.

Já que tivemos que converter tantas pessoas para começar, tivemos que dar acesso fácil a elas, fornecendo informação através de nosso website, uma newsletter global sobre FinTech e reuniões gratuitas nos permitiram conquistar o interesse das partes relevantes. Além disso, aproveitamos cada oportunidade (autocriada) para falar sobre FinTech e nossa causa onde achamos que pessoas relevantes escutariam. Isso significava que nossa agenda estava sobrecarregada, mas estar disposto a continuar no palco e falar sobre FinTech era uma ótima maneira de ser notado.

Uma das boas coisas sobre trabalhar com (entre outras) startups são sua energia e desenvoltura. A capacidade de percorrer longos caminhos com recursos limitados também foi requerida para esta iniciativa, muito como uma startup em si. Então arregaçar as mangas e fazer isso andar, mesmo quando nem todos os parceiros estavam a bordo ainda, foi importante. Essa agilidade é a chave para o sucesso de uma startup, certamente no cenário FinTech de mudanças rápidas. Manter os investidores felizes também é importante, mas não ao custo da inércia. Essa abordagem, no entanto, tem suas consequências financeiras e requer comprometimento financeiro sólido de, pelo menos, um investidor. Nós não recebemos concessões ou subsídios (ainda).

Como uma iniciativa começada e financiada de modo privado, fez sentido nos tornarmos uma sociedade limitada. Entretanto, dados os objetivos parcialmente sociais e o impulso de lidar com o que também é uma causa pública, o empoderamento financeiro, muitas pessoas também consideraram uma fundação como sendo uma boa forma de uso. Nós ainda não o fizemos, devido a burocracias adicionais em potencial e talvez até mesmo devido a menos transparência. Esperando que uma fundação possa nos ajudar a alcançar nossos objetivos, talvez possamos considerar mudar nossa estrutura legal.

Modelo de Negócios

Uma das coisas que aprendi é que pedir por um fee de sucesso por transação, que é a norma para negócios M&A, dificulta aconselhar pessoas objetivamente. Mas uma vez que estamos construindo um mercado para FinTech, precisamos encontrar uma maneira de financiar nossas atividades. As taxas de adesão são relativamente baixas (até um máximo de 15 mil euros para empresas bilionárias), e gratuitas para startups no primeiro ano. Esse modelo deve diminuir as barreiras de entrada, maximizando, assim, o número de membros e aumentando o compartilhamento de conhecimento e o número de oportunidades de negócios disponíveis no nosso mercado.

Esse mesmo modelo nos permite fazer mais pela rede e comunidade, já que o marketing e a distribuição já estão cobertos. Isso significa que estabelecer um espaço de coworking para empresas de FinTech, organizar hackathons e/ou dirigir aceleradores são todas extensões naturais, já que patrocinadores, investidores e participantes já são parte da organização. E os programas podem ser executados custando menos, devido à sobreposição de recursos. Isso é vantajoso para todas as partes envolvidas. Também nos permite escutar cuidadosamente nossos membros para elaborar programas para suas necessidades atuais de maneira eficiente.

Relações Governamentais

Dada a força potencial que a Holland FinTech teria em empresas do exterior e a contribuição ao ecossistema financeiro, começamos bem cedo a cooperar com o governo. Mantemos ótimos relacionamentos com nossos Ministros de Relações Exteriores, de Assuntos Econômicos, reguladores holandeses, o Dutch Central Bank (DNB), assim como a Authority on Financial Markets (AFM). Essas partes têm um papel tão importante em formar ou romper o cenário FinTech, que nós queremos que conheçam e apoiem nossos objetivos. Nossas discussões têm sido muito construtivas, e há um sentido de urgência com todos os investidores de que não podemos perder essa janela de oportunidade.

Um desenvolvimento muito importante no início de 2015 foi a criação do StartupDelta, simplesmente chamado de "Ministério das Startups", liderada pela antiga comissária da UE, Neelie Kroes. Essa organização combina as forças de todas as startups e provedoras de serviço na Holanda, conectando-as internacionalmente. Cria um grande impulso para startups e atrai capital de risco para a Holanda. Em suma, a StartupDelta fortifica a cooperação entre startups e grandes corporações.

Desafio de Execução

Até agora estamos com oito funcionários. Organizamos dez eventos desde outubro de 2014, temos mais de 65 empresas-membros (90% holandesas), mais de 1.500 leitores da newsletter e mais de 2.500 seguidores no Twitter. Recentemente, os três principais bancos holandeses se juntaram à Holland FinTech como membros. Nós identificamos mais de 250 empresas de FinTech na Holanda e estamos expandindo nosso mapeamento geográfico. Amsterdã também abraçou nossa iniciativa, então logo inauguraremos um espaço para nosso hub FinTech físico nessa cidade, que será uma "visita obrigatória" para os envolvidos com FinTech no mundo, parecido com o Level39 de Londres.

Mas, claro, nossa organização ainda está nos estágios iniciais. Trazer renda suficiente continua sendo um desafio ao trabalhar com parceiros corporativos. Isso significa também que trabalhamos com um número limitado de funcionários e que contamos com alguns de meio período e voluntários. Nossa equipe é extremamente comprometida em construir uma comunidade FinTech vibrante e fez um ótimo trabalho até agora!

Relevância Internacional

Estabelecer uma organização que vise administrar todo o ecossistema FinTech em uma região requer recursos dedicados e lugar para manobras. O tempo deve ser certo, e você talvez tenha muita competição, mas isso não significa que deve evitar atividades relacionados a FinTech – isso requer que se encontre um nicho específico. Em Londres, você vê competição massiva entre organizações que facilitam FinTech e todo o restante, incluindo o prefeito de Londres, que está chamando-a de capital FinTech do mundo. Esse alinhamento passa uma mensagem muito forte, uma com a qual a maioria das regiões pode aprender.

Essa história mostra nossa jornada no cenário FinTech até agora, e nosso objetivo é nos conectar a outras pessoas e organizações que queiram fazer parte do modelamento do ecossistema FinTech pelo mundo. Esperamos que esta visão lhe dê uma direção para uma abordagem de ecossistema integrado.

Luxemburgo, um Futuro Hub FinTech?

Por Nazim Faid
Associado, Advogado Bancário e Financeiro, Kaufhold & Reveillaud

Em maio de 2015, a ICT Spring Europe Conference foi realizada em Luxemburgo. Ela focou primariamente no setor FinTech. Com mais de cinco mil pessoas participando daquela sexta edição na ICT Spring Europe, Luxemburgo claramente se anunciou como um candidato a tornar-se um hub FinTech de classe mundial com seu ecossistema único para crescimento.

Se empresas de FinTech podem ajudar os bancos de hoje a fornecer melhores serviços para os clientes, há muito despertam preocupação e desconfiança de players financeiros de Luxemburgo. Entretanto, com mais de 150 empresas de FinTech criadas em Luxemburgo, a maioria das quais foram incorporadas nos últimos três anos (e muitas mais estão para vir), o mercado do país agora está ciente das dinâmicas e da importância inegável dessas startups, que já criaram mais de dez mil empregos por lá (11% do total de empregos de Luxemburgo). O interesse crescente que os clientes mostram em novas tecnologias deve acelerar o crescimento do setor FinTech e dar um papel ainda mais importante a empresas de FinTech no mundo financeiro. Luxemburgo deve manter o ritmo com essa revolução tecnológica para continuar sendo um player principal em finanças internacionais.

Em um cenário financeiro em movimento, hoje estamos testemunhando a emergência de dois tipos de FinTech: as tão chamadas FinTechs "tradicionais", que são complementares aos grandes players no setor financeiro, e as FinTechs "disruptivas", altamente inovadoras e mais em desacordo com o funcionamento tradicional do setor financeiro.

Luxemburgo aspira tornar-se um dos maiores hubs FinTech do mundo e tem seus argumentos: de acordo com o último Global Information Technology Report, publicado pelo Fórum Econômico Mundial, Luxemburgo está classificado em nono quando se trata de aproveitar informações e tecnologias de comunicação. Empresas de FinTech podem também se beneficiar de um dos centros de dados mais modernos da Europa.

O centro financeiro de Luxemburgo é um mercado global, tornando-o muito atraente para empresas startups de FinTech que desejem expandir internacionalmente fornecendo inteligência de mercado, acesso a redes de negócios e conexões próximas com outros grandes hubs FinTech do mundo.

Se Luxemburgo for apresentado como um competidor sério para tornar-se um grande hub para FinTechs devido a suas regulamentações flexíveis, regime fiscal altamente atraente, ambiente de TI favorável e um sistema de armazenamento de dados eficaz, esforços ainda devem ser feitos para conectar melhor o "Fin" e o "Tech" e competir com outros grandes hubs FinTech europeus, como Londres, Paris ou Berlim. O foco desses esforços deve ser em dois pontos: inovação e flexibilidade.

A habilidade de inovar permanece um grande desafio para a ambição de Luxemburgo. As empresas de FinTech não devem ser consideradas como concorrentes ameaçando os principais players no setor, mas, sim, como novos parceiros em potencial. Em um mercado no qual cada vez mais fontes de financiamento podem estar prontamente disponíveis para consumidores, a diferença agora está na qualidade do serviço bancário e do cliente.

Bancos podem se beneficiar da especialidade de empresas de FinTech não apenas por suas ferramentas de autoatendimento, mas também para melhorar seu relacionamento com clientes. A revolução FinTech está alertando muitos dos players "tradicionais" a reverem sua organização, assim como os serviços oferecidos para clientes, tornando-se mais centrados no cliente.

Muitos bancos de Luxemburgo ainda não têm a infraestrutura necessária para encarar a revolução tecnológica global e, assim, mantêm uma abordagem cuidadosa a esse tipo de inovação. Seja como for, uma abordagem cada vez mais ampla à inovação está ganhando popularidade significativa entre players financeiros de Luxemburgo. A colaboração está se tornando cada vez mais importante em serviços financeiros e indústrias tecnológicas.

Como tal, uma grande rede de colaborações foi criada entre bancos e empresas de FinTech: alguns bancos decidiram comprar empresas de FinTech, adquirindo suas tecnologias para desenvolvê-las "internamente", enquanto outros preferem financiá-las oferecendo empréstimos.

Se Luxemburgo deseja realizar suas aspirações de tornar-se um hub FinTech de classe mundial, um grande esforço ainda deve ser feito para acessar o financiamento. Melhor acesso a financiamento implica não só em financiamento privado, mas também no público. Por meios de agências nacionais como a Luxinnovation, a National Agency for Innovation (fundada em 1984 por várias entidades públicas), o governo ajuda startups a ganhar acesso ao financiamento público. Em 2014, o governo apoiou quase 300 projetos e envolveu-se no estabelecimento de 45 novas startups, das quais muitas são empresas de FinTech.

O investimento em empresas de FinTech cresceu 201% globalmente ano contra ano, saltando de US$4,05 bilhões em 2013 para alcançar US$12,21 bilhões em 2014. Tal crescimento demonstra claramente que esse setor promete e tem potencial. Embora os Estados Unidos formem a maior parte, com aproximadamente 80% da quantidade total, a Europa teve seu maior nível de crescimento, com um aumento de 215% no ano passado. Se os bancos de hoje se beneficiarão do crescimento gerado pelo setor FinTech, a inovação por meio de cooperação e investimento serão fundamentais.

Outro grande desafio para Luxemburgo será adotar uma legislação flexível para permitir que as FinTechs proliferem em uma escala maior, particularmente facilitando a chegada de talentos como engenheiros de TI. Com mais de 70% de sua força de trabalho sendo de estrangeiros, Luxemburgo é um caldeirão internacional. O país deve promover seu ambiente favorável a negócios para atrair novos talentos e tornar-se um hub para o recrutamento de especialistas de TI e finanças de alta qualidade.

Embora a estrutura regulatória atual facilite a integração de tecnologias financeiras no setor financeiro, o país deve relaxar ainda mais seu ambiente regulatório para permitir que novos players entrem nos mercados de serviços financeiros. Esperamos que a CSSF (Commission de Surveillance du Secteur Financier), a autoridade supervisora nacional de Luxemburgo, melhore a estrutura regulatória atual para fornecer um ambiente regulatório ainda mais adequado a empresas de FinTech.

Em 20 de outubro de 2014, o Primeiro-Ministro e Ministro de Comunicações e Mídia, Xavier Bettel, apresentou a iniciativa "Digital Lëtzebuerg" para o Parlamento. Durante uma conferência de imprensa feita depois da apresentação, o Primeiro-Ministro destacou o impulso na economia de Luxemburgo com a chegada de empresas de FinTech ao país, seja nos setores tecnológicos de e-commerce, computação em nuvem, Big Data ou de e-pagamentos.

Com essa iniciativa, o governo deseja consolidar a posição do país no setor de ICT no longo prazo para diversificar sua economia, enquanto permite que os cidadãos se beneficiem de serviços melhores e mais baratos que empresas de FinTech inovadoras podem oferecer. Essa iniciativa focará em desenvolver inovação e acesso a financiamento para startups de FinTech e na promoção da atratividade de Luxemburgo no exterior.

A iniciativa "Digital Lëtzebuerg" é uma demonstração clara do desejo do governo de dar uma cara nova para Luxemburgo como um país moderno, aberto e conectado, pronto para abraçar a era tecnológica de serviços financeiros. Essa iniciativa deve reunir os maiores players financeiros de Luxemburgo dos setores público, privado e acadêmico.

Luxemburgo está, sem dúvida, tornando-se cada vez mais consciente do desafio que enfrenta, e o número crescente de iniciativas progressivas tomadas – não só com a "Digital Lëtzebuerg", mas também com vários grupos de reflexão, programas, incubadoras e aceleradores – é um testamento da prontidão do setor financeiro de Luxemburgo para diversificar a economia do país, ajudando, promovendo e desenvolvendo startups de FinTech tanto nacional quanto internacionalmente.

Nós já estamos testemunhando histórias de sucesso de FinTech em Luxemburgo, e muitos grandes players, dos setores privado e público, estão ajudando empresas de FinTech a alcançar crescimento global. O desenvolvimento do setor FinTech em Luxemburgo deve ter cada vez mais sucesso à medida que observamos o interesse crescente e o apoio que esse setor recebe de players mais conservadores da indústria financeira.

O país está pronto para adaptar rapidamente sua estrutura regulatória já altamente atraente para essa nova revolução, da qual toda a economia nacional pode se beneficiar.

Viena como Hub FinTech Nº 1 em Pagamentos Móveis?

Por Sebastian Haas
Cofundador & Sócio-gerente, MEP Mobile Equity Partner

e Reinhold Bierbaumer
Cofundador & Sócio-gerente, MEP Mobile Equity Partner

Londres adquiriu sua posição como centro FinTech da Europa bem cedo. Além do tamanho de sua indústria bancária bem desenvolvida, esta é uma das razões primárias de Londres ser hoje, indiscutivelmente, a capital FinTech da Europa. Enquanto Londres mantém sua posição dominante, várias regiões e cidades estão investindo pesadamente para estabelecer seus próprios hotspots FinTech. Um desses players emergentes é Viena, a capital da Áustria. As opções do hub FinTech de Viena são diferentes daquelas de Berlim, Frankfurt ou Zurique. Devido a diferentes fatores históricos, Viena tem a oportunidade de ser um hub FinTech proeminente em um setor vertical, isto é, pagamento e ticketing.

Um dos argumentos mais significativos para a vantagem competitiva de Viena é sua localização estratégica, conexões bancárias históricas e certos fatores únicos. Bancos austríacos têm, aproximadamente, 50 milhões de clientes na Europa Central e Leste (ECL) e, por meio de seus subsidiários na área de pagamentos formada na década de 1980, detêm coletivamente uma vantagem estratégica extraordinária na corrida de pagamento móvel. Este fator, combinado com startups emergentes na área de pagamentos, fornece solo fértil para inovação tecnológica que pode seguir de algumas inovações austríacas anteriores, tais como o e-card de assistência médica austríaca em 2005, a tecnologia de pedágio austríaca ou o "Bankomatkarte" austríaco. Também vale notar que a Áustria foi o local de nascimento da tecnologia NFC, o padrão atual da indústria para pagamento sem contato.

A indústria de pagamentos em geral, e especialmente pagamentos móveis, é essencialmente construída sobre "tecnologia de cooperação". Como Confúcio disse, "até mesmo o homem mais forte não pode se levantar sozinho". O ambiente apresenta uma oportunidade verdadeiramente única para startups espertas desenvolverem soluções de pagamentos móveis de classe mundial usando essa tecnologia de cooperação, devido às constelações menos complexas de investidores, com apenas alguns grandes bancos, operadoras de redes móveis (MNOs – do inglês, mobile network operators) e provedoras de serviços de pagamento (PSPs) operando na Áustria.

Este capítulo lida com a posição inicial, os players envolvidos, as vantagens competitivas e o que isso poderia significar para a Europa e a indústria de pagamentos móveis (veja a tabela a seguir).

Tabela: Base de partida – fatos e números de pagamentos

População austríaca	8,5 milhões
Número de contas correntes	> 8 milhões
Base de bancos AT em ECL	> 50 milhões
Cartões de débito em AT (Bankomatkarte)	9,1 milhões
Cartões de crédito	2,9 milhões
Penetração de smartphones	> 70%

Praticamente todos os austríacos têm, pelo menos, um cartão de pagamento (1,4 cartão por pessoa, em média), mas comparados a escandinavos ou pessoas no Reino Unido, por exemplo, os austríacos ainda são bem relutantes em usar seus cartões. Dinheiro ainda é o rei na Áustria. Um total de 12 milhões de cartões de pagamento são usados por menos de 500 milhões de transações de pagamento por ano – aproximadamente 420 milhões de transações de cartão de débito (com o Bankomatkarte) e aproximadamente 80 milhões de transações de cartão de crédito.

A Áustria, assim como a Alemanha, ainda é um país de dinheiro, mas todos os sinais apontam em direção a um aumento forte de pagamentos sem dinheiro nos próximos anos, por uma variedade de razões e fatores, vindos de diferentes direções e motivos.

De um lado – e essa é uma mudança significativa –, legisladores têm percebido que uma sociedade sem dinheiro correlaciona com menos evasão fiscal, especialmente com relação à VAT. O governo austríaco adotou recentemente uma lei que força negócios a instalarem terminais de pontos de venda (PDV) eletrônicos que são ligados ao Centro de Computação Federal (*Bundesrechenzentrum*), o provedor de serviço de TI da administração federal austríaca.

O segundo fator, e até mais importante, é a infraestrutura de pagamento austríaca específica com apenas alguns players e seu caminho de atualização relativamente descomplicado e direto em direção a uma infraestrutura de pagamento móvel do lado de varejistas e PDV. O interessante é que os bancos e os provedores de serviços de pagamento estão em uma posição fraca para estabelecer carteiras, fáceis de usar, focadas no usuário e integradas, por causa de sua falta de neutralidade. Esse espaço é reservado para os players digitais grandes dos EUA e da Ásia ou para startups europeias neutras.

Bases de Início Específicas para Pagamentos Móveis

Apesar de ainda ser um "país de dinheiro", com mais de 80% das transações sendo realizadas com dinheiro, a posição da Áustria na transição futura para pagamentos móveis é bem única. Parece que nos últimos três anos os bancos austríacos e a indústria de pagamentos foram capazes de criar a base para uma revolução de pagamentos móveis, que poderia até servir como um modelo para a Europa.

O fato de que os bancos austríacos têm mais de 50 milhões de clientes com contas correntes na região ECL também é uma das razões pelas quais a indústria de pagamentos da Europa deve ver as inovações de pagamentos móveis ocorrendo na Áustria.

Mas ainda mais importante é o fato de os bancos austríacos, por meio de seu provedor de serviços de pagamento PSA Payment Services Austria GmbH, de posse de todos os bancos austríacos, conseguiram levar as três maiores operadoras de redes móveis, Telekom Austria A1, T-Mobile e Three, para o que é, provavelmente, um empreendimento conjunto inovador: o cartão de débito móvel em smartphones (Boanlomatkarte móvel), que também irá incluir esquemas de crédito. Uma breve descrição de palavras-chave desse projeto é:

- Elemento de segurança com base em SIM.
- Todos os bancos e MNOs a bordo.
- Apenas telefones Android (devido à política NFC da Apple).
- Apenas cartões de débito (em 2015).
- Cartões de crédito em 2016.

A decisão dos bancos austríacos e seus afiliados PSA de 2013 de substituir todos os cartões de plástico por cartões NFC sem contato até o final de 2015 coloca os varejistas e compradores sob pressão para atualizar os terminais PDV para a tecnologia NFC. Essa jogada dos bancos, estabelecendo o lado PDV da infraestrutura para pagamentos móveis, está acontecendo bem rápido, de fato muito mais rápido, do que em outros países da UE. Isso significa que, depois de 2016, o palco para pagamentos móveis na Áustria estará pronto.

Então, do 4° trimestre de 2015 em diante, os austríacos terão a opção de usar seu cartão de débito Bankomatkarte como um app em seus telefones, via apps diferentes de bancos e operadoras de redes móveis.

O que Isso Significa para Startups de FinTech?

Bancos austríacos darão a seus clientes a opção de transferir seu cartão de débito Bankomatkarte para o smartphone. Embora inovador e ambicioso, em geral parece muito fragmentado e complexo, do ponto de vista do consumidor e usuário de smartphone. A questão-chave permanece: o usuário comum de smartphone adotará isso? Essa questão permanece sem resposta.

A Áustria tem duas opções daqui para a frente. De um lado, pode aceitar gigantes da TI como Apple, Samsung, Google, com suas carteiras neutras, assim que estiverem prontas para entrar no continente. Por outro lado, startups neutras, inteligentemente posicionadas entre os investidores e os grupos de investidores, têm uma oportunidade tremenda aqui. A complexidade do espaço de pagamento da UE, com diferentes regulações e ecossistemas de pagamento, país a país, dificultará as coisas para empresas grandes dos EUA e do Extremo Oriente. As chances são de que daqui a cinco a dez anos os players dominantes no segmento de pagamento móvel serão as empresas das quais ninguém ouviu falar hoje, ou aquelas que ainda nem foram fundadas.

Ambiente de Capital de Risco Relacionado a FinTech Localizada

Há uma pequena, mas crescente, quantidade de capital de risco (venture capital) (CR) na Áustria. Mas quem são os investidores relevantes para startups de FinTech e que tipos de posicionamento e especialização estão promovendo?

Um player estável e crucial no ecossistema local é o Austria Wirtschaftsservice Gesellschaft mbH (aws), o banco de fomento federal austríaco. Desde 2013, o aws Founder Fund participa de empreendimentos austríacos com potencial de crescimento europeu escalável de alta qualidade. O fundo recebe investimentos de capital de até €3 milhões e tem um amplo conjunto de segmentos-alvo. A ênfase do portfólio atual é em hubs digitais e mercados. Além do mais, o Erste Bank tem um papel significativo dentro do aws Founder Fund, participando na angariação de fundos inicial com €3,5 milhões, e também é representado no comitê de investimento dos fundos.

Um dos veteranos de CR em Viena é a Speedinvest, que administra um portfólio FinTech já atraente (destaques são o Wikifolio e o Holvi). Um recém-chegado impressionante é o Venionaire, um time jovem e habilidoso com uma rede forte dentro dos centros de capital de risco dos EUA em Nova York (Costa Leste) e no Vale do Silício (Costa Oeste) e que está entrando no mercado. SevenVentures (ProSienenSat. 1 Media AG) é parte da Media Alliance Europe e, portanto, tem o potencial de escalar startups de sucesso, suas marcas e produtos. Como uma plataforma de lançamento, a SevenVentures oferece acesso a mais de 200 milhões de famílias europeias. A Áustria está servindo como um mercado de teste dentro do grupo.

Até family offices oferecem bom potencial de desenvolvimento para empreendimentos na Áustria. Líderes e personalidades renomadas agem como anjos de negócios em seus antigos campos de competência e oferecem abordagens estruturadas, similares a modelos EUVECAcompliant, mas dotados de mais flexibilidade e alcance estratégico.

Algumas tendências gerais – junto ao ciclo de expansão em curso na classe de bens de capital de risco – são rodadas de angariação de fundos maiores e aumento dos tamanhos de bilhetes. Speedinvest e Venionaire, baseadas na Áustria, agendaram fechamentos de mais de €50 milhões em 2015.

Como uma incubadora especializada e hub de desenvolvimento de negócios, o MEP Mobile Equity Partners está focando nas disciplinas FinTech verticais de pagamento móvel e ticketing móvel. O MEP está agindo como um fertilizador cruzado entre bancos e MNOs, entre incumbentes e startups. O MEP insere investimentos em estágio inicial que oferecem um encaixe complementar e suplementar para o cluster de pagamento móvel relevante. Junto a outros participantes, o MEP está apoiando o estabelecimento de um hub de desenvolvimento de negócios guiado por conhecimento para criar uma nova plataforma para cooperação e para melhorar as capacidades europeias.

Conclusão: Destravando o Potencial

Um hub de pagamento móvel de sucesso em Viena aproveitará uma infraestrutura existente e envolverá capacidades organizacionais e de desenvolvimento de negócios, incluindo bancos, MNOs e startups corporativas mais especializadas, criando participações na cadeia de valor da indústria de pagamentos. A localização estratégica da Áustria entre a Europa Ocidental e ECL, sua configuração única de instituições financeiras e o tamanho de mercado relativamente pequeno (que afasta competição significativa, mas ainda permite o estabelecimento de uma solução escalável de sucesso) configuram um case de FinTech atraente para o país.

Ecossistema FinTech da Índia

Por Sukhi Jutla
Formadora de Opinião FinTech

e Narendiran Sundararajan
Gerente – Pesquisa (ICT) no Centre for Innovation Incubation and Entrepreneurship, IIM Ahmedabad

Grandes bancos, bolsas de valores, empresas, a ênfase em tecnologia, empresas de e-commerce, investimentos e empreendedores ambiciosos tornando-se grandes no segundo país mais populoso do mundo: todos esses fatores contribuem para que a FinTech seja de tirar o fôlego na Índia. Só em 2015, investimentos em startups relacionadas a FinTech naquele país cruzaram a marca de bilhões[1]. A população bilionária socioeconomicamente diversificada da Índia também abre amplo espaço para a atividade FinTech, em termos de talento, oportunidades de inovação e um mercado massivo para servir. Os números falam por si – quase 90% das transações na Índia são baseadas em dinheiro.[2] Transações online também estão aumentando; a internet e a penetração móvel estão perto de 20% e 70%, respectivamente,[3] e a previsão é de que os usuários de internet móvel passem da marca de 200 milhões.[4] Os setores público e privado estão alcançando esses espaços, aproveitando tecnologia e inovação para criar soluções duradouras de cobrir as lacunas de acesso a serviços financeiros em mercados malservidos e capturar a população cada vez mais inteligente e conectada a redes móveis com mobilidade de ponta.

Áreas de Inovação

Contra esse cenário de inovação e investimento, podemos ver crescimento contínuo e oportunidades no setor privado. Um dos primeiros mercados online da Índia focado em produtos financeiros pessoais, BankBazaar, assegurou INR 375 crores (US$60 mi) na última rodada de financiamento.[5]

[1] Trak.IN Funding Tracker: <http://trak.in/india-startup-funding-investment-2015/>.

[2] Knowledge@Wharton: <http://knowledge.wharton.upenn.edu/article/tapping-an-appetite-fortechnology-in-indias-underserved-markets/>.

[3] Time: <http://time.com/3611863/india-smartphones/>.

[4] The Hindu: <http://www.thehindu.com/sci-tech/technology/gadgets/mobile-internet-users-toreach-213-million-by-june-2015/article6785327.ece>.

[5] Veja: <http://yourstory.com/2015/07/bankbazaar-com-funding-seriesc/>.

Estabelecido em 2008, continua a se posicionar para aumentar sua base de clientes e investir em seu app móvel à medida que os clientes buscam cada vez mais seus celulares para acessar tais serviços. Com a busca pelo celular como o primeiro ponto de interação com o site, será importante garantir que a empresa, e futuras startups incorporem apps móveis como um recurso integral.

Jocata é outra empresa FinTech proeminente que oferece produtos Conheça Seu Cliente (CSC; em inglês, Know Your Costumer – KYC) e Antilavagem de Dinheiro (AML – do inglês, Anti-Money Laudering). A tecnologia está apoiando a redução no custo de acordos, ajudando a alcançar expectativas regulatórias, e fornecendo dados padronizados e reutilizáveis de seus clientes. Selecionada para o FinTech Innovation Lab, dirigido pela Accenture,[6] está claro que o mundo está disposto a investir em startups indianas devido ao seu óbvio potencial.

Bancos tradicionais talvez estejam sentindo o calor de startups de FinTech à medida que suas receitas por taxas cobradas de pagamentos online caem. O DHFC Bank, segundo maior banco da Índia, viu suas taxas de pagamentos cairem 30%.[7] Em resposta, fez parceria com varejistas online como Snapdeal e Flipkart para lançar um site de compras em seu website para encorajar clientes a usarem suas plataformas em uma tentativa de capturar as taxas da atividade de e-commerce. O setor crescente de e-commerce continuará a revolucionar o mercado de pagamentos à medida que mais pessoas buscam a web para comprar e vender produtos nesse país diverso.

A FinTech também está causando disrupção no setor social, com Milaap sendo uma das maiores plataformas de arrecadação de fundos online. Ela permite que pessoas do mundo todo financiem e ajudem comunidades na Índia necessitando de facilidades básicas, como saneamento e acesso à água potável. Ao doar pequenas quantias de dinheiro, como no modelo de negócios de microempréstimos, ela usa uma rede de voluntários para trabalhar com parceiros de campo para rever inscrições de empréstimos e garantir que o dinheiro seja entregue ao mutuário final. Esse provou-se ser um jeito poderoso de arrecadar fundos para quem precisa, contornando bancos tradicionais, cujos processos podem ser cheios de burocracia e atrasos desnecessários.

Não é surpresa que a cena FinTech esteja abalando a indústria alimentícia na "Terra das Especiarias". Startups Foodtech na Índia estão cada vez mais populares do que e-commerce em expansão. Com a indústria alimentícia

[6] Veja: <http://www.jocata.com/news.html>.

[7] E27: <http://e27.co/banks-gear-up-to-piggyback-on-the-e-commerce-wave-20150526/>.

representando um mercado de $50 bilhões,[8] houve um aumento no número de startups. Por exemplo, Feazt conecta amantes da comida, permitindo que realizem um jantar ou sejam convidados. Convidados pagam um valor estabelecido por refeição, e dos anfitriões é cobrada uma taxa de assinatura mínima e uma taxa de inscrição para que usem a plataforma.

Um Hub Coletivo

Com mais inovações surgindo em quase todas as indústrias, não é surpresa que financiamento por anjos e de capital de risco (CR) estejam em alta. Startups indianas levantaram $3,5 bilhões[9] em financiamento na primeira metade de 2015, o que ultrapassou o valor de negócios em todo o ano de 2014. Helion Venture Partners, Sequoia Capital, Blume Ventures, Kalaari Capital, Accel Partners, Matrix Partners, Tiger Global, IDG Ventures e Softban são o mix indiano de investidores locais e internacionais ativos, Bangalore liderando com $2,43 bilhões, Nova Deli com $1,43 bilhão, e Bombaim com $610 milhões,[10] cimentando as histórias de sucesso de inovações com mérito de investimento. Em paralelo, a flexibilização de regulações encorajada pelo Reserve Bank of India (RBI) facilitou o crescimento econômico. Devido à infraestrutura, metrópoles indianas como Bombaim, Pune, Hyderabad, Bangalore e Chennai estão se tornando um hub coletivo para atividade FinTech. Esses centros aspirantes de cultura e negócios têm o suporte completo de hubs que prosperam em todo o mundo: instituições bancárias e financeiras em domínios públicos e privados, Instituições Financeiras Não Bancárias, escritórios de back-end, startups e empreendedores, incubadoras, investidores e uma grande quantidade de talentos para dirigir tudo isso.

O número de hubs financeiros no país também está aumentando. Em pesquisa feita pela MasterCard, sete cidades indianas estão classificadas entre os 65 principais centros financeiros em economias emergentes.[11] Bombaim, Nova Deli, Bangalore, Chennai, Hyderabad, Calcutá, Pune e Coimbatore foram listadas devido a sua condição favorável de inovação financeira e infraestrutura, ambiente econômico e comercial, crescimento e desenvolvimento, conectividade comercial, educação, conectividade de TI, qualidade de vida urbana e segurança. Bombaim, a capital financeira, foi classificada como a maior entre elas. Como hub de serviços financeiros estabelecido, abriga as bolsas de valores vitais da Índia e serve como sede de muitas instituições financeiras nacionais e internacionais. Também é uma capital de investimento que serve como casa de muitas empresas de CR e investidores-anjo. Bangalore é chamada de capital startup da Índia, competindo com Deli, Bombaim e com o ecossistema emergente em Pune. Os gigantes pioneiros de TI – Wipro, Infosys e TCS – começaram suas operações em Bangalore e são players-chave em TI e suporte back-end para instituições financeiras. Isso estabelece o precedente da riqueza de empreendedores e capital de investimento da cidade. Essas cidades, junto a hubs de inovação em crescimento como Chennai e Hyderabad, são locais de testes para várias startups trabalhando em mercados de capital, pagamentos, microfinanças, comércio e ferramentas institucionais.

O futuro da FinTech na Índia está estabelecido em um campo de altas aspirações, expectativas e um senso renovado de otimismo. O Gujarat International Finance Tech-City (GIFT city), apoiado pelo governo, é um grande passo em direção ao futuro. É um projeto ambicioso que serve como um Centro de Serviços Financeiros Internacional (IFSC) construído com a única intenção de fornecer infraestrutura para centros financeiros globais e locais e estabelecer uma base para suas operações. Visando empresas dirigidas por talentos indianos em espaços IFSCs como Dubai e Singapura, pretende ser um hub de empregos em FinTech. Trabalhos em FinTech também estão em crescimento. Só o setor Bancário, de Serviços Financeiros e Seguros gerou aproximadamente 22 mil empregos. Pune foi a primeira da lista em criação de empregos, com todas as cidades mencionadas mostrando crescimento.[12] Isso não é surpresa, já que empresas como SunGard, Fundtech, MasterCard, Fiserv e First Data já têm centros em Pune, com a MasterCard desenvolvendo seu maior hub tecnológico fora dos EUA na cidade.[13]

Resumindo o panorama da Índia como hub FinTech, precisamos vê-la como um hub coletivo de atividade FinTech. Com suas áreas metropolitanas focando em interesses diferentes e lidando com desafios em relação a serviços financeiros, a estrutura comum que guia essas cidades é o espírito de inovação, o apoio de reguladores e a promessa de investimento. Diferente de hubs FinTech pelo mundo, seu legado não ficará às margens de seu status quo, mas no desenvolvimento que pode estabelecer por todo o país.

---

8 YourStory: <http://yourstory.com/2015/05/foodtech-startups-india-crowdpitch/>.

9 YourStory: <http://yourstory.com/2015/07/half-year-2015-funding-report/>.

10 TheNextWeb: <http://thenextweb.com/in/2015/07/05/india-the-worlds-fastest-growing-startupecosystem/>.

11 MasterCard: <http://www.mastercard.com/us/company/en/newsroom/pr_new_mastercard_research_ranks_65_Cities_in_emerging_markets.html>.

12 ASSOCHAM: <http://assocham.org/newsdetail.php?id=4210>.

13 *Economic Times*: <http://economictimes.indiatimes.com/articleshow/46127416.cms?utm_source=contentofinterest&utm_medium=text&utm_campaign=cppst>.

Singapura, o Hub FinTech para o Sudeste da Ásia

Por Markus Gnirck
Cofundador, Startupbootcamp FinTech

e Gerben Visser
Sócio-gerente, Incubasia Ventures

De muitas perspectivas, Singapura é vista como um exemplo global de desenvolvimento e crescimento sem paralelo nos últimos 50 anos. Localizada estrategicamente no cruzamento de uma região em desenvolvimento que consolidará uma região maior que a Europa (em termos de crescimento, população e demografia promissora), Singapura tem um potencial incrível de levar o mundo à Ásia e a Ásia ao mundo.

A presença internacional de Singapura é construída na base de um país estável, com estrutura regulatória rigorosa e procedimentos administrativos eficazes, enquanto seu posicionamento estratégico a torna uma plataforma de lançamento ideal para desenvolvimento regional em países maiores e mais populosos, como Indonésia, Malásia, Tailândia, Vietnã e Filipinas.

Motores de FinTech em Singapura

Com base no Global Financial Centres Index, Singapura é classificada como o 4° maior centro financeiro do mundo e também o 1° lugar do Global Information Technology Report 2015 do Fórum Econômico Mundial. Essa confluência de maturidade financeira e prontidão tecnológica é vital para a aceleração da indústria FinTech e, naturalmente, aponta Singapura como um hub FinTech.

Ao passo que FinTech é um movimento global que ganhou muita tração e impulso, é importante reconhecer que vários locais têm diferentes impulsionadores em seus respectivos ecossistemas. Comparando as economias altamente desenvolvidas na Europa e nos EUA com as economias em desenvolvimento na Ásia, fica claro que os drivers variam. A FinTech em economias desenvolvidas vem de uma base de inovação e agregação de valor, enquanto a FinTech em economias em desenvolvimento é impulsionada por uma necessidade crítica de lidar com pontos fracos, que são sentidos fortemente em suas respectivas economias. Generalizar os drivers para FinTech na Ásia é difícil, já que há um mix saudável de economias desenvolvidas e em desenvolvimento na região. Pegando a perspectiva regional, a inclusão financeira ainda é uma questão-chave que, se não abordada, inibe o desenvolvimento da maturidade financeira em muitas dessas economias. Portanto, seja por razões altruístas ou meramente no bom sentido de negócios, consciente ou inconscientemente, muitas empresas de FinTech na Ásia estão abordando questões relativas a um aspecto de inclusão financeira.

Outro driver importante de FinTech em Singapura é o ambiente propício de negócios. Empreendedorismo e inovação são altamente apoiados por entidades relacionadas ao governo, como SPRING Singapore, International Enterprise Singapore ("IE Singapore"), Singapore Economic Development Board ("EDB") e Infocomm Development Authority of Singapore ("iDA"). Essas organizações têm deliberadamente forçado iniciativas que visam encorajar e nutrir a inovação e empresas na cena local. A forte estrutura legal de Singapura também fornece um alto grau de conforto e estabilidade para que empresas de FinTech se estabeleçam aqui.

O alto envolvimento da Monetary Authority of Singapore ("MAS") em atividades FinTech é ainda outro desenvolvimento positivo para Singapura. Recentemente, a MAS anunciou um Chief FinTech Officer que servirá como um ponto de entrada para empresas de FinTech no MAS, e um Innovation Hub similar ao FCA no Reino Unido será formado. Eles também afirmaram seu forte comprometimento com FinTech comprometendo $225 milhões para o esquema Financial Sector Technology & Innovation ("FSTI").

Finalmente, há uma urgência tangível em obtenção de informações e geração de conteúdo em relação a FinTech. Institutos educacionais renomados como o Singapore Management University ("SMU") estabeleceram vários centros, como a Financial IT Academy ("FITA") ou o Sim Kee Boon Institute for Financial Economics ("SKBI"), enquanto vários bancos locais exploram programas de desenvolvimento executivo com ênfase em FinTech. Indo em frente, a circulação e o refinamento iterativo de conhecimento FinTech compartilhado contribuirão para maior consciência pública, interesse e educação, que também impulsionam indiretamente a um nível mais alto de atividade FinTech.

O Ecossistema FinTech de Singapura

Ecossistemas FinTech prósperos e de sucesso são geralmente caracterizados pela presença de três elementos-chave: (1) startups e empreendedores

FinTech, (2) capital de investimento para financiar o crescimento de startups, e (3) uma comunidade educada de mentores e especialistas.

Primeiro, embora possa não ser imediatamente aparente, há mais de cem startups de FinTech baseadas em Singapura que estão buscando o mercado B2C/B2B de Singapura ou usando a nação como um hub para operar pela região. Observando as verticais dentro de FinTech, as startups representam tendências comuns que são vistas no mundo inteiro, de pagamentos a comércio até tecnologia blockchain e soluções back office. Muitos profissionais financeiros, inspirados pelo sucesso de outros e atraídos pelo ambiente de apoio, estão deixando a vida em cubículos para começar suas próprias empresas.

Segundo, em anos recentes, muitos capitalistas de risco (CRs) globais e locais estiveram observando de perto o desenvolvimento da indústria FinTech no sudeste da Ásia. Embora seja uma indústria relativamente nova, especialmente para CRs, os primeiros investimentos foram feitos, e esses fundos recentemente obtidos serão um fluxo importante de capital de investimento para a indústria FinTech. Como a maioria das startups nas várias indústrias tecnológicas desta região estão buscando produtos B2C, os CRs estão ficando muito animados em escalar soluções FinTech B2C para o sudeste da Ásia. Além disso, muitos profissionais bancários/de fundos de investimento/private equity estão começando a investir capital privado em startups em estágio inicial para financiar crescimento enquanto compartilham visões e fazem conexões importantes com seus players-chave na indústria.

Terceiro, também é notável que os mentores, especialistas e anjos da comunidade FinTech estão crescendo rapidamente. Eventos como Echelon, Tech in Asia, FinTech Social, Next Bank Meetup, Hackathons e Pitch Days atraem grandes multidões de empreendedores e profissionais financeiros ansiosos em ser parte da comunidade e ingressar no movimento FinTech crescente. Comparado a outros centros na Ásia, a força da comunidade FinTech de Singapura faz diferença e fornece uma grande base para que empreendedores, instituições financeiras e investidores trabalhem juntos. Startups de FinTech por toda a Ásia estão reconhecendo esse fato e mudando para Singapura para aumentar seus negócios. Até mesmo startups que têm um grande mercado B2C em casa, como a Índia ou Indonésia, vão a Singapura, sabendo que adquirir conhecimento FinTech é crucial para seu sucesso, e a abertura de mentores para ajudar é única nessa região.

Com uma visão mais ampla do ecossistema FinTech em Singapura, os participantes-chave do mercado incluem o governo e corpos regulatórios, investidores, empresas de FinTech, instituições financeiras e empresas de telecomunicações, sociedades/associações de negócios e outros investidores.

Esses participantes de mercado em Singapura têm uma visão privilegiada do futuro observando algumas das economias mais maduras da Europa e a dos EUA. Já estamos vendo o estabelecimento de instituições financeiras em Singapura espelhando algumas das estratégias adotadas no exterior, como estabelecer centros de inovação, fazer parcerias com aceleradores e incubadoras, estabelecer braços de capital de risco para adquirir empresas de FinTech e formar parcerias e negócios com empresas de FinTech. Embora a tecnologia dominante e as empresas de telecomunicações estejam ficando cuidadosamente fora do centro das atenções, uma olhada mais de perto revelaria que elas claramente também não têm ficado inativas neste período crítico da revolução FinTech.

Outra oportunidade animadora para FinTech em Singapura está nas sinergias com outros setores tecnológicos. FinTech tem um papel importante na vida diária de todos, e há uma boa razão para integrar soluções com outros setores, tal como Tecnologia de Saúde, de Educação e Cidades Inteligentes. O governo de Singapura também está investindo esforços em reunir indústrias tecnológicas e fornecer ambientes ainda melhores para integração mais profunda. Esse é um movimento bem-vindo, já que FinTech não deve ser limitada a seu próprio nicho, mas tem a oportunidade de criar um impacto em muitas camadas diferentes da vida de um consumidor.

Para Singapura realmente emergir como um hub FinTech, há a necessidade de uma organização representativa de reunir esses participantes-chave, criar uma ponte entre as grandes corporações no distrito de negócios central, as startups nas bases e muitas outras organizações na cadeia de valor entre e através de diferentes ciclos de vida.

Histórias de Sucesso

O sucesso de um ecossistema FinTech pode ser medido pelo número de negócios que levantaram fundos com sucesso e estão gerando renda. Enquanto Singapura ainda não teve uma grande saída FinTech, um grande número de empresas está provando que o sudeste da Ásia é o lugar para FinTech no momento. O primeiro Blockchain Hackathon do mundo, em 2015, produziu mais de 16 times blockchain que mudaram a perspectiva de como bancos e outras instituições financeiras podem trabalhar com essa nova tecnologia.

Vendo algumas histórias de sucesso de hubs FinTech pelo mundo, percebe-se que muitas delas compartilham o fator comum de ter uma organização unitária/representativa levantando e apoiando o ecossistema FinTech inteiro em suas respectivas economias.

"Innovate Finance", no Reino Unido, "Stone & Chalk", na Austrária, e "Holland FinTech", na Holanda, são alguns exemplos bem estabelecidos de tais organizações, enquanto "FinTech HK", em Hong Kong, e "The Singapore FinTech Consortium", em Singapura, estão estabelecendo rapidamente sua presença e construindo a comunidade FinTech em suas respectivas economias também.

Finalmente, um acelerador líder em inovação financeira, Startupbootcamp FinTech, foi lançado durante a delegação FinTech de Londres a Singapura, liderada pelo prefeito de Londres, Boris Johnson. Foi bem-sucedido por meio do envolvimento de reguladores em seu programa de inovação e abre caminho para uma discussão mais inclusiva da evolução e crescimento de FinTech em Singapura.

Coletivamente, esses fatores levaram a um número maior de startups de FinTech nessas comunidades, que só correlaciona com maior intensidade de investimentos. Claramente, estabelecer tal ambiente seria crucial para regiões/cidades buscando construir suas capacidades FinTech.

Conclusão

Olhando para o futuro, não há dúvidas de que Singapura continuará tendo um papel importante como um hub para o desenvolvimento de FinTech na região. Singapura será um trampolim para os países da ASEAN e região asiática mais ampla, o que representa um crescimento incomensurável. Empresas de FinTech em Singapura estão prestes a emergir, à medida que lidam com um campo minado de desafios não mapeados no cenário, enquanto exploram oportunidades escondidas no curso de buscar continuamente e aplicar soluções FinTech inovadoras para tornar os sistemas financeiros mais eficientes.

Mercados Emergentes e Impacto Social

4

De acordo com o G20, 2,5 bilhões de adultos estão excluídos do sistema financeiro formal. Esta parte considera a influência de FinTech nos mercados emergentes e o impacto social que pode ser gerado por meio da tecnologia financeira em termos de garantir acesso a serviços e produtos financeiros para quem não tem banco, isto é, democratização das finanças. A economia de dinheiro está sendo suplementada pelo acesso móvel a fundos digitais. Esta mudança não é liderada por bancos tradicionais, mas por empresas de telecom que alimentam transações móveis. Startups de FinTech podem se tornar o motor que permite acesso a quem necessita. A FinTech pode ajudar quem não tem banco a superar a discriminação na provisão de serviços financeiros, enquanto diminui o atrito e o custo de transações para economias e pagamentos.

FinTech: O Não Tão Pequeno Mecanismo Capaz

Por Susan Joseph
Fundadora, Leverige LLC

Lá em 1930, quando o mundo financeiro estava em um estado precário, Platt e Munk escreveram as famosas palavras de encorajamento, "Eu acho que consigo, eu acho que consigo", em *The Little Engine That Could*. O mundo mergulhou de cabeça, e os mercados financeiros implodiram. Desde então, nós legislamos, transformamos e continuamos firme em um ritmo modesto. Por um tempo, essa estratégia nos serviu bem para evitar outra crise financeira total, mas também levou ao surgimento de um ecossistema financeiro global fechado e intolerante, mas interdependente, no qual a regulação manteve desafiantes inovadores afastados.

Como algumas das regulações pós-1930 ficaram mais flexíveis, fomos atraídos para uma crise financeira global em 2008, resultando em regulações novas e arrebatadoras. Simultaneamente, a tecnologia está evoluindo e empoderando rapidamente os ecossistemas financeiros mundiais. Novos regulamentos e nova tecnologia nos levaram a uma revolução total alimentada por FinTech. Estamos no meio de uma era de ouro de FinTech, e é um tempo incerto e animador que nos deixará muito melhor equipados para ampliar a economia mundial no futuro. Há muito a ser feito, mas mesmo que estejamos lidando apenas com a ponta do iceberg para melhorar a sociedade usando tecnologia financeira, ainda assim é um ótimo começo. Isso está no centro das questões enfrentadas por mercados emergentes.

A maioria das economias de mercados emergentes tem sistema financeiro com infraestrutura limitada. Mercados de capitais e bancos, desde que existem, dependem de tecnologia antiga e não estão acessíveis para populações rurais pobres, que formam uma maioria em países em desenvolvimento. A vantagem é que há muito menos barreiras estruturais e regulatórias no sistema financeiro a serem superadas para servir os sem-banco. É precisamente essa dinâmica que permitiu que novas tecnologias se desenvolvessem a serviço dos pobres, e inovadores FinTech entraram nisso, em alguns casos ultrapassando a indústria tradicional com novos serviços que fornecem acesso aos antes não servidos.

Para entender como isso está acontecendo, precisamos primeiro entender que em mercados emergentes "Dinheiro é o Rei". Os pobres são invisíveis ao sistema bancário. Eles usam dinheiro para a maioria de suas transações e não podem acessar o crédito, seguro ou produtos de poupança que não valorizamos no mundo desenvolvido. A maioria da população está espalhada pelo campo e, muitas vezes, vive em pequenas vilas isoladas. Bancos tradicionais não foram motivados a desenvolver a infraestrutura de agência exigida para apoiar essa população. Em economias emergentes, o empreendedorismo é uma necessidade e uma paixão, já que educação e empregos são escassos. Infelizmente, sem infraestrutura financeira, é difícil para os pobres e sem banco começar um negócio e se levantar por seus próprios esforços. A tecnologia é literalmente a cola que liga as lacunas de infraestrutura.

Seria tolo pensar que os sem-banco não estão se envolvendo em transações financeiras. Surpreendentemente, o principal facilitador em inclusão financeira não é a inovação FinTech em si. É o telefone celular. Nos últimos 15 anos, a penetração do telefone celular na África passou de zero a mais de 900 milhões de assinantes, com crescimento similar em outras regiões de baixa renda. Mais impressionante é o fato de que cerca de 500 milhões desses assinantes não têm acesso regular a eletricidade.

Especificamente no Quênia, em 2007, a Safaricom, uma subsidiária da Vodafone, a maior operadora de rede móvel do país, introduziu a primeira solução de dinheiro móvel no mundo: MPesa. Usuários da Safaricom foram capazes de adotar facilmente o serviço, porque já estava instalado em seus cartões SIM, e contando com uma rede crescente de redes móveis pré-pagas, a Safaricom foi capaz de se tornar um monopólio virtual no Quênia, lançando uma indústria de serviços financeiros móveis mundial. De acordo com o relatório recente da GSMA (associação de operadoras móveis e empresas relacionadas), só em dezembro de 2014, usuários de dinheiro móvel fizeram um total de transações de US$16,3 bilhões através de 717,2 milhões de transações globalmente.

O Quênia tem soluções em FinTech móveis invejáveis que países desenvolvidos apenas sonham em ter. Sistemicamente, essa tecnologia foi capaz de se desenvolver livremente no Quênia para servir aos sem-banco porque os bancos não estavam dispostos ou, talvez, não eram capazes de servir aos pobres. A tecnologia móvel servindo aos sem-banco tornou-se tão popular, que aqueles que já utilizavam serviços bancários começaram a usá-la. Na verdade, eles exigiram que os bancos a implementassem.

Então, quanto da população do Quênia usa tecnologia móvel para serviços financeiros? A estimativa é de que 85% dos adultos usam serviços de dinheiro móvel para fluir verbas através de operadoras de telecomunicações móveis. Essas transações não estão fluindo através de bancos. Praticamente, isso significa que as pessoas estão usando carteiras móveis com contas baseadas em números de telefone, em vez de contas bancárias. Pagamentos seguros sem dinheiro estão fluindo através de diferentes fronteiras de mercados emergentes, ultrapassando bancos.

O grande volume e a quantidade total de transferências monetária e big data gerados por essas redes móveis possibilita que as operadoras expandam seus serviços além de pagamentos para captação de depósito e até mesmo microempréstimos. A Safaricom lançou recentemente dois serviços em colaboração com bancos locais – mShwari, em colaboração com o Commercial Bank of Africa (CBA), e KCB-Mpesa, com a potência queniana Kenya Commercial Bank Group (KCB).

O maior e mais impressionante, e um dos que vale a pena repetir, é que os sem-banco estão sendo alcançados. A economia do dinheiro está sendo suplementada pelo acesso móvel a fundos digitais. O serviço bancário tradicional não está liderando a mudança. Empresas de telecomunicação entraram no jogo, e transações alimentadas por mobilidade são as forças a serem reconhecidas. Disruptivo? Sim. Transformativo? Pode apostar!

O dinheiro digital substituirá totalmente o dinheiro de papel? Provavelmente não. Mas o alcance amplo de transações monetárias digitais para os sem-banco está alimentando o crescimento do mercado de economia emergente, criando mais riqueza e melhorando o padrão de vida.

Estamos prestes a entrar no segundo estágio dessa revolução à medida que feature phones estão sendo substituídos por smartphones, com uma adoção esperada de 70% dos mercados emergentes até 2020. As oportunidades para inovações FinTech são infinitas, e as startups podem tornar-se o motor que permite o acesso e direciona recursos àqueles que mais necessitam. Agora vamos caminhar por duas das ideias mais imaginativas acerca do que pode transformar a vida das pessoas para melhor.

A primeira ideia criativa é um produto de seguro de crédito que será introduzido em Ruanda por meio de uma plataforma big data. Há apenas 20 anos, a população da Ruanda sofreu um genocídio e um horror inimaginável, e o país ainda está em processo de reconstrução. Hoje, a economia de Ruanda está crescendo em uma média de 8% ao ano. A economia pode ser conduzida ainda mais rápido? Sim, com seguro de crédito alimentado por FinTech, que permite que os bancos minimizem o risco de calote e sintam-se seguros o bastante para emprestar a mutuários anteriormente inalcançáveis. Usando dados existentes e alternativos e modelagem avançada, o segurador está derrubando o Muro de Berlim da falta de acesso ao crédito byte por byte, em vez de tijolo por tijolo.

Uma vez que o segredo dos dados e algoritmos por trás do produto estiver online, a plataforma será capaz de automatizar a subscrição, a originação do empréstimo e a emissão de seguro de crédito. Os empréstimos e produtos de seguros serão implantados rapidamente e têm a habilidade de escalar. A mesma plataforma e tecnologia podem ser aproveitadas para fornecer indicadores e índices-chave de desempenho, derramando luz no setor anteriormente escondido e permitindo investimento global no mercado. À medida que esses produtos ganham vida, a educação financeira e os programas de alfabetização ainda serão necessários, mas a informação recolhida ajudará a melhorar o foco e a eficácia de tais programas, e a tecnologia ajudará a entregá-los.

Imagine o cenário econômico de um país pobre com pequenos negócios crescendo solidamente – fazendas, estandes de produtos, artesanatos, indústria, exportações etc. – os típicos negócios que podem criar riqueza e gerar empregos. Imagine também que você tem dados mostrando como esses negócios se comportam e crescem. Dados sólidos transparentes, facilmente transmitidos via API.[1] Dados que podem ser mostrados para investidores tentando melhorar a economia e infraestrutura do país. Dados que podem acionar mais investimentos porque esses dados provam que o investimento em pequenos negócios está funcionando.

Esse é um exemplo de como FinTech pode criar uma voz que pode ser medida para os sem-banco. O que pode ser medido pode fornecer a base para novas políticas, encorajando mudanças econômicas e sociais positivas. Mudanças fundamentadas em tempo real, empoderadas pelos dados do crescimento econômico contínuo de Ruanda. Um desenvolvimento sustentável duradouro crescerá disso; comunidades fortes evoluirão naturalmente. O seguro de crédito em Ruanda servirá como um precursor de arranjos de seguro de crédito por outras economias de mercado emergente. Pouco a pouco, podemos alcançar os sem-banco e melhorar o padrão de vida local. FinTech empoderando a mudança social? Sim, nós podemos!

[1] Veja o capítulo intitulado "Abraçando a Economia API Conectada" para mais detalhes.

O segundo exemplo ocorre no Quênia, que está gozando de cerca de 6% de crescimento no PIB ao ano e é um hub financeiro para o leste da África. Como mencionado, 85% de todos os quenianos adultos usam telefones celulares, com negócios sendo transacionados e liquidez sendo fornecida por meio dessas contas móveis. Os telefones nem sempre são smartphones com a capacidade de ter apps financeiros sofisticados, mas certamente são móveis, o que pode, pelo menos, mover verbas de um lugar para outro.

O que exatamente essa tecnologia móvel pode fazer? Tudo o que seria feito tradicionalmente dentro do sistema bancário, incluindo financiamento de cadeia de suprimento, empréstimos, microfinanças de curto prazo e empréstimos comerciais, mais padrões, economias, crédito rotativo etc. Todos esses instrumentos financeiros podem ser acessados com o toque de um dedo ou o clique de um botão. E estão ocorrendo fora da infraestrutura bancária sobre uma tecnologia móvel pura, segura e elegante.

Uma das lições mais interessantes a serem aprendidas de economias emergentes é que ferramentas e tecnologias móveis fortes e poderosas se desenvolveram livres da opressão de sistemas financeiros antigos e de tecnologia de nichos e regulamentações. É muito mais fácil inovar quando você pode começar do zero.

O que ocorreu até agora é apenas o começo. O empréstimo de mercado está chegando e pode ser ativado pelo celular. Uma nova startup de FinTech está desenvolvendo uma plataforma de empréstimo internacional que age como um portal online para investimento de capital. Ela fornece a investidores estrangeiros acesso a negócios locais que precisam de empréstimos para capital de giro, ativos fixos e outros investimentos para crescimento. Em particular, essa plataforma trabalha com instituições financeiras de tamanho pequeno e médio para acessar e originar empréstimos de pequenos negócios. A plataforma então envia esses empréstimos para revenda para investidores como produtos de investimentos graduados. Isso mesmo. Produtos de investimentos graduados. Acessadas via celular. A securitização está vindo por meio de instrumentos transparentes no Quênia e estará disponível na palma da sua mão. Mercados de capital estão se desenvolvendo bem na sua frente. Parabéns àqueles empreendedores fazendo essa mudança.

A FinTech lançou o desafio para levar adiante mercados emergentes. Há tantas startups de tecnologia financeira aparecendo todos os dias, que é difícil saber quais sobreviverão. O que sabemos é que economias de mercados emergentes usando inovações FinTech são verdadeiras vencedoras, à medida que a necessidade dá origem à inovação financeira. A própria estrutura de transações financeiras está sendo refeita, e os malservidos estão sendo servidos por meio de FinTech. Nós estamos no meio de uma revolução FinTech, e aquelas palavras escritas por Platt e Munk nunca foram tão relevantes quanto hoje. O que sonhamos rapidamente se torna realidade à medida que falamos de ideias em voz alta e agimos para implementar soluções.

É "Eu acho que consigo" em sua melhor forma.

Por que Não Serei Capaz de Entrar em um Banco?

Por Francisco Meré Palafox
CEO & Cofundador, Bankaool, S.A. Institución de Banca Múltiple

> "É tão longe e eu perco tanto tempo e dinheiro para sacar meu salário. Assim que chego na agência, um guarda descontente pergunta do que eu preciso. Está um pouco hesitante em me deixar entrar por causa da minha aparência. Espero na fila por 80 minutos para sacar meu salário. Quero ficar invisível. Nunca fico confortável em um banco. Quando vou embora, enfio o dinheiro nas roupas para escondê-lo dos ladrões. Por causa da chuva, demoro muito para voltar para casa. Quando chego, acendo uma fogueira para me esquentar e secar as notas. Finalmente respiro, dessa vez fui capaz de chegar em casa a salvo."
>
> *Juan, mexicano de 38 anos*

Essa história ilustra aquilo que milhões de pessoas de áreas rurais, suburbanas e até urbanas pobres em países em desenvolvimento passam diariamente. A exclusão financeira tem um forte impacto nesse segmento da população, aumentando seus custos de transação ao lidar com dinheiro, não sendo capazes de participar da economia digital, sendo expostos a roubos e, infelizmente, discriminados por grandes instituições financeiras. O desenvolvimento em FinTech cria uma oportunidade para superar muitos desses obstáculos para milhões de pessoas terem uma melhora real em suas vidas.

De acordo com o G20, quase 2,5 bilhões de adultos (cerca de metade da população em idade de trabalho) são excluídos do sistema financeiro formal.[1] A história do M-Pesa no Quênia e pagamentos móveis usando feature phones foi amplamente documentado como um case de sucesso. E apesar de a internet e a penetração de celulares ter aumentado substancialmente pelo mundo, alcançando 40% da população, no caso da internet,[2] e, mais importante, 50% de penetração de telefones celulares,[3] duas questões permanecem:

Por que os pagamentos móveis não alcançaram a grande maioria?

Por que provedores de serviços não se envolvem em fornecer uma oferta financeira mais completa, como poupança e empréstimo, ou aproveitem o uso do telefone celular para que a inclusão financeira avance mais rapidamente, dado o maior uso de smartphones?

A resposta a essas perguntas pode estar nos fatores do lado da oferta, incluindo ausência de um ambiente regulatório favorável e falta de DNA digital em grandes bancos, e em aspectos do lado da demanda, como competição *versus* dinheiro e fatores idiossincráticos, incluindo a discriminação.

Para tratar e ilustrar essas questões, usarei o caso do México, que representa um case interessante de mercado emergente enfrentando desafios relevantes de inclusão financeira, mesmo apresentando penetração substancial de celulares e um sistema financeiro forte e moderno. O sistema bancário é sólido e robusto e atende às exigências de Basileia III.[4] O México também foi considerado um dos mercados mais lucrativos para os bancos mundiais que têm franquia no país. Não obstante, o crédito ao setor privado tem uma porcentagem do PIB muito baixa, de 18%. Além disso, é estimado que quase 60% dos adultos não têm uma conta em instituição financeira formal.[5] Em contraste, a penetração móvel está em 87%,[6] com uso de smartphones em quase 50%.[7] O México é uma sociedade cada vez mais conectada, classificado em 14° lugar no mundo em termos de tamanho populacional. Entretanto, classifica-se globalmente em 5° em usuários de Facebook, 7° do Twitter e 5° do Spotify.

Fatores do Lado do Fornecimento

Sete grandes players com 90% do mercado dominam o sistema bancário no México. Todos esses bancos lançaram plataformas digitais e móveis para melhor servir seus clientes.[8] Entretanto, elas só estão disponíveis para clientes

---

1 2014 Financial Inclusion Action Plan. Global Partnership for Financial Inclusion: <https://g20.org/wp-content/uploads/2014/12/2014_g20_financial_inclusion_action_plan.pdf>.

2 União Internacional de Telecomunicações.

3 The Mobile Economy 2015 Report, GSMA: <http://www.gsmamobileeconomy.com/GSMA_ Global_Mobile_Economy_Report_2015.pdf>.

4 Bank for International Settlements, "Basel III implementation assessments of Hong Kong SAR and Mexico as well as follow-up reports published by the Basel Committee", 16 de março de 2015: <http://www.bis.org/press/p150316.htm>.

5 World Bank: <http://datatopics.worldbank.org/financialinclusion/country/mexico>.

6 Neomobile, "Mobile Market in Mexico": <http://www.neomobile.com/mobile-market-mexico/>.

7 E-marketer, "One-Quarter of Mexico's Population to Use Smartphones in 2014", 22 de dezemboro de 2014: <http://www.emarketer.com/Article/One-Quarter-of-Mexicos-Population-Use-Smartphones-2014/1011753>.

8 No México, Telcos são proibidos de participar em pagamentos e poupanças. Apenas instituições financeiras regulares têm acesso ao sistema de pagamento Todas as poupanças ou contas de valor armazenado que são open-loop devem ser acompanhadas por uma conta em uma instituição financeira regulada.

que abriram uma conta em uma agência. Ou seja, não oferecem registro digital ou móvel. Portanto, o problema persiste, à medida que novos clientes em potencial precisam ir a uma agência física e passar por um processo incômodo para abrir uma conta. Esse processo inibe os clientes, e o número de agências por 100 mil habitantes é de apenas 15,3, que é o menor das Américas para grandes mercados.[9]

A regulamentação antilavagem de dinheiro foi alterada alguns anos atrás, visando reconciliar o objetivo da inclusão financeira com a necessidade de prevenir fluxo de dinheiro ilegal no sistema bancário. A maior mudança foi a introdução de um procedimento simplificado de Conheça Seu Cliente (CSC) para contas com um limite de depósitos mensais de US$1.000,00.[10] As regulações permitem a abertura de conta "não presencial" com exigências reduzidas de informações e sem documentos em papel.[11] É tremendo o potencial para a oferta de acesso a serviços financeiros a milhões de mexicanos com essa nova legislação e, assim, criar desenvolvimento em FinTech. Os bancos não reagiram rápido a essa oportunidade, provavelmente devido à posição confortável de que gozam em um mercado oligopolista junto a seu legado arraigado e seu DNA de agências profundamente enraizado.

Nesse ambiente há apenas um banco sem agências no México. Bankaool é o único banco que, até agora, lançou uma plataforma digital que permite a clientes em potencial abrir uma conta com apenas alguns cliques, remotamente e sem documentos necessários.[12] Sua plataforma foi projetada como uma experiência de usuário de inscrição digital, e não como apenas um processo análogo "digitalizado" de uma agência. A conta tem todas as características de uma conta bancária (exceto pelo limite).

A inscrição digital e móvel para uma conta pode não só melhorar a experiência do usuário e reduzir incômodos e custos de transação, mas também, mais importante, fazer diferença na inclusão financeira e empoderar pessoas em mercados emergentes para ganhar acesso aos sistemas de pagamento e aos benefícios do e-commerce. Enquanto a FinTech pode ser uma catalisadora para essa mudança, reguladores devem criar um ambiente favorável para tornar isso realidade, como no caso do México.

---

[9] Quarenta e sete no Brasil, 34 nos EUA, 24 no Canadá e 17 no Chile. Associação de Bancos do México.

[10] Na taxa de câmbio atual de 15,5 MXN por US$.

[11] Enquanto o limite de US$1.000 pode parecer restritivo, de acordo com estatísticas oficiais do INEGI, 80% das famílias no México têm renda mensal igual ou menor.

[12] Veja mais em: <https://www.bankaool.com/web/que-ofrecemos/abre-tu-cuenta/>.

Fatores de Demanda

"Ir a uma agência bancária é como ir a um hospital. Na hora que você coloca o pé lá, quer sair imediatamente..."[13]

Pablo, mexicano de 21 anos

"Meu banco ideal seria um em que não há clientes preferenciais."[14]

Laura, mexicana de 33 anos

De acordo com um relatório sobre inclusão financeira pela autoridade supervisora bancária mexicana,[15] 97% dos adultos vivem em um município que tem pelo menos um ponto de acesso ao sistema financeiro formal (agência, caixa eletrônico, PDV ou correspondente bancário). Entretanto, a partir dos sentimentos expressos acima, não só existe um problema com a oferta, mas até quando os serviços financeiros estão disponíveis, a população não tende a adotá-los. Como mencionado, quase 40% dos adultos têm uma conta. Entretanto, apenas 14,5% mantêm suas economias em uma instituição financeira, embora 58,4% dos adultos economizem dinheiro.[16] Como a FinTech pode ajudar a melhorar a adoção de serviços financeiros e, particularmente, as taxas de economias?

Há uma pesquisa bem documentada sobre economia comportamental, poupança e inclusão financeira.[17] Ela mostra que podemos ser "empurrados" a economizar mais e melhor quando usamos produtos financeiros. A economia comportamental também mostra que pessoas normalmente economizam para um propósito específico, e não apenas para um dia ruim. E se diferentes instrumentos foram usados para "empurrar" humanos a economizar, como planos de pensão e poupança, o uso de meios digitais, móveis e FinTech pode representar uma ferramenta poderosa para ajudar a população a administrar melhor seu dinheiro. Empresas como a Moven e a Mint lançaram plataformas para gestão de finanças pessoais com muito sucesso.

---

[13] Grupo focal conduzido por Bankaool, 2012.

[14] Ibid.

[15] Reporte de Inclusion Financiera, 2014: <http://www.cnbv.gob.mx/Inclusi%C3%B3n/Documents/Reportes%20de%20IF/Reporte%20de%20Inclusion%20Financiera%206.pdf>.

[16] The World Bank. "Financial Inclusion Data/Global Findex": <http://datatopics.worldbank.org/financialinclusion/country/mexico>.

[17] Dean Karlan na Universidade Yale conduziu pesquisa extensa sobre o tópico. Veja mais em: <http://karlan.yale.edu>.

Uma área em que FinTech e bancos móveis casarão com economia comportamental é no uso de poupanças de comprometimento. Elas são contas em que o titular estabelece um objetivo da quantia a ser economizada para um propósito específico, o horizonte de tempo, e se compromete a realizar depósitos periódicos nessa conta. Recompensas pelo cumprimento normalmente são pagas em forma de juros adicionais. A gamificação também tem um papel nessas contas, assim como lembretes do comprometimento ao usuário quando ele gasta dinheiro.

A FinTech pode, assim, ter um papel importante na adoção desses instrumentos, como o *The Economist* recentemente apontou:

> ... a tecnologia móvel também pode ajudar pessoas a economizar... Com a tecnologia móvel, provedores podem oferecer CSAs onde a pessoa pode personalizar o nível de comprometimento que se adequa a ela. Bankaool, um banco mexicano, é um exemplo. Este ano lançará um CSA móvel e online para clientes que desejem economizar uma quantia específica de dinheiro. O cliente define a quantia-alvo a ser alcançada e o período ao longo do qual economizará. A conta iWish, oferecida pelo banco ICICI na Índia, é outro exemplo.[18]

O México é um país onde a pobreza e a desigualdade de renda prevalecem. O país se classifica em 1° em níveis de pobreza e em 2° em desigualdade de renda entre países OCDE.[19] De acordo com uma pesquisa sobre discriminação no México, 60% das pessoas acreditam que riqueza cria uma divisa entre as pessoas, sendo discriminação a maior consequência,[20] 72% acreditam que os bancos só estão interessados em clientes ricos, e 67% acreditam que eles se aproveitam das necessidades das pessoas.[21] Não é surpresa, quanto mais afastadas das cidades as pessoas estão menos renda têm, menos contas bancárias têm.[22]

Houve debates sobre se a tecnologia "desumaniza" a economia. Serviços financeiros em mercados emergentes podem muito bem ser uma daquelas áreas onde menos vieses humanos seriam até desejáveis. FinTech e bancos móveis podem ajudar a superar a discriminação na provisão de serviços financeiros, mudando os termos do diálogo. A FinTech pode permitir uma comunicação mais direta entre provedores financeiros e seus clientes, sem discriminação. A habilidade de uma pessoa de abrir uma conta digitalmente e realizar transações financeiras e economizar em seu dispositivo ajudará a democratizar as finanças e evitar a discriminação. Isso dará às pessoas o poder de controlar seu futuro financeiro e, sem dúvida, de melhorar sua vida (financeira).

O relacionamento entre inclusão financeira e desenvolvimento econômico foi amplamente documentado. O desafio de incluir 2,5 bilhões de pessoas no sistema financeiro é, sem dúvida, enorme. FinTech oferece uma oportunidade única de fazer avanços exponenciais em tal tarefa, aproveitando a penetração crescente de tecnologia móvel. A FinTech pode ajudar a superar a discriminação na provisão de serviços financeiros enquanto diminui incômodos e custos de transação para poupança e pagamentos. Entretanto, para tornar isso realidade, um ambiente regulatório amigável e favorável precisa ser instaurado. Contudo, isso não é o suficiente. Uma mudança na mentalidade dos players no sistema financeiro como um todo é necessária para ligar essas lacunas. Empresas de FinTech disruptivas e bancos com um DNA FinTech serão capazes de desenvolver soluções virais reais. Felizmente, o México é um exemplo de tal ambiente que nutre a entrada de novos players bancários com um DNA FinTech.

---

[18] *The Economist*, "What technology will bring", 18 de setembro de 2014: <http://www.economist.com/blogs/freeexchange/2014/09/commitment-savings-accounts>.

[19] OECD, "Society at a Glance 2011: OECD Social Indicators" 2011: <http://www.oecd.org/berlin/47570121.pdf>.

[20] Consejo Nacional para Prevenir la Discriminación, México: <http://www.conapred.org.mx/userfiles/files/Enadis-2010-RG-Accss-002.pdf>.

[21] Parametria, "Los retos de la banca en México": <http://www.parametria.com.mx/carta_parametrica.php?cp=4555>.

[22] Consejo Nacional para Prevenir la Discriminación, México: <http://www.conapred.org.mx/userfiles/files/Reporte%20D-CREDITO-Web_INACCSS.pdf>.

A Ascensão do Resto em FinTech

Por Stefano L. Tresca
Sócio-gerente, iSeed; Autor, Mentor e Investidor

Você gostaria de ter 2,5 bilhões de clientes?

Este é o número de "sem-bancos" – adultos que nao usam bancos ou instituições de microfinanças para economizar ou emprestar dinheiro. A maior proporção desses clientes potenciais está baseada na Ásia e na África, com incríveis 800 milhões de adultos vivendo com menos de $5 por dia. Essa enorme massa da humanidade não é atendida por bancos tradicionais, porque são muito caros para alcançar. É aí que a FinTech pode fazer diferença. Smartphones estão mais baratos e populares do que nunca, com 1,9 bilhão de usuários estimados em 2015. Nesse cenário, o Android é um divisor de águas. Xiaomi, uma marca chinesa, saiu com seu primeiro telefone Android apenas em 2011, está no caminho para vender 100 milhões de smartphones este ano e já é a segunda maior startup do mundo em termos de avaliação (US$46).[1]

As consequências dessa mudança para ser cada vez mais móvel são massivas: 2,5 bilhões de sem-banco com um smartphone não são mais inacalcançáveis! Dois exemplos, a startup da Malásia Soft Space e o SmartPesa de Singapura, ambos fornecem serviços de ponto de venda móvel e apps. Elas empoderam 600 milhões de clientes em potencial para enviar e receber pagamentos sem dinheiro. Essa noite uma senhora em Kuala Lumpur pode ir a um estande de comida de rua sem dinheiro em mãos, reduzindo o risco de ser assaltada. Do ponto de vista dela, é só um clique no celular, uma ferramenta que ela já usa todos os dias. De uma perspectiva financeira, ela está injetando dinheiro no sistema bancário. Apesar de a soma ser pequena para cada comerciante, quando multiplicada por centenas de milhões de comerciantes todos os dias, esse fluxo de dinheiro poderia energizar economias inteiras. Além disso, o lucro gerado pelas empresas por trás desses sistemas de pagamento inspirará mais investidores e mais startups, gerando, assim, mais pesquisa e desenvolvimento, criando mais oportunidades de lucro, e assim por diante, em um ciclo virtuoso incontrolável.

Estando baseado em Londres – a capital mundial de FinTech – ou até no Vale do Silício, é fácil esquecer o que está acontecendo em outros países. É "A Ascensão do Resto", e está aqui para ficar.

O Bolo Mágico

Alice H. Amsden emprestou a mesma frase para o título de seu livro, *The Rise of the Rest: Challenges to the West*. Em economias emergentes, Amsden vê um desafio direto à supremacia do ocidente. China, Taiwan, Coreia, Turquia, México e todos os outros novos membros do parquinho internacional financeiro querem um pedaço de um bolo global limitado. Nessa visão, mais convidados na festa significa menos bolo para todo o mundo. Seu livro é brilhante, mas eu não compartilho dessa visão sobre quantidade limitada de recursos. O bolo global tem poderes mágicos, e seu tamanho pode crescer com o número de players. O ocidente poderia dividir o bolo com mais convidados e, ao mesmo tempo, ter um pedaço maior para si.

Pense sobre M-Changa, uma startup do Quênia. Seu app permite emprestar e microfinanciar coletivamente taxas escolares, emergências e até despesas de casamentos e funerais. O conceito não é nada novo. Essa prática de apoio mútuo – *Kuchanga* – está por aí há séculos, mas essa startup a tornou acessível para centenas de milhões de pessoas em tempo real. Sua escrow também reduz o risco de viajar com dinheiro. A M-Changa foi membro do Startupbootcamp FinTech, um programa de aceleração baseado em Londres.

No final do programa, a M-Changa levantou parte dos seus fundos de investidores-anjo europeus. Isso não é uma operação de caridade, em que o ocidente dá e a África recebe – ou, às vezes, é forçada a receber contra seu interesse. É um investimento de negócio, em que todo o mundo ganha. A M-Changa recebe os fundos, os investidores recebem lucros. A M-Changa é a prova viva de que a Ascensão do Resto não significa necessariamente a diminuição do ocidente. Microfinanciamento coletivo na África é um novo mercado e poderia servir centenas de milhares de clientes. Nós – investidores ocidentais – podemos aproveitar um pedaço desse bolo recém-assado exatamente por causa da Ascensão do Resto.

1 <http://graphics.wsj.com/billion-dollar-club/>.

Tudo o que Vai Volta

Há outro benefício que é frequentemente esquecido: graças à Ascensão do Resto, novos bolos são assados também em nossos próprios países.

Busque no Google "medidor pré-pago" – o sistema pré-pago de eletricidade. Se você está no Reino Unido, verá uma lista das empresas mais avançadas no país, com quase meio milhão de resultados. Entretanto, o desenvolvimento e primeiro uso massivo de medidores pré-pagos não ocorreram nos EUA nem na Europa, mas na África do Sul. Na década de 1980, um grande número de sul-africanos sem um endereço comprovado ou um histórico de crédito encontrou casas nos distritos recém-construídos pelo país. Esses clientes tendem a ser servidos em base pré-paga, porque um contrato de inscrição é muito arriscado.

O sistema pré-pago mais popular no momento estava inserindo moedas no seu medidor de eletricidade. Você ainda pode ver esses antigos medidores em Londres. Aparentemente, um medidor cheio de moedas em seu porão no meio do desenvolvimento sul-africano também era considerado muito arriscado. Foi quando eles desenvolveram o novo medidor pré-pago moderno. Hoje, a África do Sul é vista como líder mundial em tecnologia pré-paga, e muitos outros países adotaram seus padrões.

Há Algo Novo Sob o Sol

Países em desenvolvimento têm grandes massas de novos clientes e poucos recursos para administrá-los. Essa combinação produziu resultados negativos, até agora. As massas com um smartphone não são mais inalcançáveis. A combinação de novos clientes e recursos limitados inspira empresas e startups a desenvolver soluções de baixo custo, mas eficazes, prontas para serem testadas no mercado local. Essas tecnologias podem então ser exportadas e adaptadas às necessidades do ocidente, mais rico.

Além disso, esse não é mais um mercado dual, com ocidentais ricos de um lado e clientes pobres por todo o resto. Depois de crises econômicas recorrentes e perdas de emprego, muita gente da população ocidental está lutando para sobreviver até o fim do mês. Clientes ocidentais estão ficando, mais do que nunca, cada vez mais parecidos com seus homólogos menos desenvolvidos no passado recente. Jovens desempregados e indivíduos aposentados – as primeiras vítimas dessa série de crises – se beneficiam muito de tecnologias de baixo custo. Tecnologias que se desenvolveram na África ou Ásia poderiam ser mais benéficas para esses grupos de pessoas do que novos apps chiques desenvolvidos por uma startup no Vale do Silício, Londres ou Nova York para millennials ricos.

O que Está Realmente Acontecendo?

Comecei a me interessar pela Ásia na década de 1990. Primeiro foi o Japão, depois comecei ensinar italiano aos coreanos. Então mochilei na China e estudei história chinesa. Passo a passo, me aprofundei no continente inteiro. Durante meus anos como consultor, tive a chance de trabalhar na Índia, no Paquistão, na China, Tailândia, Indonésia e Malásia. Ainda sigo o que está acontecendo por lá, e nos últimos anos o crescimento da comunidade startup local foi assustador.

Aqui estão alguns exemplos de sucesso:

- Ezetap (Índia)

  Ezetap é o Square indiano. Eles têm quase 80% do mercado de pontos de venda móveis na Índia. Têm uma presença forte "só" em um país, Índia, mas esse mercado tem mais de 1 bilhão de clientes, mais do que EUA, Canadá e Europa juntos. A maioria de seus clientes são jovens e ávidos usuários de celulares. Ezetap também é única porque não compram leitores terceirizados, como o Square, mas têm seu próprio sistema de produção e certificação. Seu líder carismático – Abhijit Bose – é supostamente o Steve Jobs indiano, sem o mau temperamento.

- Wedlite (Indonésia)

  Quer casar na Indonésia mas não tem dinheiro? Um casamento definitivamente não é um "negócio" que bancos querem financiar. Essa foi a lacuna no mercado preenchida por outra startup, Wedlite. Eles permitem que casais indonésios financiem seus casamentos com planos de pagamento mensais. Se você acha que finanças é um assunto chato e nada sexy, ler os testemunhos de clientes do Wedlite pode mudar sua opinião. Graças à FinTech.

- SoftSpace (Malásia)

  A Malásia tem uma das bases de usuários móveis que cresce mais rápido no mundo, se não a mais rápida, quando combinada com sua vizinha Indonésia. Não por coincidência, a empresa mais agressiva na solução de pagamento B2B asiática – SoftSpace – nasceu nesse país. Eles já expandiram a sete países, incluindo Austrália e Nova Zelândia. Só a Indonésia tem 250 milhões de clientes, provando o potencial inexplorado dessa região.

- Ola (Índia)

  FinTech não é só um jogo geek na Ásia. Ola Cabs fornece táxis, como seu nome sugere. Primeiro desenvolveram um app para chamar um táxi. Depois, porque na Índia nem todos têm um cartão de crédito, foram "forçados" a desenvolver um sistema de carteira para pagar os táxis. Uma vez que o transporte e as e-wallets estavam posicionados, tinham tudo do que precisavam para fornecer entrega de comida. Então lançaram o Ola Cafe.

  Apenas uma cidade – Bombaim – tem 12 milhões de cidadãos. Muitos desses clientes são pobres, e exatamente por causa dessa condição são sem-banco, sem cartão de crédito e, muitas vezes, sem conta bancária. Essa parte até agora negligenciada da humanidade poderia pular no vagão da inovação e usar carteiras móveis com mais entusiasmo do que seus homólogos ocidentais. Não por coincidência, muitos veem Ola como um competidor real para o Apple Pay e o Google Pay no futuro próximo.

- Blossom (Indonésia)

  Se táxis e comida são o lado mais tradicional do espectro, Blossom é o lado oposto, fornecendo microfinanciamento islâmico na Indonésia por meio de bitcoin. A tradição antiga de finanças islâmica encontra a mais recente inovação de criptomoeda por meio de Blossom.

- WeLend (Hong Kong)

  WeLend, uma startup de empréstimo P2P de Hong Kong, inaugurou uma segunda rodada de investimentos, levantando US$160 milhões no começo de 2016. Isso foi exclusivamente para financiar a abertura de uma presença na China, um mercado com mais de 1 bilhão de clientes em potencial. China é um mercado que eu sigo desde 1996 e pode estar cheio de surpresas que aparecem ao ler o South China Morning Post ou Tech in Asia.

Conclusão

Os tão chamados "países em desenvolvimento" não são só um mercado que fornece clientes e recursos para empresas ocidentais; eles formam a base da inovação e investimentos. Podem criar tecnologias disruptivas que podemos ver mais tarde transpostas para Europa e EUA.

Você pode acreditar que a Ascensão do Resto competirá por nosso pedaço de bolo, ou você pode acreditar que realmente aumentarão o tamanho do bolo. Provavelmente essas opiniões podem vir a ser verdadeiras. Em qualquer caso, esses países já são parte do jogo e não há mais volta. A única escolha possível é abraçar a nova ordem e fazer o melhor. O velho ditado chinês é verdadeiro, agora mais do que nunca:

"Quando os ventos da mudança sopram, algumas pessoas constroem muros, e outras constroem moinhos."

Smartphones, FinTech, e Educação – Ajudando os Sem-banco a Alcançar a Inclusão Financeira

Por Cesar Jimenez Richardson
VP, Vendas e Operações, Strands Americas

Tendências convergentes mantêm a grande promessa para a próxima geração de soluções de gestão de dinheiro digital focadas em ajudar os sem-banco. De acordo com o relatório da GSMA, serviços de dinheiro móvel (MMS – do inglês, mobile money services) estão se espalhando rapidamente pela África, Ásia, América Latina e Oriente Médico, alcançando mais de 60% dos países em desenvolvimento do mundo.[1] Entretanto, o número de contas digitais registradas cresceu apenas para 300 milhões pelo mundo em 2014, e, como isso representa apenas 8% das conexões móveis em mercados onde o MMS está disponível, há uma possibilidade significativa de crescimento futuro.[2]

Muitas soluções atuais de MMS estão ligadas a antigos aparelhos celulares, mas à medida que os aparelhos ficam mais baratos, parcerias globais lutam por acesso a dados com preço baixo, operadoras móveis investem para desenvolver a capacidade de rede necessária e modelos de precificação mudam para se adequar a mercados locais, o progresso de feature phones para smartphones logo será uma realidade em mercados emergentes. O "próximo bilhão" de consumidores nessas regiões se tornará progressivamente o foco de algumas das últimas inovações, permitindo que os sem-banco sejam os primeiros a pular de bancos com agências físicas e tornarem-se clientes de bancos "digital first".

Esforços internacionais para construir infraestrutura de entrega de dados, como o Internet.org do Facebook, estão buscando cortar significativamente os custos de entrega de serviços básicos de internet em telefones celulares, especialmente em países em desenvolvimento O Internet.org está ajudando a promover a ideia de conteúdo móvel "taxa zero", entrando em parceria com várias operadoras em mercados emergentes para oferecer serviços de Facebook móvel grátis, como sua recente Plataforma de Pagamentos no Messenger.

Outra versão do modelo taxa zero – internet patrocinada – tem o provedor de conteúdo, em vez do usuário final, pagando pela conectividade. O Banco Bradesco é um exemplo líder na comunidade financeira, tendo negociado um acordo com operadoras móveis no Brasil, permitindo que os clientes do banco digital da instituição acessem seus serviços de internet banking em seus telefones sem que isso implique em cobranças de transmissão de dados ou tendo que usar parte de seu pacote de dados mensal.

Ao mesmo tempo, operadoras de rede também investiram para desenvolver a capacidade em redes 3G e 4G introduzindo novos e interessantes modelos de precificação mais bem adequados às realidades baseadas em dinheiro físico de uma base de consumidores economicamente desavantajados. Por exemplo, entregar um plano de dados "pay as you go" para usuários pré-pagos tornou-se popular na América Latina, e a intensidade competitiva resultante reduziu as cobranças de serviços a mais da metade nos últimos três anos, aumentando a acessibilidade do serviço.

O que essa mudança de feature phones para smartphones significa para os sem-banco? No nível mais básico, as pessoas descobrirão uma experiência melhorada de usuário, ganharão acesso a mais produtos inovadores e se beneficiarão de um ambiente mais competitivo projetado para encorajar acessibilidade em um ritmo rápido.

Melhorando a Experiência do Usuário

Interfaces ricas em recursos e a habilidade maior de interagir com aplicações de smartphone oferecerão experiências mais intuitivas, facilitando a adoção pelo usuário em diferentes segmentos de mercado. Por exemplo, interfaces de comando gráfico e de voz (pense na Siri) em muitas línguas e dialetos locais podem ajudar os bancos a atingir pessoas que não estão confortáveis com serviços de dados básicos, assim como clientes que não sabem ler ou escrever.

Já que os sistemas operacionais de smartphones oferecem uma plataforma comum para desenvolvedores – abrangendo dispositivos específicos e fabricantes de equipamento – apps de dinheiro móvel podem apresentar a

[1] GSMA, "State of the Industry. Mobile Financial Services for the Unbanked" 2014: <http://www.gsma.com/mobilefordevelopment/wp-content/uploads/2015/03/SOTIR_2014.pdf>.

[2] Ibid.

vantagem de um host de outras funcionalidades, incluindo integração com outros recursos, como contatos, calendários, mapas e apps de mídia social.

Serviços de dinheiro móvel baseados em aplicativos também permitirão que os provedores não só acessem muitos novos dados, mas também criem visões que podem ajudar a melhorar a eficácia de seus serviços. Algumas das frustrações atuais em MMS são referentes à sua rede de agentes,[3] tais como proximidade ou aqueles que têm disponibilidade de dinheiro (liquidez). Um recurso localizador de agente (como o Encontre um Caixa Eletrônico em apps de bancos móveis) pode ser especialmente útil para novos usuários. Em um nível mais avançado, clientes serão empoderados a classificar o serviço oferecido ou a liquidez da rede de agentes. Esses dados valiosos podem ser usados mais tarde com análises avançadas e modelos preditivos para prever e prevenir escassez de fluxo de dinheiro, melhorando assim a experiência geral do usuário.

No todo, interfaces ricas em recursos e maior funcionalidade em smartphones podem oferecer uma experiência do cliente mais intuitiva, facilitando a adoção e o uso.

Desenvolvimento de Novo Produto

Uma maior penetração de smartphones acelerará o ritmo de desenvolvimento de produtos novos e mudará a maneira pela qual os clientes se envolvem financeiramente, especialmente com comerciantes, negócios e governo.

Para se certificar de que isso ocorra em plataformas atuais de MMS, a comunidade geral de desenvolvedores exigirá acesso mais fácil à rede existente de dinheiro por meio do uso de uma API.[4] Os times internos de desenvolvimento de produto desenvolveram algumas soluções, e instituições financeiras devem pensar em abrir a cadeia de valor que terceirizados oferecem quando colocam novos produtos em plataformas existentes. Isso é central para garantir que organizações MMS atuais modernizem a indústria de gestão monetária em mercados em desenvolvimento.

Aplicações de Gestão Financeira Pessoal (PFM - do inglês, Personal Financial Management) fornecem um exemplo instrutivo de um produto que pode ajudar os recém-bancados a aprender, entender e controlar suas finanças. Recursos simples como uma aplicação de calendário permitem que os usuários reconheçam facilmente sua renda e despesas em um formato cronológico com que a maioria das pessoas consegue se relacionar, mas, mais importante, os alerta sobre futuras despesas e escassez de fluxo de dinheiro. O resultado é uma ferramenta que, usando Inteligência Artificial (IA), entrega aos clientes visões úteis que podem ajudá-los a tomar melhores decisões e controlar suas finanças.

Muitas pessoas sem banco em países em desenvolvimento enfrentam acesso limitado a serviços de microfinanças em instituições bancárias formais, forçando indivíduos com baixa renda a encontrar outras maneiras de economizar. O saldo do cliente médio é acima de $10 para 40% das contas de dinheiro móvel.[5] Isso torna as propostas de economia uma alternativa atraente para os sem-banco, já que suas opções existentes de investimento tendem a ser arriscadas (por exemplo, investir em animais, commodities ou outros bens como meio de economizar). Além disso, pessoas com baixa renda podem achar difícil economizar dinheiro, em parte porque o dinheiro está quase imediatamente acessível, significando que precisam exercitar continuamente o autocontrole.

Mais uma vez, a tecnologia de gestão monetária tem o potencial de entregar uma gama de soluções de economia online para clientes e negócios. Strands, uma empresa de tecnologia de serviços financeiros mundial, fornece para instituições financeiras de todos os tamanhos uma aplicação PFM com uma "white-label"[6] que pode ser personalizada e integrada com plataformas de processamento centrais existentes dos bancos. Ela permite que os bancos ofereçam a seus clientes a habilidade de criar múltiplos objetivos de economia dentro de uma única conta poupança e administrem o progresso em direção a esses objetivos por meio de visualizações de dados que emitem alertas e notificações se os usuários estiverem sob risco de não alcançar a meta. Ligados a uma conta de dinheiro móvel como uma fonte de fundos e otimizados para segmentos de baixa renda, tais produtos de poupança personalizáveis podem servir como ferramentas simples, mas poderosas, para clientes novos a serviços financeiros formais.

[3] Rede de Agentes: para acessar e utilizar serviços de dinheiro móvel, os clientes dependem de dois canais distintos. O primeiro é a rede de pontos de acesso físicos, em que os clientes podem normalmente depositar ou sacar dinheiro de sua conta de dinheiro móvel – esses pontos de acesso são primariamente saídas de agentes. O segundo é o canal de acesso digital – a interface que os clientes usam para iniciar transferências e pagamentos diretamente em seus aparelhos móveis.

[4] Veja o capítulo intitulado "Abraçando a Economia API Conectada" para mais detalhes.

[5] GSMA, nota 1: < http://datatopics.worldbank.org/financialinclusion/country/mexico>.

[6] "White-label" refere-se a empresas de FinTech que oferecem suas soluções a bancos para que eles possam dar sua própria marca a elas (isto é, clientes de bancos não perceberiam que o serviço não foi desenvolvido pelo próprio banco, mas por uma de suas fornecedoras FinTech).

Educação: Poder para o Povo através da Educação Financeira

Para maximizar o impacto socioeconômico em mercados emergentes, MMS precisa não só alcançar os habitantes urbanos, mas também focar em pessoas na base da pirâmide econômica. Em muitos mercados emergentes, um grande segmento da população reside fora dos centros urbanos, sem acesso fácil à infraestrutura como bancos, transporte, eletricidade e estradas. Populações rurais representam uma enorme base de clientes em potencial em comunidades onde o dinheiro móvel é o único competidor real do dinheiro.

Estratégias para ganhar adoção de mercado em massa requerem que investidores identifiquem e controlem o uso por clientes rurais e mulheres, que tendem a fazer adoção tardia do ciclo de vida tecnológico tradicional (normalmente liderado por homens urbanos). Para aumentar a consciência e atrair esses usuários, é importante investir pesado em campanhas de marketing Below-the-line (BTL), que apresentam o toque humano que ajuda a educar as pessoas na base da pirâmide. Isso poderia incluir visitar vilas, plantações e distritos para educar mulheres por meio de workshops sobre serviços financeiros e o uso de dinheiro móvel. Seguindo seu treinamento em educação financeira, participantes poderiam ter a oportunidade de abrir uma conta de dinheiro móvel e aumentar a taxa de adoção.

Outra tática seria usar clientes reais que também são usuários MMS ativos para agir como patrocinadores para educar seus colegas sobre o uso e benefícios do dinheiro móvel. Operadoras podem mobilizar mulheres de centros urbanos, que são mais ativas em MMS, para as vilas onde o dinheiro móvel ainda não está em uso.

Fornecer educação e treinamento para comerciantes também é importante para ganhar confiança e garantir a interoperabilidade do dinheiro digital tanto para P2P quanto para a compra de bens e serviços. E é importante ter clareza sobre estabelecimentos e sobre como acessar fundos, para ajudar os comerciantes a sentirem-se confortáveis com o serviço e gerir eficazmente seus fluxos de caixa. Em troca, eles serão mais propensos a encorajar os clientes a usarem o serviço.

A Estrada à Frente

A combinação de gestão de dinheiro digital, a próxima geração de tecnologia de smartphones e uma estratégia clara para ajudar a educar a população em geral revolucionará a entrega de produtos financeiros que ajudam clientes sem banco e malservidos a economizar de modo adequada à sua realidade diária. Pessoalmente acredito que democratizar o acesso à inclusão financeira em regiões em desenvolvimento do mundo tem o potencial não só de desencadear oportunidades incríveis de negócios, mas, mais importante, de ajudar milhões de pessoas a melhorar sua qualidade de vida em algumas das regiões mais duras do mundo. Por meio da entrega sem incômodos de produtos financeiros digitais, como o microcrédito ou microsseguro, cada vez mais pessoas terão a oportunidade de tornarem-se autônomas financeiramente, ajudar a construir suas economias locais e fornecer a suas famílias a paz de espírito alcançada por meio de soluções de saúde e seguros de vida.

O Impacto Social da FinTech na Nigéria

Por Daniel Steeves
Consultor, Conselheiro, Arquiteto e CEO em Beyond Solutions

A vila global que FinTech habilita aproxima mercados e consumidores, apoia novos negócios e reduz a dependência do governo no processo – e a Nigéria, como a maior economia na África, é uma parte crescente e significativa dessa vila global.

Não há dúvidas de que a sociedade mudou, ajustou-se e progrediu graças aos avanços tecnológicos dos últimos 30 anos – e exponencialmente mais desde a virada do século. O uso crescente da mídia social em todas as idades da população é só um exemplo expressivo dessa mudança. Através de tudo isso, os nigerianos – e o resto do mundo – estão realmente ainda se ajustando ao estado de espírito em que transações online não representam um risco à segurança.

Da perspectiva nigeriana, isso também fornece uma conjuntura crítica a percepções de mudança pela comunidade global, demonstrando não só o valor e oportunidades de se conectar a mercados do oeste africano, mas também que fazer isso pode ser seguro e livre de fraudes.

Membros das gerações mais novas estão crescendo em uma sociedade onde telefones celulares e computadores são parte da vida diária e em que estão acostumados a usar tecnologia em todas os aspectos da vida diária, mas os impactos de transações sem dinheiro são claramente vistos como um benefício por todos. FinTech pode também fornecer acesso seguro a serviços bancários para os malservidos, em quem grandes instituições têm demonstrado, tradicionalmente, pouco ou nenhum interesse, devido aos custos quase fixos de inserção, além de terem percebido baixo valor de vida, em comparação com clientes corporativos e redes de indivíduos de valor médio a alto.

Apesar da FinTech apresentar um impacto positivo em uma ampla gama de tópicos, o espaço limita a discussão aqui às seguintes três áreas primárias: segurança e proteção do consumidor, contribuição a políticas monetárias estatais e apoio para pequenos negócios e empreendedores.

Segurança e Proteção do Consumidor

Em economias africanas emergentes, onde serviços bancários do consumidor e de negócios não são um lugar-comum, a FinTech contribui enormemente para fornecer segurança pessoal: 95% dos pagamentos internos de clientes nigerianos são transações em dinheiro, criando um amplo conjunto de riscos que podem ser facilmente mitigados e minimizados por meio do uso da tecnologia.

Para agravar as coisas, boa parte do mundo ocidental percebe fraudes e corrupção como grandes riscos em trabalhar com e dentro de países como a Nigéria e tem perdido grandes oportunidades de comercializar e transacionar com essas fortes economias emergentes.

Startups como VoguePlay, baseada no centro financeiro europeu de Londres e operando fora de Lagos, pode entregar capacidades móveis seguras e de pagamento online como parte principal de seus processos. De embarque de baixo custo e inscrição que garante uma combinação completa, validação e verificação de usuário e detalhes de negócios total a controle e auditoria rigorosos de cada transação online única e infalsificável, esses negócios aproveitam volumes para entregar valor de custo-benefício.

Transações online seguras e com verificação de fraude são apenas parte do valor entregue: a simples eliminação de riscos de roubo lidera a lista, mas o uso de dados sendo acumulados pode apoiar a criação de facilidades de verificação de crédito honesta, usando análises de padrões de redes sociais para ajudar os credores a avaliar a credibilidade.

Contribuições a Políticas Estaduais Monetárias

A percepção de que bancos são lentos, conservadores e totalmente aversos a mudanças está sendo refutada à medida que o setor bancário tradicional está aprendendo que precisa reagir e responder à disrupção instigada pelo setor FinTech. O setor ágil de startup ainda está bem à frente, aproveitando oportunidades de mercado com uma abordagem focada e comoditizada, fornecendo interfaces web fáceis de entender – e aceitando margens menores – em áreas de transação de alto volume como transferências de dinheiro transfronteiriças, entregando automação e simplicidade à alocação de ativos, minimização de impostos e conselho de investimento.

A FinTech está contribuindo com a economia nacional da Nigéria e apoiando políticas do Banco Central para reduzir a quantia de dinheiro em circulação (e os custos de lidar com dinheiro). Reduções dessa natureza também ajudam a limitar a corrupção, o vazamento e a lavagem de dinheiro, enquanto aumentam a eficácia de outras políticas monetárias que devem administrar a inflação e encorajar o crescimento econômico.

A Nigéria não só não pode se dar ao luxo de ficar para trás, como há uma oportunidade real para que o país aproveite a força financeira e econômica sendo entregue por FinTech para permitir um avanço de políticas fiscais crescentes e um verdadeiro papel de liderança.

Apesar de a Nigéria continuar gastando a maior pate do que arrecada com petróleo, resistiu até agora à tentação de endividar ou estimular demais a economia, mantendo o débito externo abaixo de 3,5% e o estoque total da dívida do setor público em cerca de 20% do PIB. Não devemos esquecer, é claro, que os bancos permanecem no centro dos ecossistemas de pagamento – provedores de pagamento variando de VoguePay a Apple Payments continuam dependentes deles para sua infraestrutura e como um depósito seguro (e regulado) para fundos, embora os provedores de criptomoedas estejam trabalhando duro para mudar essa realidade.

Mas isso não significa que há incompatibilidade entre regulação e inovação rápida: é mais uma desconexão, já que ambos os lados estão lá para servir as necessidades dos clientes, e são esses clientes, tanto corporativos quanto individuais, que farão a escolha. Essas escolhas estão sendo feitas diariamente e são diferentes das decisões do passado. Flexibilidade e conveniência são oferecidas junto a essas escolhas, e não é mais um mundo no qual a escolha sobre onde o banco precisa estar em longo prazo ou permanentemente. E se os bancos e outros provedores de serviços financeiros não podem prever rendas recorrentes e números de clientes, então eles, por definição, precisam continuar a aumentar o nível dos serviços... ou observar sua base de clientes continuar à deriva.

E quando se trata de estabelecer taxas de juros e implementar políticas monetárias, isso se torna uma história completamente diferente.

Apoio para Pequenos Negócios e Empreendedores

Fornecendo treinamento, apoio prático, carrinhos de compras pré-construídos e integrações de website – assim como a habilidade de coletar e enviar dinheiro diretamente de telefones celulares sem a necessidade de um site –, aproveitando a presença local e o conhecimento cultural e implementando mecanismos rígidos antifraude, as startups de FinTech como a VoguePay estão permitindo essas mudanças e ajudando a remover as barreiras tradicionais à tecnologia para milhares de negócios.

Reduzir a fraude e as dívidas duvidosas mantém o custo de empréstimo mais baixo, o que impacta diretamente no custo de crédito, sem mencionar que cria mais oportunidades para o empréstimo seguro entregar um resultado positivo para consumidores e pequenos negócios via empréstimo direto e crowdfunding.

É um elemento comum através de economias emergentes de que há um uso limitado de infraestrutura bancária e uma confiança ainda mais limitada. Entretanto, resultados, histórias de sucesso boca a boca levadas por mídia social e recomendações sobre pagamentos, transferências e o valor do crowdsourcing (colaboração coletiva) estão convencendo uma parte cada vez maior da sociedade a aproveitar-se das abordagens modernas às finanças para seu próprio benefício. Essas inovações são mundiais, anunciadas pelos próprios usuários e fornecem valor atraente a eles.

Startups de FinTech ajudam negócios – e outras startups –, variando de comerciantes a lojas até importadores, exportadores e comerciantes, a melhorar seus lucros com capacidades acessíveis que os permitem alcançar novos mercados e novos clientes – no caso de plataformas de pagamento, permitindo pagamento seguro de multimoedas e criptomoedas por mercados internacionais.

Ao permitir que negócios comecem e cresçam, compartilhando lucros com desenvolvedores e agências digitais e permitindo a startups não tecnológicas assegurar suas transações, sua última aquisição vai um passo além com um ecossistema que torna possível que empreendedores comecem novos negócios com um custo de entrada muito baixo: outro exemplo de FinTech fornecendo um impacto positivo a economias locais e nacionais.

Business as Usual é Coisa do Passado

Resumindo, serviços bancários – e transações financeiras para consumidores e para negócios — estão longe de ser um "business as usual". Novos competidores de startups de FinTech e de outras indústrias adjacentes estão inundando o mercado com produtos e serviços convenientes, seguros e fáceis de usar, que eram anteriormente um domínio exclusivo de bancos nigerianos e que estão sendo deixados para observar seus monopólios multibilionários escapar. Isso demanda comprometimento, esforço e investimento de tempo, dinheiro e recursos, mas está acontecendo em uma base cada vez maior devido aos simples princípios de qualidade de serviço ao consumidor.

Para contra-atacar, os grandes bancos estão buscando colaborar, inovar e melhorar os serviços bancários sociais, mas suas atitudes de serviço, entrega, cobranças e flexibilidade estão mudando com o tempo? Eles apoiarão os "sem-banco"? Seus investidores permitirão que corram mais riscos em clientes menores – e lucros menores que gerarem? E, finalmente, eles podem catapultar a juventude tecnologicamente esclarecida e suas expectativas a um novo paradigma de serviço ao consumidor?

Índia e a Pirâmide de Oportunidades

Por Maneesh Bhandari
Diretor, CIIE

A ideia muito citada de CK Prahalad afirma que há uma fortuna a ser feita na base da pirâmide, uma fortuna construída sobre fornecer soluções aos milhões de empobrecidos e malservidos. A população da Índia é extremamente variada em termos de demografia socioeconômica. Essa pirâmide tem o maior pedaço desses milhões na base, e uma parte considerável dos mais ricos no topo, com a maioria dessa população no meio (veja a figura a seguir). A população de 1,2 bilhão pode ser agrupada por renda no grupo vulnerável (35%, 420 milhões), classe média-baixa (43%, 516 milhões), classe média (19%, 228 milhões), classe média-alta (1%, 1,2 milhão) e os ricos (1%, 1,2 milhão).[1]

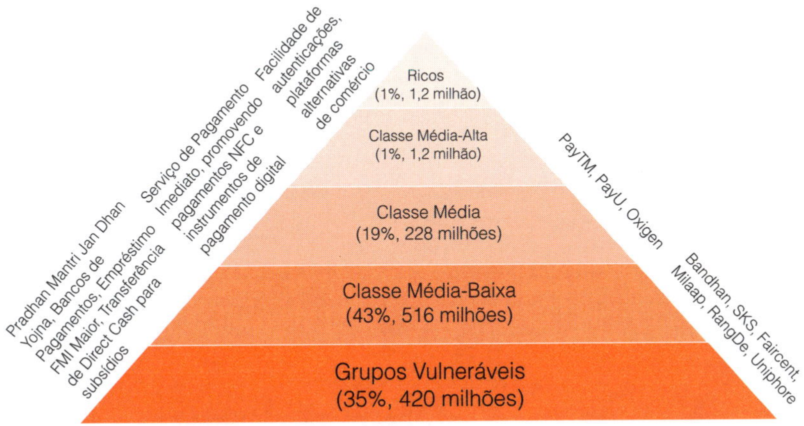

Figura: A pirâmide de oportunidades

Visto em termos de desenvolvimento, o progresso é uma questão complicada cujo escopo difere pela pirâmide. Entretanto, o elemento mais significativo nessa complexidade é o amplo espectro de oportunidades disponíveis para serviços de FinTech na Índia, em termos de adoção e inovação. Os setores público e privado (empresas e empreendedores) estão alcançando essas oportunidades com avanços em FinTech sendo o componente-chave para preencher as lacunas no acesso a serviços financeiros em mercados malservidos e para capturar a população cada vez mais inteligente e conectada com mobilidade de ponta. Os números informam – quase 90% das transações na Índia são baseadas em dinheiro.[2] Em 2015, o Banco Mundial relatou que os adultos malservidos da Índia representavam 21% da população sem-banco do mundo. De todo modo, o crescimento em titularidade de conta aumentou de 35%, em 2011, para 53%, em 2014.[3] Transações online também estão em ascensão, e a penetração de internet e internet móvel está próxima de 20% e 70% da população, respectivamente,[4] com usuários de internet móvel apontados para ultrapassar a marca de 200 milhões.[5] Esses números significativamente grandes e aspiracionais mostram não apenas o componente de aumento da conectividade da internet, mas também o grande espectro de produtos e serviços financeiros que podem ser abordados para levar à mobilidade financeira, formando uma pirâmide de oportunidades para FinTech na Índia.

Nessa linha, as áreas cruciais na pirâmide de oportunidades da Índia para FinTech variam de inclusão financeira na base até a melhoria de serviços financeiros e entrega de pagamentos financeiros exclusivos de ponta no topo, isto é, de empreendedorismo social a serviços bancários sociais com base em rede e sistemas de pagamento para mercados de capitais. Isso está acontecendo na forma de bancos de pagamento, empréstimo, microfinanças, seguro, câmbio e remessas, carteiras digitais, peer-to-peer, modelos de pagamento inovadores, investimentos e comércio. Empresas e empreendedores focaram em simplificar a tecnologia e os modelos de distribuição que criam um impacto maior, assim como em avanços tecnológicos disruptivos que criaram variados cases de uso. Histórias de sucesso em empreendedorismo são abundantes a respeito disso. Considerando que a Índia está entre os maiores mercados de empréstimo

---

1 Números aproximados de McKinsey Forcasts para 2015: <https://genesis.iitm.ac.in/downloads/resources/startup/tracking%20the%20growth%20of%20indian%20middle%20class.pdf>.

2 Knowledge@Wharton: <http://knowledge.wharton.upenn.edu/article/tapping-an-appetite-fortechnology-in-indias-underserved-markets/>.

3 World Bank: <https://openknowledge.worldbank.org/bitstream/handle/10986/21865/WPS7255.pdf?sequence=2>.

4 *Time*: <http://time.com/3611863/india-smartphones/>.

5 *The Hindu*: <http://www.thehindu.com/sci-tech/technology/gadgets/mobile-internet-users-toreach-213-million-by-june-2015/article6785327.ece>.

peer-to-peer (P2P) offline do mundo, empréstimos P2P, crowdfunding e Instituições de Microfinanças (IMFs) online como Bandhan, SKS, Milaap, RangDe e Faircent tiveram tremendo sucesso e impacto unindo o mercado de classe alta com o de classe média-baixa e de população vulnerável. Uniphore é outro empreendimento de sucesso que fornece análises de fala e biometria vocal para empresas financeiras para facilitar a verificação e transferência de informação crítica para comunidades rurais em 11 línguas regionais. Esses são exemplos de onde os desafios em empréstimo e interação com comunidades malservidas são vistos como oportunidades que podem ser ligadas por ideias e tecnologia FinTech.

Subindo a pirâmide, apps voltados ao usuário e ideias criam um forte ressurgimento de modelos de pagamentos mais novos em forma de gateways e carteiras. Agregadores e apps de e-commerce em mercados verticais – de FlipKart e Snapdeal para agregadores de táxi (Ola e Uber) e serviços de entrega hiperlocal – revigoraram o espaço de pagamentos na Índia. Obtendo vantagem da penetração tecnológica no mercado e regulações existentes com respeito a instrumentos de pagamento, muitas Instituições Financeiras Não Bancárias (IFNBs) adotaram carteiras digitais e ajudaram a facilitar sistemas de pagamento sem dinheiro. PayTM é uma plataforma de e-commerce e pagamento com um foco significativo em carteiras móveis/digitais e acordos comerciais (o de mais sucesso sendo a associação com o Uber) que estão redefinindo a percepção de pagamentos. Outro motor inicial nesse espaço de oportunidade é o Oxigen, uma carteira digital de não banco que é um serviço integrado aprovado pelo RBI (Reserve Bank of India) e pelo National Payments Corporation of India (NPCI). O Immediate Payment Service (IMPS) do NPCI, permite transferência de dinheiro e remessas mais simples e rápidas para mais de 60 bancos pelas comunidades da Índia. No segmento de gateway, tanto o lado de pagamentos do comerciante quanto o do cliente foram aprimorados com redundância e questões de segurança. PayUmoney é uma solução de integração de gateway altamente segura e de igual sucesso em todos os métodos de pagamento que simplificou o processo em ambos os lados. Capitalizando a oportunidade da profunda penetração móvel (internet) da Índia e o alto crescimento de telecom, a JunoTele é uma startup que fornece faturamento e pagamento sob demanda em tempo real para serviços por meio de operadoras móveis com Wi-Fi e offline.

O interesse em investir no país também está crescendo. O capital de risco de investidores estrangeiros virou um fluxo constante na Índia, especialmente para empreendimentos em estado inicial. Esses empreendimentos em estado inicial representam mais de 82% de todos os negócios nos setores tecnológicos do último ano na Índia.[6] Esse interesse de investimentos estrangeiros é devido a uma variedade de fatores oferecidos pela pirâmide de oportunidades na Índia. Crescimento em tamanho do segmento de consumidores, assim como a penetração móvel e de internet, são fatores-chave. A Tiger Global investiu muito ($269 milhões em 11 negócios) na àrea do cliente, seguida pelo Sequoia Capital ($208 milhões em 14 negócios) e a Steadview Capital ($107 milhões em 2 negócios).[7] Entretanto, apenas metade do capital de risco fluindo em startups tecnológicas em estado inicial é de dentro da Índia, enfatizando os investimentos estrangeiros e o segmento menor, mas crescente, de investimentos locais.[8]

Por outro lado, políticos e o setor público focaram em facilitar essas inovações e em criar caminhos para a adoção e difusão mais fácil. A estrutura regulatória do Reserve Bank of India (RBI) esteve trabalhando em serviços financeiros para criar uma infraestrutura robusta para o desenvolvimento. A International Organization of Securities Commussuions (IOSCO) e o Bank for International Settlements (BIS) recentemente classificaram o RBI e o Securities and Exchange Board of India (SEBI) altamente em termos de responsabilidade de mercado financeiro e capacidade.[9] O RBI em particular passou por vários passos para garantir o fluxo de tecnologia, tal como remover o requerimento de Additional Factor of Authentication para transações de cartão em pequenos valores, promovendo a tecnologia NFC (Near Field Communication)[10] e aumentando os limites de empréstimos para MFIs.[11] O SEBI anunciou em 2015 a flexibilização de suas normas e sua mudança para estabelecer uma plataforma alternativa de comércio para startups lidando com comércio online.[12] Essa mudança está focada em abrir atividade de comércio e

---

[6] CB Insights: <https://www.cbinsights.com/blog/india-venture-capital-tech-funding/>.

[7] The Next Web: <http://thenextweb.com/in/2015/07/05/india-the-worlds-fastest-growing-startupecosystem/>.

[8] CB Insights: <https://www.cbinsights.com/blog/india-active-venture-capital-firms-2014/>.

[9] *Economic Times*: <http://economictimes.indiatimes.com/news/economy/policy/india-securestop-most-rating-for-financial-market-regulations/articleshow/47632065.cms>.

[10] Trak.in: <http://trak.in/tags/business/2014/12/09/rbi-cancel-2fa-smaller-ecommercetransactions/>.

[11] LiveMint: <http://www.livemint.com/Industry/LM4OfETppTduXTLQD6BovL/RBI-eases-lendingnorms-for-microfinance-companies.html>.

[12] Reuters: <http://in.reuters.com/article/2015/06/23/india-sebi-board-idINKBN0P319K20150623>.

investimento no topo da pirâmide de oportunidades. O NPCI também desenvolveu múltiplos projetos, como: (1) ATM Switching; (2) pagamentos móveis; (3) Cheque Truncation System; (4) PoS Switching; (5) Immediate Payment Service (IMPS, um serviço de transferência monetária 24 horas); (6) RuPay; e (7) Unified Payment Interface.[13] O Pradhan Mantri Jan Dhan Yojana (PMJDY) liderado pelo governo é outra missão de inclusão financeira em áreas urbanas e rurais, promovendo a difusão de contas bancárias e serviços financeiros e móveis a custos acessíveis. Desde 24 de junho de 2015, 164,3 milhões de contas foram criadas, com cerca de 19.015,42 INR crores (US$2,8 bilhões) depositados nelas sob o esquema.[14] Aadhar (identidade universal) e avanços em CSC permitiram esquemas de transferência direta de dinheiro, que depositam subsídios diretamente em contas bancárias.[15] O governo também estabeleceu sistemas bancários diferenciados na forma de bancos de pagamento (payment banks) para fornecer serviços bancários a baixo custo e facilitados para comunidades mal servidas.

Os setores público e privado, permitiram diretamente a facilitação e adoção de várias tecnologias e serviços financeiros. Entretanto, há ainda muitas oportunidades que permanecem para serem abordadas nacionalmente, como acesso linguístico a esses serviços e o fluxo de dinheiro entre contas (51,86% das contas PMJDY têm atualmente saldo zero), o que pode acontecer apenas por meio de desenvolvimento da empresa. A utilização e o impacto de fundos de 10.000 INR crores alocados pelo governo para desenvolvimento e incubação de micro, pequenas e médias empresas ainda devem ser avaliados. O projeto de estabelecer uma Micro Units Development and Refinance Agency (MUDRA Bank) trabalharia em direção ao mesmo objetivo e criaria espaços de oportunidade similares para o desenvolvimento empresarial.[16] Desenvolvimento de telecomunicações como os serviços 4G de baixo custo, altamente investidos pela Reliance Jio Infocomm Limited, e a rede de fibra ótica nacional do governo para conectar áreas rurais e gram panchayats (governos rurais locais) podem permitir que a espinha dorsal da infraestrutura facilite uma ação positiva nessa pirâmide de oportunidades.

Considerando tudo, essa pirâmide de oportunidades está continuamente evoluindo, trazendo com ela desafios novos a serem abordados e, assim, criando novas oportunidades que podem nos permitir ver a pirâmide como um auxílio ao desenvolvimento da economia do país.

[13] MediaNama: <http://www.medianama.com/2015/02/223-npci-initiates-ecosystem-for-unifiedpayments-interface/>.

[14] PMJDY: <http://pmjdy.gov.in/>.

[15] Aadhar UID: <http://aadhaarcarduid.org/category/direct-cash-transfer-scheme/>.

[16] Business-Standard: <http://www.business-standard.com/article/pti-stories/mudra-bank-billlikely-in-fwinter-session-115070300655_1.html>.

Soluções FinTech

5

Esta quinta parte do livro resume as últimas soluções FinTech para players corporativos tradicionais e consumidores. Soluções business-to-business (B2B) foram divididas entre aquelas que estrategicamente ajudam bancos a manter seus papéis de liderança em serviços financeiros e soluções focadas em ajudar incumbentes a serem mais eficazes, corretos, seguros e equipados para tomar decisões holísticas de negócios.

Soluções business-to-consumer (B2C) incluem modelos de negócios disruptivos, como crowdfunding, pagamentos de remessas globais, soluções para pequenos negócios e outros setores. Focaremos também na entrada da Apple em pagamentos via Apple Pay e na explosão de wearables como os últimos dispositivos a fornecer serviços financeiros a consumidores.

Reescrevendo o Acordo – O Caminho Adiante para Cadeias de Suprimento B2B

Por David Desharnais
Antigo CMO, Traxpay; SVP e GM de Plataformas Comerciais e Digitais, American Express

Thomas Edison não inventou a lâmpada. Como muitos visionários antes e depois, o homem que um dia clamou que "Genialidade é 1% inspiração e 99% transpiração" foi simplesmente o vencedor na corrida para resolver problemas com iterações preexistentes. Mas mesmo se a lâmpada de Edison não fosse a primeira, foi a melhor. Enquanto modelos antigos provaram não ser adequados para o propósito devido ao custo, longevidade e confiança, a dele foi um testamento brilhante do poder da inovação e um lembrete de que por trás de todo sistema quebrado existe uma solução definitiva.

Hoje, o reino do e-commerce parece ser mais caracterizado por soluções inovadoras do que por problemas – pelo menos em relação ao consumidor médio. Do conforto de seu sofá, um comprador online pode obter e assegurar virtualmente qualquer coisa com o toque de um botão. Conveniência é o rei e nossa necessidade por velocidade foi alcançada pelo ritmo dos avanços em mobilidade, comunicações e redes. Com vendas de e-commerce business-to-consumer (B2C) no já maduro mercado dos EUA tendo um crescimento esperado de 18% em 2015,[1] assim como com a introdução de novas soluções de transações como o Apple Pay, o domínio do e-commerce B2C continua a crescer em velocidade de tirar o fôlego graças à tecnologia ultraconveniente que empodera os quatro bilhões (e contando) de clientes que atualmente compram pela internet. Não surpreende que o maior player B2C da China, Alibaba, levantou um valor recorde de $25 bilhões em sua Oferta Pública Inicial no New York Stock Exchange em 2014.

À medida que a mina de ouro de e-commerce B2C evolui, há, no entanto, um território ainda mais lucrativo para explorar. Uma previsão informou que o e-commerce B2B nos EUA valeria quatro vezes mais que sua homóloga B2C em 2014,[2] enquanto outra antecipou um valor bruto de mercadoria de $6,7 trilhões para o segmento de e-commerce B2B mundial até 2020, comparado aos $3,2 trilhões para B2C.[3]

Superficialmente, tais estatísticas pintam uma imagem saudável do cenário de e-commerce B2B, mas, na realidade, podem ser mais uma representação do potencial do mercado do que uma confirmação de que tudo são flores no jardim.

Comércio Complexo

Enquanto vendedores B2C já estabelecidos como Amazon e Alibaba estão em posição de capitalizar sobre a criação de experiências análogas as do consumidor para compradores e fornecedores B2B, cadeias de suprimento seriam melhor servidas ao estabelecerem seus próprios fluxos de trabalho de aquisições integradas e plataformas de vendas para máxima flexibilidade, visibilidade e lucratividade. O apetite por fluidez que levou o e-commerce adiante é igualmente cobiçado por negócios, que têm bilhões de razões para colaborar o mais rápido possível uns com os outros.

Até certo ponto, inovações existentes têm ajudado a tornar esse desejo uma realidade. Um número crescente de negócios está se voltando a redes de comércio B2B que oferecem soluções para problemas comuns por gestão de despesas indireta. A promessa dessas redes é automação, eficácia e transparência para os fluxos Purchase-to-Pay (P2P) e Order-to-Cash (O2C), ajudando a retirar alguns dos trabalhos manuais requeridos de outrora. Recentemente também vimos esses serviços começando a migrar para a nuvem e oferecer aplicações móveis como outra maneira de garantir que seus negócios sejam tão escaláveis quanto possível e mais bem equipados para monitorar dados em tempo real.[4] No geral, então, não deve ser surpresa que 73% das empresas[5] acreditam que redes de comércio B2B melhorem a colaboração entre compradores e fornecedores.

Essa integração de redes de comércio B2B é certamente um passo na direção certa para negócios ávidos por fazer o máximo com a tecnologia

---

1 <http://www.thepaypers.com/ecommerce/world-ecommerce-registers-23-6-increasein-2013/757853-25>.

2 <http://www.prnewswire.com/news-releases/us-b2b-e-commerce-companies-will-generate-1-trillion-in-sales-in-2014-eclipsing-b2c-e-retailing-market-four-times-over-280776882.html>.

3 <http://www.practicalecommerce.com/articles/85970-B2B-Ecommerce-Growing-Becoming-More-Like-B2C>.

4 <http://v1.aberdeen.com/launch/report/benchmark/8671-RA-accounts-payable-automation.asp>.

5 <Ardent Partners Annual State of Procurement Report>.

de hoje, mas ainda há grandes obstáculos na jornada para garantir que a jornada do cliente B2B reflita a conveniência da experiência B2C. Porque em seus núcleos, os comércios B2B e B2C têm diferenças fundamentais.

Para começar, para o conjunto B2B, muito mais pessoas estão envolvidas nas decisões de compra do lado do comprador, aumentando o desafio de fornecedores, à medida que se envolvem em longos ciclos de venda e aprovação. Depois vem a diversidade de possíveis canais de compra, que tornam a automação e reconciliação complicada à medida que fornecedores terão que controlar se sua última venda foi feita por meio de um portal online, um e-mail, televendas ou um aperto de mão firme. Outro fator óbvio, mas principal, é o volume de compras de bens e tamanho significativamente maior de notas em comércio B2B. Essas transações são altamente dependentes de relacionamentos e envolvem um grau de colaboração e coordenação. Em uma transação B2C, um cliente não tende a distinguir entre comprar diretamente da Amazon ou de um vendedor terceirizado com uma vitrine no site. Em transações B2B, parcerias são preciosas e negócios repetidos são vitais para a sobrevivência.

Enquanto redes de comércio B2B atendem a algumas dessas complexidades, o elo final da cadeia B2B – pagamentos – permanece dificultada por uma infinidade de variáveis caras.

O Problema do Pagamento

Se um consumidor quer comprar um único item online, ele encontrará preços relativamente fixos em vários websites, fará o pedido e esperará que a compra chegue. A conclusão de uma transação B2B não é tão direta. Regulações de taxas entram na jogada, preços de bens podem ser alterados dramaticamente de um dia para o outro ou estar sujeitos a descontos de volume, ofertas especiais e mais. A expedição adiciona ainda mais complexidade, devido aos altos números de produtos envolvidos. Há também a localização a ser considerada, com a dispersão das cadeias de suprimento introduzindo mais questões acerca de fusos horários, distâncias de transporte, documentação de alfândega e inconsistência cultural na forma como as empresas esperam fazer negócios.

E o potencial para mudança depois que o pagamento foi feito? Mais de 60%[6] das transações B2B requerem intervenção manual à medida que condições de novos negócios ou eventos necessitam que pagamentos sejam divididos, combinados, reencaminhados, reagendados ou alterados por qualquer maneira ou razão adicional. Essas mudanças criam um pesadelo para a expedição e reconciliação de uma transação. Como consequência, mais de 30% das notas são pagas com atraso, de 30 dias ou mais.[7]

Uma grande questão aqui são os dados. Quando um comprador emite um lote de pagamento para bens de múltiplos fornecedores, é quase impossível para ele dizer a um fornecedor exatamente pelo que está pagando ou adicionar qualquer detalhe dentro dos sistemas atuais. Se seu pagamento cobre várias notas, por exemplo, há um espaço muito limitado para fazê-lo. Como um especialista informa, o formato NACHA de 94 caracteres usado por 97% de todos os pagamentos eletrônicos nos EUA permite "cerca da metade da informação que um tuíte dá".[8] O formato Single European Payments Area (SEA) tem o mesmo desafio. Dificilmente é adequado para os dados complexos necessários para descrever uma transação B2B básica – quem dirá se alguma variável mudar em algum lugar do ciclo de vida da transação. Essa questão é agravada por transações transfronteiriças em que sistemas financeiros não falam a mesma língua e perdem ainda mais dados na tradução.

Tais desafios tornam o fluxo de caixa frustrantemente imprevisível e deixam os negócios jogando um jogo de adivinhações. Compradores querem otimizar seu capital de trabalho e administrar melhor a liquidez introduzindo mais visibilidade e controle a seus processos de aquisição, mas não têm informações precisas ou atualizadas para guiá-los – muitas vezes perdendo descontos de fornecedores no processo. Da mesma forma, fornecedores querem ser pagos previsivelmente: pontualmente, na quantia correta e com os dados certos. Caso contrário, não podem prever o fluxo de caixa e ficam frequentemente em uma posição difícil quando tentam levantar capital para cobrir despesas. Essas questões são todas reais demais para a vasta maioria dos negócios – 78% dos quais dizem que não podem prever o fluxo de caixa com precisão.[9] Enquanto as empresas forem incapazes de colaborar e transacionar com parceiros pelo mundo em tempo real, a visibilidade e o controle do que está acontecendo com o dinheiro delas ficarão obscurecidos, e as cadeias de suprimento permanecerão lamentavelmente ineficientes (veja a figura a seguir).

[6] Global Payments Report 2013, BCG.

[7] Ibid.

[8] <http://www.pymnts.com/in-depth/2014/b2b-payments-are-antiquated-and-starving-for-data/#.VZWHJkY__R4>.

[9] Global Payments Report 2013, BCG.

78% DAS EMPRESAS NÃO CONSEGUE PREVER FLUXO DE CAIXA DE CURTO PRAZO COM 5% DE PRECISÃO

59% DOS CFOS REPORTAM PROBLEMAS CAUSADOS POR VISIBILIDADE RUIM E CONTROLE DE PAGAMENTOS DE FORNECEDORES

>60% DOS PAGAMENTOS SÃO MANUAIS, CAUSANDO ATÉ 25% DE DIFERENÇAS DE PAGAMENTOS

>30% DAS NOTAS B2B SÃO PAGAS DEPOIS DA DATA DE VENCIMENTO ACORDADA (NORMALMENTE 30 DIAS)

Figura: Ironicamente, na era de hoje, de negócios uberconectados, 24 horas por dia, 365 dias por ano, a maioria dos negócios ainda tem pouco controle ou visibilidade do status de seus processos de pagamento – e as consequências são assombrosas

Os pequenos detalhes são mais dolorosos de observar. Hoje, empresas ainda administram 70% de todas as notas via papel e gastam cerca de $1 trilhão[10] em taxas para intermediários apenas para fazer pagamentos – metade dos quais deve ser lidado manualmente.[11] Com o custo médio de uma única nota estimado em $14,21 em 2014, e muitas empresas processando mais de 400 mil notas por ano,[12] o tempo e dinheiro envolvidos em configurações é um desperdício massivo de recursos e capital. E enquanto departamentos de contas a pagar com visão de futuro estão gradualmente mudando essa trilha de papel, permanecem impedidos pela escassez de soluções que existem para fazer a transação para automação completa de pagamento do modo mais rápido e suave necessário.

Um Sistema Quebrado

Na raiz do problema de pagamento estão os sistemas antiquados que a maioria dos bancos oferece para remessas B2B. Com poucos competidores e, portanto, pouco a ganhar com mudanças, bancos continuam a fornecer "soluções" que não passaram por muita alteração desde que Edison desvendou o enigma da lâmpada. Modelos bancários não padronizados pelo mundo, estruturas organizacionais fragmentadas que impedem a visibilidade do cliente e colaboração pobre entre bancos e instituições financeiras são apenas alguns dos inconvenientes que tornam serviços bancários atuais obsoletos em nossa economia cada vez mais conectada. Sem dúvida, essas plataformas bancárias vestigiais são um fator-chave para afogar departamentos de contas a pagar em um oceano de papel enquanto administram o grande número de exceções de transações B2B e uma razão pela qual os negócios não podem replicar os níveis de conveniência agora normalizados em e-commerce B2C. Mesmo redes B2B existentes que clamam oferecer um componente de pagamento estão, de fato, apenas enviando um "arquivo de instrução" de pagamento estático para um banco ou um link para uma entrada de pagamento. O resultado é exatamente a mesma falta de transparência e perda de dados importantes que ocorre com os sistemas inflexíveis fornecidos por bancos.

Essa gama de variáveis em transações B2B ressalta o fato de que condições de negócios são dinâmicas demais para serem adequadamente servidas por tais métodos de pagamento estático. Esses métodos incluem cartões de crédito, transferências bancárias e transações ACH, para citar algumas, e qualquer mudança em seus detalhes de pagamentos feitas dessa maneira tornam instantaneamente a colaboração B2B bagunçada, demorada e cara. Felizmente, como com cada problema persistente, uma solução definitiva pode ser encontrada usando uma abordagem nova.

Pagamentos Dinâmicos

Hoje, inovadores FinTech estão prontos para criar plataformas de pagamento que são tão dinâmicas quanto negócios mundiais. Startups já estão fazendo parcerias com empresas líderes para fazer dos tão importantes processos de pagamento uma parte ininterrupta de sua experiência de comércio B2B. Subjacente ao seu trabalho está a crença de que a colaboração B2B adequada para o mercado digital moderno será impossível até que a barreira final de pagamentos estáticos seja removida.

O primeiro passo para aqueles buscando um estado de nirvana B2B tem sido definir exatamente o que constitui um pagamento "dinâmico" a um "estático". Se pagamentos dentro de sistemas existentes são lerdos, desconectados e ineficientes, segue-se que qualquer plataforma de pagamento dinâmico deva permitir transações dramaticamente mais rápidas, seguras e inteligentes.

Para alcançar esse objetivo, esses novos players criaram sistemas que permitem que negócios executem, limpem e estabeleçam pagamentos em tempo real o tempo todo. A chave para esses esforços está no desejo de

[10] Source: The Hackett Group (como relatado no Purchase to Pay Manifesto de Basware).

[11] <http://downloads.tradeshift.com/Ardent%20Partners%20-%20ePayables%202014%20-%20The%20Quest.pdf>.

[12] Principais prioridades para AP em 2014 – Ardent Partners.

casar o melhor da segurança digital bancária, troca eletrônica de rich data e tecnologias modernas baseadas em nuvem que possam lidar com dados estruturados e não estruturados de qualquer tamanho ou formato (veja a figura a seguir). Essa fusão e modificação de serviços e tecnologias existentes há muito tempo é o Santo Graal das exigências de e-commerce B2B, e a fórmula para pagamentos guiados por eventos que são realmente dinâmicos.

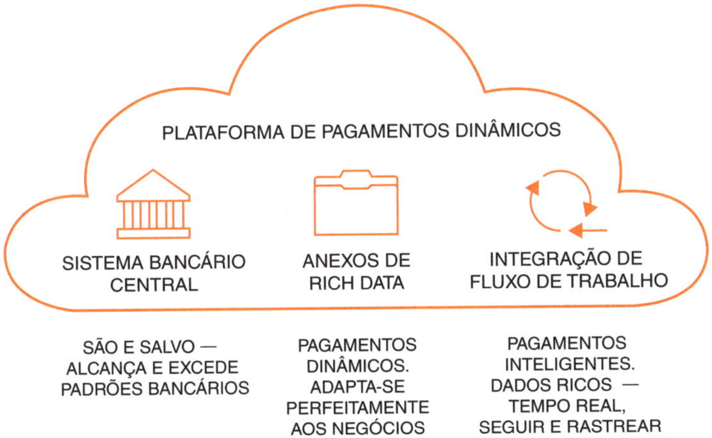

Figura: Elementos de uma plataforma de pagamentos dinâmicos

Tais soluções de software estão permitindo que negócios se adaptem a todas as exceções em potencial que ocorrem como consequência dos pagamentos. Redes de comércio B2B oferecendo capacidades de pagamentos dinâmicos são agora capazes de ir além da conexão básica de ordens de compra e notas eletrônicas e realmente oferecer um sistema end-to-end de loop-fechado para seus compradores e fornecedores que incorporam uma visão 360° da transação inteira – permitindo um nível totalmente novo de conexão, colaboração e transação estratégica. Financiamento de cadeia de suprimento, antecipação de recebíveis, desconto dinâmico, leilão de caixa e mais podem agora ser parte da equação com o clicar de um botão.

Utilizando os mecanismos de fluxo de trabalho guiados por eventos que se conectam a sistemas de comércio B2B existentes pela rede de suprimentos, empresas podem finalmente confiar em tecnologia para monitorar e reagir dinamicamente a qualquer mudança na transação, enquanto mantêm todos os detalhes sincronizados. Graças à inovação FinTech, o processo de pagamento não precisa mais ser um passo isolado e imprevisível que mina qualquer eficácia anterior obtida na corrida para o sucesso.

O resultado líquido do primeiro negócio a adotar essas plataformas foi maior controle sobre seu capital, liquidez e fluxo de caixa, e a remoção de uma das barreiras-chave para eles trabalharem de uma maneira que instintivamente sempre foi tida como sendo possível. À medida que mais empresas começam a perceber que o maior componente falho de comércio B2B está sendo abordado agora, elas fariam um desserviço a seus lucros não adotando as soluções disponíveis.

Claro, esse momento luminoso é só parte da maior história de inovação colaborativa em e-commerce B2C e B2B, e enquanto inventores modernos de FinTech continuam a redefinir e reescrever a maneira que as coisas funcionam no mundo, não há dúvidas de que muito mais faíscas de inspiração estão por vir.

Inovações de Pagamentos e Pontos de Venda (PDV)

Por Rube Huljev
Antigo Diretor de Vendas, CardMobili

> "Mercadores não têm pátria. O mero local em que se estabelecem não constitui um vínculo tão forte como aquele de onde tiram seus ganhos."
>
> *Thomas Jefferson*

Era 13 de fevereiro de 1601 quando James Lancaster lentamente levantou a âncora do Red Dragon, zarpando de Woolwich para começar uma jornada que ele nunca pensou que poderia mudar o mundo para sempre. O primeiro passo na globalização do comércio começou com apenas quatro navios modestos. Na época, homens valentes haviam entendido o que conecta o mundo – o oceano. O oceano permitia o fluxo de bens, do comércio e da informação. Ele foi a primeira internet. Foi devido a bens desigualmente distribuídos que esses empreendedores globais originais perceberam a oportunidade e tiveram a coragem de agir. Sua vantagem injusta era seu conhecimento de mundo difícil de encontrar, navegação de longo alcance e vontade de encarar as chances esmagadoras, onde o preço mais alto a se pagar era a vida. Um grupo de mercadores de Londres que agiu como se seus investidores-anjo nunca sonhassem com o resultado que viria desse experimento inicial.

Hoje, mais de 400 anos depois, experimentamos um momento quase idêntico, em que as oportunidades e a promessa de riquezas abundam e são até maiores. O fluxo de especiarias e bens, porém, não é a grande oportunidade de hoje – mas sim fluxo de dados. A internet, e mais especificamente a internet móvel, é o novo oceano conectando diferentes costas. A informação, um dia uma possessão premiada nas mãos de poucos, está agora na ponta dos dedos de qualquer um que queira usá-la e agir sobre ela. O problema hoje é que há muita informação vindo de muitas fontes diferentes. Então dar sentido a tudo, correlacionar e usar direito tornou-se uma arte.

A situação dos comerciantes mudou também. Um dia aqueles com os maiores armazéns comandavam os mercados, hoje são aqueles sem armazéns ou estoque algum. Lojas físicas estão ameaçadas e se tornando um fardo e uma responsabilidade. Comerciantes digitais de bens e serviços estão criando lentamente uma percepção de que é a maneira a ser seguida, e empresas físicas podem logo ser extintas (ou não?). Muitas coisas mudaram devido à tecnologia: de clientes se acostumando cada vez mais com a conveniência evoluindo para menores tempos de entrega e menores margens e preços.

Mas uma coisa é constante e está atrelada ao comércio, desde a Antiguidade até hoje – psicologia humana. O que os clientes e consumidores realmente querem é a experiência. Seja ela exclusividade, querer algo primeiro e então se gabar para sua rede, ou a descarga de dopamina causada por abrir uma caixa que era esperada. O efeito surpresa de receber algo inesperado. O sentimento arrebatador de entusiasmo ao enviar um presente a um amigo. A experiência de como algo é sentido no momento em que você o compra (e paga!). A experiência de uma troca, mãos que trocam bens e dinheiro, tudo mudando de donos. Há algo incrivelmente pessoal em um comércio e que está se perdendo nesses tempos digitais. Pessoas não compram bens, mas sim uma experiência, um ritual.

Emoção. É por isso que as pessoas dão seu dinheiro, pelo efeito de sentir-se bem que é parte do ritual do comércio. Você vai a restaurantes para matar seu sentimento de fome? Sim, também. Mas o que você realmente busca é sentir-se bem, ser servido com um sorriso, ser reconhecido e mimado. Sentir-se bem e experimentar um ótimo serviço, que também inclui a comida.

Humanos são ligados à interação social, que não termina em um mundo digital. A tecnologia de hoje permite que um relacionamento de qualquer tipo (comércio para pessoa, marca para pessoa, pessoa para pessoa) comece no mundo digital, mas o efeito real completo desse relacionamento é liberado no mundo físico, entre dois seres humanos. Se um deles é um cliente e o outro é um comerciante, melhor ainda.

E aqui chegamos à principal razão pela qual comerciantes digitais não são concorrentes para comerciantes que têm uma presença digital e física. Quando o consumidor entra em uma loja física, as oportunidades de melhorar e personalizar a experiência do cliente são exponenciais. Quando um assistente de vendas sabe a informação correta sobre as preferências de um cliente, talvez até mesmo seu nome e o contexto da visita, o cliente sente-se pessoalmente bem servido e tratado. O cliente se sente como um rei. Nada exclusivamente digital pode extrair aquele sorriso e a ligação de bondade entre uma marca e um consumidor.

E esse pequeno fato ignorado é um salvador dos bancos inteligentes. Personalização em tempo real da experiência do cliente, com base no melhor, onipresente e sem incômodo ponto de contato disponível em qualquer lugar – um terminal de ponto de venda. Você consegue imaginar um ponto melhor para a aquisição do cliente e evolução do relacionamento? Enquanto toda a indústria está reinventando novas maneiras de pagar e criar tecnologias e padrões de competição por pagamentos, clientes não têm um problema com pagamento. Eles inserem seu cartão e podem sair em menos de 10 segundos com os bens sob seu braço. Mas dar a eles algo a mais, incentivar o consumidor, surpreendê-lo, oferecer uma experiência mais personalizada, tornar-se mais humano – você, como comerciante, colherá os resultados inesperados. Tente em uma pequena escala e pregará isso em um piscar de olhos.

Como um banco, você tem a titularidade do único ponto de contato mais importante em um relacionamento consumidor-comerciante, com ênfase no relacionamento – não na transação. Evolua seus modelos de negócios para vender serviços que tragam valor adicional aos comerciantes (e, em troca, os "reis", clientes) acima do seu processamento de transações. Venda relacionamentos, passeios, conecte clientes e negócios de uma maneira significativa. Ajude comerciantes a construir troca de valor em longo prazo com seus clientes, ajude marcas a construir uma rede de publicidade com seus clientes atuais. Faça dos clientes seu boca a boca digital, um canal de marketing pelo qual todo tipo de comerciante esperou desde o início dos tempos. Ajude os negócios a obterem mais sorrisos e referências.

Nós vivemos em tempos muito interessantes, em que a tecnologia está mudando tudo o que toca. Esse foi o caso por bastante tempo, mas desde que a mobilidade assumiu o palco central, o processo "software ganhando o mundo" acelerou exponencialmente. Nunca antes na história da humanidade o efeito da tecnologia na vida cotidiana foi tão profundo ou seu impacto tão visível e rápido.

E por que isso? Porque celulares estão nas mãos de cada consumidor, é o dispositivo mais íntimo e imediato a alcançar a influência das pessoas, incluindo o momento mágico da compra. E o consumidor é, e permanecerá, o rei (ou rainha, conforme o caso). Quanto mais a tecnologia avança, mais se torna aparente que o feedback dos consumidores em tempo real uns para os outros, mesmo se são estranhos, deu a eles um poder incrível – um poder temido por qualquer tipo de comerciante. Consumidores decidem o destino dos comerciantes, que, por sua vez, decidem o destino dos bancos.

Os Três Pilares de uma Transação Financeira

Vamos observar esses três pilares de uma transação financeira: o cliente, o banco e os comerciantes.

Cliente

"Raposo, não pegue." Uma citação favorita da adorável Dora, a Aventureira, é também uma maldição iminente para bancos e comerciantes. Consumidores decidem onde e quando pegar, tocar, comprar... e, às vezes, não pegar nada. Sem pegar, sem taxa de transação, sem comerciante, sem banco.

Então nós concordamos que o cliente está bem no topo da cadeia alimentar.

Banco

Bancos adquirentes, por outro lado, sempre estiveram cobrando seus comerciantes, o que pode ser percebido como um "imposto" sem qualquer valor adicional percebido. Portanto, dada a chance, os comerciantes mudarão para o menor lance mais próximo. Sem valor adicional, sem lealdade, sem pátria.

E há muitos challengers, pretendentes ao trono bancário. Bancos tradicionais enfrentam um ataque de disruptores por meio de tecnologias blockchain de processamento menos complicado, taxas menores por tecnologias mais baratas, distribuição mais barata, mais leve ou sem regulação – e, finalmente, sem despesas físicas e de pessoal caras.

Felizmente para os bancos, os challengers (ainda) competem com taxas mais baixas, preços e em empréstimos de curto prazo. Não haverá vencedores na corrida de taxas por transação – vide o mundo da telecom.

Os reais vencedores se diferenciarão com serviços acima das transações que são percebidas como valiosas a comerciantes e consumidores finais. Serviços B2B2C simples e eficazes que são ativados facilmente e vendidos sobre o processamento comercial existente e da aquisição de soluções. Nenhuma venda necessária. Upselling rápido e eficaz.

Comerciantes

E finalmente, a terceira parte do quebra-cabeça. Comerciantes. Todos nós envolvidos em finanças e serviços tecnológicos precisamos considerar suas necessidades simples e sempre presentes questões urgentes. Agora, o que é que todos os comerciantes querem?

Comerciantes querem mais lucro. Querem novos clientes. Querem gastar menos e diminuir seus custos, especialmente de marketing que, não pode ser medido. Porém, mais importante, buscam e querem tudo o que seus clientes desejam, tudo que os façam felizes e os transformem em defensores dispostos e sinceros. Isso é o sorriso fugaz. Uma vez que os faça sorrir, você, como comerciante ou provedor de qualquer tipo de serviço, fez 50% do seu trabalho com seu cliente. Você estabeleceu um laço emocional. Seu cliente tornou-se mais envolvido e tolerante. Se comerciantes continuarem a construir sobre esse sorriso, os benefícios que virão desse cliente convencido em particular (que são, por acaso, totalmente mensuráveis se toda a experiência for bem projetada) surpreenderá a todos. Essa experiência do cliente, percebida por qualquer ponto de contato, conta e diferencia mais do que nunca.

Blocos de Construção do Novo Banco

Considerando o que entendemos da experiência do cliente e de pontos de contato, o que podemos dizer sobre o Novo Banco?

PDV como Ponto de Contato Preferido

Bancos e processadores têm o único ponto de contato mais importante em um relacionamento entre um cliente e um negócio, e também um dos mais ignorados. Certifique-se de salpicar um pouco de pó mágico sobre esses dispositivos na forma de serviços que simplesmente adquirem a identidade do cliente e podem agir e reagir ao contexto atual do cliente, junto a serviços back-end que o alimentem. Há toda uma gama de nova geração de dispositivos PDV inteligentes emergindo (como Poynt) que serão capazes de usar esses serviços e apresentá-los ao cliente de uma maneira moderna naquele momento mágico de contato.

Dados

Há muitas empresas que conhecem muito sobre comportamento do cliente no mundo digital. Há bem poucas que conseguem construir um contexto de cliente no ambiente físico. Bancos são uns desses poucos.

Personalização B2B2C Automatizada SaaS[1] para Comerciantes e Consumidores

Esses serviços, preferencialmente baseados em um modelo de negócios de performance, deveriam tornar-se centrais na oferta de serviços bancários – um elo perdido que transforma o obsoleto em indispensável.

Lembre-se de que a sabedoria de séculos ainda permanece e sempre o fará no mundo do comércio – o mero local em que um comerciante se estabelece (seu banco e seu coletor de impostos) não constitui tão forte vínculo como aquele de onde ele tira seus ganhos (sua carteira de clientes).

E, finalmente, chegamos à conclusão fundamental – aquele que tem a lealdade e fidelidade dos consumidores terá também a atenção dos comerciantes. Bancos, acordem, tomem cuidado, ofereçam serviços relacionados a transações para trazer mais clientes para seus comerciantes. Isso pode tornar-se seu valor agregado real e totalmente medido.

Os bancos precisarão se transformar em agências de marketing tecnológicas? Os modelos de negócios se moverão mais em direção à performance? Muito provavelmente. E rápido. Para os bancos que não o fizerem, Facebook, Google, Apple, Samsung, Paypal, Amazon e outros competidores estão, com certeza, pavimentando o caminho, já que sentiram a oportunidade. São inclinados, rápidos e podem contornar a regulação mais facilmente.

A nova Era de Ouro da Navegação começou. Você está construindo navios rápidos e esguios?

---

[1] Software como Serviço (do inglês, Software as a Service).

Algoritmos de Previsão – Soluções Inovadoras de Internet Banking

Por Jan Michael Auer
Cofundador, predictR e 25th-floor

Jakob Etzel
Cofundador, predictR e 25th-floor

Georg Heiler
Cofundador, predictR

Martin Prebio
Cofundador, predictR e 25th-floor

Dois pontos motivam o capítulo. Primeiro, a crise financeira mostrou um aumento significativo na taxa de inadimplência de empréstimos por bancos varejistas. Uma das raízes disso é a educação financeira fraca de clientes. Segundo, a digitalização do banco varejista é próspera e tornou-se um fator de sucesso. Não obstante, uma pesquisa de mercado rápida em países que falam alemão mostra que a evolução do internet banking nos últimos cinco anos só ocorreu em áreas de design e interface/experiência do usuário. Assim, há a necessidade crescente de novas soluções para adicionar funcionalidade melhorada.

A ideia é juntar ambas as observações. Dados históricos de transação de clientes do varejo podem ser convertidos em previsões de fluxo de caixa. Isso está combatendo um problema no mundo real: muitos acham difícil fazer uma previsão de longo prazo de seus fluxos de caixa e analisar cenários nesse contexto. Os cenários podem ser momentos da vida (por exemplo, promoção ou demissão) ou o desejo de alcançar um objetivo financeiro (por exemplo, financiar um carro ou apartamento). Os dados do cliente incluem informações suficientes para expandir as previsões a um período longo. Portanto, podem explorar seu futuro financeiro em gráficos interativos, e produtos podem ser apresentados no contexto de cada decisão.

Contexto

Em 2015, muitos participantes de conferências sobre gestão de dinheiro clamaram que empresas de sucesso precisam ter diretores de inovação ou em seu conselho ou diretamente entre os subordinados, com o poder de romper vícios da empresa e transformar processos parados. Hoje, como nunca, inovação é o principal propulsor para o sucesso econômico, e a pressão sobre executivos para gerar ou adquirir inovação está em seu nível mais alto. Setores que estão saindo-se muito mal no campo de inovação são o bancário e o de seguros. Empresas de FinTech que querem acabar com o beco sem saída atual têm apostas muito altas e regulações muito duras para seguir. O ambiente macroeconômico permitiu que produtos tradicionais fornecessem lucros suficientes, e a competição aconteceu basicamente na base da precificação e reputação, mas era raramente baseada em inovação.

No passado, bancos e empresas de seguros ofereciam serviços de consultoria e produtos. Normalmente apenas os produtos eram precificados, enquanto a consultoria era tradicionalmente vista como um serviço gratuito. As taxas de juros quase zero de hoje e os requerimentos de capitalização crescentes dos bancos tornam essas práticas mais desafiadoras, e é muito difícil colocar o consumidor em um caminho pay-for-service. O contexto amplo força bancos a transformar cada vez mais seus modelos de negócios e encontrar ou adquirir novas formas de fluxos de receita. Veremos mais de perto as duas principais observações deste capítulo. A falta de educação financeira foi vista por muito tempo como garantia de que clientes de varejo usariam os serviços e produtos de um banco e não dependeriam de outras oportunidades de financiamento (por exemplo, empréstimo peer-to-peer). Sempre houve a suposição de que a educação, o treinamento, o conhecimento e a experiência dos gerentes de relacionamento do banco os capacitariam a conhecer e entender as necessidades e o ambiente de seus clientes, encontrar os produtos certos e, subsequentemente, estar disponíveis em momentos importantes. Isso poderia ser interpretado como se os clientes tivessem poucas alternativas além da confiança em seu conselheiro bancário.

Hoje, clientes podem servir-se de vários fóruns online e sites de comparação. Ainda assim, o analfabetismo financeiro é uma das causas de empréstimos não produtivos (NPL – do inglês, non-performing loans). Muitas falências de pequenas e médias empresas (PME) são causadas por má educação financeira. Como vemos nos relatórios anuais dos grandes bancos, a taxa de câmbio instável e a economia desafiadora fazem as taxas de NPL aumentarem em todos os mercados.

Exemplo — Internet Banking na Áustria

A Áustria é relativamente bem desenvolvida em serviços bancários, e estatísticas de internet banking são similares à maioria dos mercados central e da Europa Ocidental. Por exemplo, o maior banco do país, o Raiffeisen Banking Group, tem 1,6 milhão de clientes de internet banking. Dos 700 a 800 mil contatos diários, o banco lida com 25% deles vindos de dispositivos móveis.[1]

Na União Europeia, de 507 milhões de cidadãos, 85% são clientes de banco;[2] desses, 44% usam internet banking.[3] De acordo com entrevistas com representantes bancários, quase 10% dos usuários de internet banking são "avançados" que usam regularmente recursos avançados e agem como adotantes primários. Usando-os como um grupo-alvo de inovação de internet banking, há um grupo alvo de 20 milhões nos 28 estados membros da UE.

O mercado austríaco líder em inovação de internet banking é o ERSTE Group, que lançou seu novo serviço de internet banking "George" e combina a maior banda de funcionalidade. Além disso, bancos estão experimentando com estratégias multicanais, como abertura de conta via e-mail e telefone ou conselho financeiro via videoconferência (veja a tabela).

Tabela: Recursos de internet banking

Banco	Abertura de conta online	Poupança-alvo	Poupança arredondada	Categorização automática	Categorização manual	Gestor de finanças pessoais	Canais de comunicação com conselheiro bancário além de correio e telefone	Recursos adicionais
Raiffeisen		X			X	1	Agências	Previsão de fluxo de caixa para o próximo mês
Bank Austria (UniCredit)	X					2	Agências, online (videochamada)	Dinheiro de volta
Rest Bank	X	X	X	X	X	3	Agências	Transações BlueCode, loja de plug-in
Overbank							Agências	
Volksbank	(x)						Agências	
EasyBank							Apenas correio/telefone	
Santander	(x)						Apenas correio/telefone	
ING DiBa		X				4	Apenas correio/telefone	
Deniz Bank	(x)						Apenas correio/telefone	
Holvi	X				X	4	Apenas correio/telefone	Loja online, faturamento, declaração de despesas
Number 26	X			X	X	4	Apenas correio/telefone	

(1) Agregação, visão geral de alocação e fluxos de caixa históricos; produtos externos podem ser adicionados manualmente

(2) Apenas agregação

(3) Visualização de estatísticas mensais e do passado ("Snapshot")

(4) Apenas visualização de fluxos de caixa históricos

[1] "Anpassen statt Aussterben", artigo no jornal *DiePresse*, suplemento "Magazin 4.0", 27 de junho de 2015, p. 28, Vienna.

[2] Fonte: World Bank, 2007.

[3] Fonte: usage-statista.com, 2014.

Previsões de Fluxo de Caixa de Cliente Privado

Nesse contexto, a ideia agora é como gerar previsões de fluxo de caixa para contas correntes de clientes privados. As previsões serão feitas por algoritmos de previsão e serão baseadas em dados históricos de transação disponíveis no banco. A previsão é feita sem qualquer interação do usuário e é parte do perfil de internet banking do cliente. As previsões são planejadas para serem entregues como "Software como Serviço (SaaS – do inglês, Software as a Service)" e para serem implementadas como uma solução white-label (um produto ou serviço produzido por uma empresa [o produtor] e que leva a marca de outras empresas [os comerciantes]).

O agrupamento de transações está no centro de tal previsão. Cada cluster pode ser modelado de maneira diferente, e todos os modelos de clusters juntos podem, então, ser combinados para agregar estimativas. Clusters podem ser escolhidos com base em vários parâmetros, por exemplo:

- Contraparte
- Sinal (renda ou despesa)
- Categoria (salário, aluguel, comida, educação, lazer etc.)
- Tipo (PDV, cartão de crédito, ordem vigente etc.)
- Geolocalização.

O agrupamento de séries temporais (mostrado na figura a seguir) também pode ser baseado em medidas heterogêneas,[4] mas dados de transação normalmente têm estrutura inerente suficiente para caber nos parâmetros mencionados.

O modelo padrão gera mediana e 0,05/0,25/0,75/0,95 quartis. Geralmente, os clusters usados como amostras serão pequenos demais para dar bons quartis, e, portanto, uma amostra contínua é assumida, e a interpolação de quartis é usada. Outros modelos são baseados em médias, em vez de em medianas, e/ou calcula estimativas ponderadas em que uma ênfase mais forte é colocada em dados mais recentes.

```
forall clusters por contrapartida do
    if tamanho do cluster < 2 then
        add cluster ao resto do cluster;
    else
        decidir sobre modelo;
        calcular estimativas de cluster diárias;
processar resto do cluster com modelo ARIMA;
calcular estimativas diárias do resto do cluster;
agregar todas as estimativas;
```

Figura: Agrupamento de série temporal

Há um grande número de diferentes técnicas que podem ser aplicadas a séries temporais, entre elas:

- Simulação de saque em caixa eletrônico por modelos Hidden Markov
- Série temporal hierárquica (por exemplo, com categorias de transação aninhadas formando a hierarquia)
- Cópula para simular a influência de um evento sobre múltiplos clusters e a interdependência destes

Em 2010, a SAP apresentou seu produto HANA, um sistema de bases relacionais com processamento em memória de alta performance. A plataforma é enviada com ferramentas de processamento preditivo com algoritmos e integração R. Pode ser uma alternativa interessante para construir um sistema do zero.[5] A Oracle oferece plataformas e soluções similares, por exemplo, previsões com base em coluna e conceitos de mineração de dados automatizados.[6]

Pesquisa e Teste

Testes estão sendo realizados em dois conjuntos reais. O primeiro inclui 3.741 transações englobando sete anos de uma única conta, e o segundo, 434, derivadas de um histórico de três anos. Dentro dos conjuntos de dados é possível pegar um período subsequente de dois anos como entrada e comparar os resultados com dados existentes (veja a figura seguinte).

---

[4] Georg Heiler. *Clustering von Zeitreihen. Ein Uberblick über Anwendungen von Zeitreihen-Clustering.* Bachelor's thesis, Vienna University of Technology, 2015.

[5] <http://www.sap.com/predictive>.

[6] <http://www.oracle.com/technetwork/database/options/advanced-analytics/odm/index.html>.

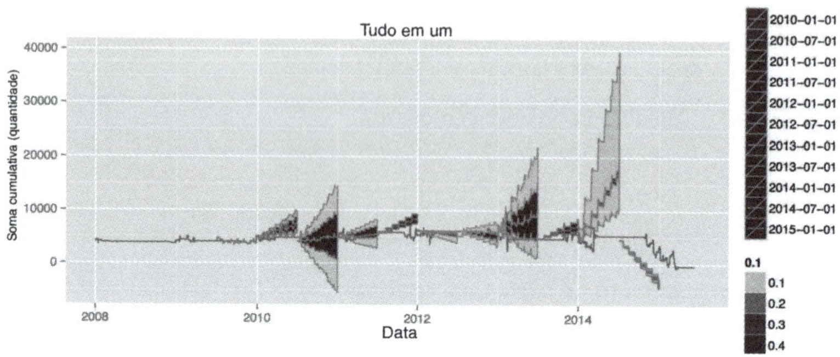

Figura: Backtesting
Fonte: predictR, Vienna

Os algoritimos foram testados em sete anos de dados históricos de transação. Passo a passo, dois anos de entrada foram processados, e as previsões de seis meses resultantes foram comparadas com os dados reais. Os resultados vêm do modelo padrão de cálculos (estatística de ordem). Eles mostram que previsões superestimam uma tendência positiva ou negativa. Isso poderia ser corrigido mais adiante usando estimativas ponderadas. Quando estas são usadas, a diferença entre os resultados de backtesting e os dados reais podem ser usados para executar um algoritmo de otimização nos pesos usados. Assim, os pesos podem estabelecer um ideal para cada usuário específico, mas assume-se o risco de dados recentes serem considerados muito mais dominantes do que dados antigos.

Reflexões sobre Negócio e Integração

A integração em internet banking pode ser diversa, como mostra a estrutura de precificação na figura seguinte. A previsão de fluxo de caixa pode, por exemplo, ser uma fonte para um mecanismo de busca de semântica inteligente. Também pode ser parte do back-end de calculadores de produtos e os tão chamados gestores de finanças pessoais (PFM – do inglês, private finance managers).

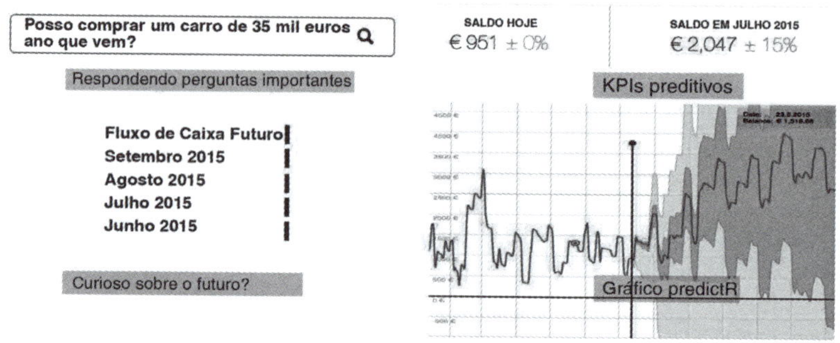

Figura: Exemplos de integração
Fonte: predictR, Vienna

Tabela: Estruturas de precificação

Estratégia	Usuários pagam por	Fornecedor entrega	Alvo
Grátis para todos	Grátis	API + gráficos	Obter novos clientes
Plug-in terceirizado	Assinatura anual	API + gráficos	Obter clientes de serviço pago
Freemium	Recurso premium	API + gráficos	Obter clientes de serviço pago
Integração em PFM	Assinatura anual	API	Melhorar PFM com previsão

A estrutura de precificação mostrada na Tabela anterior[7] pode seguir modelos normais de software como serviço:

- Uma taxa adiantada é paga para a instalação do sistema. Devido às exigências de proteção de dados, haverá a necessidade de implantar em um centro de dados de alta segurança ou diretamente nas premissas do banco. Também há a necessidade de alta personalização.

[7] Veja o capítulo intitulado "Abraçando a Economia API Conectada" para detalhes.

- Uma taxa de provisionamento mensal ou trimestral bem baixa pode ser estabelecida e garante acordos de nível de serviço básico e custos de infraestrutura. Se o contrato permitir atualizações automáticas de recursos, essa taxa pode ter que ser aumentada.
- Finalmente, o preço da transação conta todos os pedidos almejados para o servidor de previsão, e fatura constantemente, por exemplo, a cada mil pedidos.

Aplicando Análise Preditiva a PMEs

De acordo com muitas entrevistas com executivos PME, auditores fiscais e gestores de banco/de relacionamento com o cliente, há a necessidade de fornecer análise preditiva adequada para PMEs. Por um lado, isso ajuda a tomar decisões melhores *per se*. Por outro, pode ajudar na batalha contra o analfabetismo financeiro e dar a proprietários e gestores uma melhor visualização e entendimento das dependências e complexidades, e também permite planejamento intuitivo de cenário.

Os item a seguir poderiam ser interessantes de prever:

- Fluxos de caixa
- O impacto de taxas de câmbio voláteis
- Demanda de produtos especiais, por exemplo, o número de linhas de crédito rotativas, instrumentos derivativos/garantias para produtos específicos ou moedas.

Fornecer interfaces poderosas pode permitir que a plataforma de previsão interaja com uma gama de fontes de dados externas:

- *Dados macroeconômicos.* Usuários do sistema podem ser solicitados a fornecer dados adicionais, como geolocalização, tamanho (renda, empregados), setor, localização típica e setor dos vendedores e clientes. Esses dados mestres podem formar a base para alimentar dados macroeconômicos externos adequados nas previsões.
- *CRM/ERP/contabilidade/sistemas de armazenamento de dados.* Dependendo do tamanho e setor de uma empresa, pode haver um desses sistemas implementados. Seus dados podem ser usados diretamente como entrada bruta para algoritmos de previsão ou – sendo agregado ou o resultado de uma previsão – formar um fator em planejamento de cenário.
- *Bancos adicionais.* Uma vez que uma empresa alcance um certo tamanho, a probabilidade é alta de que haja conexões com outros bancos. Por exemplo, poderia haver um contrato de locação ou empréstimo de hipoteca em outra instituição financeira. Podem haver até empréstimos sindicalizados ou facilidades maiores. Padrões industriais e FinTechs como a FIGO oferecem a possibilidade de conectar esses bancos e reaver seus dados (transacionais) – possivelmente até em tempo real.

A disrupção de tais métodos pode ser bem amplo. Impacta diretamente em consultores, auditores fiscais e empregados internos. Para bancos, ter tais dados disponíveis poderia mudar a precificação de instrumentos de financiamento e, eventualmente, até precificação de risco.

Conclusões

Algoritmos de previsão são um campo de pesquisa altamente promissor e interessante. Além disso, já existem os primeiros frutos de baixo a serem colhidos: modelos sólidos de negócios podem ser construídos em volta deles, como mostrado pelo exemplo dos fluxos de caixa de cliente privado.

O chavão "tesouraria como serviço" resume algumas pistas interessantes em direção a mais implementação. Em particular, o uso de algoritmos de previsão em combinação com internet banking e dados de bancos – talvez até em combinação com fontes externas – é promissor. Por fim, isso pode trazer novas funcionalidades no segmento de clientes de microempresas.

Entretanto, há ainda alguns obstáculos a superar. Métodos estatísticos poderosos podem implementar resultados não testados e modelos metodologicamente incorretos. Além disso, back-ends de bancos podem não ser ainda capazes de fornecer os dados necessários no tempo requisitado ou a qualidade de dados pode simplesmente ser pobre. E, no fim, há ainda o risco dos usuários não estarem interessados no resultado do algoritmo ou serem incapazes de lidar com ele.

Uma implementação bem-sucedida de previsões de fluxo de caixa de cliente privado será o primeiro marco na jornada de disponibilizar algoritmos de previsão para cada cliente de banco.

Big Data é a Base de Sistemas de Compliance Regulatório

Por Thierry Duchamp
Fundador & COO, Scaled Risk

Muitas instituições financeiras têm adaptado seus sistemas de informação para obedecer regulações pós-crise. Infelizmente, os limites de suas tecnologias antigas se mostraram dramáticos, e falharam em atender às expectativas regulatórias do volume massivo de dados mantidos pelos bancos, por vários anos, que agora devem ficar disponíveis rapidamente, se não em tempo real.

Este capítulo mostra como tecnologias big data podem facilitar a implementação de sistemas de informação de risco e compliance. Também descreve como a tecnologia transforma restrições em oportunidades de negócios. Se os bancos são vistos nesse contexto como grandes fábricas de dados, então big data oferece a oportunidade de ligar funções anteriormente separadas e modelos operacionais. Um único sistema big data pode fornecer uma solução transacional, de inteligência de negócios e de compliance.

À medida que a tecnologia big data evoluiu progressivamente no setor web, adaptou-se para suportar as exigências e os desafios únicos da indústria financeira. Este capítulo descreve a arquitetura e os recursos da Scaled Risk, uma empresa de software financeiro, como uma solução de software, e explica por que esses componentes são pré-requisitos para a implementação de tecnologias big data em um contexto financeiro. Nós também apresentamos um pequeno conjunto de exemplos reais de como big data pode ser usado para propósitos de compliance e gestão de risco.

Em Bancos, a Implementação de Big Data Tem Sido Lenta Demais

Desde o início de 2010, o termo "big data" é usado para descrever uma nova geração de tecnologias e abordagens para gestão de dados. Essa tecnologia foi criada por grandes players da indústria web porque tecnologias tradicionais não eram capazes de adaptar-se a um número imprevisível de usuários, volumes de dados de crescimento rápido e necessidades crescentes de processamento de capacidades. A indústria web também esperava um nível maior de flexibilidade e agilidade, para que a aparência e sensação da aplicação evoluíssem rápido, sem interrupções de sistema. Inovações "big data" empurraram as capacidades do sistema de informação da indústria web para maior flexibilidade, facilidade de uso e poder.

Surpreendentemente, empresas, incluindo bancos, em sua maioria, perderam esse trem, com implicações óbvias. A inovação empresarial evoluiu em um ritmo muito lento, se comparado ao da internet. No fim, ferramentas cotidianas mostram alta flexibilidade e facilidade de entendimento, enquanto ferramentas de negócios sofrem de rigidez e processos de aprendizado lentos.

"Big Data de Internet" Poderia Ter Sido Aplicada Diretamente a Bancos?

Infelizmente, a aplicação direta não é direta; contudo, uma enorme parte da indústria de software está participando na empresarização de tecnologias big data. Essa empresarização está fornecendo progressivamente aplicações de software empresarial com o mesmo nível de flexibilidade e ergonomia que já existe na internet. Isso começou no início de década de 2010 com o sucesso notável de Salesforce.com, mas o progresso é lento e está levando mais tempo do que qualquer um previu, devido aos seguintes fatores:

- A arquitetura big data é uma mudança drástica de paradigma – a implementação requer conhecimento novo, se não pessoas novas.
- Casos de uso da internet diferem de casos de uso empresarial.
- O nível de confiança na tecnologia usada pelo mundo da internet é (muitas vezes erroneamente) mais baixo, especialmente na bancária.

A maioria dos bancos implementou tecnologia big data com resultados variáveis, dependendo principalmente do uso para o qual é exigida. As mais próximas do mundo da internet, e mais fáceis de implementar, são:

- Marketing
- Conheça Seu Cliente (CSC)
- Detecção de fraude.

Sistemas de compliance precisam de consistência de dados e de precisão em tempo real para lidar com as últimas exigências de regulação. Tecnologias antigas foram capazes de gerir dados consistentemente e em tempo real nos últimos 30 anos — infelizmente com limites drásticos. Tecnologias big data não fornecem consistência de dados em tempo real, o que é um problema.

Como se Pode Obter Dados Consistentes e em Tempo Real de Tecnologia Big Data?

Combinar consistência de dados e tempo real em big data é um desafio da engenharia que é resolvido com tecnologias Scaled Risk. Tecnologias big data, como proposta de nova arquitetura, dependem de computação distribuída, com abordagem completamente desencadeada (isto é, consenso distribuído não permitido). Um paradigma desencadeado é o preço a se pagar por obter escalabilidade de sistema quase ilimitada, o que significa:

- Armazenamento ilimitado;
- Capacidades de processamento ilimitadas;
- Capacidades de cache ilimitadas.

A sincronização de tempo no cluster é o segredo para fornecer consistência de dados totalmente desencadeada a tempo. Essa abordagem, muito inspirada pelo Spanner da Google (http://research.google.com/archive/spanner.html), fornece consistência como de qualquer dado, começando em 1 segundo no passado. Esse atraso pode até ser reduzido usando-se um hardware de sincronização de tempo específico.

Big data padrão em tempo real também precisa ser melhorado, pois tem significados diferentes no mundo da internet e na indústria bancária. Onde "interativo" é um bom sinônimo para o primeiro, "guiada por eventos" e "capaz de notificar", são o que o segundo espera. Tecnologias Scaled Risk embutem ambas as últimas inovações de big data e as antigas receitas que são usadas desde o início dos anos 1990 para um feed de dados financeiros em tempo real.

A Tecnologia Big Data é a Melhor Tecnologia para Implementar Sistemas de Compliance

Por definição, sistemas de compliance precisam de uma coleção de dados, de sistemas internos e externos:

- Sistemas de negociação
- Dados de mercado
- Referencial e CRM
- Dados financeiros externos
- Notícias históricas e em tempo real
- Dados do governo (OFAC, FACTA, EMIR, Dodd-Frank)
- E muitos outros.

Dados necessários por sistemas de compliance não estão só ficando maiores, mas também tornando-se cada vez mais complexos. Resumindo, tecnologias big data resolvem dois grandes inconvenientes de tecnologias antigas: a falta de flexibilidade e de elasticidade e a escalabilidade.

Falta de Flexibilidade

Graças à elasticidade e escalabilidade, a infraestrutura pode ser adaptada na hora.

Flexibilidade

Sistemas de informação devem ser capazes de lidar com mudanças rápidas devido a pressões de regulação e negócios. A agilidade exigida é muito difícil de implementar com sistemas de gestão de base de dados relacional (RDBMs – do inglês, relational database management systems), mesmo para um único silo no banco. Sistemas de compliance, por natureza, centralizam vários fluxos de informação de vários padrões e formatos. Lidar com mudanças necessárias, mas numerosas, nos sistemas-fonte é uma missão impossível com RDBMs e soluções baseadas em Extract, Transform and Load (ETL).

Tecnologias big data propõem uma abordagem disruptiva em relação à gestão de esquema de dados, pois os dados e suas estruturas relacionadas são armazenados e geridos separadamente. A abordagem primária usada depende de esquemas de dados de leitura, isto é, os dados estão armazenados em um formato gerido pela aplicação. Essa abordagem dá maior flexibilidade, já que os esquemas de dados podem ser mudados com mais facilidade. Mas há um inconveniente com essa abordagem, já que oferece visibilidade pobre sobre dados: tudo está escondido pelo código.

Já em 2012, a Scaled Risk introduziu uma abordagem híbrida usando a abordagem "Esquema de leitura", melhorado por:

- Um esquema de dados implementado sobre um modelo meta;
- "Esquema de leitura" capaz de inteligentemente depender de várias versões desse esquema de dados;
- "Esquema de leitura" capaz de ativar automaticamente tipos de conversão.

Essa abordagem híbrida reduziu drasticamente os custos usuais de implementar um armazém de dados centralizado no estágio de inicialização, mas também para atualizações posteriores.

Elasticidade e Escalabilidade

Elasticidade e escalabilidade são as principais disrupções trazidas por tecnologias big data. Possibilitar uma arquitetura distribuída realmente desencadeada permite que uma aplicação big data ofereça sem limites:

- Armazenamento de dados;
- Capacidades de processamento;
- Cache (in-memory).

Implementar um sistema regulatório gera muita incerteza, muito similar ao que aconteceu à indústria web:

- A que grau de complexidade os dados evoluirão?
- Com que velocidade os dados crescerão?
- Precisarão de mais poder de processamento (por exemplo, valuation)?
- Precisarão ser mais rápidos (por exemplo, Dodd-Frank e Clearing House)?

Combinando Dados Internos e Externos

Um sistema de compliance eficaz deve ser capaz de combinar dados que o banco já armazena, dados fornecidos por terceiros e dados públicos (isto é, redes sociais, web). Para ilustrar, essas são as fontes de dados necessárias para detectar lavagem de dinheiro por meio de aquisições de empresas:

- Dados de sistemas de transações de bancos.
- Dados de diretórios externos da empresa para verificar os investidores.
- OFAC e listas similares.
- Resultados de buscas na web sobre investidores.

Big data não só permite coleção e armazenamento fácil de dados, mas também fornece várias maneiras de reconciliar dados de diferentes formatos de uma maneira flexível (isto é, vaga). No caso de detecção de lavagem de dinheiro, essa implementação irá:

- Detectar que investidores são a mesma pessoa que as mencionadas nos resultados de busca na web ou listas OFAC, mesmo se os nomes estiverem transliterados de maneira diferente de várias línguas;
- Calcular uma nota de reputação por mineração de dados na web;
- Usar machine learning para detecção de sinal fraca ou detecção de padrão de fraude em transações de conta.

Ao combinar essa informação, uma abordagem big data (como mostrada na figura a seguir) lhe dará um resultado instantâneo sobre probabilidade de lavagem de dinheiro. Verificação manual similar exige várias horas de trabalho e não é tão eficiente e completa.

Melhorar Abordagens Tradicionais

Big data é capaz de reduzir a complexidade de dados e detectar sinais fracos em enormes conjuntos de informações. Estatística, mineração de texto e machine learning aproveitam as capacidades distribuídas de sistemas big data, já que podem:

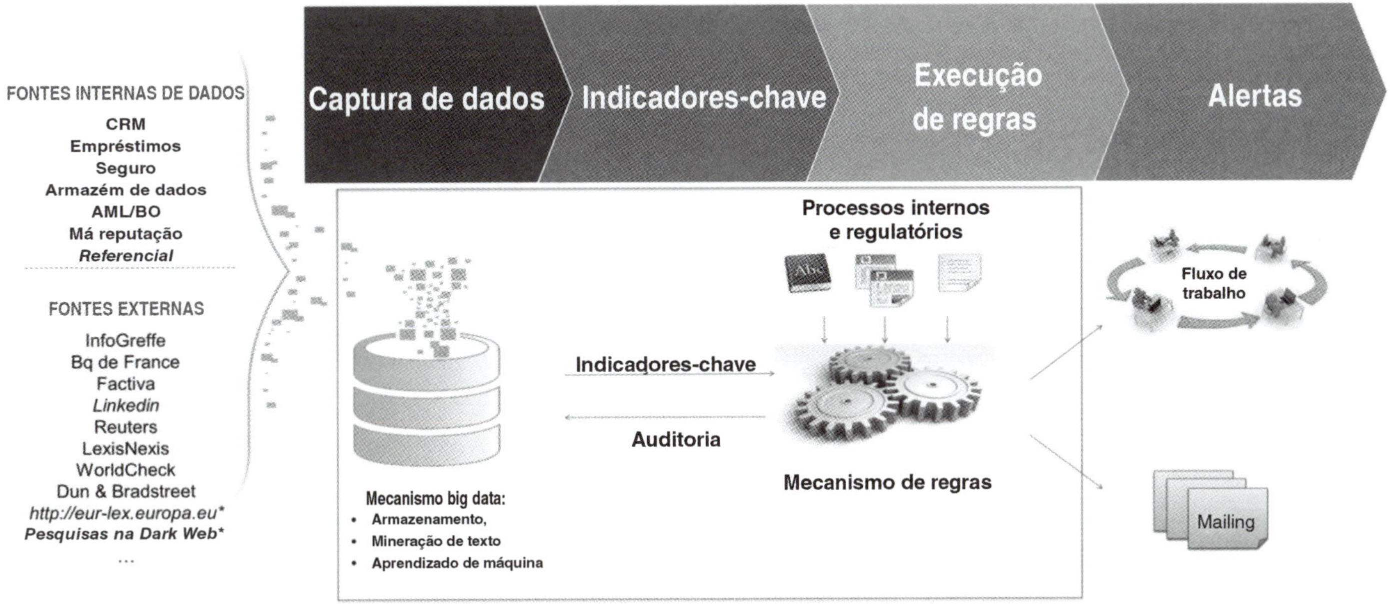

Figura: Abordagem big data para combinar dados internos e externos
Fonte: Scaled Risk

- Armazenar enormes quantidades de dados e profundidade de histórico ilimitada;
- Executar algoritmos complexos em tempo real;
- Manter dados mais usados em um cache rapidamente distribuído (isto é, in-memory);
- Manter custos bem razoáveis (servidores médios são usados).

Essas abordagens dão excelentes resultados para extrair informações ocultas em massas de dados, com a desvantagem de produzir resultados positivos falsos. Por outro lado, abordagens tradicionais são rígidas e restritivas demais, e muitas vezes perdem os resultados positivos reais. Outra desvantagem de abordagens antigas, com mecanismos de regras de negócios baseados em dados estruturados, é a dificuldade de adaptar a mudanças de regulações.

A abordagem híbrida de alimentar um mecanismo de regras com indicadores fornecidos por um sistema big data fornece resultados melhores. Indicadores big data com falsos positivos são filtrados bem eficientemente pelos mecanismos de regras, enquanto mais casos são detectados. A pressão de regulação definitivamente foi além do "tempo e material". Ser incapaz de implementar controle de compliance eficaz já resultou em multas multibilionárias.

Auditar Tudo

Controlar e implementar controle regulatório, infelizmente, não é o suficiente. A regulação requer ser capaz de produzir evidências de que realmente todos os controles tenham sido disparados. Big data é, novamente, extremamente útil em armazenar exaustivamente resultados, marcas de tempo e informações relacionadas em uma única trilha de auditoria.

A trilha de auditoria está sempre disponível, o que significa que vários anos podem ser mantidos online. Arquivar torna-se mais fácil à medida que a capacidade de armazenamento é ilimitada: refinada com profundidade histórica ilimitada.

Implementação de Projeto de Sucesso

Baseados em nossa experiência, a implementação bem-sucedida de um sistema de compliance big data necessita de um conjunto de pré-requisitos e melhores práticas.

Componentes Intermediários São Necessários

Hadoop, uma estrutura de software open source, como tecnologia bruta, não é autossuficiente para implementar use cases financeiros usuais. Um projeto interno baseado em Hadoop precisará de vários meses, se não anos, apenas para construir e integrar um conjunto de componentes técnicos intermediários. Isso é certamente o fato mais surpreendente que se pode encontrar ao começar um projeto big data do zero.

Outra lição aprendida: componentes que estão publicamente disponíveis não lidam necessariamente com requerimentos de sistema bancário, especialmente em relação à consistência de dados e tempo real. Isso significa que alguns componentes também precisam ser construídos.

Construir um projeto interno requer uma enorme quantidade de tempo que pode ser economizada, utilizando-se uma plataforma terceirizada, como pode ser visto na Figura a seguir.

A Scaled Risk oferece capacidades big data financeiras prontas, o que significa dois anos de tempo para comercializar sua plataforma integrada:

- Um esquema de dados multiversões para coleção rápida de dados.

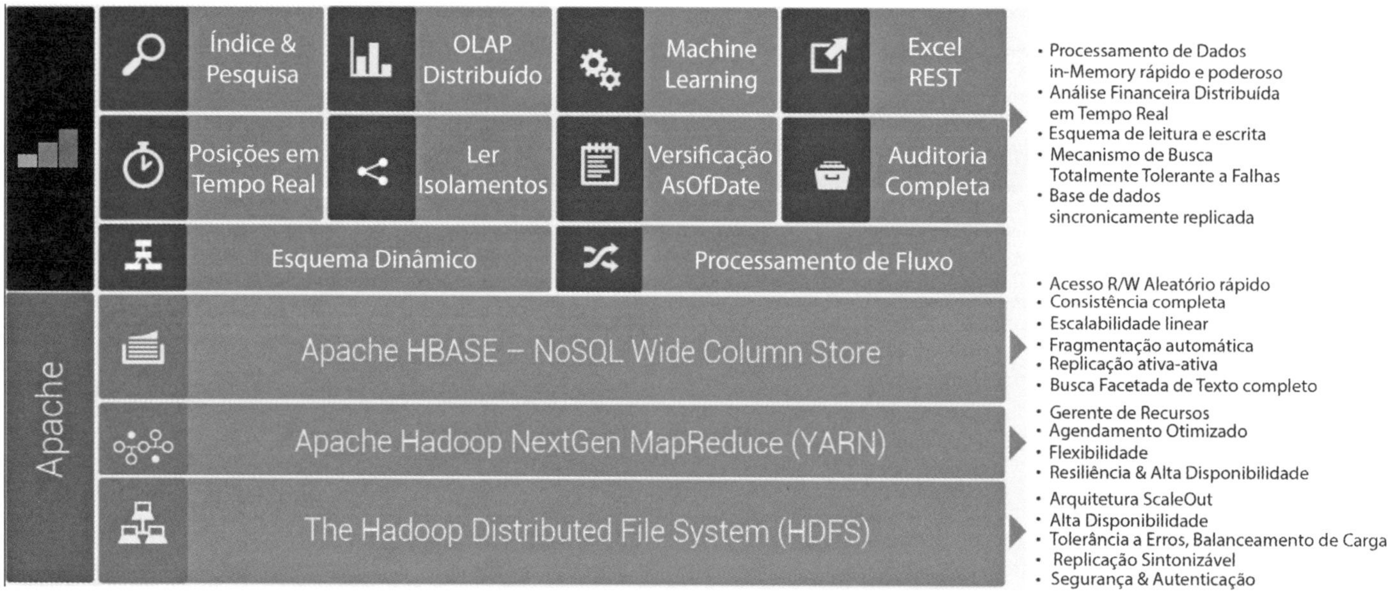

Figura: **Estrutura Hadoop**
Fonte: Scaled Risk

- Tecnologia guiada por evento em tempo real no centro da arquitetura.
- Acesso a dados fácil e instantâneo graças à funcionalidade do mecanismo de busca.
- Capacidades de relato consistente graças ao processamento analítico online distribuído e em tempo real (OLAP – do inglês, online analytical processing).
- Visão total da auditoria, assim como capacidades de visão de dados.
- Componentes de visualização de dados.

Usar tal solução provavelmente permita que você gaste tempo e dinheiro extra implementando regras e controles de compliance.

Use um Sistema Aberto

Isso é completamente compatível com soluções comerciais prontas. A Scaled Risk não captura seus dados em uma caixa-preta. Hadoop e o ecossistema Open Source fornecem a grandes empresas uma peça poderosa de software (R, Spark, Hive etc.) que permanece inteiramente compatível com esse sistema.

Um sistema aberto se trata também de ser capaz de estender ou modificar regras e fontes de dados. As tecnologias usadas para fazer isso devem ser padrão e abertas, para que você possa encontrar facilmente recursos especialistas no mercado de trabalho.

Implementação de Projeto End-to-end

Tecnologias big data ainda são novas para empresas e bancos, com o resultado de que o foco está muitas vezes na própria tecnologia. Na nossa opinião, isso é um erro que deve ser absolutamente evitado. A indústria de software financeiro está mudando rapidamente, com vários recém-chegados que são capazes de entregar serviços financeiros e de big data ao mesmo tempo. Eles são os melhores provedores a entregar sistemas de compliance de uma nova geração.

Soluções FinTech em Otimização de Contratos Complexos

Por Akber Datoo
Sócio, D2 Legal Technology LLP

Décadas de negligência agora estão repercutindo negativamente. Em um mundo cada vez mais regulado e competitivo, cabe às instituições financeiras entender completamente os contratos complexos em vigor com seus clientes. Falhar ao fazer isso leva ao risco de uma catástrofe, como testemunhado pelo destino de Lehman Brothers e AIG. Se a crise financeira nos ensinou algo, foi que há uma compreensão extremamente pobre das faixas de contratos celebrados. Empresas foram pegas em um furacão de pânico, incapazes até de encontrar documentos, quem dirá identificar as informações cruciais que eles continham.

Reguladores no mundo todo ficaram chocados pelo estado das coisas. Impuseram vários requerimentos sobre empresas financeiras para ter melhor administração dos dados de seus contratos legais. Por exemplo, em 6 de março de 2015, a European Banking Authority (EBA) publicou um documento de consulta contendo um esboço de padrão regulatório sobre o conjunto mínimo de informações sobre contratos financeiros que deveriam estar contidos em registros detalhados mantidos por empresas financeiras, ligando isso a requerimentos sob o Bank Recovery and Resolution Directive (coloquialmente conhecida como requerimentos de "testamentos" para instituições financeiras sistemicamente importantes).

Certamente essas demandas regulatórias não são irracionais – os contratos legais são uma personificação de como os instrumentos financeiros se manifestam, por meio de vários termos, condições e obrigações contratuais empreendidas por cada uma das partes dos contratos financeiros. A estabilidade e a execução suave do sistema financeiro dependem da gestão satisfatória desses termos contratuais. Entretanto, a realidade ao longo das últimas três décadas foi a de que muitas equipes jurídicas e documentais falharam em manter as linhas de negócio rapidamente crescentes que apoiavam. Ironicamente, isso apresenta um contraste gritante com as linhas de negócios que abraçaram a inovação tecnológica, enquanto equipes legais e documentais não aproveitaram a oportunidade para empoderar-se de maneira similar com ferramentas, sistemas e utilidades disponíveis para ajudá-las a gerir o crescimento.

É triste reflexo do estado atual da indústria financeira que a vara de regulação esteja ultrapassando em muito a motivação pela otimização de negócios. A vara, no entanto, está particularmente grande e forte no momento, manifestando-se em multas bem pesadas e sanções impostas sobre instituições, muitas das quais resultam de uma falha em controlar e gerir obrigações contratuais e como resultado de uma mentalidade "too big to fail". Contudo, a vara provou-se eficaz em forçar o uso de FinTech para assistir à retificação dessa situação através da criação de sistemas e processos para armazenar e gerir dados e documentos legais. Essa é uma tarefa que teria sido bem menos complexa e demorada se os processos corretos estivessem em vigor desde o início, isto é, se as equipes documentais tivessem arquivado e armazenado os contratos e mantido o controle dos termos-chave negociados em seus contratos. Fixá-los depois de várias décadas de negligência, entretanto, implicou em uma abordagem diferente devido ao grande volume de contratos antigos importantes. É exatamente aí que a tecnologia atual ganha vida.

A animação causada por big data se deve ao fato de ser possível ver e entender as relações dentro de dados estruturados e desestruturados que, até recentemente, estávamos lutando para compreender. Big data opera por meio de conjuntos de dados abrangentes e bagunçados, em vez de dados pequenos e de precisão. Poderia-se argumentar que o desafio não é nem grande o bastante para realmente ser um de big data, mas é certamente grande o bastante para forçar equipes jurídicas a ficarem mais confortáveis com a desordem e incerteza, assumindo um papel de cientista de dados para encontrar associações nos dados e agir sobre eles, em vez de uma rede precisa em cada palavra de cada contrato.

O desafio inicial está em simplesmente garantir que a tecnologia possa ser usada para ajudar. Exige-se sempre um esforço manual para que documentos impressos e seguros em um cofre sejam encontrados e lidos. Os contratos legais estão, portanto, sendo digitalizados e armazenados de forma eletrônica por empresas financeiras, usando reconhecimento ótico de caracteres (OCR – do inglês, optical character recognition) e outras tecnologias relacionadas, como reconhecimento inteligente de caracteres (ICR – do inglês, intelligent character recognition) e reconhecimento inteligente de palavras (IWR – do inglês, intelligent word recognition), para lidar com algumas das questões de textos escritos a mão, em vez de digitados. Isso está até sendo aplicado em áreas como a dos contratos orais entre traders, com o uso de software de reconhecimento de fala para identificar termos-chave do contrato verbal fechado e garantir que combinem com as confirmações do trade geradas por empresas financeiras depois para evitar disputas comerciais.

A fase de digitalização também tem desafios, tal como o uso de tabelas fracamente definidas nos documentos. É, no entanto, bastante simplificada com a documentação legal sendo redigida com dependência em documentos anteriores e vocabulário de contrato bem definido.

Até a aplicação de alguns algoritmos básicos de classificação aos documentos eletrônicos ajudam muito. Os documentos são agora, depois da digitalização, pesquisáveis, e o departamento jurídico já está empoderado com a habilidade de encontrar os documentos requeridos, uma tarefa que era difícil por nenhuma outra razão além da classificação e do preenchimento pobre dos documentos na hora de sua execução. Além do mais, por meio de uma gestão básica de identificadores e mapeamento de outras fontes de dados, tais como risco e sistemas de dados de clientes estáticos, o problema pode ser sensivelmente reduzido a um tamanho muito mais administrável, ligando os documentos a exposições de comércio subjacentes aplicáveis a eles e focando em onde realmente estão os riscos.

Encontrar contratos é só o começo da luta. O advogado pode ainda ser cético em relação à ideia de uma busca estilo Google entregando valor com anos de treinamento e perícia, mas há talvez um paralelo a ser desenhando com momentos como o do sucesso do Deep Blue, um computador jogador de xadrez desenvolvido pela IBM – o primeiro equipamento de inteligência artificial que joga xadrez e pôde competir com um campeão do mundo sob controles de tempo regulares, e, mais recentemente, o IBM Watson, que competiu e venceu os antigos ganhadores do Jeopardy! Brad Rutter e Ken Jennings.

A automação de tarefas e processos em uma forma bem processual "se A, então B" é o antigo modelo de programação, no qual cada passo e cenário são determinados com antecedência pelo programador, oferecendo pouca ajuda em automatizar a tarefa de ler um contrato legal, entender suas nuances e derivar dele dados-chave e inteligência.

A abordagem FinTech é a aplicação do novo modelo de programação, aplicando capacidades interpretativas que aprendem dos dados e da orientação humana, adaptando-se ao longo do tempo à medida que ganha novos conhecimentos.

Várias técnicas são usadas para um efeito excelente:

Correlação: em sua essência, isso quantifica relacionamentos estatísticos entre valores de dados. Isso permite que um requerimento de dados de um contrato legal seja alcançado, não por entender os trabalhos intrincados dele, mas simplesmente por identificar um proxy útil para ele, incluindo aqueles que são ambos multidimensionais e não lineares. Não há necessidade de identificar as nuances exatas das provisões de ativos e dinheiro do cliente, já que são aplicados no contrato, uma pilha complicada de documentação e aplicação geral de uma grande quantidade de regras e regulações primordiais. Claro, até mesmo fortes correlações não são sempre perfeitas, e podemos ser simplesmente enganados por aleatoriedade. Entretanto, há o papel de orientação cada vez mais importante do advogado – para evitar tais problemas. O que as correlações fazem é guiar o usuário a áreas de alta prioridade e risco dentro do portfólio de documentação antiga.

Validação: valores de dados não podem ser vistos de maneira isolada. Um contrato legal e lei e regulações subjacentes impõem restrições naturais aos dados. Ao mapear e aplicá-las, não só é possível refinar a busca e o processo de extração de dados, mas isso também pode destacar algumas áreas de muita preocupação. Essas são as áreas em que uma revisão humana é bem menos propensa a detectar durante a laboriosa e repetitiva natureza da verificação, tal como garantir que cada lado tenha um limite adequado definido no documento (em vez de, como é comum a vários documentos, um limite sendo repetido duas vezes para o mesmo lado erroneamente através de um simples copiar e colar da linguagem do redator, que esquece de editar referências importantes das partes contratuais).

Feedback positivo: cada vez mais, por meio do uso de análise de texto e técnicas de extração de dados, dados contratuais legais estruturados mais granulares e detalhados podem ficar disponíveis para os consumidores. Há, portanto, maior visibilidade das nuances das obrigações contratuais contidas em contratos legais. Por meio do uso desses dados, em áreas como a otimização de margem e ajustes de avaliação de crédito/financiamento (CVA/FVA), qualquer imprecisão nos dados é notada imediatamente e pode ser corrigida por meio do uso do fluxo de trabalho.

O feedback positivo para manter clara a precisão dos dados legais também força a equipe jurídica a considerar o juridiquês através das lentes dos dados.

Em última análise, barrar uma disputa com uma contraparte, esse é o impacto dos documentos legais que as empresas financeiras firmaram. Por si só, isso está transformando a compreensão real dos instrumentos financeiros.

A infraestrutura também permite não só uma melhor compreensão da posição atual e risco de exposição de uma instituição por meio do entendimento dos termos contratuais específicos aplicáveis pelo portfólio de documentos de alguém, mas também a otimização e melhoria contínua.

A aplicação de FinTech não precisa terminar com a análise e controle sobre o portfólio de documentos legais. As instituições agora observam o processo atual de posicionar a documentação usando ferramentas de geração e montagem para guiar a padronização em casos em que a linguagem sob medida e variada não faz nada além de complicar os requerimentos regulatórios e de compliance aplicáveis. Também permite, por meio do fluxo de trabalho e análises what-if dos termos no momento de negociações com clientes, para que realmente entendam o risco e o impacto financeiro, possibilitando real otimização pelo caminho.

A jornada FinTech está definida para transformar o papel do advogado, empoderando-o e posicionando-o em uma posição de aconselhamento verdadeiro e como parte do negócio, removendo as partes mais administrativas do papel e substituindo-as por tomadas de decisão genuinamente consultivas.

Biometria Comportamental – Uma Nova Era de Segurança

Por Neil Costigan
CEO, BehavioSec

O mundo à nossa volta está mudando – em nossos negócios e em nossa vida pessoal, estamos "mobile", conectados e regularmente interagindo com pessoas de todo o mundo. Temos uma gama de dispositivos eletrônicos em nossos bolsos, mesas e casas, o que significa que não pensamos duas vezes em pegar o que estiver mais perto para enviar fundos de um país para outro, comprar itens online de pessoas que não conhecemos e administrar nossas finanças pessoais. Precisa ser rápido, precisa ser agora e precisa ser conveniente.

Um cadeado e uma chave não são bons para proteger ativos digitais e nos pedem regularmente para confiar nas pessoas e sistemas sem podermos vê-las cara a cara para verificar sua identidade. Essa enorme quantidade de informações online e interação introduziu enormes oportunidades para hackers maliciosos, buscando roubar identidades e desviar credenciais. Um relatório recente da agência de prevenção de fraudes Cifas mostra essa tendência em ação, relatando que o número de vítimas de roubo de identidade cresceu 31%, para 32.058 nos primeiros três meses de 2015, comparado ao mesmo período de 2014.[1]

O setor altamente regulado de serviços financeiros – lar de vastos fluxos de informações financeiras sensíveis todos os segundos do dia – está sob escrutínio particularmente próximo contra esse novo cenário ameaçador. Não só isso, mas os bancos estão combatendo um ritmo extraordinário de mudança e inovação guiado por avanços tecnológicos, requerimentos regulatórios e expectativas de clientes. A explosão em titularidade de dispositivos móveis e introdução subsequente de pagamentos móveis é só um exemplo de onde os bancos de varejo estão sendo forçados a adotar um nível de agilidade nunca antes visto para reagir – e assegurar – novos canais e modelos de negócios.

Um Ato de Equilíbrio Complexo

À medida que os bancos buscam equilibrar o tão importante triângulo da privacidade, conveniência e segurança, estão tendo que mudar a maneira que pensam sobre segurança. Uma vez que virtualmente toda técnica de autenticação pode ser comprometida, eles não podem mais depender apenas de qualquer controle único para autorizar atividade de alto risco.

Você não precisa ler muitas notícias para ver a evidência de um movimento em direção a uma abordagem em camadas de segurança – combinando as várias tecnologias de autenticação disponíveis para melhorar tanto a precisão de detecção de fraude quanto a experiência do usuário. Dispositivos tecnológicos suplementares, como leitores de cartão para verificação, foram amplamente implementados como um meio de corrigir o processo de verificação com autenticação de dois fatores. No entanto, eles fornecem um ponto crítico para os clientes – outra peça de hardware para carregar e uma barreira adicional de entrada para acessar o serviço.

A biometria entrou como uma solução em potencial para esse problema. De uma perspectiva tecnológica, o processo de verificar pessoas por suas características físicas está em desenvolvimento desde o surgimento dos sistemas de computador na metade final do século XX. Claro, o conceito de "biometria" estende-se para muito anteriormente – pessoas identificam-se dessa maneira desde o início dos tempos. Contudo, a biometria como um conceito tecnológico só foi trazida recentemente para a consciência do consumidor, graças, em parte, a gigantes como a Apple, abraçando a leitura de impressões digitais para entrar nos dispositivos.

Biometria Comportamental

Biometria comportamental é uma tecnologia menos conhecida, muitas vezes subestimada nas manchetes, que se move além da biometria estática focada em nossos atributos físicos (como digitais e leitura ótica), para focar no comportamento do usuário. Isso leva em conta detalhes como a maneira como a pessoa interage com um dispositivo, a força com que aperta uma tecla, o ângulo que usa para passar uma touchscreen ou seu ritmo de digitação. A tecnologia está no fundo de um app ou dispositivo e

[1] CIFAS, "Identity fraud up by 27% in first quarter of 2015", https://www.cifas.org.uk/id_fraud_first_quarter.

é completamente transparente ao usuário, alinhando-se ao desejo por uma experiência de autenticação simplificada e sem obstáculos.

Algoritmos de machine learning constroem uma imagem única do usuário – não o que ele está fazendo, mas como está fazendo – para permitir a identificação de anormalidades que podem indicar fraude, com base nos padrões anteriores de comportamento desse usuário. Importante, esse processo de verificação é contínuo, ao longo do curso da sessão, para garantir que o usuário é quem ele diz ser durante toda a interação com o dispositivo, em vez de apenas no ponto de entrada.

Biometria comportamental é idealmente adequada para celulares, graças ao fluxo contínuo de rich data que somos capazes de coletar por meio de vários sensores nos smartphones, que não estão disponíveis para uso de web tradicional. Com smartphones em mente, a tecnologia é uma combinação ótima para autenticar pagamentos móveis.

Segurança e Usabilidade

A biometria comportamental ajuda a realizar a parte da autenticação da experiência end-to-end – ou seja, um subproduto natural do que quer que o usuário esteja tentando alcançar, em vez de chamá-lo de uma etapa específica. Os usuários abraçarão a autenticação mais forte se não for difícil de usar e – particularmente em um dispositivo móvel — não envolver entrar e sair de aplicativos no caminho para localizar os códigos de acesso.

A tendência em direção ao mobile banking significa que o tempo gasto por requerimentos de segurança no começo de cada sessão é particularmente pertinente. As pessoas entram em suas contas bancárias com cada vez mais frequência, para uma verificação rápida do saldo ou para fazer um pagamento. Provedoras de serviços não podem gastar 30 segundos com autenticação em uma transação de 60 segundos. Os usuários ficarão entediados e seguirão em frente. Varejistas online estão batalhando um traço similar de usuário, enfrentando um número cada vez maior de carrinhos de compra abandonados, o que está prejudicando sua renda e sua reputação. Enquanto há várias razões para os compradores de internet abandonarem sua cesta, um processo de pagamento desajeitado ou enfadonho ou a inabilidade do usuário de lembrar sua senha de segurança são frequentemente citados como as maiores causas.

É esse universo de "comprar com um clique", lançado por grandes varejistas da internet como a Amazon e a Apple, que está contribuindo para elevar as expectativas dos consumidores em relação aos serviços bancários. Se recebemos um tipo de experiência em uma área de nossa vida online, rapidamente a esperamos em outra. Haverá uma ligação direta ainda maior entre essas experiências agora que estamos vendo uma mistura do que constitui um banco ou um provedor de pagamento, com inovadores como a Apple, PayPal e Google agora competindo nesse espaço. Essas empresas, que são excelentes em experiência de usuário e construíram suas marcas sobre essa força, estão agora forçando os bancos a tornarem-se mais centrados no consumidor e a entregarem a experiência de usuário sem incômodos que seus clientes exigem.

Pragmatismo e Percepção

A conversa sobre usabilidade volta justamente à necessidade de segurança pragmática. Os usuários devem enfrentar barreiras de segurança que são adequadas ao nível de risco inerente ao que quer que estejam tentando fazer. Ninguém deve encarar uma segurança nível Fort Knox quando um cadeado de bicicleta seria mais adequado. Isso toma outro rumo quando consideramos que provedores de mídia social como o Facebook têm seus olhos no espaço de pagamento. Usuários do Facebook provavelmente não têm uma senha particularmente forte para o login – para enviar fotos do feriado e postar novas atualizações de status eles não precisam. Entretanto, com identidades sociais sendo cada vez mais usadas como pontos de entrada para outros serviços – a opção "entrar com o Facebook" –, nós precisamos garantir que as pessoas sejam direcionadas a um caminho de autenticação mais forte, uma vez que altos riscos estão envolvidos.

Outro fator interessante para se lembrar é a importância da percepção de segurança do usuário. Embora os provedores de serviço geralmente se esforcem para uma experiência de usuário suave, há algumas instâncias nas quais é útil interromper o consumidor. Nós podemos não ficar contentes com barreiras para acessar alguns serviços, mas somos tranquilizados psicologicamente de que o sistema é seguro. E então a luta para acompanhar as demandas do consumidor continua. Somos personagens complexos e, às vezes, nossas demandas entram em conflito umas com as outras. Cabe aos especialistas de segurança entender isso e navegar no equilíbrio intrincado entre segurança e usabilidade, dependendo do contexto do processo.

Só a segurança nunca será o fator guia que encoraja o cliente a escolher um banco em vez de outro. Ele deve, portanto, não ser visto como um ponto de competição, mas um fundamento básico de executar um serviço confiável e cuidar dos consumidores. O tamanho menor de mercado significa que os bancos nos países nórdicos foram capazes de tomar uma posição particularmente prospectiva sobre fraudes, reunindo seus recursos para tomar uma abordagem colaborativa sobre isso. Embora o tamanho maior de mercado signifique que isso possa ser difícil de replicar em qualquer outro lugar, pode haver lições a serem aprendidas com essa recusa de competir com segurança.

Tecnologia disruptiva e inovação pelo bem da inovação podem apelar a uma comunidade pequena de adotantes iniciais, mas, para os bancos, trata-se de assumir uma tecnologia que se encaixe suavemente em seu modelo de negócios, sem causar qualquer interrupção desnecessária – para as operações de negócios ou para a experiência do usuário. O relatório do Retail Baking 2020 da PWC prevê que em quatro anos "os bancos se organizarão em volta dos clientes, em vez de através de produtos ou canais".[2] Segurança forte e discreta, que equilibra segurança rígida com o mínimo de interrupção, será algo crítico à medida que buscam entregar uma experiência suave e serviços por todos os canais aos clientes.

2 PwC, "Retail Banking 2020 Evolution or Revolution?", https://www.pwc.com/gx/en/bankingcapital-markets/banking-2020/assets/pwc-retail-banking-2020-evolution-or-revolution.pdf.

Análise de Texto Ultrarrápida em Estratégias Comerciais

Por Markus Schicho
CEO, Econob

e Karin Hodnigg
Gerente de Produto, Econob

Ah, a amarga ironia. Dia 28 de abril de 2015 foi um dia obscuro para o Twitter – 1/5 de seu valor de mercado foi aniquilado em questão de minutos devido a um tuíte, publicado em seu próprio serviço, “BREAKING: Twitter $TWTR Q1 Revenue misses estimates, $436M vs. $456.52M expected”. O tuíte continha resultados desapontadores, abaixo do que era considerado ser uma expectativa de ganho humilde.

Traders começaram a vender quase imediatamente, volumes dispararam e preços caíram. Isso resultou em uma interrupção das negociações seguida por preços de ações despencando. Milhões em valor para o acionista foram destruídos em minutos, como mostrado na figura a seguir.

O exemplo demonstra o impacto impressionante de notícias sobre preços de ações, imediata e drasticamente. E a mídia social pode ser ainda mais relevante quando se trata do imediatismo do impacto.

Empresas listadas devem publicar trimestralmente seus resultados financeiros. Esses números fornecem a investidores e clientes uma visão geral da performance da empresa. Calendários de negócios indicam datas de publicação para que sejam conhecidos com antecedência. Entretanto, as empresas devem publicar qualquer evento afetando seus preços de

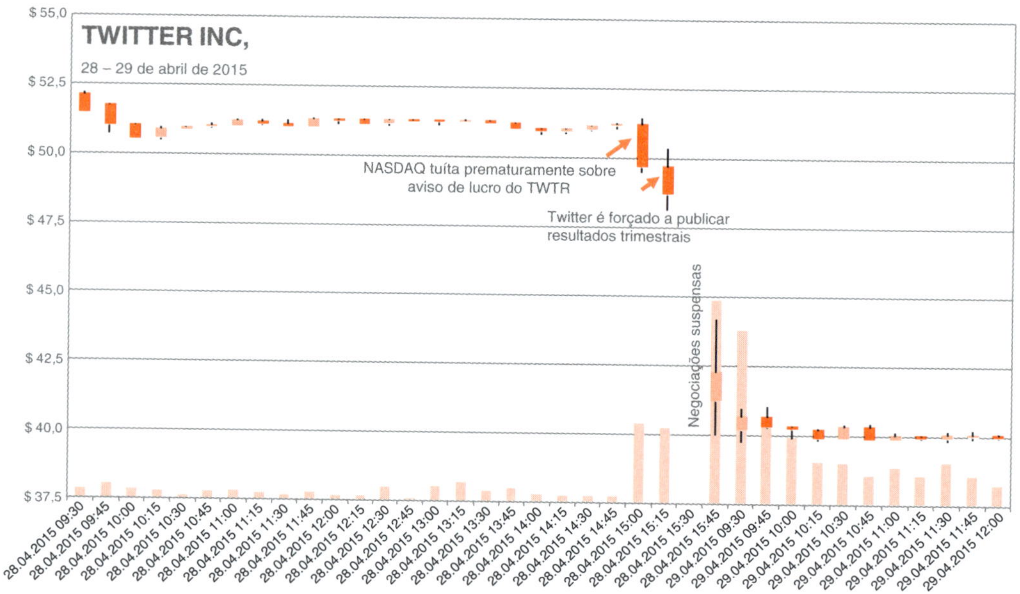

Figura: Preços de ações do Twitter afetados por notícias
Fonte: econob

ações a qualquer momento via fato relevante antes de a informação ser publicada em outro lugar.

À primeira vista, resultados bons ou ruins, expectativas e preços de ações têm uma correlação óbvia, então um impacto pode ser facilmente explicado. Entretanto, às vezes as expectativas não estiveram tão longe, ou as perdas foram antecipadas, então a estrutura de preços não pode sempre ser determinada de maneira direta. Os mercados são muito mais complexos do que imaginamos, e a volatilidade fornece tanto risco quanto chances.

Notícias além de um mero anúncio de resultado são muito mais desafiadoras. Pegue o exemplo da situação de junho de 2015 na Grécia. Entre esperanças e medos sombrios, a situação do mercado era muito inconsistente, com notícias e tuítes contraditórios. A Grécia foi muito falada em 2015 – medos e esperanças foram expressados em manchetes, notícias, relatórios e tuítes. No Twitter, havia um número muito alto de tuítes em relação à Grécia, variando de centenas a milhares por minuto, muitas vezes expressando opiniões fortes. Notícias e tuítes otimistas e esperançosos estavam revezando com visões muito negativas – todos aparecendo a cada minuto e afetando massivamente as ações.

Impacto em Tempo Real

Notícias são muito mais gerais do que um anúncio que simplesmente inclui números. Elas contêm análises e relatórios, panoramas e cenários hipotéticos, em vez de números concretos, o que influencia massivamente o humor do mercado, impactando empresas, países e branches. O mais importante é deixar claro que nem toda notícia tem o potencial de transformar mercados. Mas tais histórias existem e têm um enorme potencial armazenado. Então é uma questão de segundos até que os mercados reajam.

Avisos de lucro que perdem ou excedem os alvos podem impactar muito e imediatamente os preços de ações. Se tal notícia chega durante as horas de negócios, o caos pode acontecer: como visto antes, um tuíte foi suficiente para aniquilar 1/5 do valor de mercado. Mas deve-se adicionar que fundamentos fracos e expectativas negativas amplificaram o efeito.

Embora não verdadeiro para o Twitter, onde os efeitos negativos persistiram por meses, a agitação disparada por notícias normalmente acalmam depois de alguns minutos. Os efeitos são vividos bem brevemente. Mais importante para negociantes, a experiência mostra que *o principal ajuste à informação enviada (e a janela para trades lucrativos) dura cerca de 40 segundos.*[1] Isso significa que os negociantes têm menos de um minuto para ler a notícia, comparar os números com suas especulações, decidir e disparar uma ordem (corretamente). E, ainda assim, não terminar em primeiro lugar.

O Triângulo de Impacto de Notícias

Há três players principais quando se trata de negociação de notícias. Primeiro, agências renomadas de notícias como a Dow Jones, Thomson Reuters e Bloomberg distribuem milhares de notícias por dia, pesquisadas cuidadosamente. E há a mídia social, reagindo mais rápido, mas bem menos embasada, mais emocional, mas agindo sobre milhares de opiniões que podem ou não refletir no sentimento do mercado. E, finalmente, há a bolsa de valores e os serviços regulatórios que visam a estabilização de mercado. Isso significa que a publicação dos resultados trimestrais geralmente é abordada fora da hora de negociação, para evitar altas volatilidades.

Bases da Análise de Texto Automática

Ao extrair informações de um texto, muitas questões surgem. Encontrar palavras, sentenças, números, entidades citadas, conceitos e ideias enquanto mantém-se o contexto, tanto semântica quanto gramaticalmente, são tópicos principais na linguística. Mas essas abordagens estão todas longe de serem viavelmente executadas em tempo real. Ao analisar textos financeiros, a perspectiva econômica e financeira requer uma análise focada que possa ser executada em milissegundos. Assim, qualquer software que espera suportar traders deve melhorar a análise e diminuir o tempo de execução.

Identificação de Entidade, Palavreados e Indicadores

Primeiro, as entidades e conceitos citados, como países e empresas, e pessoas, como CEOs e líderes políticos, precisam ser categorizadas. Segundo, o número de identificação deve ser preciso; e como diferentes formatos e representações numéricas são críticas, qualquer automação deve ser capaz de lidar com diferentes formatos alfanuméricos e traduzi-los em

---

[1] Larry Swedroe, "The impact of news events on market prices", CBS News: <http://www.cbsnews.com/news/the-impact-of-news-events-on-market-prices>.

valores concretos. No contexto financeiro, há o conceito de que o trader está interessado na necessidade de ser encontrado para evitar excesso de informações. Uma aplicação que realmente suporte um trader deve, assim, oferecer possibilidades para selecionar conceitos interessantes e permitir que eles configurem aquilo a que se gostaria de reagir. Configuração, seleção e interesse pessoal e experiência são essenciais.

Aqui, a distinção entre formulações e frases e indicadores é crucial. Enquanto formulações consistem em frases como "baixa demanda, diminuir as vendas, reduzir previsão", descrevendo quais situações econômicas ou eventos podem ocorrer, os resultados financeiros e os números são mais delicados. Os indicadores são sempre referenciados com um número, e, muitas vezes, com um período de tempo ligado a ele. Leitores facilmente distinguem entre os números 2015 e 2016; o software precisa ser ensinado a melhorar os números puros com tempo ou unidades de informação.

Considerando o texto da notícia na figura a seguir, uma grande quantidade de informação é apresentada de forma não estruturada. Anotações em vermelho/cinza-escuro destacam a empresa a ser encontrada no texto, anotações em verde/cinza-médio mostram os indicadores, e o destaque verde/cinza-claro mostra os números encontrados no texto. Agora vem a etapa mais importante: esses diferentes indicadores, formulações, períodos de tempo, pessoas ou empresas estão ligados e estão inter-relacionados em seu contexto. Então descobrimos que, neste exemplo, a receita da IBM caiu para $22,4 bilhões no terceiro trimestre. Os traders podem usar essa informação precisa para vender ações, se suas expectativas não foram satisfeitas, ou, caso contrário, para comprá-las.

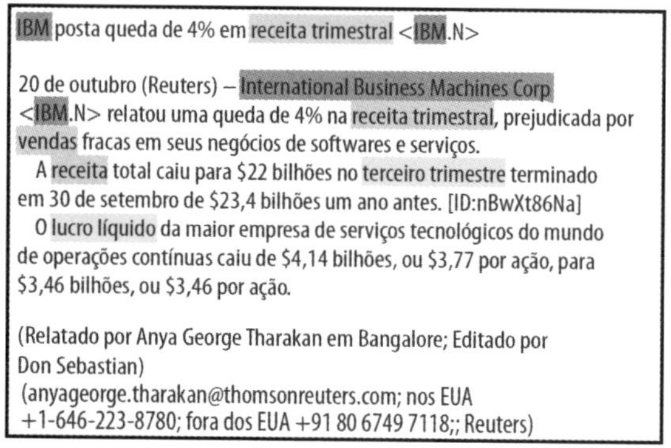
IBM posta queda de 4% em receita trimestral <IBM.N>

20 de outubro (Reuters) – International Business Machines Corp <IBM.N> relatou uma queda de 4% na receita trimestral, prejudicada por vendas fracas em seus negócios de softwares e serviços.

A receita total caiu para $22 bilhões no terceiro trimestre terminado em 30 de setembro de $23,4 bilhões um ano antes. [ID:nBwXt86Na]

O lucro líquido da maior empresa de serviços tecnológicos do mundo de operações contínuas caiu de $4,14 bilhões, ou $3,77 por ação, para $3,46 bilhões, ou $3,46 por ação.

(Relatado por Anya George Tharakan em Bangalore; Editado por Don Sebastian)
(anyageorge.tharakan@thomsonreuters.com; nos EUA +1-646-223-8780; fora dos EUA +91 80 6749 7118;; Reuters)

Figura: Texto anotado
Fonte: ATRAP

Com a ATRAP você pode ter o software de troca de notícias em tempo real que é capaz de fazer essas análises textuais e tem imenso potencial para configurar negócios após o texto não estruturado ser analisado. Para ser mais preciso, um comerciante configura que vende suas ações da IBM se suas expectativas de $25 bilhões não forem alcançadas, e compra ações, se elas forem. Sempre que a notícia chega, a ATRAP verifica os fatos, e se essas condições forem satisfeitas (de qualquer forma), ela automaticamente coloca uma ordem no mercado. A figura a seguir mostra uma captura de tela ATRAP com uma negociação bem-sucedida. O desempenho da análise permite que a ATRAP coloque ordens, muitas vezes à frente dos outros e antes que qualquer parada comercial possa ocorrer.

Formulações são mais fáceis de detectar – estejam presentes em um texto ou não. No entanto, muitas vezes o impacto sobre os preços das ações é mais difícil de estimar. Mas com riscos mais elevados vêm as oportunidades de lucro mais elevadas. Em várias ocasiões a ATRAP demonstrou suas capacidades e tem estado entre os primeiros trades em todo o mundo depois de um evento ocorrer.

Eventos e Decisões de Investimento

A identificação de análises baseadas em textos como "Credit Suisse elevou Daimler de HOLD para BUY" pode ser realizada com uma análise automatizada. Credit Suisse é a agência de classificação; Daimler, a empresa classificada; e o evento de classificação "elevado de hold para buy" indica um desenvolvimento positivo. Usar isso no setor de investimento privado, onde nenhum feed de dados estruturais está disponível, poderia ser interessante.

Já que a identificação de eventos de classificação é possível – como saber a identificação de eventos mais genéricos? Os acontecimentos políticos, eventos empresariais, tais como fusões de empresas, CEOs se demitindo, ou mesmo desastres naturais – as pessoas podem aprender sobre todos eles. Usando essas informações, os comerciantes podem ser avisados imediatamente ou informados se ocorreu um evento ou se há um risco elevado para seus investimentos.

Sentimentos e Garimpagem de Opinião

Notícias emotivas, ou a cobertura de mídia social polarizada, pode ter um enorme impacto sobre a empresa ou a percepção de ativos, tanto positiva como negativamente. Esta perspectiva emocional, o "estômago" do humor do mercado, é frequentemente expressa em análises, relatórios de mercado e, cada vez mais, nos canais de mídia social. Uma avaliação com base no Twitter e em notícias dos humores de mercado deve refletir os mais novos tuítes, relatórios e análises para que possa ser usada. A cobertura repetitiva

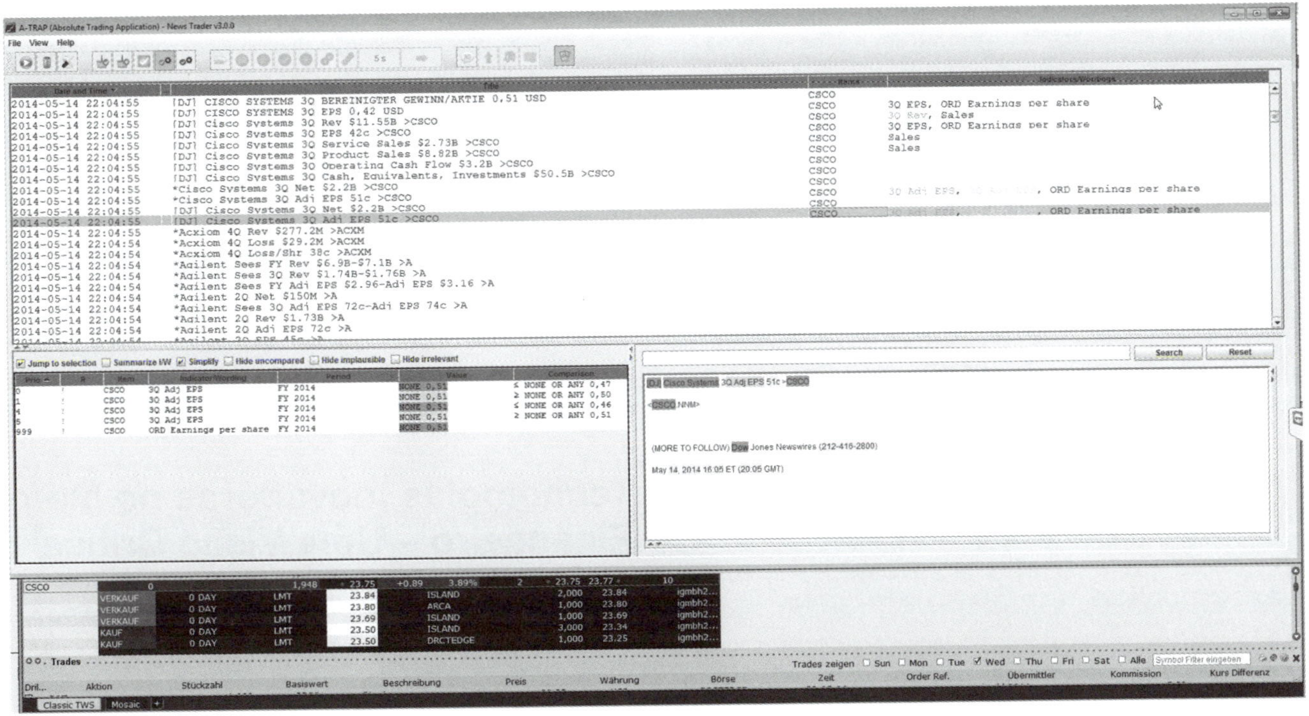

Figura: Captura de tela ATRAP – um trade de sucesso depois de extração de informação
Fonte: ATRAP

na mídia de um tópico é mais propensa a ter um impacto do que um único item de notícia, e a credibilidade do autor ou a fonte de notícia também tem seu papel a desempenhar. A avaliação automática de sentimentos em texto (garimpagem de opinião baseada linguisticamente e análise de sentimento) exige conhecimento financeiro especializado e uma profunda compreensão de como diferentes opiniões são transmitidas em diferentes plataformas de mídia – Twitter tem um vocabulário distinto, e cada linguagem, e até mesmo cada domínio, tem padrões diversos e frases usadas para expressar opiniões.

A identificação de conceitos e entidades, como analistas, empresas ou países, em textos foi discutida antes, tendo sido explicado como os conceitos podem ser identificados. Padrões linguísticos que expressam o sentimento positivo ou negativo podem ser atribuídos à empresa identificada. O exemplo na figura abaixo permite que duas avaliações diferentes (panorama crescente/protelado) sejam atribuídas à aço correspondente.

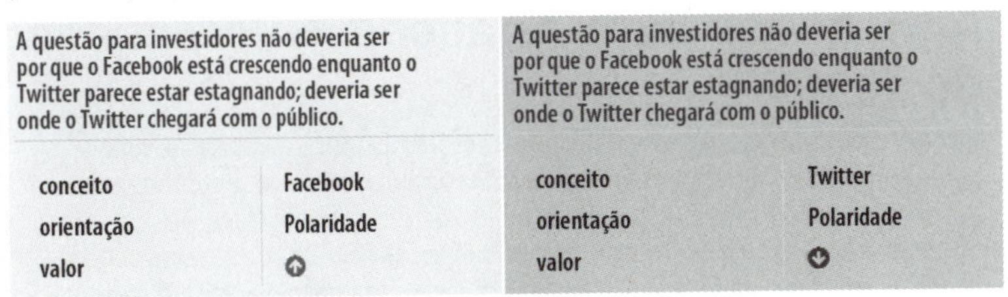

Figura: Exemplo de análise de sentimento
Fonte: lingrep.com

O item Twitter é descrito como "aparentemente estagnado", enquanto o Facebook é apresentado como "crescendo" – resultando em uma avaliação negativa massiva do primeiro e uma avaliação positiva do último. A atribuição distinta de cada avaliação para o item correto é fundamental para o funcionamento do motor de linguística econômica e crucial para uma análise mais aprofundada. Um conjunto de opiniões diferentes sobre um conceito

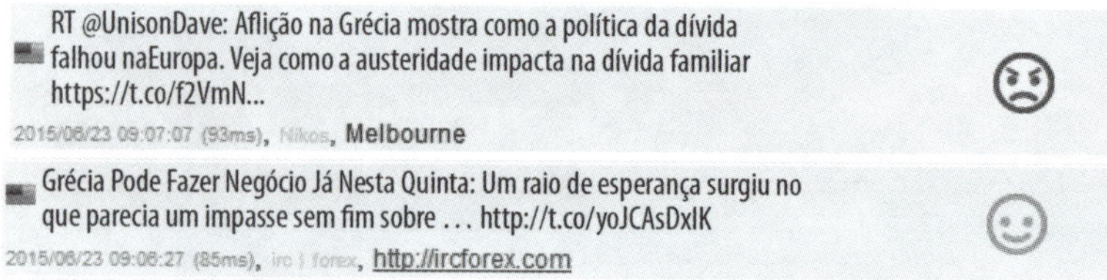

Figura: Avaliação de tuítes da Grécia
Fonte: twiction.lingrep.com

pode ser agregado, resultando em uma única avaliação para uma empresa em um pedaço de texto. Uma análise dos textos mais curtos ajuda a obter uma visão geral, especialmente se houver uma grande quantidade de informação presente. Veja, por exemplo, os tuítes sobre a Grécia na figura anterior.

A esperança e a perspectiva positiva são classificadas como "bom", enquanto austeridade, dívida e falha são negativas; elas resultam em uma avaliação "muito ruim" de um tuíte. A avaliação automática de milhares de tuítes e notícias permite, assim, uma avaliação extensa, imparcial e ultrarrápida do sentimento do mercado; uma avaliação que é do último minuto, em vez de estar disponível uma semana depois. O aspecto mais importante, porém, é que esses resultados são transparentes, compreensíveis e repetitivos.

Aplicações para Análises Automáticas de Texto

Extrair informações de texto natural e não estruturado, compilar eventos descritos e detectar sentimento ou avaliação são recursos fascinantes e que tem enormes implicações para os fluxos de trabalho (sem necessidade de ler milhares de textos) e aplicações múltiplas. Aplicações de dedução de informações e identificação estão, primeiro, fazendo uso direto das informações dadas o mais rápido possível – quando operando a notícia. Mas essa não é a única aplicação imaginável. Informações obtidas podem ser armazenados em um banco de dados de informações de notícias. Essa base de conhecimentos enorme pode, então, conectar itens de notícias, eventos, resultados e números (todos enriquecidos com informação temporal).

Sentimentos não afetam os preços das ações da mesma maneira que eventos e notícias ad hoc, uma vez que os mercados de ações são mais dependentes de volumes e de uma avaliação baseada no humor de multidões sobre temas específicos, de modo que sua aplicação é, por natureza, diferente. Sentimentos podem, primeiro, servir a dois propósitos no mercado financeiro (para além de uma aplicação financeira, os sentimentos são imensamente importantes para os jornalistas, profissionais de marketing e relações-públicas oficiais). Em primeiro lugar, os alertas podem ser fornecidos se o humor do mercado está mudando. Em segundo lugar, os sentimentos podem servir como um filtro para tópicos urgentes sobre empresas ou filiais.

Tecnologias Inovadoras no Mercado Financeiro – Uma Visão Crítica

Na Europa, a negociação com base em notícias ainda está no início. Traders raramente são confrontados com ambas as possibilidades e necessidades do comércio de notícias; em vez disso, a negociação continua a ser baseada em fundamentos ou modelos tradicionais solidamente estabelecidos. Investidores e traders que estão cientes das novas possibilidades apresentadas pelo comércio de notícias muitas vezes já utilizam as mais recentes tecnologias e as incorporam em processos internos. No entanto, as instituições financeiras às vezes não são capazes de adaptar processos internos para incorporar negociação baseada em notícias, com questões orçamentais provando ser uma questão crítica e sensível.

O potencial da análise de texto automático na negociação de notícias é imenso. Embora os fluxos de trabalho precisem ser adaptados e, assim, apresentar um risco inerente, este é o próximo desafio que precisa ser tomado em tecnologias financeiras. Energia é necessária por parte das empresas de FinTech. Parceiros potentes da indústria são importantes, e fluxos de trabalho precisam ser adaptados.

Mas não há alternativa para inovação quando se visa o sucesso.

Ecossistemas de Crowdfunding Regulados

Por Oscar A. Jofre
Fundador & CEO, KoreConX

Crowdfunding regulado é um portal online que é usado para vender valores mobiliários (ações ou instrumentos de dívida) em uma empresa para uma multidão de investidores. Reguladores de valores mobiliários governam o crowdfunding regulado e determinam a conduta entre o emitente (empresa), os investidores e o corretor/negociante que é necessário para operar o portal de crowdfunding.

É importante que todos os participantes no ecossistema de crowdfunding regulado entendam como tudo funciona e seu papel dentro desse ecossistema, que requer infraestrutura para ser plenamente integrado e suave, proporcionando os benefícios de compliance e transparência no que diz respeito às exigências regulamentares. A cooperação mútua entre todos os participantes do ecossistema irá ajudá-lo a se tornar eficaz, eficiente e bem-sucedido.

A figura a seguir mostra os participantes do ecossistema e algumas de suas responsabilidades.

O objetivo do ecossistema é ajudar o emissor e o investidor a unirem-se da forma mais eficiente por meio dos portais de crowdfunding regulamentados. A seguir estão mais detalhes sobre cada um dos participantes que precisam trabalhar juntos em uma escala global.

Comissões de Valores Mobiliários são requeridas pelos respectivos governos a impor e administrar as leis de títulos e regulamentar as indústrias de títulos em suas jurisdições. Na área de crowdfunding regulamentado, as Comissões regulam quais investidores e emissores podem participar e como os operadores de portal conduzem os negócios e relatam de volta às Comissões de Valores Mobiliários. O objetivo principal é proteger os investidores e assegurar um mercado simples e compatível.

Um grande exemplo de tal regulamento é o Jobs Act Title II, Title III, e Title IV, nos Estados Unidos. A Securities and Exchange Commission (SEC) define claramente todas as regras e regulamentos que se relacionam com

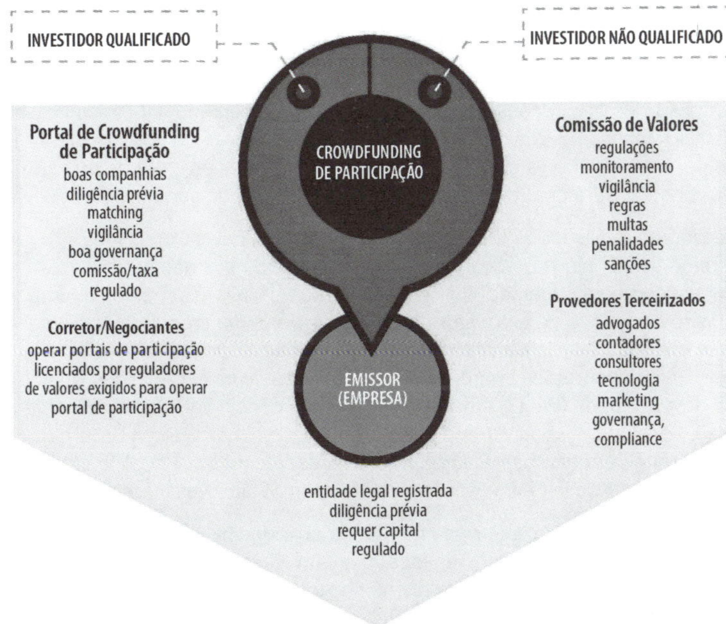

Figura: Participantes e responsabilidades do ecossistema de crowdfunding
Fonte: Koreconex

crowdfunding nos EUA. O Jobs Act proporciona clareza para os emissores (companhias), investidores, fornecedores terceirizados e portais sobre como operar, administrar, dirigir e relatar.

Ao fornecer essa clareza, os EUA têm se desenvolvido com a implementação do Jobs Act. Em 23 de setembro de 2013, o Title II ganhou vida, e $118 bilhões foram arquivados junto à SEC para aqueles que pretendiam levantar capital até novembro de 2014. O que é ainda mais notável é que mais de $30 bilhões do que foi arquivado foi levantado. Isso demonstra claramente que o ecossistema está trabalhando e ficando melhor. Em 30 de outubro de 2015, a SEC, com três votos contra um, permitiu que o Title III ganhasse vida. Sob esse título, os investidores não qualificados podem investir um mínimo de $2.000 até um máximo de 10% de sua renda ou ativos em empresas que estão levantando até $1 milhão em fundos. Isso significa que há agora um potencial de 233,7 milhões de novos investidores nos EUA, acima dos 8,5 milhões, e que as empresas que fazem esse tipo de angariação de fundos podem ter 500 novos acionistas para gerenciar.

Uma das principais razões de crowdfunding regulamentado ser um fenômeno global é o marketing que os EUA, a SEC e os promotores do Jobs Act têm feito para defender o valor para investidores, emissores e governos que são pressionados para criar empregos e aumentar o fluxo de capital.

Investidores qualificados são aqueles considerados pelas Comissões de Valores Mobiliários como indivíduos de alta renda que não seriam catastroficamente impactados financeiramente se um investimento em uma empresa em busca de fundos por meio de crowdfunding regulada falhasse. Esses investidores são considerados sofisticados e capazes de fazer julgamentos adequados sobre seus investimentos. Normalmente, em qualquer país do mundo, de 3% a 5% da população seria considerada de investidores qualificados. O que é surpreendente para muitos no mercado global é que apenas uma pequena percentagem de investidores, mesmo qualificados, tem a oportunidade de ver e investir em financiamentos de investimento privado.

John Kaiser, um pesquisador nos mercados privados na América do Norte, realizou um relatório de pesquisa focado em investidores em posições privadas no Canadá. Kaiser assinala no seu relatório que nos últimos dez anos no Canadá, nas posições privadas disponíveis para os investidores qualificados, apenas 1% das pessoas habilitadas recebeu a oportunidade de investir.

Os investidores não qualificados são o "resto de nós", o resto da população do país que não cumpre os requisitos para ser registrado como um investidor qualificado e tem vindo a exigir o acesso a oportunidades de investimento em fase inicial. Na maioria dos países esse tipo de investidor precisa ser maior de idade (geralmente 18 anos) e receberá restrições sobre a quantidade que pode investir em um determinado emissor (empresa). Os reguladores têm feito isso para proteger os investidores não sofisticados. Reguladores podem aliviar essas restrições ao longo do tempo, a fim de permitir que os investidores não qualificados invistam mais, contudo o ecossistema primeiro precisa demonstrar o progresso e impacto positivo que o crowdfunding regulado está tendo.

Exemplos de países que têm sido muito progressistas em permitir que os investidores não qualificados invistam em empresas por meio dos portais de crowdfunding regulados são:

- Canadá, proporcionando aos investidores de 18 anos a oportunidade de investir em empresas privadas ou públicas listadas por meio de uma isenção chamada de "prospecto preliminar". Isso dá acesso ao emissor privado a mais de 28 milhões de canadenses.
- Outros países, como o Reino Unido, Holanda, Nova Zelândia, Itália, Tailândia, Espanha, França, Alemanha, e outros também criaram regras ao longo dos últimos 12 meses para permitir que os investidores não qualificados invistam em colocações privadas.

Agora que o Title III recebeu a aprovação final nos EUA, o crowdfunding de participação está prestes a tornar-se verdadeiramente democrático. Como um dos mercados-piloto, os EUA deu o exemplo, e o resto do mundo do crowdfunding de participação com certeza o seguirá.

Portais de crowdfunding regulados reúnem emissores e investidores. Parece simples, mas, a fim de operar um portal de crowdfunding regulamentado na maioria dos países, você precisa ser um corretor/negociante registrado. A razão para essa exigência é assegurar que os emissores sejam examinados adequadamente para proteger o mercado e os investidores. O portal tem a responsabilidade de realizar diligência prévia em cada emissor para certificar-se de que cumpre todos os requisitos regulamentares na jurisdição em que o portal está operando. O portal também pode optar por adicionar ainda mais etapas de diligência prévia e exigir informações adicionais para aumentar ainda mais o seu processo de triagem. Os portais também precisam (dependendo da isenção a ser utilizada na colocação privada) fazer acreditação de investidor, antilavagem de dinheiro e, em alguns casos, verificações de adequação, para garantir que o investimento é bom para o investidor. Os portais têm que ser registados nas Comissões de Valores, e muitas vezes é necessário ter títulos e cursos de compliance para atender às exigências regulamentares. Existem portais que oferecem oportunidades de investimento para investidores qualificados e não qualificados. Portais podem escolher em qual setor ou setores gostariam de operar. Em um período muito curto de tempo, o mercado está mostrando que os investidores são atraídos para portais regulamentados que operam em mercados verticais específicos. Hoje você pode encontrar portais regulamentados em mineração, petróleo e gás, imobiliário, de tecnologia, maconha, restaurantes, franquias, ciências da vida, e aplicativos móveis, entre outros.

Os portais de crowdfunding regulados mais bem-sucedidos do mundo inteiro têm características muito semelhantes: eles operam de maneira totalmente transparente e têm indivíduos dedicados ao crescimento desse setor emergente. O mercado global deve o crescimento de crowdfunding regulado ao "ASSOB", o primeiro portal de crowdfunding regulado do mundo, operando há 12 anos com fraude zero e tendo ajudado empresas na Austrália a levantar mais de $150 milhões. A história de sucesso da ASSOB tem sido um exemplo de como funciona o crowdfunding regulamentado e dos benefícios que ele pode oferecer para os investidores, emissores e ao país.

A parte mais surpreendente de crowdfunding regulado é que a indústria do setor imobiliário lidera o caminho com o maior nível de investimentos. Bens imóveis tomaram o setor crowdfunding regulado de supetão, com líderes mundiais como Prodigy Networks, RealtyMogul e FundRise tomando o centro do palco. Este é apenas o começo, e outros setores da indústria, tais como mineração, petróleo e gás, biotecnologia, ciências da vida e tecnologia, estão começando a emergir. O que vemos em todo o mundo hoje é que os portais de crowdfunding regulamentados estão construindo a confiança com os investidores online. A chave para isso é o foco na transparência sob a qual o ecossistema opera. Sem essa transparência, o crowdfunding regulado seria um fracasso.

Emissores trocam ações ou instrumentos de dívida, que são considerados valores mobiliários nos termos da regulamentação em vigor, pelo dinheiro dos investidores. Para os emissores, crowdfunding regulado é o Santo Graal para levantar capital, uma vez que lhes permite estar em contato direto com seus investidores. O crowdfunding permite uma grande exposição a uma nova multidão, e isso pode ajudar com futuras rodadas de financiamento. As empresas privadas nos Estados Unidos, Israel e Reino Unido têm utilizado esse modelo de crowdfunding regulado com muito sucesso. No entanto, uma dos maiores responsabilidades que os emissores têm em um ecossistema de crowdfunding regulado é a exigência de transparência. Eles devem estar abertos a fornecer informações em cada fase de uma campanha de crowdfunding: pré-operação, durante a operação e pós-operação, para manter os investidores, reguladores e operadores do portal felizes.

Fornecedores terceirizados também são muito importantes no ecossistema. Pense neles como o chassi de um automóvel. Você pode ter o melhor motor, combustível e pneus, mas sem o chassi não irá a lugar algum. Sim, eles são tão importantes assim. Eles são tão essenciais como a sua primeira multidão interna para começar.

Em crowdfunding regulado, você precisa de seus advogados e contadores, como precisaria na maior parte de rodadas de financiamento, para garantir que as exigências regulatórias sejam satisfeitas. Você pode ser obrigado a ter demonstrações financeiras auditadas e, provavelmente, ter alguma forma de oferecer documentos. Você precisa deles para certificar-se de que o que está colocando no mercado satisfaz as condições regulamentares, e para manter suas obrigações legais em curso.

Os participantes por trás fornecem tecnologia e serviços para todo o ecossistema, para facilitar o processo pré-durante-pós transações de crowdfunding regulamentado. Esses participantes podem incluir fornecedores de pré-multidão de serviços, empresas de produção de vídeo, redes de investidores, mídia social e profissionais de marketing, e muitos outros.

O ecossistema de crowdfunding regulado é possível hoje por causa desses quatro pilares principais:

1. Tecnologia
2. Internet
3. Mídia social
4. Governos progressistas

A natureza desses mercados e a maneira de fazer negócios podem mudar rapidamente, e os governos são responsáveis por colocar uma base adequada em que as empresas e as pessoas possam crescer e conduzir seus negócios. Os avanços na tecnologia e mídias sociais nos permitem levar uma mensagem para bilhões de pessoas em todo o mundo em segundos. Nossa forma de comunicar, colaborar e investir mudou para sempre.

O crowdfunding regulado usa os quatro pilares e reúne todos os participantes para trabalhar em conjunto de forma coesa. Para qualquer um, em qualquer lugar do mundo, envolvido em crowdfunding regulamentado, estes são tempos muito animadores.

Remessas – Pagamentos FX Internacionais a Baixo Custo

Por Michael David Wolper
CMO, GlobeOne

Uma grande mudança de paradigma está acontecendo no mundo financeiro. Especificamente, estamos prestes a ver um crescimento explosivo no espaço de mobile banking, que não teria sido possível antes na história. Atualmente existem 2 bilhões de adultos carentes quando se trata de serviços financeiros tradicionais, junto com 1,93 bilhão de consumidores de smartphones facilmente conectados, e torna-se claro: o movimento em direção ao mobile banking é quase inevitável. Eventos reais mostram como o crescimento de mobile banking tem o potencial de impactar positivamente inúmeras vidas.

Considere uma vila remota e malservida no México, onde a cada mês um cidadão é encarregado de dirigir durante várias horas para o escritório de transferência de dinheiro mais próximo para sacar os fundos enviados por parentes nos Estados Unidos. Após gastar dinheiro em combustível, taxas de transação e outras despesas, o nosso embaixador retorna para casa segurando uma fração do valor originalmente enviado. Agora considere a mesma operação feita em um aplicativo de smartphone, sem ter que viajar, a um custo significativamente menor do que aquele associado a bancos físicos tradicionais. Essa metodologia não é só eminentemente possível, é quase inevitável! Na verdade, essa forma evoluída de fazer as coisas poderia muito bem se tornar o "novo normal". Você precisa simplesmente ver o cenário tecnológico através de uma lente de gerações mais jovens para associá-la à realidade que está a caminho.

"Nativos Digitais" e "Imigrantes Digitais"

Na marcha para o uso de tecnologia avançada, claramente não há volta. Mas para a geração millennial e para os consumidores mais jovens, isso sempre esteve claro. Simplificando: o uso da tecnologia da internet e engenhocas eletrônicas é tudo o que já conheceram. Em um artigo de 2001, o escritor Marc Prensky cunhou os termos "nativos digitais" e "imigrantes digitais" para descrever as diferenças entre gerações no uso digital. Essencialmente definindo, a vida dos imigrantes digitais passou por ambas as eras, pré-digital e digital, ao passo que os nativos digitais até agora só conheceram a última. E não há dúvida de que o grupo terá uma maior influência econômica em serviços bancários – e em todos os outros setores – à medida que cresce para ocupar uma porcentagem maior da base de consumidores.

A distinção "nativos" *versus* "imigrantes" é principalmente sobre perspectiva. Um imigrante usando um site de banco de varejo para pagar uma conta é capaz de perceber conscientemente: "Eu estou pagando contas online, em vez de visitar uma agência", ao passo que os nativos não têm essa consciência. Para eles, as agências não entraram em suas vidas. Devido a esse fenômeno, os bancos comerciais devem melhorar suas formas de fazer negócios, por meio do reforço da sua migração a partir de plataformas físicas para soluções eletrônicas. Não fazer isso pode resultar em sua extinção pura e simples. Para ser justo, os bancos, em grande parte, sabem disso e estão abraçando lenta mas seguramente formatos de distribuição eletrônica. Mas eles estão fazendo de sistemas de entrega eletrônica componentes add-on, quando deveriam fazer deles o seu foco principal, depois de suas operações físicas. Este é um caso da cauda abanando o cachorro.

Uma maneira de resolver isso é dando aos clientes a opção de banco sobre as aplicações de telefonia móvel, que devem ser tão fundamentais para modelos de banco de varejo como caixas eletrônicos foram na década de 1970, os call centers foram na década de 1980, e os canais de internet eram na década de 1990 e início dos anos 2000. Cabe a cada estabelecimento bancário abraçar plenamente as mudanças que estão por vir – e provavelmente lucrar ao fazê-lo.

O Poder das Remessas

O aspecto social em potencial de transações de aplicativos de telefonia móvel pode ser surpreendente, especialmente quando se tratam de remessas globais. Definidas como a "transferência de dinheiro por um trabalhador estrangeiro a um indivíduo em seu país de origem", as remessas representam atualmente mais de $583 bilhões ao ano. A partir de 2013, só nos EUA, mais de 41 milhões de pessoas podem ser identificadas como migrantes internacionais. Além disso, de acordo com o Banco Mundial, em 2012, o México recebeu $23 bilhões em remessas dos EUA – cerca de 50% da vazão total –, seguido pela China ($13 bilhões), Índia ($11,9 bilhões) e Filipinas ($10,6 bilhões).[1] O que dá para ser entendido a partir desse fenômeno? Aparentemente, o desejo de retribuir é um impulso universal.

[1] Andy Kiersz, "Here's Where Migrant Workers In America Send Their Money", The Business Insider, 8 de abril de 2014: <http://www.businessinsider.com.au/world-bank-us-remittance-map-2014-4>.

O economista Dilip Ratha descreve a promessa de remessas como "dólares embrulhados com amor", pois o dinheiro enviado oferece um potencial incalculável para o desenvolvimento econômico e a mudança social. "As remessas capacitam as pessoas", diz Ratha. "Devemos fazer tudo o que pudermos para tornar as remessas mais seguras e baratas. Isso pode ser feito, e eu quero ajudar as pessoas a se libertarem do ciclo da pobreza."

Mas apesar de a maioria dos fundos enviados para casa ser para a ajuda de membros da família com as contas mensais regulares, motivações filantrópicas vieram recentemente a ocupar um papel mais importante no espaço de remessa. Estamos testemunhando uma mudança, que não é mais apenas a força de trabalho migrante enviando dinheiro para suas famílias para o sustento. Expatriados agora estão enviando remessas filantrópicas como uma maneira de ajudar seus países de origem em momentos de necessidade. O terremoto nepalês de 2015 matou mais de 9 mil pessoas e feriu mais de 23 mil. Acabou com aldeias inteiras, deixando centenas de milhares de pessoas desabrigadas. Após a tragédia, grandes somas de dinheiro fluíram para o país da diáspora nepalesa. Pessoas compassivas ansiavam por ajudar seus compatriotas nos esforços de resgate e reconstrução – um ato coletivo de boa vontade que realmente fez a diferença. Afinal, o Nepal é um dos países mais pobres da Ásia, com pouca capacidade de financiar grandes esforços de reconstrução por conta própria.

Um pouco antes, o tsunami indonésio de 2004 matou pelo menos 230 mil pessoas em 14 países, incluindo Índia, Sri Lanka, Tailândia, Maldivas e Somália. Combinados, o terremoto nepalês e o tsunami indonésio levantaram algo em torno de $14 bilhões em remessa de ajuda, canalizados por meio de organizações de socorro em todo o mundo. Remessas filantrópicas são uma coisa muito boa. Isso contribuiu para a entrada global de capital em um país, o que, em última análise, serve para diminuir os custos de empréstimos desse país em tempos de aflição.

Mas o envio de dinheiro pode ser caro. Se o destinatário é um indivíduo, uma família ou uma organização de ajuda, os remetentes são confrontados com as mesmas taxas de transação pesadas, que podem custar uma média de 7,72% do montante total enviado.[2] E esses custos podem subir facilmente. Em 2014, as taxas de $485 bilhões em remessas enviadas em todo o mundo ultrapassaram o total de recursos recebidos do México em remessas no geral.[3]

Colocando a carga da taxa de transferência em um contexto ainda mais acentuado, de acordo com um relatório de remessa da Overseas Development Institute lançado em 2014, duas das maiores operadoras de transferência de dinheiro do mundo – Western Union e MoneyGram – são responsáveis por 2/3 das transferências de dinheiro para a África, onde cerca de 12% do montante enviado de volta para parentes na África subsaariana é perdido devido a taxas. Isso seria o suficiente para pagar a educação primária de 14 milhões de crianças na região!

A tecnologia oferece a promessa de taxas reduzidas, colocando mais dinheiro nas mãos dos destinatários. Com operações simplificadas como GoMoney cortando até 5% dos 7,9% de taxas de transferência médias globais típicas com as estruturas bancárias tradicionais, serviços bancários móveis podem enviar cerca de $34 bilhões de volta para os bolsos das pessoas que mais precisam. É uma nova maneira de os bancos devolverem dinheiro à comunidade, e um alcance humanitário tornado possível pela tecnologia do smartphone.

Alcance Millennial

Empresas ostentando componentes de caridade provavelmente ressoam particularmente alto com a geração millennial, que defende uma vontade forte de retribuir. Empresas inteligentes estão notando isso.

Pegue a varejista online de óculos Warby Parker. Considerando o velho ditado "Dê a um homem um peixe e você o alimentará por um dia; ensine um homem a pescar e você o alimentará por toda a vida", para cada par de óculos que a Warby Parker vende, a empresa envia dinheiro para um parceiro sem fins lucrativos que ajuda a ensinar os empresários locais em países de baixa renda a iniciarem seu próprio negócio de óculos. Em essência, a Warby Parker lucra ajudando simultaneamente as comunidades pobres a se ajudarem. É um cenário ganha-ganha.

2 Source: The World Bank: <https://remittanceprices.worldbank.org/en>.

3 The World Bank, "Remittances to Developing Countries to Grow by 5 Percent This Year, While Conflict-Related Forced Migration is at All-Time High, Says WB Report", 6 de outubro de 2014: <http://www.worldbank.org/en/news/press-release/2014/10/06/remittances-developing-countriesfive-percent-conflict-related-migration-all-time-high-wb-report>.

O Futuro dos Serviços Bancários

Em qualquer discussão sobre o sistema bancário, surge, invariavelmente, a pergunta: "o uso do dinheiro nunca se tornará obsoleto?". Esta é uma pergunta importante a se fazer, mas quase impossível de responder, uma vez que existem pontos de vista conflitantes sobre esse tema.

Por um lado, as pessoas têm previsto o desaparecimento do dinheiro há anos, estimulado pelo burburinho em torno da Apple Pay e criptomoedas. Mas, como visto recentemente, em 2013, o dinheiro ainda foi usado em cerca de 85% das transações de consumo globais, de acordo com um relatório da MasterCard.[4] Na maioria dos países em desenvolvimento, continua a ser o modo padrão de pagamento para a grande maioria dos consumidores - mesmo em lugares como o Quênia, onde as ferramentas de pagamento móvel têm experimentado um grande sucesso.

É fácil ver por que muitos analistas mantêm a crença de que o dinheiro está aqui para ficar. Mas há razões igualmente convincentes para acreditar que sumirá, especialmente quando os governos parecem estar ansiosos para livrar-se dele. Um caso em questão: os EUA estão fazendo pagamentos federais como Segurança Social e benefícios de veteranos exclusivamente por meios eletrônicos. E o governo da Índia emitiu os IDs biométricos dos seus cidadãos, lançando as bases para uma sociedade sem dinheiro e abrindo a porta para a inclusão financeira. Somado a isso, o acesso móvel se espalhou ao redor do mundo, assim como os feature phones e smartphones estão fazendo seu caminho para as mãos dos consumidores em todos os lugares.

Os jovens são inclinados a superar o dinheiro. O tempo prático para que isso aconteça é uma questão de julgamento. Mas um aplicativo bancário de telefone móvel que permitirá que as pessoas conduzam sem problemas atividades bancárias em ambientes baseados em dinheiro ou sem dinheiro é capaz de realmente capturar uma quota de mercado e facilitar os serviços bancários.

John Lennon nos pediu: "Imagine todas as pessoas compartilhando todo o mundo". Será que ele já havia previsto o quão globalmente conectado o mundo um dia se tornaria devido aos avanços na FinTech?

[4] MasterCard, "MasterCard Advisors' Cashless Journey. The Global Journey From Cash to Cashless", 15 de setembro de 2013, http://www.mastercardadvisors.com/_assets/pdf/Master CardAdvisors-CashlessSociety.pdf.

Soluções FinTech para Pequenos Negócios

Por Luke Hally
CEO & Fundador, DragonBill

Quem pensaria que a combinação de finanças e tecnologia resultaria em algo animador? Pode ter parecido improvável, mas FinTech emergiu como o setor mais quente do planeta. Sem dúvida, deve-se isso ao seu coração estar centrado em Londres, a capital startup e financeira da Europa. Mas também é um fenômeno global. Nos EUA, a cidade de Nova York manteve sua posição no topo da indústria financeira. Mantém talento tecnológico na costa oeste com uma comunidade FinTech próspera e colaboração entre os players tradicionais e startups emergentes. Na África, a FinTech está ajudando os sem-banco a realizar transações de forma segura e conveniente. O Sudeste Asiático também tem um número emergente de centros de FinTech. Hong Kong e Singapura estão construindo, sobre suas economias de comércio e serviços existentes, centros FinTech como o Innovation Lab FinTech, em Hong Kong. O Startupbootcamp FinTech foi lançado em Singapura. Na Austrália, vários espaços de coworking e incubadoras têm aparecido.

Os agentes financeiros tradicionais obtêm parte do tempo da imprensa em notícias sobre FinTech: Goldman Sachs (Nova York), Barclays (Londres), e Accenture (Hong Kong), enquanto bancos na China silenciosamente abocanham tanto talento em FinTech quanto podem. Ouvimos sobre melhorias na eficiência e usabilidade em sistemas existentes. Qualquer melhoria é boa, mas todas são revolucionárias ou disruptivas? Vejo líderes de mercado aproveitando-se de regulamentos para manter a concorrência de fora, realizando manobras contrainterrupção e interrompendo a disrupção antes que ela comece.

Em Nova York, podemos ver o surgimento de uma nova tendência de disrupção terceirizada, ou em linguagem moderna, "Disrupção como Serviço". A acqui-hire (adquirir para contratar a mão de obra) costumava ser vista como o mais baixo degrau da escada de saída para startups. Agora estamos vendo startups definir este como seu objetivo, transformando os candidatos a empresários em funcionários. Os bancos estão usando com sucesso a explosão da FinTech como uma plataforma de recrutamento. Uma revolução não deveria substituir sistemas existentes por outros melhores? Isso nos leva à pergunta: o que é a disrupção? É algo que deve ser aspirado? Clayton M. Christensen, o criador da *teoria da inovação disruptiva*, disse: "As tecnologias de disrupção normalmente habilitam novos mercados a surgir".[1] A disrupção não é meramente a destituição do líder de mercado. Significa mudar as regras do jogo, o que permite que um novo jogador vença o detentor do recorde.

Os recordistas em finanças jogam há muito tempo e acumularam enorme riqueza e poder. Tanto poder que os governos se tornaram dependentes de sua operação contínua. Essa grande centralização da riqueza, poder e regulação dificulta a concorrência e leva a uma falta dela. Nós todos sabemos quem são os perdedores quando há uma falta de concorrência – consumidores. Os consumidores perdem tanto por meio de preço quanto pela falta de acesso. Poder, no mercado, significa controle de fornecimento e distribuição de bens ou serviços. Se você tem poder, pode ditar preços e acesso. Disrupção é a descentralização desse poder, e uma vez que a oferta é democratizada, também o é a demanda, pois os consumidores têm agora uma escolha. No caso de FinTech, ele coincidirá com uma distribuição da riqueza. À medida que mais players entrarem no mercado, a riqueza fluirá dos bancos para eles. Como os consumidores obtêm um melhor negócio devido à concorrência e soluções mais eficientes, mais riqueza permanece em seus bolsos, fazendo um pouco de bem para todos. Disrupção é o mercado livre em ação, sendo lentamente libertado, por meio da tecnologia, dos grilhões de legados existentes .

Pequenas e médias empresas (PMEs) são os principais beneficiários de startups disruptivas. Seus bancos de talentos são mais rasos, e suas necessidades, menos complexas do que as de grandes empresas, por isso contam com experiência em terceirização. Estão dispostas a tentar novas ferramentas, que terão um impacto tangível sobre seus negócios. Isso também se adapta às pequenas e agéis equipes startup. PMEs funcionam como os motores de muitas economias, globalmente responsáveis por 80% da atividade econômica. E estão começando agora a beneficiar-se da revolução FinTech. Na Austrália, as PMEs são uma parte crítica da economia, representando 97% dos negócios e empregando 47% da força de trabalho. Melbourne é o centro tradicional de finanças e uma cidade de diversas culturas. O governo está apoiando empreendedores por meio de uma série de iniciativas. A iniciativa startup Victoria de AU$ 60 milhões foi lançada para desenvolver empresas inovadoras de alto crescimento, incluindo FinTech, bem como a Futuro Industries Fund de AU$200 milhões, que tem um foco em serviços profissionais e financeiros. O governo recorrerá a um Fundo de Emprego e Investimentos da Premier de $500 milhões

---

[1] Clayton Christensen, The Innovator's Dilemma: When New Technologies Cause Great Firms to Fail (Harvard Business Review Press, 1997).

para apoiar iniciativas de alta prioridade. Com esses fatores, não é surpresa que Melbourne seja o lar de uma gama de startups de FinTech servindo PMEs.

Bom aconselhamento financeiro pode fazer ou quebrar uma PME. Um conselheiro qualificado pode preencher lacunas no conhecimento. Importante, eles também podem identificar oportunidades, reduzindo o risco e aumentando a eficiência. FinancialAsk, por exemplo, faz aconselhamento financeiro fácil de obter, oferecendo-o através de aplicativos e na web. Com o conselho certo, as empresas estão equipadas a tomar decisões, mas precisam de ferramentas para monitorar a implementação. O fluxo de caixa é uma preocupação para muitas PMEs. Boomeringo é uma ferramenta de gestão de orçamento e fluxo de caixa, originalmente destinada a consumidores e assalariados de renda. Depois de lançar seu aplicativo, descobriram que uma parte significativa de seus usuários eram PMEs. O aplicativo se conecta com bancos, cartões de crédito e contas de empréstimo e, usando algoritmos, classifica gastos e fluxo de caixa em categorias, bem como comerciantes. Ele ajuda com o orçamento e com lembretes de pagamento de contas. A plataforma de análise poderosa aumenta a inteligência financeira dos usuários por meio da experiência.

Mesmo que uma PME tenha bom fluxo de caixa, pode ainda precisar de empréstimos para capital de giro ou expansão. Moula é uma plataforma de empréstimos alternativa guiada por dados para PMEs australianas, fornecendo financiamento rápido e simples com base em uma transação de dados e perfil corporativo da PME. Seu processo de inscrição online foi projetado para ser rápido, facilitando que um negócio tenha acesso a financiamento. Como muitas startups, Moula nasceu de uma experiência pessoal, neste caso, os desafios de obtenção de financiamento para um negócio de família. Evidentemente, todas as ferramentas do mundo não ajudarão uma empresa, a menos que recebam o dinheiro de volta. Civilizações utilizam o dinheiro como um dispositivo transacional desde cerca de 600 a.C. Pagamentos de bens e serviços em uma transação cara a cara são simples. Você faz o seu pagamento e recebe a sua mercadoria. Receber o pagamento quando o cliente é remoto é um problema tão antigo quanto o próprio negócio. Clientes hesitam em pagar antes de receber bens ou serviços, e empresas hesitam em fornecê-los antes de receber o pagamento.

Depois de ter sido previsto em 1888 no livro de Edward Bellamy, *Looking Backward*, vimos o primeiro cartão multicomerciante, o Diners Club Card, em 1950, e em 1982 foi introduzida a transferência eletrônica de fundos no ponto de venda (EFTPOS – do inglês, Electronic Funds Transfer at Point of Sale). A introdução de cartões de crédito e EFTPOS viu uma consolidação do poder institucional. Os bancos já não eram apenas para contas de negócios e locais de empréstimos e poupança. Eles se tornaram o facilitador central de transações. Embora isso possa ser visto como prejudicial para o dinheiro, não satisfaz a nossa definição anterior. Se sua empresa não aceita pagamento eletrônico, vai perder negócio. Isso deixa evidente a necessidade de concorrência e disrupção dos pagamentos. Depois de alguns falsos começos na década de 1990 com NetBank e DigiCash, em 1999, o disruptor original PayPal nasceu, e agora está sendo seguido por muitos outros. Como os negócios e a tecnologia evoluíram, vimos a natureza dos pagamentos mudar para se adequar ao contexto da transação. Em alguns casos, estamos vendo a interseção dos mundos online e offline. Pense em pagar por uma viagem de Uber sem passar nada, sem códigos PIN, apenas sair do carro. Como essas plataformas construíram confiança e como compras online crescem em popularidade, testemunhamos o surgimento de pagamento do compromisso, em que o pagamento é realizado até que as mercadorias são recebidas. Isto, beneficia o cliente, porque eles sabem que manterão o controle sobre o pagamento até que recebam a mercadoria. E também beneficia as PMEs. Se o negócio não é bem conhecido, não tem nenhuma reputação, e não há razão para esperar a confiança do cliente. O cliente está assumindo um risco de que o negócio cumprirá o acordo assim que o pagamento seja feito, especialmente do exterior. Se a empresa aceita opções de escrow a partir de uma plataforma conhecida, ela, de fato, aproveita a confiança e reputação da plataforma. É interessante e representativo do comércio online que o escrow tornou-se amplamente aceito online antes de entrar em transações comerciais tradicionais offline, quando negócios e clientes offline têm muito a ganhar com tal sistema.

O contexto de usuário é algo importante para ferramentas PME. A falta de um processo definido em todos os negócios significa que ele precisa ser de baixo atrito e aerodinamizado para caber em processos existentes com baixa carga de trabalho e uma curva de aprendizagem superficial. Processos têm que ser especializados, de modo que a PME possa fazer o que precisa e voltar aos negócios. O contexto do usuário do PME e do cliente deve ser encapsulado em uma boa solução de pagamento FinTech, proporcionando opções de pagamento que se adequem ao negócio, aos clientes e a transações similares. A FinTech está dando às PMEs as ferramentas de que precisam para ter flexibilidade de pagamento para que possam receber o pagamento e voltar ao trabalho. Esses benefícios fluirão para os consumidores por meio de uma transação menos estressante e mais suave, em que uma melhor experiência do cliente surgirá. Esses benefícios contribuem para uma economia mais forte e uma população mais feliz. Viva la revolucion!

Soluções de Pagamento Incluindo Apple Pay

Por Denis Thomas
Consultor de Gestão, KPMG

"Pagamentos P2P são os próximos para a Apple Pay?"

"Roger Federer acaba com o código de vestimenta all-white de Wimbledon."

"Plutão mostra suas posições para a sonda da NASA."

Estas são algumas das manchetes obtidas de alguns jornais bem estabelecidos. O tempo é um fator-chave no que diz respeito a notícias. A plataforma que publica a notícia recebe pela primeira vez a maior tração e, eventualmente, a maior classificação TRP (Television Rating Point/Target Rating Point). Nessa conjuntura, os efeitos de rede trabalham a seu favor, e tudo isso constrói credibilidade para o canal de notícias e, eventualmente, a rede de notícias. Essa reação em cadeia levanta algumas questões em minha mente:

- O tempo é crítico para notícias, mas é para os empreendedores? O tempo desempenharia o mesmo papel para os empreendedores seriais?
- Há uma vantagem em ser first-mover, ou difere numa base setorial?
- O timing afeta as gigantes tecnológicas?

Temos ouvido muitas vezes empreendedores florescendo reclamarem: "Isso foi exatamente a minha ideia, e aquela empresa acaba de receber $5 milhões em financiamento, que deveriam ter sido meus!".

A meu ver, no mundo de pagamentos em evolução dinâmica de hoje, as questões temporais e a Apple têm feito um trabalho fenomenal com relação ao timing do lançamento de produto da Apple Pay no cerne da tsunami FinTech e pagamentos varrendo o universo. Parabéns, Apple! No entanto, o principal sucesso da Apple Pay é dependente da sua adoção generalizada; um mundo desprovido de cartões de crédito e dinheiro. É ficção ou realidade?

O Ecossistema de Pagamentos

Apple, Google ou Starbucks? Você disse Starbucks?

A Apple é um bebê celebridade e recebe toda a atenção da mídia. O Google segue de perto a Apple, mas o player em silêncio no espaço de pagamentos é a Starbucks, que deve definitivamente receber uma menção. A Starbucks tem combinado a facilidade dos pagamentos para encomendar um frappuccino por meio do seu aplicativo móvel e forneceu um valor adicional para os clientes, fornecendo uma fonte única para manter o controle de todos os programas de recompensa em um só espaço. Esse movimento tem visto uma enorme adoção entre os consumidores, que preferem usar o aplicativo móvel de forma a escapar das longas filas típicas de lojas Starbucks em Nova York, e em outras articulações universitárias que testemunham o enorme tráfego durante certas horas do dia. Isso está de acordo com a ambição do CEO Howard Schiltz de fazer dos pagamentos móveis uma prioridade, já que a Starbucks é a única empresa que representa 90% do 1,6 bilhão gasto em lojas nos Estados Unidos usando um smartphone em 2013.[1]

A figura a seguir mostra um ecossistema de amostra.

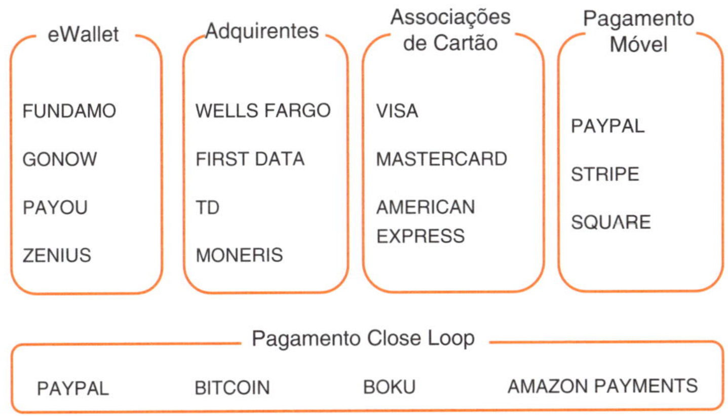

Figura: Uma amostra de ecossistema de pagamento

[1] Veja: <http://www.starbucks.co.uk/coffeehouse/mobile-apps> e <https://news.starbucks.com/facts/starbucks-mobile-order-pay-national-rollout>.

Categoricamente falando, há vários players no espaço de pagamentos, classificados por meio de e-wallets (Google Wallet, Visa Checkout, Apple Pay, Swap), cartões de crédito de banco (Wells Fargo, HSBC, Chase), cartões de crédito de empresas (Best Buy, Target), plataformas de e-wallet (hyperWallet, Fundamo, GoNow, Payou, Zenius), associações de cartões (Visa, Mastercard, American Express), adquirentes (Wells Fargo, FirstData, TD, Moneris), processadores (Chase, GlobalPayments, FirstData), processadores de terceiros (Stripe, PayPal, Square), ISOs (everlink, Pivotal Payments), terminal de tecnologia de ponto de venda (Ingenico Grupo, Verifone, Magtek), sistemas integrados (Micros, Vivonet, Profitek), provedores de terminais de pagamentos na loja (Chase, Payempresa, GlobalPayments), provedores de pagamento para e-commerce (Stripe, Payempresa, Apple Pay, PayPal), provedores de pagamento de faturamento recorrentes (Stripe, PayPal, Payempresa), provedores de pagamento móvel (Square, Venmo, Intuit) e provedores de tablet POS (Vend, NCR, Square, Payempresa).

Outra camada, denotada como redes de pagamento close loop (Amazon Payments, Bitcoin, PayPal, Boku, Sometrics, Dwolla), operaria em toda a camada do ecossistema de pagamentos entre consumidores e comerciantes. Os exemplos citados servem para o mercado americano, mas fornecem uma boa visão dos players em todas as categorias e podem ser facilmente utilizados para comparações entre países. Em 2015, o Google Wallet anunciou seus planos de lançar a rede P2P, e a Apple rapidamente seguiu o exemplo. A evolução dessas tecnologias dará origem a normas de autenticação mais recentes no nível do dispositivo e posicionará Google/Apple como bancos de pagamento evolucionário. A Apple sempre se esquivou da complexidade do processamento de transações financeiras, mas pensar nos benefícios de se construir um sistema não é uma ideia absurda. Poderíamos perguntar isso à Starbucks, que recentemente fez e desfrutou de mais de um milhão de transações como parte de sua própria rede de pagamentos. Então a Apple se transformaria em um banco de pagamentos? Talvez, se os benefícios se justificarem. No entanto, como a Starbucks provou, Google e Apple precisam oferecer algo extra para que as pessoas comecem a adotar suas tecnologias. Para os consumidores, não se trata mais de pagamentos, mas do valor extra acrescentado.

Efeitos Energizantes

A Apple continuará a inovar na plataforma FinTech, mas o Apple Pay mostra a eficiência da integração vertical da empresa por meio da mistura de hardware, software e interfaces amigáveis em um ecossistema harmonioso. Os atributos são específicos para o Apple Pay, e isso certamente dinamizará o ecossistema iOS.

Privacidade

A Apple faz um trabalho fenomenal sobre questões de privacidade ao não armazenar:

- O que você comprou
- Onde você comprou
- Quanto você pagou

A Apple também se recusa a trocar qualquer informação de cartão de crédito com comerciantes durante as transações, o que torna ainda mais eficaz seu mecanismo de segurança.

Adoção pelo Comerciante

A Apple Pay é uma solução nova, mas abrangente, de pagamento, e 83% das instituições financeiras em toda a América já a adotaram. Uma média de 22 mil lojas já se inscreveram para adotar a Apple Pay. Alguns dos nomes incluem Starbucks, Whole Foods, Bloomingdales, Disney etc. Prestadores de serviços como Uber e Groupon também subiram a bordo. Os números de rede citados e o potencial para adicionar vários outros no pacote permitem uma grande possibilidade de adoção durante o próximo ano desta tecnologia entre os maiores comerciantes, mas táticas semelhantes atrairiam comerciantes de menor porte?

Adoção pelo Consumidor

Os comerciantes estão adotando a Apple Pay, e a Apple publicou recentemente que mais de 700 mil comerciantes estão a bordo e criaram operações para aceitar a Apple Pay como forma de pagamento. Mas quantos de vocês entram em uma loja apenas com um telefone e nenhum cartão e nenhum dinheiro? Eu não conheço ninguém que faça isso em economias desenvolvidas.

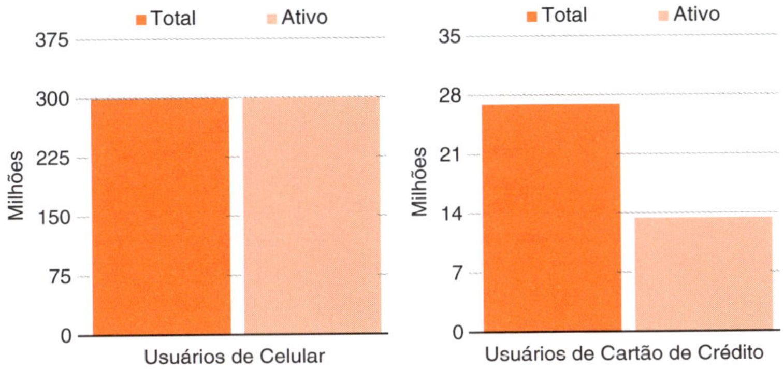

Figura: Penetração de usuários móveis vs. usuários de cartão de crédito na Índia
Fonte: Secondary Technology Research Providers

Os gráficos da figura acima mostram a penetração de usuários móveis *versus* usuários de cartão de crédito e o percentual de usuários ativos em cada segmento na Índia. A parte interessante de observar isso é que a penetração de dispositivos móveis e adoção é semelhante para a maioria das economias emergentes. Isso significa que as tecnologias que impulsionam o uso de pagamentos por meio de um dispositivo móvel viria a ser mais bem-sucedida em economias emergentes. Mas para chegar ao objetivo final de transferir para um mundo sem dinheiro ou cartões de crédito, nós também precisamos mudar o foco de benefícios para o cliente para benefícios para comerciantes, porque comerciantes de menor porte não estão embarcando nessa devido às taxas de transação envolvidas. Enquanto pequenos comerciantes não adotam a Apple Pay, as pessoas comuns sempre farão um modo alternativo de pagamento. A Apple precisa fornecer incentivos para os comerciantes menores para permitir a adoção generalizada da Apple Pay. Se estou usando o Apple Pay, eu gostaria de usá-lo na minha mercearia, no meu posto de gasolina, minha lavanderia, e também na barraquinha de comida virando a esquina que serve cachorros-quentes e hambúrgueres. A lista de cenários de uso é interminável, mas você entende o meu ponto.

Potencial para Análise de Dados

A Apple não armazena informações de transação e pode-se sustentar que o potencial para o uso de big data é quase ausente nesse cenário. A Apple fez alusão a isso por meio do seu evento de Cupertino como dados sendo usados para um propósito maior, o que poderia sugerir em publicidade ou outras fontes de receitas. No entanto, a Apple poderia usar big data mediante tecnologias como iBeacon para proporcionar transmissões ao vivo ou descontos à vista adicionais sobre produtos em sua vizinhança enquanto faz compras em uma loja física. Essa abordagem para análise de como big data flui evitaria armazenamento de dados transacionais e estimularia o desenvolvimento de várias aplicações em todo esse domínio. Usuários da Apple Pay e Apple Watch acabariam beneficiando-se de todas essas externalidades de rede.

Economia Industrial

Gartner (a empresa de pesquisa de tecnologia) afirma que o mercado de pagamentos deverá gerar um total de $721 bilhões em transações globais até 2017. Ela descreve um CAGR (Compound Annual Growth Rate) de 35% a partir de 2012. Os pagamentos móveis devem constituir 45% ($325 bilhões) dessas transações. Espera-se que o segmento NFC (Near Field Communication) seja de 5% ($36 bilhões) em 2017, mas está crescendo a 64% CAGR. Em geral, isso parece extremamente lucrativo.

Resumo

- A Apple Pay reenergiza o ecossistema iOS e fornece uma nova fonte de receita para a Apple.
- A base existente de usuários de 800 milhões, além de contas de iTunes que já contêm informações de cartão de crédito, contribuiria enormemente para o seu sucesso.
- A Apple Pay enfrenta problemas relacionados à privacidade.
- A economia do setor de pagamentos e externalidades de rede resultantes podem ou não trabalhar em favor da Apple.
- Os órgãos reguladores terão um enorme papel na adoção da Apple Pay como tecnologia similar em economias emergentes.

A Apple Pay surge para ser, de longe, o disruptor mais inovador no espaço FinTech. Sua simplicidade de uso, atual base de usuários do iTunes, políticas de privacidade, características de segurança e redes financeiras abrangentes que já foram construídas prometem um futuro brilhante para a Apple e várias startups que eventualmente evoluiriam em torno desse domínio.

Soluções FinTech Beneficiando outros Setores

Por Rael Cline
Cofundador & CEO, MediaGamma

A ideia de um contrato para a entrega de um ativo com um volume especificado no futuro não é nova. Na verdade, encontra suas origens há milhares de anos, na Mesopotâmia, no Egito e no mundo romano. O caso de uso óbvio é a gestão de risco para ambos os lados do contrato: garantia de receitas futuras para o vendedor e garantia de oferta futura, a um preço conhecido, para o comprador.

Indo adiante no tempo, a crise das tulipas holandesas, de 1637, permitiu a especulação sobre os preços futuros por meio de contratos a prazo, e é geralmente aceito que os primeiros contratos "futuros" ocorreram no mercado de arroz Yodoya em Osaka, Japão, por volta de 1650. Em tempos modernos, a desregulamentação, resultando em aumento da volatilidade dos preços, juntamente com o poder de computação recentemente disponível a partir de 1970, provou ser o catalisador para uma explosão no direito de comprar ou vender a um contrato de data futura ("opções") e contratos a prazo normalizados, conhecidos como contratos futuros. Hoje o mercado de derivativos globais tem crescido a um valor nocional espantoso de US$700 trilhões, pulverizados em 30 moedas, e é amplamente utilizado como uma ferramenta de gestão de riscos pelas empresas, gestores de investimentos, governos, seguradoras, empresas de energia e de commodities e bancos. Enquanto a maioria das pessoas pensa em taxas de juros, moeda, capital próprio ou derivativos de crédito (ou até mesmo os derivativos do clima e da eletricidade mais exóticos), este capítulo se concentrará em duas outras oportunidades crescentes para as empresas de FinTech interessadas em derivados: o mercado de infraestrutura de nuvem e mercados de propaganda online.

Dentro da mentalidade atual de FinTech, ambos os mercados apresentam oportunidades fantásticas, já que dependem fortemente de tecnologia, os preços são voláteis, os ativos subjacentes são (em grande parte) comoditizados, e tem havido habilidades limitadas e cruzamento de conhecimentos entre finanças e a nuvem ou publicidade online.

É claro, campos como pagamentos, criptomoedas e crowdfunding serão extremamente valiosos, mas as melhores oportunidades estão na interseção de indústrias. Em nenhum lugar isso é mais aparente do que na combinação de derivativos com infraestrutura de nuvem e publicidade online. O mercado de infraestrutura de nuvem (também conhecido como "Infraestrutura como Serviço", ou mercado "IaaS – do inglês, Infrastructure as a Service") é a infraestrutura de computação (poder de computação, memória e armazenamento) que é usada para aplicações de energia de internet. Os dados são armazenados e processados fora do local e disponibilizados sob demanda a partir de um local remoto. O mercado vale cerca de $16,5 bilhões, projetado para crescer 43% ao ano nos próximos cinco anos, de acordo com relatórios.[1] A Amazon foi pioneira nesse mercado em 2006 em termos de oferta de serviços baseados em nuvem a outras empresas, depois de resolver seus próprios problemas de dimensionamento de infraestrutura. Grandes empresas como a Netflix, Dow Jones, Pfizer, e Comcast, todas hoje usam Amazon Web Services ("AWS"). Apesar de gigantes como a Microsoft, Salesforce, IBM, Rackspace e Google investirem bilhões no mercado, a Amazon ainda está quilômetros à frente, segundo alguns relatos, sendo quatro vezes maior do que todos os seus rivais juntos.[2] A característica interessante de serviços em nuvem é que eles são sob demanda. Assim, por exemplo, se houver um aumento súbito na procura por um serviço, é possível clicar em alguns botões e obter alguma infraestrutura adicional para atender a essa demanda. A AWS introduziu esse mercado físico em 2010; no entanto, a volatilidade dos preços locais cria uma grande quantidade de incertezas para as empresas que compram no mercado físico.

Um passo importante ocorreu em 2013, quando a Deutsche Börse anunciou a sua Cloud Exchange AG, uma empresa conjunta com Zimory com sede em Berlim, o que permite aos participantes negociar capacidade local. Embora nenhum dos fornecedores mencionados no parágrafo anterior esteja incluído na troca, ainda existem cinco fornecedores para escolher. A troca oferece produtos e procedimentos padronizados para admissão, negociação, liquidação e de vigilância, e é possível alternar entre fornecedores dentro do mesmo contrato. Para se ter uma noção das especificações do contrato, a capacidade de armazenamento é comercializada em unidades de dados de,

---

[1] TechNavio Report titled: Global IaaS Market 2015–2019: <http://www.gartner.com/newsroom/id/3055225>.

[2] Business Insider: <http://www.businessinsider.sg/aws-revenue-is-bigger-than-its-four-closestcompetitors-combined-2015-4/>.

pelo menos, 1 TB, e a capacidade de processamento é denominada em pelo menos dez unidades de desempenho, com uma unidade representando 8 GBs.

Curiosamente, quando se pensa em derivativos, a indústria já tem a ideia de uma "instância reservada" ou um contrato avançado que se pode revender. Atualmente, no entanto, só se pode revender para o mesmo fornecedor, e, assim, o mercado carece de referência de preço verdadeiro. No entanto, dado que existem claros use cases acerca da razão de um comprador querer proteger os custos futuros para, digamos, o Natal (basta pensar nas demandas da Netflix no dia de Natal), é certamente apenas uma questão de tempo antes de futuros e opções serem introduzidos. Andy Jassy, SVP da AWS, disse que "A AWS tem o potencial para ser o maior negócio no Amazon em longo prazo, o que é significativo, dado que o nosso negócio de varejo é um negócio de $70 bilhões". Esse otimismo pode não parecer tão improvável, dado que essa infraestrutura alimentará grande parte do mercado da Internet das Coisas (IoT– do inglês, Internet of Things), um mercado que, estima-se, chegará a $7,1 trilhões até 2020.[3]

Outro grande mercado de crescimento exponencial e volátil, em que derivativos poderiam ser úteis, é o espaço publicitário online. Muitas pessoas não sabem disso, mas grande parte dos espaços publicitários de exibição são comprados e vendidos em leilões em tempo real usando algoritmos de computador em frações de segundo. A tecnologia é chamada de "publicidade programática", e no mercado físico é referida como "o lance em tempo real". A exibição de publicidade inclui banners que são onipresentes em toda a web, móvel, vídeo e mídia social. Os compradores, como marcas ou agências de mídia, colocam certas regras de segmentação para uma campanha publicitária (sites de viagens ou homens em Nova York, por exemplo), e quando um usuário chega a uma página web, um leilão ocorre para mostrar ao usuário um determinado anúncio. Dados como histórico de navegação e gestão de relacionamento com o cliente (CRM – do inglês, customer relationship management) são sobrepostos e liberam informações a respeito de quanto um comprador está disposto a pagar. Uma vez que o vencedor do leilão é escolhido, o vencedor mostra o anúncio para o usuário. Isso significa que dois usuários que visitam a mesma página ao mesmo tempo podem ver dois anúncios diferentes, e os compradores podem ter pago preços muito diferentes para mostrar esses anúncios. Lembre-se, tudo isso ocorre em cerca de 200 milissegundos.

[3] IDC forecast: <http://www.forbes.com/sites/gilpress/2014/08/22/internet-of-things-by-thenumbers-market-estimates-and-forecasts/>.

Assim, a infraestrutura aqui não é diferente da infraestrutura de negociação de alta frequência nos mercados financeiros.

Globalmente, este mercado é estimado em $53 bilhões no primário até 2018,[4] e embora se possa pensar que os orçamentos de publicidade digital ainda são relativamente pequenos em comparação com os orçamentos de TV, o Reino Unido é o primeiro país do mundo onde mais da metade de todos os gastos com publicidade está em digital.[5] Há poucas dúvidas de que isso será replicado em todo o mundo. Uma vez que a IPTV ganhe força no futuro, isso adicionará mais $79 bilhões para o tamanho do mercado em 2020.[6]

Nossas medições, no entanto, mostram que esse mercado local é, na verdade, 12,5 vezes mais volátil do que o Índice S&P 500. Isso significa que um comprador de espaço publicitário (uma marca ou agência de propaganda, por exemplo) nunca tem certeza se, em primeiro lugar, ganhará um leilão para mostrar um anúncio, e, por outro, o quanto pagará para o anúncio. Isso faz com que o planejamento de orçamento de mídia para futuras campanhas seja extremamente difícil e fira também o planejamento de fluxo de caixa. Do ponto de vista de um vendedor, como um site ou um aplicativo móvel que hospeda os anúncios, isso afeta a receita. Use cases do ponto de vista de um site seria combinar os mercados futuros e físicos em um melhor sistema de gestão de rendimento. Utilizando preços de futuros e spots, eles poderiam criar algoritmos que alocam espaços de anúncios entre ambos, a fim de maximizar a receita. Isso poderia ser semelhante à forma como as companhias aéreas administram seus rendimentos de emissão de bilhetes, pois ambos compartilham a característica de inventários não armazenáveis (espaços de anúncios exibidos em um determinado tempo e assentos para um voo específico).

Do ponto de vista de hedge, fundos negociados em bolsa com base em índices poderiam revelar-se ferramentas úteis de cobertura. Um site sazonal, como um site de viagens, poderia proteger-se contra futuros movimentos de preços desfavoráveis tomando uma posição vendida em um índice correlacionado. Da mesma forma, um comprador poderia proteger-se contra possíveis aumentos de preços por meio da manutenção de uma posição comprada em um índice relevante. Além disso, para os compradores, ter uma

[4] Global Media Suppliers Advertising Revenue Forecast, setembro de 2014, MAGNA GLOBAL.

[5] eMarketer report: <http://www.theguardian.com/media/2015/mar/27/half-ad-spend-digital-media>.

[6] Transparency Market Research report: <http://www.digitaltveurope.net/318352/global-iptvmarket-to-reach-us79-billion-in-2020/>.

curva adiantada de preços poderia ajudar a função de planejamento de mídia e auxiliar nos custos futuros por aquisição (ou seja, quantos anúncios eu preciso mostrar para atingir n número de pessoas comprando meu produto ou se inscrevendo para o meu boletim?).

Mesmo contratos de opção seriam extremamente úteis: muitas vezes, quando fizesse um lance a uma marca potencial para novos negócios, uma agência adoraria dizer que garantiu certos espaços de anúncios no campo. Em um caso de opções, tudo o que a agência precisaria pagar é o prêmio inicial e exercê-lo somente se ganhar o lance. Do ponto de vista do vendedor, os prêmios das opções seriam outra fonte de receita.

Claro, já existe um mercado avançado em compra de mídia. Na verdade, esse mercado já existe há décadas, muito antes de o mercado físico atingir a maioridade há alguns anos. Um grande comprador (marca ou agência) sentava-se com uma grande rede de editores de revistas ou TV e chegavam a um acordo para o próximo ano. Esse mercado "upfront" continua a existir hoje em negócios onde as relações pessoais são importantes ou quando o produto é personalizado. Portanto, esse mercado de balcão avançado sempre terá um lugar em compra de mídia, mas a maioria dos espaços de anúncios são conducentes a serem negociados em um ambiente de troca.

O tamanho bruto imaginário de um mercado de derivativos em nuvem IaaS ou em mercados de mídia programáticos é difícil de estimar, mas há claros use cases para os participantes em ambos os mercados. Em ambos, nuvem IaaS e mercados de mídia programáticos, as bases tecnológicas para um mercado derivativo com base em trocas estão bem encaminhadas. Além disso, ambos já são mercados avançados funcionais. Com a normalização dos contratos começando a se posicionar, não pode haver dúvida de que existe uma grande oportunidade para que as empresas de FinTech deixem suas marcas nesses mercados.

Inovações FinTech para Wearables

Por Dominika E. Bajer
Diretor, DEB Marcomms

O crescimento do setor da indústria de wearables está crescendo há anos. Em 2013, uma manchete da revista *Fortune* informava "relatório da Bloomberg estima que a Apple poderia ter uma receita de até $ 3,6bi com um relógio inteligente de sucesso".[1] Um ano mais tarde a *Forbes* previa que a "indústria de smartwatch crescerá em 2014 para $2,5 bilhões globalmente. Nos anos seguintes, a indústria de smartwatch continuará crescendo a uma taxa de 3 dígitos".[2]

Em setembro de 2014, a *CB Insights* notou que "ao longo dos últimos 5 anos, o espaço de wearables tem visto mais de $1,4 bi de investimento em emergentes, startups de wearables privadas", concluindo em seu resumo da análise que "é concebível que 2014 possa ser o primeiro ano para ver mais de $1 bilhão de investimentos fluindo para wearables".[3] Em novembro de 2014, um grupo de analistas do Morgan Stanley escreveu em uma nota: "dispositivos wearables superarão as expectativas do mercado e se tornarão os dispositivos mais rápidos de tecnologia de consumo até hoje, no nosso ponto de vista."

E então, em 2015, o NFC de wearables explodiu. Near Field Communication (NFC) é um padrão de conectividade sem fio de curto alcance que usa indução do campo magnético para permitir a comunicação entre dispositivos quando eles se tocam ou são colocados a poucos centímetros um do outro. Com o Smartwatch da Apple lançado em mercados internacionais, gigantes da tecnologia como Google, Sony, Microsoft e LG colocaram sua marca no mercado de wearables, e com fabricantes de pulseiras de estilo de vida/fitness, tais como Jawbone, FitBit e Misfit, oferecendo uma gama cada vez mais convincente do produto, a explosão de wearables certamente seguirá. De semana para semana, wearables têm cada vez mais manchetes da mídia de negócios e tecnologia. De empresas globais a startups disruptivas – todos parecem estar competindo por sua fatia da grande torta de wearables.

[1] <http://fortune.com/2013/03/04/how-big-might-the-market-be-for-an-apple-smart-watch/>.

[2] <http://www.forbes.com/sites/arieladams/2014/03/07/the-size-of-the-smartwatch-market-itskey-atores/>.

[3] <https://www.cbinsights.com/blog/wearables-industry-venture-capital-2014/>.

O que é Toda Essa Comoção?

Wearable, adjetivo, definição do dicionário Oxford: "Denotando ou relacionando a um computador ou outro dispositivo eletrônico que é pequeno ou leve o suficiente para ser usado ou transportado em seu corpo: um computador wearable poderia monitorar sua frequência cardíaca e outras funções corporais".[4]

Alternativamente, pode ser descrito como: tecnologia wearable, wearables, tecnologia da moda, dispositivos wearables ou eletrônico da moda. Eles são roupas e acessórios incorporando computadores e tecnologias eletrônicas avançadas. Os desenhos muitas vezes incorporam funções práticas e recursos, mas também podem ter um propósito puramente crítico ou estético.

Pulseiras de estilo de vida. Smartwatches. Óculos wearables. Rastreadores de fitness. Câmeras de usar no corpo. Moldes ortopédicos wearables. Monitores de saúde. Headsets de realidade virtual. Anéis NFC de armazenamento de dados. Festival "chapas de identificação". Pulseiras de controle de acesso a estádios. Porta-chaves RFID... O cenário emergente da tecnologia wearable é tão grande e imprevisível quanto a maioria das revoluções socioeconômicas que foram lideradas por tecnologia. O âmbito da atual gama de produtos e a velocidade de novas soluções portáteis lançadas em todo o mundo só este ano prometem mudar a forma como gerimos nossas vidas, monitoramos nossa saúde e estilo de vida, nos exercitamos, aprendemos, brincamos, nos curamos e, por último, mas não menos importante, o que e como nos comunicamos. Com as últimas previsões de adoção pelo amplo mercado das análises de negócios ocorrendo em breve, o futuro dos wearables é promissor, e as possibilidades são infinitas.

Wearables – Uma Solução FinTech?

Há não muito tempo, durante a Semana de Tecnologia de Londres 2015, alguém me perguntou por que wearables são uma solução FinTech. Os wearables são produtos de tecnologia, sem dúvida, e interesse de fundos de capital de risco nesse mercado são notáveis, mas onde exatamente os wearables se encaixam em FinTech?

A resposta é simples: ao permitir pagamentos NFC em dispositivos portáteis. Imagine ser capaz de transformar qualquer dispositivo wearable em um dispositivo de pagamento alternativo. Imagine que a todas as características

[4] Oxford dictionary: <http://www.oxforddictionaries.com/definition/english/wearable>.

que um wearable favorito já tenha adicione-se a conveniência de "tudo em um", sendo capaz de pagar. Imagine um dispositivo de pagamento que mede batimentos cardíacos, monitora os níveis de açúcar, calcula o consumo de álcool, e além disso envia alertas a respeito de quanto você gastou e o impacto disso em sua conta. Imagine um mundo onde, como consumidor, você tenha uma escolha de como pagar usando uma rede globalmente aceita Visa, MasterCard ou American Express com uma novidade quanto ao dispositivo – sem o incômodo de manter um olho em sua carteira, Wi-Fi habilitado no smartphone, ou moedas pesando em seus bolsos.

Pagamentos NFC de wearables são uma solução FinTech. É certo que, atualmente, ainda é mais um emergente do que uma explosão de pleno direito, mas com demanda constantemente crescente dos consumidores por conveniência, é uma solução que está prestes a tornar-se tão grande como as previsões de mercado. A revolução já começou: Apple Pay na Apple Watch, a cooperação da Jawbone com a American Express para lançar pagamentos, a proposta de Payment Band da Wirecard para a área da UE, ou para o relançamento do Barclaycard BPAY centrado no Reino Unido. Sem mencionar as fofocas de mercado sobre aparelhos celulares e fabricantes wearables de fitness buscando adicionar funcionalidades de pagamento sem contato para seus produtos existentes. Todos os meses, os serviços financeiros e a indústria bancária estão comissionando provas de conceito centradas em wearables focados em permitir pagamentos open loop em dispositivos cada vez mais flexíveis.

Tudo o que Você Sempre Quis Saber Sobre Wearables

Soluções de serviços financeiros inovadores estão sempre à beira de uma campanha publicitária. Uma década atrás, quando o pré-pago teve mais adversários que apoiadores, eu o defendia como um exemplo das possibilidades infinitas de programas e conveniência do consumidor. Foi a gama de ofertas de produtos que forneceram uma nova abordagem para pagamentos, indústria de cartões e usuários finais. A adoção ainda maior do mercado aconteceu graças às soluções de trânsito (tal como Oyster em Londres, Reino Unido) e a expansão de e-wallets lançadas em toda a Europa. Agora esse é um negócio comum, em vez de uma solução inovadora. Em 2015, foi a propaganda de pagamentos móveis da Apple Pay que fez a indústria repensar a abordagem ao cliente; seguido pelo Samsung Pay – o resto do mercado em breve seguirá.

Passei o ano passado monitorando o mercado de tecnologia wearable e fui de alguma forma fisgado a assistir outra revolução tecnológica, que tem maior potencial financeiro e sociológico que aquelas que acabamos de descrever. Pagamentos wearables podem realmente mudar a forma como percebemos o dinheiro, dispositivos de pagamento e soluções baseadas em tecnologia (cada vez mais frequentemente incluídos na Internet das Coisas). Wearables parecem emergentes e inovadores como cartões pré-pagos e e-wallets eram antigamente.

A mudança global "necessária" no mercado acontecerá na demanda do consumidor, queira ou não a indústria, já que a busca da Geração Z pelo máximo de conveniência está em pleno vigor. De acordo com a *Forbes*, "71% dos jovens de 16 a 24 anos quer tecnologia wearable".[5]

Eu testemunhei em primeira mão como muitos obstáculos e limitações do mercado de wearables atual precisam ser superados para permitir pagamentos de identificação por dispositivos de radiofrequência (RFID – do inglês, radiofrequency identification). Um ecossistema complicado e uma cadeia de valor excessivamente complexa, que, no entanto, pretende construir parcerias entre aparelhos (por exemplo, Samsung) ou fabricantes de hardware portáteis (por exemplo, Misfit, Fitbit, Pebble, ID&C) e fabricantes de semicondutores (por exemplo NXP), provedores de soluções FinTech como empresas TSM (Gemalto, Oberhur Technologies, DigiSEq Ltd) e os players de serviços financeiros (incluindo mas não se limitando a redes de pagamentos, emissores, gerentes de programas e adquirentes), resulta em uma fórmula complexa.

Eu não poderia deixar de concluir que, para realmente testemunhar a maior tendência do consumidor desde a invenção de telefones móveis, a indústria deve investir na colaboração e diálogo entre as partes. Só este ano cúpulas centradas em wearables em todo o mundo mostram um interesse crescente em se envolver.

É assim que o conceito do NFC Wearables Boom Everything You Always Wanted to Know About Wearables* (*But Were Afraid to Ask) emergiu. A explosão de wearables NFC está presente como um fórum no LinkedIn[6] e fornece uma visão geral da indústria de notícias sobre PaperLi.[7] Na vida

---

[5] Por Victor Lipman. Forbes: "71% Of 16-To-24-Year-Olds Want 'Wearable Tech.' Why Don't I Even Want To Wear A Watch?". 22 de setembro de 2014.

[6] <http://linkd.in/1LMbLm6>.

[7] <http://bit.ly/1UodXE1>.

real, durante a Semana de Tecnologia de Londres 2015, membros da indústria FinTech e Serviços Financeiros (FS) se reuniram para compartilhar suas opiniões sobre a recente explosão durante um evento de explosão de wearables NFC organizado pela DigiSEq Ltd. Participantes internacionais trocaram pontos de vista com as PMEs, que forneceram uma revisão abrangente do estado atual da indústria. A vitrine de tecnologia wearable (incluindo Misfit, Boom Pay Band, e NFC Ring) foi seguida por visões de ambos os lados – FS representado por DigiSEq, Visa Collab e Carta Worldwide e criadores de wearables NFC – ID&C e IVS (focada em um mercado multimilionário de wearables para os estádios de RFID e soluções de festivais), e concluiu com um painel de discussão Wearables – campanha publicitária ou uma oportunidade? O evento ilustrou a velha regra de que a colaboração é a base para todo o progresso.

Tal como acontece com qualquer inovação, para a explosão de wearables NFC continuar e ter um lugar duradouro entre as soluções FinTech, há a necessidade de colaboração interprofissional contínua. Mais empresas que entram na mistura com modelos de negócios inovadores podem oferecer entrega perfeita e/ou promover a explosão da tecnologia.

"O futuro do pagamento é wearable. Wearables são a nova tendência no campo dos dispositivos baseados em internet,"[8] diz Markus Braun, CEO da Wirecard AG. O protótipo da Wirecard Pay Band já está funcionando como um dispositivo de pagamento wearable NFC. Sediada no Reino Unido, a Barclaycard decidiu relançar a sua marca BPAY para responder ao aumento do interesse do consumidor. Desde julho de 2015, os clientes podem escolher entre uma pulseira NFC, um chaveiro ou um adesivo – refletindo o que está acontecendo no mercado de wearables NFC. Os dispositivos podem ser ligados a qualquer conta, e, sim, eles são um pouco mais caros do que as taxas de cartão padrão, mas ainda são muito mais baratos do que produtos de estilo de vida ou smartwatches, e podem ser usados para pagar em qualquer lugar que o símbolo sem contato apareça. Outra empresa sediada no Reino Unido, DigiSEq, tem a missão de fazer das inovações de hoje parte do uso diário de amanhã. A DigiSEq pode permitir pagamentos em qualquer dispositivo RFID.

Há cada vez mais players no mercado olhando para wearables NFC, e é apenas uma questão de tempo até que nós reconheçamos reais influenciadores da indústria que moldarão os pagamentos de produtos RFID remotos.

[8] Wirecard: https://www.wirecard.com/newsroom/press-releases/newsdetail/wirecard-presentsfirst-payment-wearable-on-hce-basis/.

Possibilidades Infinitas, mas Dentro de um Limite Sem Contato

O conto de fadas da explosão de wearables NFC deve ser concluído apenas por declarações otimistas: como isso não é apenas uma propaganda, mas uma oportunidade. E é.

A tecnologia utilizada em wearables está se tornando cada vez mais revolucionária e acessível, dispositivos portáteis estão evoluindo para itens de moda, e o preço unitário de dispositivos diminui à medida que cada vez mais concorrentes tentam conquistar os consumidores. Entradas recentes de produtos de baixo custo como os da Xiaomi em breve poderão assegurar uma ampla adoção do mercado de massa. Nos primeiros seis meses de 2015, alguns dos portáteis, tais como GoPro e FitBit, já estavam capitalizando sobre o crescimento atual de wearables.

O mundo FinTech está se sentindo cada vez mais animado à medida que a tecnologia wearable floresce. Serviços financeiros já estão contando os lucros previstos, e o que um dia era um nicho de mercado agora parece ser a próxima tendência de "necessidade" global de investimento de consumo, risco de negócio e dispositivo pessoal.

No entanto, os pagamentos por wearables NFC, mesmo se puderem ser executados por meio de sistemas ilimitados e oferecer possibilidades de fator de moda flexíveis, de alguma forma serão sempre limitados. Limitados por um limite de gastos sem contato que varia de país para país e por uma rede de aceitação mercado a mercado de infraestrutura de terminais PDV sem contato.

Então, se a explosão de wearables NFC em breve se tornará uma explosão de pagamentos de wearables NFC e chegar a $1,6 trilhões de gastos globais, só o futuro dirá. Não há, no entanto, dúvidas de que será uma das soluções FinTech mais interessantes centradas no consumidor.

Capital e Investimento

6

Esta parte do livro é focada em opções de capital para as empresas de FinTech e tendências de investimento para os investidores de varejo e profissionais. Revemos a escada financeira, desde o financiamento startup até o capital de expansão, private equity e saídas/IPOs e discutimos a importância de construir uma plataforma em que se possa investir. Você aprenderá sobre investimento-anjo e por que isso é importante para atrair smart money, enquanto compartilha os muitos benefícios de ser um investidor-anjo. Delinearemos o crescimento de crowdfunding e o marketplace de empréstimos como um setor líder FinTech e olharemos para o futuro da gestão de fortunas, mergulhando fundo no espaço de robo-advisors e modelos de negócios.

Você terá uma visão das últimas tecnologias que facilitam maior performance em investimento coletando e aproveitando o conhecimento da multidão, incluindo como um hedge fund crowdsourced poderia operar. Finalmente, ampliamos a perspectiva e olhamos o poder dos governos de criar estruturas apoiando o setor de angariação de fundos e o de (Fin)Tech globalmente.

Investimento e Capital – De Volta ao Básico

Por Richard Goold
Chefe de Tecnologia Jurídica, EY (Reino Unido e Irlanda)

Neste capítulo veremos:

1. A "escada financeira": o processo completo de finança corporativa de financiamento de startup a capital de crescimento, private equity e saídas/IPOs; e
2. Construção de uma plataforma em que se possa investir – questões legais, contábeis e fiscais importantes sobre as quais todas as equipes fundadoras devem estar ciente.

A Escada Financeira

Considerarei o ciclo de vida de uma empresa de FinTech olhando para as opções de financiamento e pontos de uma trajetória de alto crescimento:

- O que se entende por capital de risco, capital de crescimento e capital de expansão? Quais são as diferenças e os aspectos fundamentais de cada tipo de financiamento?
- Quando o capital privado pode entrar em campo?
- Quais são as vantagens e desvantagens de ter uma empresa de FinTech pública?

Capital de Risco – O Básico

O capital de risco (venture capital) descreve as formas mais arriscadas de investimento que se pode realizar em empresas (o "risco" dá a dica). No entanto, muito da mecânica usada por capitalistas de risco (CRs) são projetadas para eliminar o risco do investimento do ponto de vista do investidor. Antes de aprofundar essas proteções, descreverei mais detalhadamente as várias fases de capital de risco no ecossistema FinTech de hoje.

Muitas vezes, as empresas começam a jornada de angariar fundos com o que já tem (prolongando uma vida sem capitais de terceiros) ou levantando o mínimo para começar – isso normalmente é chamado de "round family and friends", que é geralmente a fonte típica desse capital inicial.

Isso seria então seguido por um round anjo, o que pode levar a um round de sementes (seed), embora os dois termos sejam utilizados de forma quase intercambiável agora. Normalmente um round de sementes é um round de investimento de, geralmente, até £1 milhão. Round de investidores sementes são frequentemente investidores-anjo muito ricos, embora estejamos começando a testemunhar um aumento do fenômeno nos Estados Unidos de rounds de sementes guiados por instituições. Nesta fase de desenvolvimento de uma empresa, esse é o investimento mais arriscado – pode haver pouco mais de uma equipe e uma ideia, com o capital semente que está sendo usado para desenvolver o produto. Rounds de sementes normalmente oferecem proteções aos investidores, tais como garantias, cláusulas restritivas e outros convênios para a empresa, mas os investidores normalmente não esperam o estilo mais pesado de proteções institucionais que o CR exigiria. Isso reduz o processo legal e, portanto, o custo de angariar dinheiro.

Um round A (geralmente entre £1m e £7m atualmente, mas estão ficando maiores) muitas vezes é conduzido por um CR institucional, e os termos seriam mais protetores e extensos do que aqueles apresentados por um anjo.[1] Os modelos de documentos contêm um termo de compromisso, um acordo de acionistas e um conjunto de artigos de associação. Eles não são para os fracos de coração (só o acordo de acionistas tem mais de 60 páginas) e são complexos por necessidade, assim como as proteções que CRs insistem em ter para resguardá-los (em down rounds e no caso de a empresa se tornar insolvente) são multicamadas. Em essência, CRs geralmente querem seu dinheiro de volta no caso de a empresa se tornar insolvente ("uma preferência em caso de liquidação") e ter o conforto de saber que, se o dinheiro irá para a empresa no futuro em uma avaliação mais baixa do que aquela em que eles estão investindo, eles receberão uma recompensa (por meio de uma "proteção antidiluição").

Outros elementos-chave são:

- Garantias

  Estas são promessas contratuais da empresa (e, possivelmente, dos fundadores) para o estado legal, fiscal e assuntos financeiros da empresa;

[1] Aqueles que foram envolvidos na comunidade de investimento por algum tempo foram parte de uma iniciativa em conjunto com a British Venture Capital Association para atrair os parâmetros da negociação para tais processos e um conjunto de modelos de documentos podem ser encontrados em: <http://www.venturecentral.co.uk/model-documents/4585713181>.

- Cláusulas restritivas

  Estas são as cláusulas que impedem os fundadores de competir com a empresa ou fazer outras coisas para prejudicar os negócios da empresa; e

- Covenants

  Estes são encontrados tanto no sentido positivo (por exemplo, a gestão concorda em fazer certas coisas, tal como fornecer informações aos investidores) quanto no negativo (por exemplo, a gestão concorda em não fazer certas coisas, tais como se desviar do plano de negócios acordado).

Rounds B e Além

Rounds B, rounds C e além são frequentemente descritos como "Capital de expansão". A partir do momento em que uma empresa mudou por meio de um round A bem-sucedido, espera-se que a tecnologia ganhe alguma tração séria, os clientes sejam conquistados semana a semana, e é hora de ampliar a força de trabalho – particularmente a força de vendas. É aqui que o capital de expansão entra em campo. Ele é um campo competitivo para os CRs, e até que a empresa seja rentável e esteja pronta para expandir, é hora de ser exigente e escolher o investidor com networking e experiência para você.

Capital de Crescimento

Capital de crescimento às vezes é usado como sinônimo de capital de expansão, mas no Reino Unido é mais tipicamente investido em empresas de menor risco, que já são rentáveis e que não tenham passado por extensas rodadas de capital de risco institucional.

Private Equity

Private equity pode ser encontrado em diversos cenários, mas mais comumente é uma alternativa para uma venda comercial e é o capital usado para comprar os proprietários (substituir aqueles proprietários que também podem ser diretores por um novo nível de gestão). A casa de private equity, então, incentiva os gestores a ampliar a empresa por meio de participação direta.

Seguem as diferentes formas de aquisições de gerenciamento usando private equity:

a. *MBO* – management buyout – quando a gestão de níveis inferiores existente utiliza private equity para comprar a gestão de nível superior existente;
b. *MBI* – management buy-in – quando a nova gestão do negócio entra ao mesmo tempo que o investidor de private equity para substituir a antiga gestão inteiramente; e
c. *BIMBO* – buy-in management buyout – um híbrido dos anteriores em que alguma gestão existente se junta à nova gestão.

Quando se Tornar Público?

Nos últimos cinco anos, os mercados de capitais não tem operado na Europa tanto quanto gostaríamos, mas o apetite dos investidores públicos para FinTech aumentou enormemente, e com o mercado de investimento alternativo (AIM – do inglês, alternative investment market), o novo segmento de alto crescimento na London Stock Exchange e o principal mercado em si se soltando, mercados públicos são, certamente, uma opção para as empresas. Muitas empresas de FinTech ainda não estão prontas para ir a público, e acho que veremos um número significativo de IPOs de FinTech nos próximos cinco anos.

Os mercados públicos são de especial interesse para as empresas que têm qualquer nível de consumidor – se o conhecimento da marca pode ser aproveitado por meio de um IPO que pode ser ligado a angariar fundos criando um evento de saída para alguns dos investidores iniciais (sem os fundadores perderem o controle da empresa), um IPO pode ser um ganha-ganha para a empresa, a gestão e os investidores.

Empreendedores, tenham cuidado: a vida de um CEO de empresa pública, com todos os roadshows com investidores e governança corporativa a considerar, certamente não é para todos. Aqueles que gostam da sala de reuniões fechada, o toque mais ágil de um conselho menor, com menos governança, preferem muitas vezes angariar capital privadamente (para construir em direção a uma venda comercial).

Construindo uma Plataforma em que se Possa Investir

Ter a melhor ideia do mundo não significa que você construirá a melhor empresa do mundo. O estado de direito, impostos, armadilhas a evitar e questões-chave de contabilidade precisam ser encaixados para criar uma plataforma investível.

O ritmo frenético de uma startup de FinTech significa que a posição fiscal da empresa e os fundadores podem ser facilmente esquecidos. Arrumar a papelada no início é importante. Parte disso é arranjar a equipe certa de consultores, mas todas as equipes de gestão precisam estar cientes da contabilidade, do jurídico e das questões de impostos que os investidores institucionais vão querer ver no lugar antes de investir.

Cuidado com o Leão

Em uma saída que oferece os retornos que empresários FinTech esperam, ter sua casa em ordem desde o início, pode significar, pelo menos aqui no Reino Unido, a diferença entre um imposto de 10% e um imposto em excesso de 45%. Não só isso, mas a fatura fiscal virá no final, e não como uma surpresa desagradável numa fase inicial do ciclo de crescimento. O jogo certo é assegurar que todo o ganho seja tratado como um ganho de capital, em vez de renda, que é tributado mais punitivamente.

Ações de Fundadores

O ponto de partida é os fundadores da empresa criarem uma empresa e emitirem ações para si próprios nas alocações decididas no início. A emissão de ações exigirá uma ata de reunião do conselho, a emissão de certificados e, mais importante, colocar os nomes dos fundadores no registro de acionistas da empresa. Uma situação a evitar é deixar essas formalidades até a primeira rodada de investimento. Até então, a empresa terá valor, o que significa que o fisco pode dizer que quer imposto de renda sobre o valor das ações emitidas para os fundadores, porque eles são empregados. Esse é um dinheiro que ainda não existe, é claro. Dependendo dos direitos que as ações têm, pode ser necessário que os fundadores assinem o que é chamado de eleição da seção 431, para garantir que todas as saídas de rendimentos estejam sujeitas a ganhos de capital de imposto e não imposto de renda.

Opções de Gestão de Ações

Se as coisas correrem bem, então a equipe fundadora pode querer trazer e incentivar novos talentos. Emissão de ações livres para a equipe de gestão daria origem ao imposto de renda sobre o valor das ações quando novos funcionários se juntarem, e provavelmente não terão o dinheiro para pagar pelas ações. Muito melhor lhes dar opções de ações da EMI, que têm valor de mercado. EMI significa "incentivos de gestão empresarial", um arranjo de opções de ações especificamente projetado para fornecer uma poderosa ferramenta para o recrutamento e recompensa de empregados em empresas em crescimento. Eles são turbinados do ponto de vista fiscal: não há nenhum imposto adiantado e nenhum imposto quando as opções são trocadas por ações, e um ano após o empregado ter recebido as opções EMI, há apenas 10% de imposto quando as ações eventualmente são vendidas.

Investimento-anjo – Acesso a "Smart Money" para Financiar as Melhores Empresas de FinTech

Por Susanne Chishti
CEO & Fundadora, FINTECH Circle; Presidenta, FINTECH Circle Innovate

O "round anjo" é normalmente o primeiro round de financiamento externo para injetar dinheiro em uma startup de FinTech por alto valor de rede (HNW – do inglês, high-net worth) e autorizado. A maioria das grandes histórias de sucesso da tecnologia foi apoiada por investidores-anjo fantásticos que realmente acreditavam na equipe e na visão e ajudaram a fazer o trabalho. Assim, cada empresa de FinTech precisa de grandes anjos FinTech apoiando-as por todo o caminho. Este capítulo ajuda líderes de finanças e tecnologia a descobrir como podem se beneficiar tornando-se investidores-anjo FinTech.

Então, como você pode aproveitar o enorme crescimento do setor FinTech? As duas principais opções são: ou se tornar um empreendedor tentando construir a próxima história sobre FinTech de sucesso ou tornar-se um investidor-anjo de FinTech. Como um investidor-anjo, você investirá seus fundos pessoais para ajudar os melhores empresários FinTech a construir seu negócio, a fim de vendê-lo ou ir a público muitos anos depois de fazer um bom retorno. As mais valiosas empresas do setor de financiamento de amanhã estão sendo formadas hoje, e se você só investir em ações cotadas em bolsa e fundos, essas oportunidades não estarão disponíveis para você. Os investidores privados podem ser parte da viagem, desde o início, fornecendo capital muito necessário para as melhores startups e pequenas e médias empresas (PMEs).

David S. Rose, fundador do New York Angels, resumiu muito bem, fornecendo o seguinte exemplo: "Esta forma de investimento pode ser extremamente lucrativa. Quando Ben Silberman aproximou-se do New York Angels em abril de 2009, em busca de um pequeno investimento em sua ideia de catálogo interativo móvel, ele cotava sua empresa em $2,5 milhões. Hoje, pouco mais de quatro anos depois [2013], Pinterest é avaliada em $3,8 bilhões – Um aumento de 152.000%".[1] Assim, os investidores-anjo que apoiaram o round inicial de financiamento fizeram muito bem. Em 2015, Pinterest Inc. angariou $367 milhões, dando ao site uma valorização de $11 bilhões e tornando-se uma das startups mais valorizadas por capitalistas de risco do mundo.[2]

Então, como você pode se envolver, como você pode se tornar um investidor-anjo? Dois princípios fundamentais devem se aplicar – inicialmente, investir apenas no que você conhece, e em segundo lugar, só investir o dinheiro que você pode se dar ao luxo de perder. Parecido com o crowdfunding, não há nenhuma garantia de que você terá o seu investimento de volta. Investidores HNW muitas vezes usam uma estratégia de alocação de ativos na construção de suas carteiras de investimento que pode consistir de uma carteira central de investimentos passivos (por exemplo, fundos negociados em bolsa) em combinação com uma série de investimentos satélites, tais como a propriedade, fundos de cobertura, private equity e commodities. O importante é nunca colocar todos os ovos na mesma cesta – uma lição que todos nós já ouvimos antes.

Então, onde é que o investimento-anjo se encaixa? O que diferencia os investidores-anjo de sucesso do resto é a sua paixão por uma determinada indústria por causa de sua experiência e habilidades anterior. Muitas vezes essa paixão e profundo domínio de conhecimento os capacita a escolher os vencedores. No pós-investimento, anjos inteligentes gostam de desempenhar um papel ativo no sucesso da empresa, fazendo tudo ao seu alcance para ajudar a empresa a crescer. É por isso que todos os empresários FinTech precisam de seus anjos!

Anjos FinTech muitas vezes vêm dos serviços financeiros e/ou setores de tecnologia que combinam domínio profundo de conhecimento em bancos de varejo, corporativo, e de investimento, gestão de ativos, gestão de fortunas, ou transação bancária com a compreensão da tecnologia e a curiosidade para explorar novas tecnologias, como a inovação blockchain, por exemplo.

Então onde os investidores-anjo fazem os melhores retornos? Existem poucas estatísticas, e muitas estão desatualizadas. No entanto, uma pesquisa recente de investidores-anjo intitulada "A Nation of Angels" foi publicada no Reino Unido, com respostas de 403 anjos e retirando dados de sindicatos

[1] David S. Rose, Angel Investing – *The Gust Guide to Making Money & Having Fun Investing in Startups* (John Wiley & Sons, 2014).

[2] *Wall Street Journal*, artigo escrito por Yoree Koh em 16 de março de 2015: <http://www.wsj.com/articles/pinterest-raises-367-million-at-11-billion-valuation-1426538379>.

de anjos e redes formadas por 8 mil investidores individuais que partilhavam os detalhes de seus investimentos de melhor e pior performance de investimento.[3] A tecnologia financeira saiu na frente com FinTech como o setor mais lucrativo para o investimento-anjo, fornecendo o mais alto crescimento em relação a qualquer outra indústria.

O relatório indica também que esses investidores iniciais são cada vez mais jovens no Reino Unido, formados cada vez mais pelo público feminino e estão cada vez mais propensos a apoiar empresas fora de sua área local. Em 2008, a idade média de um investidor-anjo no Reino Unido era de 53. Em 2015, 44% dos investidores-anjo do Reino Unido tinham menos de 45 anos, e quase 3/4 estavam abaixo dos 54 anos. A proporção de anjos femininos era de 14%, contra apenas 7% em 2008. O aumento das redes de anjo só de mulheres ajudou a diminuir um pouco o hiato de gênero, mas o Reino Unido ainda fica atrás dos EUA, onde 20% dos anjos são do sexo feminino. Assim, o setor de FinTech precisa de mais investidores-anjo e que mais anjos do sexo feminino se juntem para garantir que as melhores empresas obtenham financiamento.

Então como você se torna um investidor-anjo? Quais são as áreas-chave que você deve conhecer para quando começar a investir?

- Diversificação é a lei.

  Entre os investidores privados e CRs espera-se muitas vezes que pelo menos metade de seus investimentos falhe, assim, de dez investimentos, pelo menos cinco falharão, três ou quatro podem retornar o investimento original e um será o grande vencedor, caso em que a saída será tão extraordinária que compensará todas as perdas. Assim você confia que 10% de seu portfólio gere retorno suficiente, de modo que o retorno do portfólio global seja atraente. O problema para os investidores é que ninguém sabe quem serão os vencedores, portanto, investir em empresas em fase inicial é um jogo de números. David Rose resumiu da seguinte maneira: "Vários estudos e simulações matemáticas têm mostrado que é preciso investir a mesma quantidade de dinheiro de forma consistente em, pelo menos, de 20 a 25 empresas antes de seus retornos começarem a aproximar-se do retorno típico de mais de 20% [ao ano] para investidores-anjo profissionais ativos".[4]

- Entender o ciclo de vida do investimento/escada financeira de uma startup.

  O investimento-anjo normalmente vem após o round family and friends e antes do financiamento CR, e se concentra em valores entre £100 mil e £1 milhão. No entanto, essas linhas estão se embaraçando, como vimos com o FINTECH Circle, a primeira rede anjo da Europa focada exclusivamente em oportunidades FinTech, onde coinvestimos com CRs de fase inicial durante 2015. Você também precisa estar ciente de que toda empresa de sucesso precisará de mais dinheiro para crescer, e sua participação será diluída, a menos que você seja capaz de se juntar aos rounds seguintes.

- Dealflow é crucial para identificar oportunidades de alto potencial.

  Quanto melhor o seu dealflow, mais provável é que escolha um vencedor. Portanto, a melhor estratégia é alinhar-se com os investidores de pensamentos iguais e tornar-se conhecido no mercado, para que as melhores empresas de FinTech se aproximem de você antes de se aproximar de outros. Na maioria das vezes os investidores-anjo se juntam em sindicatos, onde combinam seu conhecimento e experiência na avaliação de empresas e, em seguida, coinvestem. Sem grande dealflow, você poderia ser o melhor selecionador de estoque, mas isso não ajudaria, porque as oportunidades que você vê são limitadas.

- Os melhores anjos fornecerão "smart money".

  Quando as empresas começam a crescer, não precisam só de dinheiro, mas de mentores/conselheiros (cujos interesses estejam alinhados com os fundadores) para ajudá-las a ampliar o seu negócio. Essa ajuda pode significar apresentá-los a seus contatos e rede de potenciais parceiros e clientes. Isso pode significar ajudá-las a validar hipóteses de negócio importantes, fornecendo recursos (a que não teriam acesso) ou ajudando-as com sua proposta de valor e modelo de negócio para alcançar encaixe de produto/mercado. Ser um anjo é essa oportunidade de ser ao mesmo tempo um investidor e mentor/defensor das startups que apoiou. Você está ao lado delas, e elas sabem disso.

- Investimento-anjo é pessoal.

  Como um investidor, você precisa, de todo o coração, apoiar a equipe fundadora, o que normalmente significa que você deve gostar, confiar e acreditar nela para executar seus planos. Você vai querer gastar tempo e energia com as empresas de FinTech que apoia para entender suas origens e se elas têm o que é preciso para ter sucesso. O investimento-anjo

---

[3] "A Nation of Angels, Assessing the Impact of Angel Investing across the UK", Enterprise Research Center, janeiro de 2015: <http://www.enterpriseresearch.ac.uk/wp-content/ uploads/2015/01/ERC-Angels-Report.pdf>.

[4] David S. Rose, Angel Investing – *The Gust Guide to Making Money & Having Fun Investing in Startups* (John Wiley & Sons, 2014).

leva tempo para construir o relacionamento de ambos os lados, uma vez que é igualmente importante para os empresários sentirem-se confortáveis com seus investidores.

- Avalie seu pitch, apresentação e tecnologia.

  O que investidores de documentos principais muitas vezes observam são resumos (que é um documento importante, pois se isso não vende a oportunidade, o investidor não olhará mais), plataformas de investidores, planos de negócios ou previsões financeiras. Assim, é fundamental gastar tempo preparando bem o convés do investidor e também torná-lo visualmente atraente. As primeiras impressões contam em papel, online e pessoalmente. A fim de avaliar a solução de tecnologia proposta, os anjos aproveitarão a sua própria experiência e rede de contatos relevantes na indústria.

Agora vamos supor que você tenha encontrado uma grande empresa de FinTech em um Angel Network Event, conheceu os fundadores pessoalmente, realmente gostou deles e do seu produto, discutiu o seu lance com outros anjos FinTech que também querem apoiá-lo na forma de um sindicato de anjo (em termos de experiência combinada e redes disponíveis em todos os serviços financeiros e tecnologia), e agora você quer ir além. Essa próxima fase é chamada de "diligência prévia", em que é fundamental explorar os detalhes da equipe de gestão, os produtos/serviços e a tração, o tamanho do mercado e oportunidades de expansão global, rota para estratégias de mercado, vantagem competitiva e opções de saída. A diligência prévia pode ser feita em conjunto, ou um anjo pode assumir a liderança. O difícil próximo passo é chegar a um acordo sobre uma avaliação. Normalmente as empresas de FinTech terão uma ideia sobre quanto valem e sobre quanto dinheiro estão procurando. Esta será normalmente parte do pitch disponibilizado aos investidores-anjo. No entanto, avaliações nunca são fixas, e podem ser negociadas levando em conta:

- Métricas competitivas, ou seja, quais são as outras empresas de FinTech que valem a pena nesta fase de desenvolvimento?
- Quais as expectativas de crescimento e de valorização para a empresa no futuro?
- Quanto você pode se dar ao luxo de investir, tendo em conta que quer construir um portfólio anjo diversificado de empresas e que participação acionária gostaria em troca?

Essa, obviamente, não é uma lista completa, já que livros foram escritos sobre o tema da "valuation", que é uma combinação difícil de ciência e arte, especialmente para startups. O processo de negociação é, novamente, uma oportunidade de entrar em mais detalhes sobre a liderança da empresa e discutir questões importantes em termos de controle e tomada de decisões, incluindo a proteção dos acionistas minoritários, tudo resumido no importante "acordo de acionistas". Além disso, haverá outros documentos para assinar, dependendo de em que país você está baseado, em um processo que pode ser muito complexo e cansativo para os empresários FinTech, que ficam sempre aliviados quando o processo de captação de recursos acaba, uma vez que é uma distração para os seus negócios. Após o investimento, o objetivo principal de anjos inteligentes é adicionar valor às suas empresas de FinTech. Supondo que você é um investidor-anjo com grande conhecimento em alguns dos setores pelos serviços financeiros, tais como varejo, banco corporativo ou de investimento, gestão de ativos, gestão de fortunas, transações bancárias/pagamentos, ou criptomoeda/tecnologias blockchain, seus contatos e experiências anteriores serão extremamente valiosos para os fundadores, e você deve tentar ajudá-los sempre que puder.

Finalmente, um benefício muito importante de investimento-anjo é não monetário. Pode ser gratificante conhecer empreendedores, ser mentor e orientá-los, sentir a emoção quando as coisas vão bem e tentar encontrar soluções quando ocorrem desafios. Criar o seu portfólio FinTech de investimentos-anjo será uma experiência incrível. É empreendedorismo sem a responsabilidade e ajuda você a acompanhar as tecnologias disruptivas e tendências mais recentes e é satisfatório ser capaz de devolver. Assim, há definitivamente um lado social do investimento-anjo. Para aqueles investidores que querem investir em startups de FinTech, mas não têm tempo para ser anjos ativos ou podem não ser autorizados a escolher os seus próprios investimentos, existem fundos especializados com foco em investimentos complementares em empresas de FinTech.

Anjos do FINTECH Circle que participam de grandes startups e eventos educativos, são convidados a orientar os melhores empreendedores FinTech, e são intelectualmente desafiados e estimulados, o que ajuda a ver o futuro das finanças e beneficiar-se pessoalmente da revolução FinTech. Você e sua rede anjo podem financiar as melhores startups de FinTech, colocando as bases para o sucesso futuro delas!

Crowdfunding e Mercado de Empréstimo (P2P) – Mercados de Capital Online como Novas Classes de Ativos para Acessar Financiamento

Por Brian W. Tang
Diretor Administrativo, Asia Capital Markets Institute (ACMI)

Mercados de capital online são plataformas FinTech que facilitam a captação de recursos acessando "dinheiro de outras pessoas".

Em relação a esta categoria de finanças de internet, portais de equity crowdfunding estão rompendo o mercado de capital de risco (CR), permitindo investimentos diretamente nas empresas startups privadas e plataformas de empréstimo, e plataformas peer-to-peer (P2P) estão rompendo o mercado bancário facilitando empréstimos a pequenas e médias empresas (PMEs). Esse novo modo de pooling de capital e de securitização está atualmente sendo expandido em áreas como o comércio de faturas e de investimento imobiliário. Esses tipos de investimentos podem fornecer oportunidades para indivíduos e proprietários de ativos e gestores para fazer alocações de portfólios potencialmente não correlacionados. Ao mesmo tempo, essa forma de financiamento alternativo permite que os originadores sindicalizem as exposições ao risco de balanços e as PMEs e os empreendedores, incluindo outras empresas de FinTech, financiem a inovação e criem empregos.

O potencial de crescimento é enorme. O relatório de 2015 de Goldman Sachs intitulado *Socialization of Finance* chamou crowdfunding de "potencialmente o mais disruptivo de todos os novos modelos de financiamento". O Banco Mundial estima que os investimentos de crowdfunding em países em desenvolvimento por si só poderiam chegar a $96 bilhões por ano até 2025. A empresa de capital de risco Venture Foundation Capital, cujo portfólio inclui uma participação do Lending Club, que encenou a maior IPO tecnológica dos EUA em 2014, afirma que o mercado de empréstimos é um mercado de $1 trilhão.

Portanto, não é surpreendente que já tenham começado os debates sobre se tais mercados de capital online estão criando novas classes de ativos de investimento. Mas será que o setor tem os ingredientes críticos para a criação de uma ou mais classes de ativos sustentáveis?

O Paradigma da Divulgação como Base dos Mercados de Capital Globais Modernos

A chave para a integridade de todos os mercados de capitais e intercâmbios que visam tocar o "dinheiro de outras pessoas" é a confiança necessária na qualidade da análise da transparência/divulgação e diligência prévia de gatekeeper independente/análise de classificação de crédito.

Na preparação para a criação do US Securities Act de 1933 e do Securities Exchange Act de 1934, em que a regulação dos mercados de capitais modernos a nível mundial baseiam-se, o Juiz do Supremo Tribunal de Justiça dos EUA Louis D. Brandeis gracejou: "Diz-se que a luz solar é o melhor dos desinfetantes; a luz elétrica é o policial mais eficiente".

O princípio por trás do Paradigma da Divulgação é bastante simples: as empresas de responsabilidade limitada foram historicamente criadas para buscar "o dinheiro de outras pessoas" para as empresas de alto risco e de alto crescimento (tais como expedições comerciais ao Oriente) quando os credores tradicionais não estavam dispostos a estender o crédito. Em troca de uma parte proporcional dos lucros, os "levantadores" de capital foram obrigados a divulgar periodicamente todas as informações relevantes relacionadas com sua condição financeira e de performance de operação para permitir que investidores tomassem suas decisões de investimento de comprar, vender, manter e precificar esses títulos. Essa divulgação deve ser completa e não deve ser enganosa nem conter omissões relevantes.

Nesta base, as primeiras famílias abastadas e, em seguida, investidores institucionais seguiram o advento do sistema de pensões e apólices de seguro, e eventualmente "mães e pais" mais comuns poderiam investir e comercializar, direta ou indiretamente, esses títulos. Essas novas classes de ativos incluíam os investimentos em ações de companhias abertas listadas em bolsas de valores, em títulos soberanos e corporativos, bem como em empresas privadas, por meio de CR e empresas de private equity.

O Paradigma da Divulgação provou ser um mecanismo de política de proteção dos investidores relativamente rentável. Baseia-se, implicitamente, no juízo crítico dos profissionais do mercado de capital em relação a qual informação é material que deva ser divulgado a diferentes classes de investidores, de acordo com seus níveis assumidos de sofisticação financeira. Plataformas atingindo investidores de varejo precisam, portanto, de mais proteção de divulgação e investimento do que os investidores institucionais e qualificados. A execução sobre quaisquer deficiências é efetuada por meio de uma ação reguladora e/ou litígios privados, dependendo da jurisdição.

Assim, o profissionalismo dos gatekeepers do mercado de capital tanto externos (tais como bolsas de valores, bancos de investimento, advogados, auditores e agências de avaliação de crédito) quanto internos (conselheiros e diretores, como CEOs, CFOs, secretários da empresa, o conselho geral e de relações com investidores), bem como a educação financeira adequada dos investidores, são fundamentais para o funcionamento eficiente e a integridade de nossos mercados de capital globais.

O Resultado da Crise Financeira Mundial, Regulações, Multas e Perda de Confiança

A crise financeira global de 2008, desencadeada por fatores incluindo uma ampla venda equivocada de títulos garantidos por hipotecas subprime, resultou em uma onda inicial de regulação prudencial focada em risco sistêmico, estabilidade financeira e níveis de capital para lidar com as instituições financeiras que foram consideradas "grandes demais para falhar". Um tsunami de legislação e regulamentação se seguiu. Por exemplo, a Reforma Dodd-Frank de Wall Street e o Consumer Protection Act dos EUA resultariam em 849 páginas e 396 requisitos de elaboração de regra que Brown Brothers Harriman estimou totalizará em mais de 25 mil páginas quando concluído. Em março de 2014, o procurador-geral dos EUA Eric Holder esclareceu que "nada é grande demais para a cadeia". Desde então, vários bancos globais foram processados e declarados culpados em acusações criminais, tais como evasão fiscal, violações das sanções norte-americanas e manipulação do mercado de câmbio. Com base na pesquisa da CCP Research Foundation, os custos de risco de conduta bancária (incluindo provisões) para 2010–2014 subiu para mais de £200 bilhões, com acusações de má conduta, vendas errôneas e fraude. Ao mesmo tempo, os reguladores de valores mobiliários estão cada vez mais focados em garantir a divulgação eficaz por meio da comunicação e do esclarecimento de investidores em linguagem simples, em vez de ofuscar riscos com clichês volumosos e linguagem repetitiva que surge de uma mentalidade automática de "mero cumprimento".

Risco de Conduta como um Novo Foco Central de Regulação e Supervisão Financeira

No despertar do escândalo de manipulação da taxa de juros Libor, a Joint Parliamentary Commission on Banking Standards do Reino Unido publicou o seu relatório de 2013, Changing Banking for Good. Em todo o mundo, o foco de bancos centrais e reguladores de valores mobiliários, que vão desde a Financial Conduct Authority do Reino Unido e o Federal Reserve Bank dos EUA à Securities and Futures Commission de Hong Kong, deslocou-se para os aspectos culturais e éticos das instituições financeiras para lidar com o "desvio ético" percebido que deu origem ao aumento do risco de conduta. Reguladores agora esperam uma melhor gestão e responsabilidade individual por má conduta.

As propostas de códigos de toda a indústria de conduta estão ganhando força, como a Holanda exigindo juramentos de banqueiros e a Fixed Income Currency and Commodities (FICC) que a Market Standards Board proposta na recente Fair and Effective Markets Review do Banco da Inglaterra. Iniciativas voluntárias abundam, incluindo a iniciativa Australian Banking and Finance Oath, o Banking Standards Board do Reino Unido e o Malaysian Financial Services Professional Board. A iniciativa originada por alunos de Harvard, MBA Oath, mostra a importância dada pela geração millennial em buscar carreiras com propósito e contribuição positiva. Ainda assim, o maior desafio à frente encontra-se em "dar vida" e operacionalizar tais códigos e juramentos para promover o profissionalismo no serviço de clientes e como parte da sociedade.

Confiança e Regulação de Mercados de Capital Online Evoluindo Rapidamente

Os proponentes de crowdfunding, empréstimos de mercado e outros novos modelos de negócios de plataformas de captação de recursos devem ser igualmente dispostos e capazes de demonstrar um nível de confiabilidade em seus processos e padrões. Isso é especialmente verdade em um momento em que seu estatuto jurídico pode ser obscuro. Caso contrário, crises surgirão, e a desconfiança na indústria emergente poderia resultar em formas de regulação de proteção dos investidores que podem impedir excessivamente o crescimento nascente do setor. E esse requisito de demonstrar confiança aplica-se às próprias plataformas, assim como aos agentes de ecossistemas emergentes.

Enquanto isso, os desenvolvimentos são rápidos à medida que esse espaço evolui rapidamente. No Reino Unido e nos Estados Unidos, o ambiente de baixas taxas de juros levou investidores institucionais a tornarem-se os credores de mercado dominantes. Ao mesmo tempo, o mercado de "IPO privados" tem tido um crescimento explosivo, com empresas-unicórnio de $1 bilhão, mais avaliações de pré-IPO excedendo o valor de todas as IPOs de tecnologia baseadas em CR no ano até a hoje – isso demonstra o enorme interesse em ser capaz de investir em empresas privadas que poderiam ser o próximo Google ou Facebook. Talvez ironicamente, os mercados de capitais online têm alcançado níveis mais elevados de democratização na participação de investidores de varejo em países como a China, que, de acordo com Wangdaizhijia, tinha pelo menos mais de 1.500 plataformas P2P em operação no final do ano passado. Algumas das razões para isso incluem suas ofertas competitivas, em comparação com os bancos incumbentes estatais e uma alta penetração de banda larga móvel que ajudou a criar uma forte cultura de transações online através das gigantes da internet Alibaba e Tencent. O enorme aumento do mercado chinês de ações tipo A desde o fim do ano passado também animou empresários e investidores individuais em relação à angariação de fundos e possibilidades de criação de riqueza rápida que os mercados de capital podem proporcionar. No entanto, as bolhas de hoje podem levar à mentalidade de rebanho, precificação errônea de risco, um aumento no número de especuladores, um declínio na qualidade dos ativos de ofertas e pressões para cortar custos. Isso, por sua vez, pode levar a lágrimas no futuro.

Educação Profissional para o Avanço do Ecossistema de Mercados de Capitais Online

De acordo com o TrustBarometer 2015, de Edelman, serviços financeiros permanecem como a indústria menos confiável mundialmente. É essa perda de confiança pública que tem, de fato, ajudado a FinTech a emergir e ganhar tração rapidamente nos últimos anos. Uma lição crítica que participantes de finanças na internet também devem aprender da progressão do foco regulatório dos serviços financeiros é a importância da reputação e do reforço do profissionalismo como um mecanismo autorregulatório para ajudar a ganhar a confiança de consumidores e reguladores. Uma pesquisa acadêmica da Carnegie Foundation for the Advancement of Teaching identifica três elementos críticos na formação profissional: identidade profissional, habilidades analíticas e conhecimento prático. Em relação aos mercados de capitais, isso significa cultivar os valores centrais e papéis dos participantes em lidar com "o dinheiro das outras pessoas" e financiar crescimento econômico real. Isso também significa aperfeiçoar habilidades profissionais em dar voz a tais valores frente a dinâmicas organizacionais, pressões competitivas e complexidade em lidar com assimetria de informação sistêmica.

Políticos e participantes da indústria podem e devem continuar a debater a extensão em que a participação do varejo nos mercados de capitais online deve ser expandida para além de investidores qualificados e profissionais. Diferentes abordagens surgirão, como pode ser visto a partir do limite anual da Malásia sobre a participação em crowdfunding de cada indivíduo ao licenciamento de portais crowdfunding do JOBS Act dos EUA. A criação recente de um centro de inovação da Australian Securities and Investment Comission é uma ótima ideia para permitir o diálogo das partes interessadas em curso e pilotagem de pequena escala de novos modelos de negócios. A indústria também pode se beneficiar de diretrizes práticas que não são meros checklists. Em última análise, os mercados de capitais de qualidade contam com a diligência prévia de qualidade e divulgação de qualidade.

O profissionalismo FinTechnológico e a educação dos investidores dessa nova forma de investimento e seus riscos são essenciais para ganhar a confiança do consumidor e evitar excesso de regulamentação e processos caros. Isso foi reconhecido por várias iniciativas da indústria, tais como o Código de Conduta para plataformas e a nova Carta dos Direitos de Crowdfunding recentemente atualizados da European Crowdfunding Network.

Mais pode e deve ser feito. Apenas assim os mercados de capitais online manterão sua promessa de facilitar novas e sustentáveis classes de ativos de investimento que beneficiarão investidores e empreendedores igualmente e de forma econômica para estimular a inovação e o crescimento da economia real para servir a nossa sociedade mais ampla.

O Espaço de Investimento Digital – De Negociação Social a Serviços Bancários Privados Digitais – Um Setor FinTech Feito para Disrupção?

Por Michael Mellinghoff
Diretor Administrativo, TechFluence

Em meados dos anos 1990, a indústria de fundos de investimentos apresentou taxas de distribuição para recompensar seus parceiros de distribuição para promover seus próprios fundos para investidores privados. A redução da margem para os provedores de fundos mútuos era imensa. Um fundo que na época cobrava uma taxa de administração de 1% de repente teve que pagar em uma base recorrente metade da taxa de administração para o distribuidor, que vendeu o fundo para o cliente. Isso diminuiu a margem do fornecedor do produto em pelo menos metade, o que marcou o início de um desenvolvimento negativo do mercado para os fabricantes de produtos e, para os investidores desses produtos, em favor dos distribuidores dos produtos. Clientes ao longo do tempo pagaram a conta por meio de taxas de administração mais elevadas, já que os fabricantes de produtos aumentaram suas taxas de administração e cobravam taxas de distribuição ainda mais elevadas, uma vez que o nível de taxa muitas vezes era expresso como uma porcentagem da taxa do fundo de investimento de gestão.

Essas altas margens de lucro são uma das razões pelas quais os concorrentes digitais entraram no campo de gestão de ativos e fortunas por que eles têm a chance de capturar fatia de mercado suficiente para sobreviver à concorrência futura ainda mais feroz entre o mundo tradicional e o digital, o que provavelmente levará a uma redução global das taxas. Além disso, décadas de mau desempenho de fundos de ativos mútuos levaram a uma saída em massa da categoria para o benefício de opções passiva e ETF de baixo custo, bem como as classes de ativos alternativos e instrumentos. Ao mesmo tempo, a demanda do cliente muda rapidamente à medida que as taxas de juros muito baixas em todo o mundo fomentam a necessidade de poupadores e investidores de agir de forma mais ativa do que no passado, ou seja, assumir riscos maiores e investir mais do que anteriormente ou começar a investir em classes de ativos que apresentam maior risco. Além disso, a tecnologia permitiu que clientes de varejo se tornassem mais independentes de seus assessores de produtos em bancos ou empresas de consultoria. Os clientes aplicam seu comportamento digital do setor de e-commerce para suas necessidades financeiras e, portanto, abrem-se a ofertas financeiras digitais. Esses comportamentos digitais mudaram mais rapidamente do que os bancos poderiam adaptar seus serviços oferecidos, especialmente porque depois da crise financeira tiveram que se concentrar em salvar a indústria por meio da adaptação a um novo regime regulamentar, em vez de manter-se atualizados sobre suas ofertas digitais. Digital challengers abraçaram a oportunidade, e os primeiros a se moverem entre as startups do FinTech têm atraído atenção substancial por causa disso e continuam a impulsionar a mudança no setor FinTech, que é complexo, por definição, já que o ambiente regulatório é mais exigente do que em outros setores.

Extrapolando essas tendências, é justo supor que os ativos disponíveis aumentarão para digital challengers e, assim, aumentarão a pressão das margens para os players tradicionais que serão forçados a cortar custos e refocar seus modelos de negócios. Os primeiros digital challengers dos players tradicionais em matéria de investimentos digitais eram empresas de social trading e empresas que oferecem serviços de consultoria de investimento automáticos ("robo-advisors"). Os primeiros operadores no mercado na área de robo-advisors inovaram o modelo de negócio e não competiram em relação ao preço. Como o robo-advisor permite que todos os participantes do mercado concorram pelo cliente privado, muitos players no universo financeiro explorarão o mercado de consultoria de investimento automatizado: bancos, corretores online, gestores de ativos etc. começarão a oferecer serviços de robo-advisors gratuitamente. O mercado dos EUA, sem surpresa, começou a mover-se nessa direção, como Charles Schwab contra-atacou a entrada bem-sucedida da Wealthfront no mercado, oferecendo serviços de robo-advisors gratuitamente. Um ponto de interrogação para o momento permanece: se os players não financeiros entrarão no espaço de assessoria automatizada, como fizeram com sucesso em outras áreas, por exemplo, os bancos de supermercados no Reino Unido como o Tesco Bank, M&S Bank, ou Banco da Harrods. Esses desenvolvimentos podem resultar em margens reduzidas no varejo, e os players tradicionais centrarão suas atividades em áreas mais complexas do mercado, que promoverá a concorrência e levará a uma concentração do mercado nessa parte do mercado ao longo do tempo também.

Quanto mais o serviço de robo-advisors cresce como um cogumelo, mais diferentes algoritmos competirão no futuro e se alinharão ao longo do tempo. Os provedores independentes de robo-advisors são obrigados a continuar se esforçando para inovar e, ao longo tempo, oferecer mais serviços ligados como um conceito que pode ser rotulado como o "portfólio falante". A Internet das Coisas criará modelos completamente novos de negócios e mercados em todos os aspectos de nosso estilo de vida atual. Questões de dinheiro não estão excluídas disso. Por exemplo, os carros de autocondução, mais a Internet das Coisas, mais o seguro permitirão, no futuro, um monte de soluções sob medida no espaço InsuranceTech.

A Internet das Coisas também terá um impacto sobre a nossa economia e cultura de investimento. O mundo dos investimentos verá desenvolvimentos semelhantes aos do mundo dos seguros: por que apenas postos de gasolina e hotéis devem ser exibidos no Google Maps? Por que não o próximo consultor (humano) de investimentos disponível? Por que um sistema de navegação em um carro alugado não oferece a opção de escolher uma rota otimizada por portfólio? Esse serviço forneceria informações sobre as empresas que estão direta ou indiretamente ligadas às participações do portfólio atual do investidor: apenas as estações de gás da Royal Dutch Shell, nenhum outro local de fast food além da Starbucks seria exibido, e, claro respectivos vouchers seriam dados a acionistas etc. Como carros que dirigem sozinhos estão ligados a geladeiras e outros aparelhos domésticos, o "motorista" tem tempo de considerar as decisões sobre se hoje ele gostaria de otimizar seus gastos familiares diários na otimização de seu portfólio de negociação de curto prazo ou do portfólio de investimento de longo prazo. Com base no tempo real global e tempo de espera projetado para o drive thru do McDonald's, o próprio portfólio emitirá recomendações de compra e venda sobre as ações do McDonald's. Além disso, a geladeira ou freezer terá um botão para solicitar apenas comida otimizada pelo portfólio, dizendo-lhe todas as manhãs que se você e todos os outros usuários usarem esse serviço, o ganho financeiro conjunto será "x"% p.a. sobre o capital investido. As participações do portfólio e do seu retorno esperado serão reajustadas automaticamente com base na atividade de compra agregada de todos os frigoríficos inteligentes conectados. Esta tendência pode resultar na formação de grupos de interesses especiais/comunidades baseadas em torno de estilos de investimento. Análises de estilo de vida privada e os negócios dos investidores por meio de aparelhos inteligentes certamente resultarão em recomendações de compra ou venda para determinadas classes de ativos ou valores mobiliários.

Embora esses desenvolvimentos pareçam ficção hoje, vemos apenas o começo de estruturas de robo-advisors que permitem empresas startup entrarem em um negócio de margem elevada. Serviços de consultoria se tornarão uma commodity. Ferramentas mais sofisticadas, que permitem aos investidores, por exemplo, excluir determinados fornecedores de produtos das classes de portfólios ou de ativos únicos ou mesmo ações individuais, serão capazes de oferecer isso como um serviço premium de geração de taxa, que pode ser paga em moeda fiduciária ou moeda social, ou seja, modelos de partilha de dados pessoais. A competição tradicional entre os gestores de carteira sobre o melhor desempenho, pelo menos parcialmente, será substituída pela concorrência dos melhores algoritmos dos prestadores de análise automática. Os desenvolvimentos tecnológicos impactarão, assim, todas as partes da cadeia de valor da gestão de riqueza. Sucedidos algoritmos de investimento sofisticados também serão oferecidos por meio de canais B2B como serviços de robo-advisors com um toque humano. O UBS já está utilizando dados inteligentes verificados pelos consultores do cliente para otimizar os retornos de portfólio. À medida que mais plataformas de negociação social emergem e produzem mais perfis de usuário, os serviços de consultoria – online e humano – serão adicionados às plataformas, ajudando os investidores a escolher o melhor mix de usuários em seu portfólio de negociação social.

Como serviços de robo-advisors entraram no mercado recentemente, nos próximos anos, não serão a concorrência direta entre consultoria automatizada e serviços de consultoria humanos, sejam eles baseados em agência ou online. Com o tempo, isso levará a modelos híbridos, como é justo supor que a crescente complexidade dos algoritmos levará à necessidade de apoio humano, criando assim também novas oportunidades de emprego. O consultor de investimentos do futuro não escolherá ações ou classes de ativos em nome do cliente, mas lançará uma consulta sobre algoritmos ou até mesmo ajudará a adequá-los. Resumindo, a indústria FinTech está estabelecida para romper a área de investimento digital como um todo, começando com os modelos comerciais B2C, com B2B seguindo em breve. Toda a cadeia de valor da gestão de riqueza estará sob tremenda pressão para mudar e adaptar. Os novos concorrentes têm a capacidade e agilidade para oferecer produtos e serviços digitalmente, e os players de sucesso continuarão a inovar. A Internet das Coisas e os wearables impulsionarão esse desenvolvimento. Players tradicionais devem usar o seu período de carência à medida que ainda recebem taxas de retorno elevadas do passado, investindo sabiamente e tentando competir com os novos players FinTech e ativamente procurando colaboração com empresas de tecnologia.

Abrindo Caminho com uma Abordagem a Crowdfunding Orientada por Investidores

Por Christopher Smith
Antigo Editor de Conteúdo, SyndicateRoom

Em junho de 2015, a palavra "crowdfunding" foi adicionada ao Dicionário Oxford de Inglês, juntamente com o verbo "crowdfund" e o adjetivo "crowdfunded". Então quer dizer que a inclusão em um dicionário significa que crowdfunding tornou-se popular e que já não faz parte do mercado de financiamento alternativo? A resposta é: ainda não.

Crowdfunding (financiamento coletivo) é ainda um conceito de financiamento relativamente novo. Globalmente, está crescendo rapidamente, mas também é diversificado e está em constante evolução. Além disso, seu desenvolvimento e crescimento podem variar de país para país, dependendo de fatores regulatórios, econômicos e sociais locais, entre outros. A consciência sobre crowdfunding, em comparação com o mercado de financiamento estabelecido, ainda é baixa e há alguns desafios críticos – em particular em torno da educação, da transparência e da proteção dos investidores. Essas questões têm que ser tratadas antes de o crowdfunding poder atingir o seu pleno potencial.

O termo "crowdfunding" pode significar coisas diferentes para pessoas diferentes, pois há uma série de modelos. De um modo geral, eles se dividem entre os que não fornecem um retorno financeiro (modelos baseados em doação ou em recompensa, tais como Kickstarter) e aqueles cujo objetivo é proporcionar um retorno financeiro (plataformas baseadas em capital, como Companisto e SyndicateRoom, ou plataformas baseadas em empréstimos, como o Funding Circle).

Dos diferentes modelos, o mais complexo é, sem dúvida, o equity crowdfunding, no qual os investidores recebem ações da empresa em troca de seu investimento. Grande parte da complexidade é devida aos aspectos regulatórios desse tipo de financiamento.

Nos Estados Unidos, as barreiras jurídicas têm retardado o desenvolvimento de equity crowdfunding, embora isso esteja mudando desde que as regras Regulation A+ entraram em vigor em 2015. As empresas podem agora assegurar financiamento via equity crowdfunding, desde que cumpram um conjunto de leis específicas e padrões.

No caso da Europa, porém, a crescente popularidade do equity crowdfunding tem pego muitos de surpresa – especialmente os reguladores. Lá o equity crowdfunding é mais avançado do que em outras regiões do mundo. No entanto, o mercado é altamente regulamentado, e há uma variedade de quadros jurídicos nacionais diferentes.

Uma crítica publicada em dezembro 2014 pela Rede Europeia de Crowdfunding afirma: "Nós ainda estamos longe de um mercado único harmonizado de crowdfunding, talvez ainda mais do que no ano passado".[1] Em vez disso, um número crescente de países da UE está implementando regulamentos específicos nacionais para crowdfunding. Os três principais mercados de crowdfunding europeus apresentam modos diferentes para facilitar o crowdfunding. Na França, o governo tem apoiado o crowdfunding e introduziu regras e regulamentos para empréstimos peer-to-peer e de equity crowdfunding em outubro de 2014. Estes são destinados, em primeiro lugar, a proteger os investidores.

Do outro lado da fronteira, na Alemanha, os novos regulamentos foram aprovados em abril de 2015, e não eram tão onerosos quanto alguns na indústria de crowdfunding temiam, mas que ainda impunham limites aos investidores de varejo, como um limite de investimento de €10.000, se mostrarem que podem suportar a perda, ou €1.000, se eles não puderem.[2]

No mercado europeu líder de crowdfunding – Reino Unido –, a abordagem adotada pela Financial Conduct Autority (FCA) foi encaixar o crowdfunding no quadro regulamentar existente, em vez de criar um regime regulamentar inteiramente novo.

Diferentes marcos regulatórios não são o único desafio a ser superado antes de plataformas de crowdfunding poderem operar em uma base pan-europeia. Como a Rede Europeia de Crowdfunding informou, um único mercado harmonizado para crowdfunding ainda está a alguma distância no futuro. No entanto, há uma série de outras questões fundamentais a serem abordadas pela indústria de crowdfunding no mesmo período.

1 <http://www.eurocrowd.org/files/2014/12/ECN-Review-of-Crowdfunding-Regulation-2014.pdf>.

2 <http://www.eurocrowd.org/2015/04/germany-adopts-crowdfunding-rules/>.

O crowdfunding, e o equity crowdfunding em particular, ainda é muito novo; sua existência é medida em anos, em vez de em décadas ou séculos, em relação aos serviços bancários.

Embora esteja crescendo rapidamente, ainda representa apenas uma pequena fração do setor financeiro, e muitas pessoas não estão familiarizadas com ele. Há, portanto, uma necessidade clara de educação, tanto no caso dos investidores quanto por parte das empresas em busca de investimento.

Uma pesquisa realizada pela NESTA no Reino Unido para seu relatório "Understanding Alternative Finance"[3] revelou que 60% dos consumidores entrevistados disseram que é 'pouco provável' ou 'muito pouco provável' que comecem/continuem usando plataformas de financiamento alternativas, citando preocupações sobre riscos percebidos e falta de informações sobre os indivíduos e empresas que financiariam".

Da mesma forma, um relatório da Comissão Europeia[4] afirma que em muitos casos os investidores continuam suficientemente informados sobre o risco real de investimento, o que exatamente eles receberão em troca de seu investimento, e outros aspectos, tais como direitos de voto.

Alguns sites de plataformas de crowdfunding fornecem esse tipo de informação em seus FAQs, páginas de "ajuda" ou na documentação de investimento.

Não é apenas uma questão de educar investidores, mas também de transparência e proteção dos interesses das partes interessadas. A "multidão" é composta de indivíduos que podem ou não ter experiência ou conhecimento dos mercados financeiros. Como pode então a multidão fazer o seu melhor para garantir que eles estejam tomando as decisões corretas? Nem sempre é fácil para eles, já que certos elementos de investir via crowdfunding são menos evidentes em algumas plataformas do que outros.

Uma das principais diferenças entre as plataformas de crowdfunding, que podem ter o maior impacto sobre os investidores, é o modelo de investimento. Existem dois modelos atuais de investimento de equity crowdfunding: guiada pela empresa e guiada pelo investidor.

Com a abordagem "guiada pela empresa" para crowdfunding, a empresa em busca de capital define seus próprios termos de investimento e decide sua própria avaliação. Naturalmente, procurará definir a melhor valuation (avaliação) possível para si, dando a quantidade mínima de participação para garantir o financiamento do qual necessita. Os potenciais investidores são, então, deixados a decidir se querem ou não investir nessa avaliação ou não.

Essa abordagem é boa para a empresa, mas pode não ser a melhor para o investidor. No Reino Unido, nos últimos meses, várias avaliações de crowdfunding guiadas pela empresa têm sido objeto de discussão acalorada, com alguns comentaristas sentindo que são irrealisticamente altas e que os investidores podem perder como resultado. Como pode então um investidor garantir que esteja investindo em uma empresa com a melhor valuation possível? A resposta é ter um anjo ao seu lado.

Qualquer um que tenha visto *Dragons' Den* ou *Shark Tank* ocasionalmente viu os dragões/tubarões picotarem a valorização de um empreendedor de seu próprio negócio. Até certo ponto, isso é compreensível, porque empresas startup ou em início de carreira muitas vezes têm pouco em termos de ativos ou receitas, e, como resultado, as avaliações tendem a ser altamente subjetivas.

Claro que isso torna a TV convincente, mas o ponto importante é que os dragões/tubarões, ou anjos de negócios, como eles são mais comumente conhecidos, geralmente têm anos de experiência empresarial.

Longe de reality shows, o modelo de crowdfunding liderado pelo investidor envolve um anjo de negócios ou principal investidor concordando com uma avaliação em que esteja disposto a investir na empresa. O objetivo é chegar a uma valorização negociada com a qual ambas as partes fiquem felizes. No processo, o anjo geralmente realiza ampla diligência prévia, querendo gastar o tempo e os recursos necessários, já que potencialmente investirá uma soma considerável de dinheiro. Um relatório da NESTA, "Siding with the Angels",[5] destaca o valor dessa abordagem, revelando que os anjos que realizaram pelo menos alguma diligência, mesmo que por apenas 20 horas, experimentaram menos investimentos fracassados do que aqueles que não a fizeram.

Do seu lado, o investidor de equity crowdfunding comum é então capaz de beneficiar-se do envolvimento do anjo e investir nas mesmas ou semelhantes condições que ele.

AngelList – com sede nos EUA, e SyndicateRoom, do Reino Unido, são apenas dois de um punhado de plataformas que operam um modelo guiado pelo investidor. Suas oportunidades de investimento envolvem um ou mais

[3] <https://www.nesta.org.uk/sites/default/files/understanding-alternative-finance-2014.pdf>

[4] Crowdfunding Innovative Ventures in Europe: <http://goo.gl/Ol8Clv>.

[5] <http://www.nesta.org.uk/sites/default/files/siding_with_the_angels.pdf>.

anjos e, em certas ocasiões, CRs. Isso proporciona aos investidores a garantia de que um profissional experiente está realizando a diligência prévia e negociação necessárias para garantir que o investimento seja devidamente precificado. O fato de que o anjo está colocando a sua própria "mão no fogo", investindo seu próprio dinheiro, dá garantia adicional para os investidores. Essa garantia porém, não vem totalmente sem custo para os investidores AngelList, já que os sindicatos recebem carry (um imposto sobre os lucros dos investidores).

Investimentos adequadamente precificados não são o único fator para ajudar a proteger os interesses dos investidores. No caso de SyndicateRoom, um aspecto da sua abordagem guiada pelo investidor que beneficia os investidores é que eles recebem a mesma classe de ações e preço que os anjos, estejam investindo £1.000 ou £100.000. Eles também têm os mesmos direitos em seguir seu dinheiro em rounds posteriores, o que lhes permite evitar a diluição excessiva.

Isso não é o caso em plataformas de crowdfunding que operam o modelo guiado pela empresa, já que as empresas podem optar por emitir mais de uma classe de ações. Muitas vezes, os fundadores obtêm ações A, enquanto os investidores comuns obtêm ações B, que vêm sem voto ou direito de preferência. Isso é relevante porque os investidores comuns podem muito bem ver sua participação fortemente diluída, se a empresa embarca em mais de um round de financiamento em uma maior valorização.

O modelo guiado pelo investidor de crowdfunding tem claras vantagens para os investidores em relação ao modelo guiado pela empresa. Como o crowdfunding continua crescendo, questões como a proteção dos investidores, transparência e educação assumirão uma importância cada vez maior, não apenas no mercado do Reino Unido, mas também em toda a Europa. Empresas que colocam o investidor em primeiro lugar estarão bem posicionadas para aproveitar essas mudanças. Será que "guiado por investidores" será adicionado ao Dicionário Oxford de Inglês um dia? Certamente é uma questão de tempo.

Meu Robo-advisor era um iPod – Aplicando as Lições de Outros Setores na Disrupção FinTech

Por Paolo Sironi
Formador de Opinião, Wealth Management Investment Analytics, IBM

As FinTechs estão assumindo as manchetes devido ao seu potencial de romper os serviços bancários, desmembrar instituições financeiras e derrubar barreiras de entrada com o uso de armas digitais.

Dentro do ecossistema FinTech, robo-advisors ganharam impulso para aconselhar ou gerenciar fortunas em detrimento das instituições estabelecidas e estão prestes a se tornar os novos precificadores da relação bancária. Eles apareceram pela primeira vez por volta de 2010 e saltaram para o topo da tabela de inovação disruptiva alguns anos mais tarde, devido a um conjunto de fatores simultâneos:

- Uma mudança na regulação do mercado para favorecer assessorias com taxas pontuais, o que está afetando os mercados globais;
- Um crescimento significativo nos ativos sob gestão que os robo-advisors poderiam captar em um tempo relativamente curto;
- O reconhecimento de atrair não só clientes de baixa margem, mas também investidores ricos e de alta renda líquida, que foram previamente pensados para serem um segmento-alvo exclusivo de empresas de consultoria tradicionais mais caras.

No entanto, nem todas as FinTechs abordando finanças pessoais podem ser classificadas como robo-advisors, e nem todos os robo-advisors são FinTechs puras.

"O que é um robo-advisor?"

A terminologia "robo-advisor" ("assessor-robô") é bem jornalística: eles não são sempre robóticos e nem sempre fornecem assessoria. Robo-advisors (1.0) são soluções de investimento automatizadas que fornecem balanceamento automatizado de portfólio usando algoritmos de trading baseados em investimentos passivos e estratégias de diversificação, que envolvem indivíduos utilizando ferramentas digitais com experiência avançada de usuário, guiando-os por meio de um processo de autoavaliação e moldando seu comportamento de investimento visando a tomada de decisão rudimentarmente baseada em objetivos. Segue-se que robo-advisors devem apresentar pelo menos alguns desses quatro elementos, se não todos:

- Fornecer acesso digital completo;
- Realizar reequilíbrio de portfólio automatizado;
- Adotar indexação ou gestão passiva;
- Personalizar-se aos objetivos e comportamentos do cliente.

"A tecnologia robô é realmente disruptiva?"

Responderemos a esta pergunta referindo-nos à teoria da inovação, o que nos permite estabelecer um paralelo entre a disrupção da indústria da música pelo iPod e a natureza inovadora de robo-advisors no setor bancário. Em primeiro lugar, não limitamos a tecnologia a um conceito ligado ao uso de algoritmos ou instrumentos digitais (por exemplo, tablets), mas definimos tecnologia como qualquer processo pelo qual uma empresa (por exemplo, um banco) transforma a informação e os dados, o trabalho humano, ou capital em produtos ou serviços de maior valor. Isso é de extrema importância, porque a maioria das transações bancárias são essencialmente "imateriais" e podemos atribuir ao conceito de tecnologia os três elementos da digitalização, o rebalanceamento de portfólio automatizado, e princípios de investimento baseados em objetivos (GBI – do inglês, goal-based investing). Explicaremos por que este último desempenha um papel-chave na evolução de robo-advisors. Em segundo lugar, a tecnologia evolui continuamente dentro e fora das empresas. A introdução da nova tecnologia modifica a forma como as empresas operam e como os consumidores acessam serviços e produtos. Por isso, usamos o termo inovação para indicar qualquer mudança de tecnologia existente usada por uma empresa e reconhecemos que tal mudança pode assumir duas formas: inovação disruptiva ou inovação sustentável:

- Inovação sustentável refere-se a quaisquer melhorias no desempenho do produto, sendo de natureza incremental ou mais radical, que permita que uma empresa aumente a qualidade da sua oferta, para afastar a concorrência, ou para incrementar as margens comerciais, operando a custos mais baixos ou com preços mais altos acessíveis. Finanças estruturadas ou fundos de investimento seriam alguns exemplos.
- Inovação disruptiva, ao contrário, poderia resultar em um desempenho pior do produto, pelo menos em curto prazo. Tais produtos revolucionários são geralmente mais baratos, mais simples ou mais convenientes de usar e atraem novos clientes ou criam novas necessidades na clientela existente.

Robo-advisors classificam-se como tecnologia disruptiva porque são mais baratos do que os serviços de consultoria tradicionais, mais simples de acessar, atraem novos clientes e criam uma nova necessidade na clientela existente. O investimento baseado em objetivos, que robo-advisors representam de forma rudimentar, pelo contrário, é um caso de inovação sustentável, que concederá aos robo-advisors mais inteligentes a oportunidade de saírem da disruptiva, mas desagradável, área de negócios de baixa margem e atingir um crescimento orientado pela margem ao longo do tempo. Empresas tradicionais normalmente enfrentam dois desafios em vida: decidir quanto investimento precisa ser dedicado a sustentar a inovação e, mais importante, reconhecer que a inovação disruptiva pode ser a principal razão para o fracasso ou o sucesso de marcas estabelecidas, embora essa inovação possa parecer antieconômica em curto prazo. Os bancos não estão excluídos da necessidade de resolver esse dilema.

"Como a inovação sustentável e a disruptiva interagem para moldar o futuro bancário?"

De acordo com Clayton M. Christensen,[1] existe uma relação entre a inovação e a indústria/desempenho do produto ao longo do tempo (isto é, a qualidade dos serviços bancários): parece haver uma quantidade fixa de inovação que um cliente regular pode absorver, todas as indústrias sendo iguais, portanto, há uma quantidade limite de dinheiro que os investidores estão dispostos a pagar para receber os melhores produtos ou serviços. Claramente, nem todos os investidores são igualmente limitados, o que permite que os bancos empilhem suas ofertas em diferentes segmentos: varejo, afluente, high-net-worth (HNW) e ultra-high-net-worth (UHNW). Isso é representado na figura a seguir.

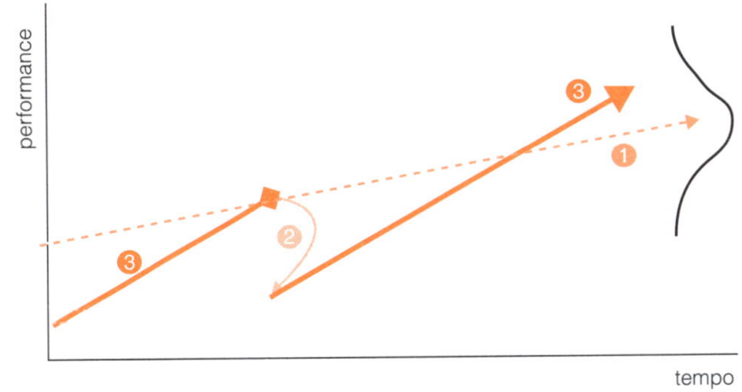

1 **taxa de melhoria:** inovação que um cliente pode absorver e sua variabilidade

2 **inovação disruptiva:** introduz produtos/serviços simplificados e menos caros, para atrair clientes novos ou menos exigentes

3 **inovação sustentável:** margens mais altas e clientes mais exigentes; assim que os produtos ganham base, o ciclo de melhoria recomeça

Figura: Inovação e indústria/performance do produto ao longo do tempo

No entanto, o tempo passa, as indústrias evoluem, a tecnologia muda, e também o comportamento dos investidores. Assim, os mercados ou segmentos podem saturar: nenhuma inovação a mais pode levar a margens comerciais mais elevadas. Isto é, quando a inovação disruptiva, como robo-advisors, tem a maior chance de sucesso. Inicialmente, as soluções disruptivas são vistas como um fenômeno confinado a clientes menos atraentes de baixa margem ou mercados distantes. Mas a inovação disruptiva pode reduzir o paradigma do produto globalmente, de modo que os clientes começam favorecendo as novas soluções e movem-se em massa em direção a novas ofertas. Isso pode deslocar players estabelecidos que não têm tempo para ajustar seus fluxos de trabalho tradicionais ou modelos de negócios. Os líderes de mercado se tornam retardatários e os novos operadores ganham impulso e começam a subir no hall da fama de marcas de sucesso. Depois disso, o ciclo de sustentar a inovação recomeça, e empresas bem-sucedidas podem alcançar margens comerciais mais elevadas, melhorando simples produtos que já foram disruptivos.

[1] <http://www.claytonchristensen.com/key-concepts/>.

Para exemplificar por que robo-advisors têm todo o potencial para ser uma tecnologia disruptiva, podemos discutir brevemente o que aconteceu na indústria da música, quando o iPod foi lançado. O primeiro player de Compact Disc (CD) foi vendido no Japão pela Sony em 1982. O CD estabilizou-se na indústria da música, definindo um padrão mais elevado e induzindo uma concorrência feroz na indústria por meio de inovação sustentável. Um período de gastos com tecnologia envolveu um grande número de consumidores que estavam comprando novos aparelhos que ofereciam altos níveis de sofisticação. Dentro de uma década, muitas famílias estavam equipadas com aparelhos avançados High Fidelity (Hi-Fi) apresentando equalizadores, subwoofers, amplificadores potentes e sofisticados headsets que os pais estavam dispostos a comprar para reduzir o ruído tarde da noite. Logo, os indivíduos chegaram a um ponto de pico na satisfação de consumo e, no final dos anos 1990, não podiam justificar pagar preços mais altos para uma melhoria marginal na qualidade da música. O mercado de música estava saturado. Steve Jobs agarrou essa oportunidade e, em 2001, lançou a versão para Macintosh do iTunes e o primeiro Apple iPod. O ponto-chave de venda do iPod não foi a melhor qualidade musical em comparação com CD players existentes. O fato é que o produto era mais barato, portátil e legal do que CD players. Aqueles que pensavam que seria um fenômeno confinado aos jovens consumidores estavam errados. A era do Hi-Fi acabou. O mais importante é que hoje a participação das vendas de iPod nas receitas da Apple é muito baixa e a Apple entrou em uma nova onda de inovação sustentável para lançar serviços e dispositivos de maior margem, como iPhones e iPads, até o Apple Watch em 2015.

"O que isso nos diz sobre o destino da gestão de fortunas?"

Tendências digitais são uma mistura de avanços tecnológicos e mudanças no comportamento dos consumidores que estão facilitando a criação de novos concorrentes para competir com os bancos tradicionais. Robo-advisors são FinTechs que tentam democratizar serviços de assessoria que têm sido sempre um *privilégio exclusivo* das instituições bancárias privadas. Começaram a visar os pequenos investidores precisando de aconselhamento financeiro, mas sem os recursos para pagar os serviços necessários. Com um investimento de nível de entrada de cerca de $5.000, robo-advisors foram feitos para atrair clientes de baixa margem e principalmente uma clientela muito jovem, cujas necessidades permaneceram não ouvidas por banqueiros tradicionais. No entanto, os robo-advisors provaram ser soluções muito atraentes não apenas para clientes de baixa renda, mas também para indivíduos ricos e de alta renda. Bancos, já reconsiderando seu foco em operações de gestão de fortunas devido ao aumento do custo de capital em serviços de banco de investimento, e a uma regulação mais apertada do mercado, ficaram bem desconcertados ao perceber que os novos concorrentes estavam ameaçando suas posições uma vez dominantes, enchendo as manchetes dos jornais e atraindo dentro de um curto espaço de tempo uma quantidade considerável de fundos de capital de risco.

Podemos concluir que os robo-advisors têm todos os elementos para ser uma tecnologia disruptiva e relegar o setor bancário a modelos de negócios mais simples e de baixa renda. Embora novos concorrentes usem armas digitais e despejem empresas incumbentes, nem os robo-advisors nem as instituições financeiras estão dispostos a investir e tornarem-se plataformas para a baixa renda. Investir com base em metas fornecerá uma saída para todos os players que dominam a batalha da inovação disruptiva. Princípios GBI já estão presentes nas proposições dos robo-advisors, mas a um nível de simplicidade que não permite aumentar as margens comerciais. No entanto, a tendência será a de que o aconselhamento financeiro e o planejamento financeiro convirjam em modelos robô. Isso permitirá que robo-advisors reúnam suas ofertas para atrair uma base de clientes mais diversificada e lhes permitirá precificar seus serviços, competindo com os serviços de maior valor agregado. A inovação sustentável que GBI pode fornecer é apoiada pelo avanço da tecnologia high-end, como a computação cognitiva e gestão de portfólio com base no risco.

"Os bancos serão extintos ou se transformarão?"

Não podemos prever se os bancos de hoje serão extintos ou se transformarão sob a pressão de mercado e dos consumidores. O último é o resultado mais provável, dadas as características únicas do sistema bancário, como uma indústria regulada e, até certo ponto, protegida. No entanto, o cenário da indústria está mudando rapidamente. O que vem pela frente não é uma competição unilateral, mas sim uma situação suscetível em que um punhado de empresas digitalmente transformadas se tornarão os novos players dominantes, enquanto que as instituições tradicionais que não queiram ou não sejam capazes de abraçar a mudança se tornarão retardatárias.

Crowdsourced Alpha

Por Vinesh Jha
CEO, ExtractAlpha

Em agosto de 2007, muitos investidores institucionais estabelecidos e neutros sofreram perdas súbitas quando algum grande investidor – procurando liquidez para cobrir perdas em outra parte de seu portfólio – liquidava parte do patrimônio que tinha sido dedicado a estratégias quantitativas ("quant"), que usava modelos de computador para selecionar ações. Como esse investidor tinha ações semelhantes a outros quants, as liquidações levaram a movimentos adversos em todas essas estratégias, e um efeito dominó se seguiu enquanto outros investidores afetados liquidavam para evitar mais perdas. Preços voltavam aos seus valores anteriores, mas na hora muitos investidores tiveram grandes perdas.

A figura a seguir, do artigo de Khandani e Lo "What Happened to the Quants in August 2007?",[1] mostra os retornos das estratégias quant na época. Essas foram estratégias neutras para o mercado projetadas para ser de muito baixo risco, e uma mudança de 2% em um único dia foi um evento totalmente fora da curva.

Os quants tiveram um risco oculto: eles compartilharam estratégias, e, portanto, posições, com seus pares. Posições comuns levaram ao risco

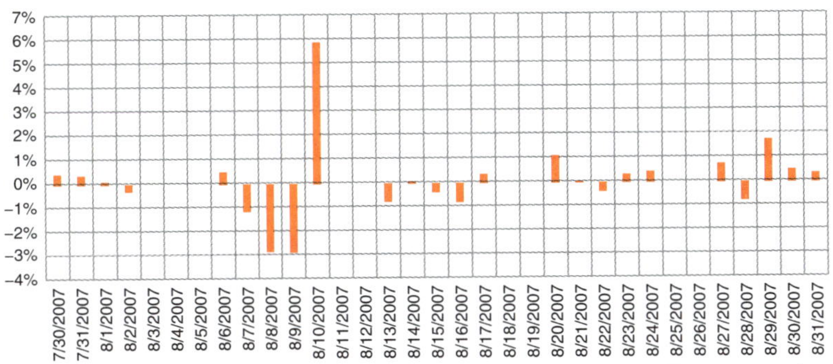

Figura: **Retorno diário para estratégia de reversão de um dia, agosto de 2007 (Khandani e Lo, 2007)**

de liquidação, alta correlação dos retornos e uma falta de diferenciação a partir da perspectiva dos investidores subjacentes. As estratégias foram semelhantes em universo, modelagem de risco, técnicas de investigação e, mais importante, fontes de alfa.

Mas por que os alfas foram tão semelhantes entre as empresas tradicionais? Porque suas fontes de dados eram idênticas. Investidores sistemáticos confiaram em dados históricos para projetar estratégias. Um punhado de conjuntos de dados – demonstrações financeiras, dados de mercado e estimativas de ganhos de corretagem – dominam essas estratégias e pesquisa acadêmicas que os inspiram.

A Necessidade de Novos Dados

Ultimamente, a demanda por alfa diferenciada aumentou, e foi atendida graças à maior disponibilidade de dados e poder de processamento. Novos dados levam a melhores resultados para os gestores que são proativos no processamento dos dados e implementação de modelos baseados nele. Surge então a questão: de onde vêm esses novos dados? Em primeiro lugar, um gestor de investimentos poderia cavar mais fundo em conteúdo qualitativo tradicional. Empresas de FinTech como AlphaSense e RavenPack fornecem dados estruturados derivados dessas fontes não estruturadas como transcrições de chamadas em conferência e notícias. Em segundo lugar, os conjuntos de dados podem ser formados como "escape" de outros processos. Dados transacionais, como os dados de ponto de venda, de fluxo de pedestres ou de tráfego web, originalmente recolhidos para outros fins, podem encontrar utilidade entre os investidores. Finalmente, os dados podem ser crowdsourced. Crowdsourcing pode ser um processo ativo: um fornecedor de dados poderia pedir às pessoas para recolher dados ou fornecer suas opiniões. A Premise Data Corp faz crowdsource de uma coleção de dados de preços sobre os alimentos em todo o mundo, levando a expectativas precisas de inflação. O crowdsourcing passivo também é possível: as opiniões podem ser colhidas a partir de blogs, mídias sociais, análises de produtos etc.

Há, no entanto, algumas ressalvas. Os dados históricos podem ser curtos ou apresentar viés de sobrevivência se excluírem empresas extintas; ou podem ser sucintos, incluindo apenas os nomes de uma indústria particular. Essas limitações dificultam fazer inferências em um backtest ou particionar dados históricos em períodos de in-sample (teste) e out-of-sample (validação). Os dados podem estar em um formato desagradável, sem identificadores limpos, e em muitos casos deve-se fazer o trabalho duro de extrair sentimento ou

[1] *Journal of Investment Management*, 5, 29–78.

outras informações a partir de dados não estruturados. Essas dificuldades não são insuperáveis, e os retornos para os fornecedores de dados ou consumidores que se esforçarem para obter e limpar esses dados podem ser significativas.

O que é Crowdsourced Alpha?

Crowdsourced alpha é o uso de *várias previsões humanas para tomar decisões de investimento*. Esses humanos não precisam saber que suas previsões estão sendo utilizadas – como nos exemplos anteriores de crowdsourcing passivos. Elas não precisam realmente ser previsões explícitas. Existem muitas empresas que tentam criar alpha de feeds do Twitter, extraindo sentimento empresarial de mensagens de até 140 caracteres.

Para fazer crowdsource alpha, precisamos de uma coisa mensurável para prever, mas para a qual precisamos de ajuda na previsão; e precisamos de seres humanos para fazer as previsões. Precisamos de alguma plataforma para a coleta de previsões. Podemos precisar fornecer algum incentivo para que as previsões sejam fornecidas – monetária (pagar-me para fazer uma previsão), com base em orgulho (eu quero ser o melhor previsor), baseada em marketing (eu quero dizer a todos que eu sou o melhor), ou com base na comunidade (eu quero compartilhar minhas opiniões). Precisamos limpar o ruído nos dados. A diversidade de opiniões ou conhecimento é útil, permitindo nos beneficiar da sabedoria da multidão na forma como é geralmente entendida. Também é útil ter uma maneira objetiva de medir as habilidades de previsão. A persistência de habilidade é valiosa. Se os bons analistas continuam a ser bons ao longo do tempo, então a habilidade é uma característica inerente dos previsores. Podemos, então, ter confiança de que valerá a pena no futuro ouvir as ideias dos principais previsores.

Um dos primeiros exemplos foi o IBES (Institutional Brokers Estimates System (I/B/E/S, como parte da Thomson Reuters)), conjunto de dados de previsão de corretores. Embora comoditizada agora, a ideia já foi uma novidade: recolher as previsões do lucro por ação dos corretores (LPA) e combiná-las em uma expectativa de consenso de ganhos. O IBES preenche as nossas necessidades: uma plataforma para as previsões estruturadas de previsões úteis, relativamente sem ruído feitas por seres humanos incentivados. Podemos discutir se esses incentivos são grandes, mas os dados são indiscutivelmente valiosos. Exibem muitos dos nossos desejos: as opiniões são um pouco diversas, embora menos em casos de grupos ou quando há orientação e valor na persistência em análise de previsão, como ficou provado no trabalho feito em StarMine – agora parte da Thomson Reuters, mas, então, independente – no início de 2000.

Tabela: Exemplos de tipos de previsões que podem ser crowdsourced

O quê	Quem	Onde
LPA, Rendas	Sell side Buy side, Independentes, Indivíduos	IBES, FactSet, CapIQ Estimize
Retornos	Pesquisa sell side Mesa de vendas sell side Bloggers financeiros e newsletters Indíviduos	IBES, FactSet, CapIQ, TipRanks TIM Group Seeking Alpha, Motley Fool, TipRanks PredictWallStreet, StockTwits
Sentimento Social	Twitters e Facebookers	Gnip, e muitos outros
Macro	Governos, Economistas	Reuters, Governo, Consensus Economics, Estimize
M&A	Boatos	Mergerize by Estimize
Strategies	Gestores de fundos Desenvolvedores	FoF, empresas multiestatais Quantopian, QuantConnect

Podemos usar a multidão para prever muitas coisas. Alguns exemplos podem ser vistos na tabela anterior.

Exemplo 1: Estimativas de Ganhos Crowdsourced

Estimize é uma plataforma inovadora em que a multidão – analistas ou investidores amadores e profissionais – fornecem previsões de futuros LPA e receitas de uma empresa. Contribuintes podem revelar o seu nome e status profissional (buy side, pesquisador independente, comerciante individual, estudante etc.). O pool de 7 mil contribuintes é dividido igualmente entre esses grupos.

Uma média simples das previsões da multidão é mais precisa do que Wall Street em 61,8% do tempo quando há, pelo menos, três previsores contribuintes. Esses números aumentam para 64,8% e 66,3% ao exigir 10 ou

20 previsores, respectivamente. Há várias hipóteses a respeito de por que a multidão seria mais precisa do que os especialistas. Embora serviços como StarMine tenham trazido mais responsabilidade para pesquisa sell side, a precisão na previsão de LPA é apenas um componente da compensação e proeminência de um analista. Existem vieses comportamentais em ganhos de estimativas sell side, incluindo a multidão. Um previsor provavelmente não fará uma estimativa notável longe do consenso, por medo de estar errado. Restrições regulamentares sobre os analistas de sell side restringem sua capacidade de produzir atualizações de pesquisa oportunas. Assim, mudanças nas previsões de sell side tendem a ser graduais. Vieses institucionais também podem existir. Muitos analistas são empregados por instituições que também incluem braços de bancos de investimento. Se esses bancos querem manter o negócio de assessoria a seus clientes corporativos, pode haver pressão para fornecerem previsões otimistas sobre determinados emissores. Nós podemos avaliar se a maior precisão ajuda os investidores observando a reação do preço das ações para as empresas que superaram as expectativas de sell side, contra aquelas que superaram as expectativas da multidão. Os preços reagem muito mais fortemente a surpresas quando são informação do público; a reação do mercado referenciado por especialistas é metade da magnitude da reação do referenciado pelo público, e reverte depois de um dia, enquanto que a reação da multidão é mais permanente. Assim, dados crowdsourced representam melhor as expectativas de lucros do mercado, e um investidor que usá-los pode lucrar com ganhos inesperados (ver figura a seguir).

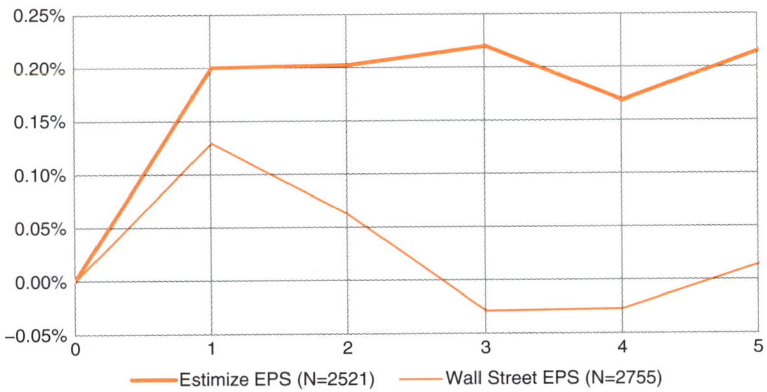

Figura: Retornos residuais cumulativos para >5% de surpresas

A precisão do contribuinte é persistente de trimestre para trimestre: contribuintes mais bem classificados são 36% mais propensos a permanecer assim no futuro, e contribuidores mal classificados, 36% mais propensos a permanecer assim. Desse modo, podemos melhorar nossas previsões concentrando-se nos melhores contribuidores.

Exemplo 2: Captura Alpha

"Captura Alpha" refere-se ao uso de ideias de pesquisas sell side e de especialistas em sales por investidores institucionais para conduzir o processo de investimento. Essas ideias são distintas das recomendações emitidas por mesas de analistas de research de corretoras, e são comunicadas de forma privada aos clientes, que compensam a corretora pelas ideias com as comissões de negociação ou dinheiro. As ideias são de prazo mais curto do que suas contrapartes de mesas de research e estão mais uniformemente distribuídas entre Compra e Venda.

TIM Group oferece a plataforma líder de captura alpha da indústria, chamada TIM Ideas. TIM Ideas tem um conjunto único de dados de ideias comerciais sobre os ativos globais de 2006 por 300 corretores e 3 mil "autores" originais. Ideias de trade não são agregadas de outra forma em um único banco de dados, e somente usando TIM podemos entender os benefícios da agregação de previsões díspares.

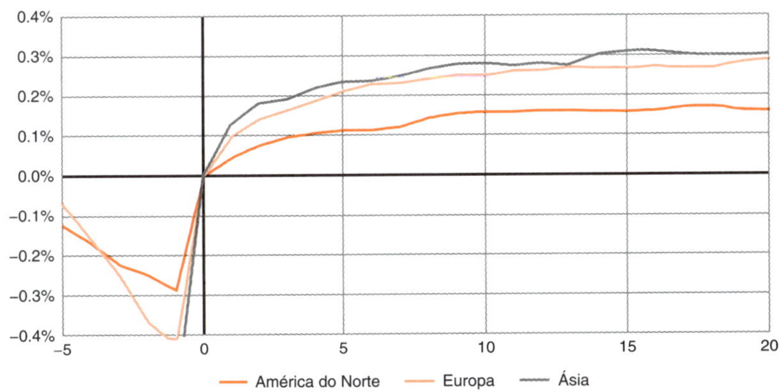

Figura: Retorno médio assinado cumulativo para ideias por região

Examinamos os retornos de uma ideia de trade – na figura anterior invertemos o sinal de modo que esperamos que os retornos para ambos, ideias de Compra e Venda, pareçam positivos. Restringimos nossa análise a ações com pelo menos $100 mil de valor de mercado, $1 mil de volume diário de negociação e $4 em preço, e ajustamos os retornos para contabilizar a indústria e fatores de riscos comuns.

Vemos fortes retornos para dez dias de negociação em todas as regiões. Devido ao curto horizonte de ideias comerciais, agir sobre elas em tempo hábil é importante. O desempenho do autor é persistente: autores que tiveram ideias lucrativas no passado continuam a fornecer ideias superiores no futuro. Os autores são 47% mais propensos a permanecer em um grupo de desempenho extremo (superior ou um quintil mais baixo) do que a cair para o quintil oposto. As melhores ideias também podem ser combinadas em um sinal de seleção de ações, o TIM Indicator. Os retornos de compra/venda para esse sinal são mostrados na figura a seguir. O índice de Sharpe bruto de uma estratégia de trading guiada por ideia é, surpreendentemente, superior a 5, e os números confortavelmente sobrevivem aos custos de transação, indicando que as ideias comerciais crowdsourced podem ser usadas para gerar alpha significativo.

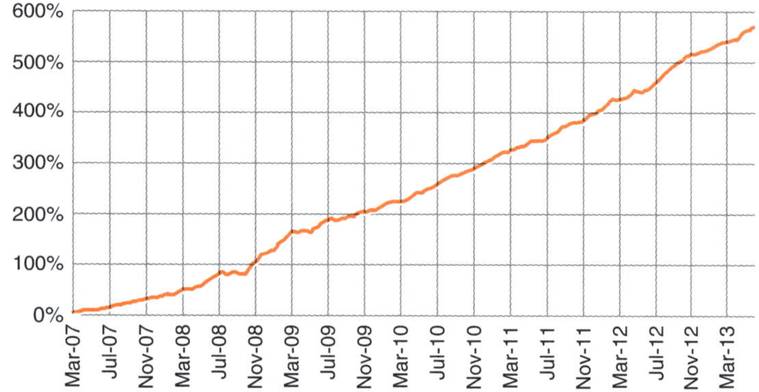

Figura: TIM Indicator retorna decis cumulativos, global

Exemplo 3: Bloggers Financeiros

A atenção para crowdsourced alpha tem-se centrado na identificação de sentimentos no Twitter. Sentimento de microblog é bem explorado, por isso focamos em um subconjunto mais relevante para finanças das mídias sociais,

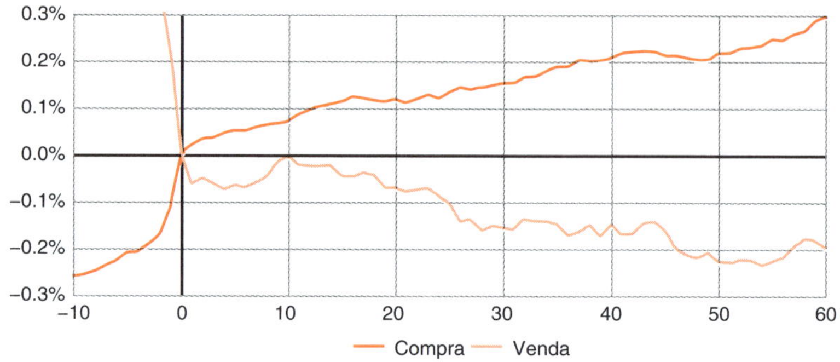

Figura: Retornos residuais cumulativos de recomendações de blogger

Tabela: Retornos históricos de portfólios neutros de mercado de equity construídos usando o TIM Indicator

Região	Retorno Anual Decil	Razão Bruta Decil	Taxa de Hits Decil % dias	Ações por Decil	Virada Diária Decil
Global	29,61%	5,52	69%	336	12%
América do Norte	20,84%	2,56	59%	164	11%
Europa (sem o Reino Unido)	42,17%	5,02	65%	56	13%
Reino Unido	44,73%	3,7	61%	25	15%
Japão	31,70%	3,19	59%	50	12%
Ásia (excluindo o Japão)	35,60%	2,79	59%	36	12%
Austrália e Nova Zelândia	36.84%	2.02	57%	13	13%

bloggers financeiros. Blogs como Seeking Alpha e Motley Fool produzem conteúdo que é projetado para prever ações, mas é subexplorado por investidores institucionais. TipRanks coleta conselhos de investimento de 65 fontes de notícias e blogs financeiros, e aplica o processamento de linguagem natural (PLN) para derivar medidas de sentimento. Cento e vinte e duas mil recomendações de mais de 4 mil autores sobre mais de 2 mil ações norte-americanas foram coletadas em tempo real, criando um conjunto robusto de sentimentos qualificados. Esses blogs são direcionados aos leitores financeiros, com artigos de investidores buy side e especialistas da indústria. Contribuintes são frequentemente compensados, e normalmente divulgam posições para mitigar os efeitos de potenciais conflitos de interesse.

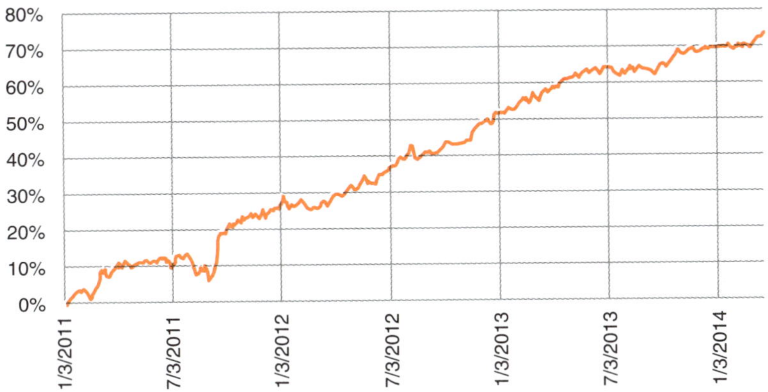

Figura: TRESS cumulativo L/S decile

Na figura anterior mostramos os retornos residuais para recomendações de Compra e Venda de posts de blogs financeiros, com o universo de antes. Devido ao foco em varejo desses posts, 84% das recomendações são Compras.

É evidente que há alpha nas postagens de blogs financeiros. Uma estratégia de investimento de mercado neutro que compra as ações com as recentes recomendações de Compra e Venda, aquelas com recomendações recentes de Venda é significativamente mais rentável, como mostrado na figura anterior, que usa os TipRanks Expert Sentiment Signal (TRESS).

Uma estratégia financeira baseada em blog demonstrou uma rentabilidade anualizada de 18,8% e um índice de Sharpe de 2,13 ao longo desse período de tempo em termos neutros de mercado, demonstrando o poder relativamente inexplorado dos dados de blogs financeiros quando implementado de forma sistemática.

Em resumo, os gestores de investimento têm agora acesso a conjuntos de dados inovadoras que fazem crowdsource alfa, e que lhes permitem diferenciar seus fluxos de retorno daqueles investidores que continuam a usar conjuntos de dados comoditizados. Estes conjuntos de dados oferecem significativas melhorias de desempenho mensuráveis sobre fontes tradicionais. À medida que mais dados tornam-se disponíveis para os gestores de investimentos e os tipos de previsões que podem ser crowdsourced se proliferam, gestores de investimentos e seus clientes serão beneficiados.

Fazer Crowdsource de um Fundo Hedge

Por Andrew Campbell
Analista de Dados, Quantopian

Investimento quantitativo, utilizando algoritmos de computador para admnistrar um portfólio, carrega enormes incentivos econômicos. Cinco dos seis melhores gestores de fundos hedge em 2014 foram quants. Os investidores quantitativos Kenneth Griffin, da Citadel, James Simmons, da Renaissance Technologies, e Ray Dalio, da Bridgewater, cada um ganhou mais de $1 bilhão em 2015. A Bridgewater tem $169 bilhões sob gestão. Seu fundo Alpha Pure algoritmicamente informado tem uma rentabilidade anualizada média de 18%, tendo perdido dinheiro em apenas três anos de sua vida de 20 anos. Ainda assim, em um mundo de 7 bilhões de pessoas, existem apenas cerca de 5 mil profissionais quants. Saltos diários em engenharia e a registrada fuga de cérebros de finanças para tecnologia são prova de que nem todos os talentos de investimentos residem nos cubículos de fundos hedge. Indivíduos de uma vasta gama de fundos são capazes de vencer o mercado. Quando agregados, esses talentos têm o potencial de competir com as melhores instituições de Wall Street.

Por que o investimento quantitativo não é maior? A vantagem financeira não deveria atrair mais pessoas para a profissão? A resposta está em duas barreiras a serem vencidas: tecnologia e histórico. Para os indivíduos, as ferramentas de investimento algorítmicas são difíceis de desenvolver e os dados são proibitivamente caros. Um quant solitário gastará muito mais tempo construindo e mantendo uma plataforma de negociação do que criará estratégias reais. Mesmo que você tenha uma plataforma de negociação, atrair investidores é quase impossível sem um histórico viável. Quem poderia confiar em você? Como um aspirante a gestor, sua única esperança é conseguir um emprego em um fundo hedge credenciado. Mas e se esse não for o caso? E se todos tivessem as ferramentas necessárias para criar um histórico e levantar o capital de apoio? Certamente, dadas as ferramentas certas, muitos cientistas, engenheiros e amadores do mundo aplicariam seu intelecto nos mercados. Essa democratização das finanças quant já está bem encaminhada. Fontes acessíveis de dados, recursos de educação gratuita, pesquisa baseada em nuvem de baixo custo, back-testing e plataformas de execução estão nivelando o campo de jogo. Mas mesmo com as ferramentas certas, indivíduos quants precisam de um terceiro que dê um selo de legitimidade aos seus backtests e resultados de negociação ao vivo. Sem uma escala imparcial para comparar os gestores, os investidores nunca aplicarão seu capital casca. Chegou a hora de dar aos aspirantes a quants a chance de ganhar. Fóruns competitivos em outros campos deram origem a redes de contratação eficientes. A arena competitiva da TopCoder para programadores e o placar de líderes de ciência de dados da Kaggle tornaram-se recursos go-to para job hunters comunicarem suas habilidades para possíveis empregadores. Certamente, o mundo das finanças quant pode seguir esse modelo. Nada mais do que uma boa ideia deve ser necessário para começar a desenvolver o histórico necessário para atrair investimentos.

A estrutura e implementação dessa plataforma de crowdsourcing quant não devem ser encobertas. É muito improvável que qualquer bom gestor esteja disposto a simplesmente mostrar seu código de algoritmo para potenciais investidores. O que evitaria que o investidor roube a ideia? Essa falha de mercado foi explorada por Kenneth Arrow em seu famoso "Arrow Information Paradox". O paradoxo afirma que a valiosa propriedade intelectual (IP – do inglês, intellectual property) só muda de mãos quando o comprador se sente confiante de que está comprando boa tecnologia a um preço justo. No entanto, se a invenção é revelada para o comprador no processo de pré-venda, isso foi, de fato, dado a ele. Como resultado, a valiosa IP provavelmente não mude de mãos sem proteção de patentes. Para evitar esses atritos comerciais de IP, todos os algoritmos de avaliação devem ser baseados na análise dos retornos de uma estratégia, e não sobre o código subjacente.

Para verificar a validade do histórico de retorno, a plataforma de investimento em si deve executar testes no algoritmo sendo julgado, mantendo seu código criptografado. Permitir que os indivíduos enviem seus próprios dados deixaria os investidores vulneráveis à fraude. Essa execução em massa e comparação de algoritmos de investimento só é possível quando os próprios algoritmos são escritos em um formato padronizado. Para tornar esse formato comum e o processo de avaliação atraente para quants, são necessários um pacote de criação de um algoritmo tudo-em-um e uma comparação robusta. Quando uma plataforma para pesquisa, escrita, backtests, implantação e comparação de estratégias de negociação torna-se um investidor em sua própria base de usuários, surge uma simbiose. Os quants obtêm uma plataforma livre para pesquisar e escrever algoritmos que permanecerão sempre como sua própria propriedade intelectual e a chance de ganhar significativo capital de apoio.

Enquanto o resto do mundo é deixado analisando declarações trimestrais em algumas dezenas de estratégias, o investidor de plataforma começa a construir seu portfólio observando minuciosamente o retorno de centenas de milhares de estratégias. Com essa massa de dados em mãos, um fundo pode investir com mais precisão nos algoritmos fortes e não correlacionados para formar um portfólio elegantemente diversificado.

Para entender toda a beleza de um fundo hedge crowdsourced, devemos primeiro definir o termo "diversificação" da teoria de portfólio. Diversificação é a pulverização sistemática do risco por meio da posse de fluxos de retorno não correlacionados. Pense no retorno diário de um ativo como a soma da sua taxa de crescimento subjacente e um fator de risco. A cada dia, o fator de risco retira um valor (que pode ser positivo ou negativo) de uma distribuição normal e adiciona-o ao preço do ativo. Esse elemento aleatório do movimento de preços define a volatilidade do ativo. Quando tivermos uma cesta diversificada de ativos, esperamos que a correlação dos seus fatores de risco seja menor. Com fatores de risco não correlacionados, esperamos que essas flutuações diárias no preço se anulem mutuamente. Ao isolar as taxas de crescimento de nossos ativos, a diversificação nos permite alcançar nossa meta de retorno com menor volatilidade.

Gestores de dinheiro usam o "índice de Sharpe" (retorno anual em excesso de um portfólio do retorno de títulos do governo livre de risco dividido pela volatilidade do portfólio) para quantificar o equilíbrio entre o risco e o retorno de uma estratégia. O índice de Sharpe é particularmente útil quando se trata de expor a diversificação dos resultados. Por exemplo, alguns cálculos simples nos dizem que um portfólio de 15 fluxos de retorno não correlacionados, cada um com um índice de Sharpe de apenas 0,2, pode produzir um índice de Sharpe agregado de 1,0. Mesmo que você esteja perseguindo altos retornos, uma estratégia com baixa volatilidade relativa ao retorno pode ser preferível. A alavancagem de empréstimos da corretora para comprar mais ativos pode ser usada para aumentar os retornos, mantendo a volatilidade abaixo de um limite aceitável.

Nos últimos 30 anos, a maior diversificação de portfólio ocorreu por meio da inclusão de tipos não correlacionados de ativos. Cada "coisa" nova que foi securitizada se tornou uma oportunidade para compensar o risco de outra classe de ativos. No entanto, em um determinado ponto, contar com ativos tradicionais para diversificar tem seus limites. Novas fronteiras para a diversificação são desbloqueadas quando os ativos em seu portfólio são, na verdade, portfólios. Imagine um portfólio de sinais de negociação em que cada sinal tenha uma determinada taxa de tomada de decisão ruim e uma tomada de decisão boa. Para minimizar o risco em um determinado nível de rentabilidade, você iria querer que decisões ruins a cada um dos sinais fossem eventos não correlacionados. Dada uma baixa correlação entre as qualidades de decisão diárias de seus sinais, mesmo uma ligeira tendência para uma boa tomada de decisão é muito provável que gere um lucro estável. A chave para reduzir a correlação entre os sinais é a diversidade de fontes de dados e interpretação dos dados.

A explosão recente na disponibilidade de dados aumentou o potencial para a diversificação de sinal. De acordo com um relatório de 2014 da IBM, 90% dos dados gerados pela humanidade foram criados nos últimos dois anos. À medida que o conjunto de dados disponíveis cresce, o potencial para a diversificação por meio de interpretações de dados se expande a uma taxa mais rápida. Com a ascensão do "big data" veio um revigoramento da atividade de P&D em estatística, machine learning e computação distribuída. Os dados estão sendo minados para novos insights e otimizações de maneiras que eram impossíveis até poucos anos. Para cada conjunto de dados adicional que se torna disponível, há dezenas de maneiras em que esse conjunto de dados pode ser usado para gerar um sinal de negociação. É aqui que entra o crowdsourcing. Ao investir em um conjunto de estratégias quantitativas sintonizadas extraídas da multidão, os inputs, os parâmetros e a teoria subjacente por trás de cada uma dessas estratégias tornam-se fontes potenciais de diversificação. Agregar estratégias em um portfólio não é uma ideia nova. Introduzido pela primeira vez na década de 1960, o modelo "fundo de fundos" tem atraído atenção e investimento substancial da mídia. No entanto, nenhum fundo já capitalizou os benefícios potenciais de talento de investimento agregado a uma escala maciça. Se assumirmos que a habilidade de gerência entre os quants independentes é normalmente distribuída, tendo algoritmos suficientes, a probabilidade de encontrar uma coleção promissora de estratégias não correlacionadas é muito alta.

Durante os últimos cem anos, os fundos hedge foram dirigidos como instituições altamente centralizadas. Apenas um seleto grupo de gestores altamente qualificados está a par do processo de investimento. Mesmo em um grande fundo, não é incomum para um player estrela tomar todas as decisões. Este paradigma concentrado de tomada de decisão está previsto para ser desafiado pela sabedoria coletiva da multidão. Quando os indivíduos em todos os lugares recebem as ferramentas para construir uma reputação e ganhar investimento, a genuína meritocracia se torna uma realidade em finanças quant.

Fornecendo Capital e Além

Por Kayar Raghavan
Investidor-anjo e Diretor Não Executivo

As pessoas usam a palavra dinheiro e capital de forma intercambiável, mas isso é um erro. O capital é escasso. Não acredite em ninguém que diga o contrário. O dinheiro, por outro lado é abundante. É por isso que vemos taxas de juros perto de zero ou negativas para o dinheiro mantido em bancos. O dinheiro não tem muita utilidade se não é produtivo. Capital, por outro lado, é o dinheiro investido de forma produtiva e implantada. É, portanto, ainda mais escasso quando se trata de anjo ou capital de risco, que é procurado para ser investido em empresas dirigidas por outros. Um blog de Reid Hoffman diz que um sócio geral olha para algumas milhares (você leu certo) de empresas antes de investir em duas empresas na melhor das hipóteses, em um determinado ano.

Por que estou dizendo isso? Quer se trate de capital público escasso fornecido para empresas startup pelos governos sob a forma de empréstimos subsidiados, equity e benefícios fiscais, ou de capitais privados fornecidos pelos investidores-anjo, capital de risco, CRs corporativos e empresas de private equity, há uma responsabilidade imposta sobre eles para assegurar que os recursos tenham um uso extraordinário. No entanto, não há muitas empresas jovens que atinjam esse limiar de bom uso, o de um potencial para produzir múltiplos retornos e outros benefícios, como a criação de emprego ou sustentabilidade ambiental para seus acionistas. Não é de admirar, também, que quase quatro em cada cinco startups nem sequer retornam o capital investido. Isso se deve também, infelizmente, a uma boa razão.

Os investidores, privados e governamentais, colocam dinheiro em startups cuja ideia, produto, equipe e habilidades de execução, juntos, podem criar valor, um imenso valor, para eles. O valor pode assumir qualquer forma. Podem ser retornos financeiros puros para os investidores privados, enquanto que para os governos e organismos quase governamentais podem ser principalmente a criação de maiores oportunidades de emprego ou ser vantajoso em áreas como a saúde pública e educação. No entanto, para que essas forças criem valor, eles exigem que os condutores subjacentes operem em conjunto e em seu potencial máximo. Todas essas variáveis/motivadores subjacentes estão interligados e, se todos existem, podem aumentar substancialmente a probabilidade de sucesso. Eles nem sempre funcionam de forma isolada, e muitas vezes são parte de um ecossistema maior. É aí que as comunidades de investidores privados e públicos podem, devem, na minha opinião, precisam muito desempenhar um papel muito mais eficaz.

Alguns investidores privados, tais como anjos e empresas de capital de risco no início, ocupam papéis ativos, tais como conselheiro, assessor, mentor, Entrepreneur in Residence (EIR) e similares, ajudando as empresas investidas de dentro e de fora, e este capítulo aborda os maiores problemas no espaço público que o capital privado e o governo podem ajudar a resolver. A resposta a algumas dessas questões é tão transformadora que pode levar até uma geração para os drivers serem totalmente eficazes. Isso ocorre porque existem deficiências estruturais, embora alguns destes podem ser específicos do país, da região ou da cultura. Algumas outras deficiências e desvantagens podem ser abordadas em um horizonte de tempo mais curto. O que não está em dúvida é que essas áreas estão em necessidade de renovação profunda e de re-engenharia, e, a menos que essa tarefa seja realizada muito rapidamente, as futuras repercussões futuras podem ser catastróficas, não apenas em termos de perda de oportunidades para a criação de emprego, um problema de primeira ordem em grande parte do mundo, mas também em causar ainda mais danos para o que já pode ser uma coesão social frágil, pelo menos em algumas cidades.

A Grande Divisa Digital

O acesso à tecnologia é uma questão fundamental da infraestrutura, em vários níveis, com enormes ramificações, mas, em particular, para o desenvolvimento de um ecossistema saudável e tecnologia geradora de empregos. Por um lado, uma grande porcentagem da população em muitos países simplesmente não tem o básico em termos de alfabetização, muito menos a alfabetização digital para acessar conhecimento, meios e bens digitais. Como a tecnologia e a inovação continuam a avançar em um ritmo rápido, a divisão se torna ainda mais aguda para os desavantajados digitais. Esta é uma divisão muito acentuada, mesmo em países avançados, quem dirá em países em desenvolvimento e subdesenvolvidos. Falta de cultura digital, combinada com o envelhecimento da população em grande parte do continente europeu, é um assunto em questão. Deixe-me amplificar isso com um exemplo real.

Graças à tecnologia, muitos dos serviços bancários e financeiros estão online. No entanto, os bancos, mesmo aqueles sedentos por capital, são obrigados a manter abertas agências totalmente inviáveis para servir aqueles que não podem acessar o internet banking e, portanto, necessitam de serviços "em pessoa". As estações de correios são mantidas abertas para aceitar pequenos depósitos e enviar pagamentos de benefícios para os idosos. O resultado disso é que o custo de distribuição e entrega permanece elevado, em detrimento do contribuinte. Isso também priva startups que fornecem esses serviços digitalmente de uma oportunidade de crescer até servir a todos aqueles que necessitam de serviços financeiros. O resultado é a perda de capital em ambos os casos: o primeiro, um caso de maior despesa pública, e o outro, um caso de perda potencial de receita.

A falta de consciência e alfabetização digital também têm outros efeitos nocivos sobre a sociedade. O número de casos de violações de dados pessoais, pessoas sendo enganadas e crimes de natureza ainda mais grave, como a segurança pessoal, que vem sendo comprometida, estão aumentando graças à divisão de alfabetização entre os digitalmente conscientes e os digitalmente deficientes. Isso, obviamente, coloca um enorme fardo sobre o erário, já que os governos têm que gastar uma grande quantidade de recursos para proteger os digitalmente inocentes dos inescrupulosos mas, digitalmente sofisticados.

A outra grande razão para a exclusão digital é simplesmente a falta de acesso. Em muitos países, a infraestrutura de comunicação não é uniforme nem plenamente confiável. Vastas áreas ainda não estão ligadas pela internet com banda larga confiável. Depois, há a necessidade de educação digital e formação nessas áreas distantes. Como, então, jovens empresas tornam seus produtos e serviços disponíveis para as pessoas e empresas nesses lugares? Mesmo se eles puderam fazê-lo, será com preços acessíveis para ambos, os compradores e vendedores? Quantos clientes potenciais estão sendo perdidos para startups unicamente devido a essa questão?

Reformulação em Larga Escala da Educação e Treinamento

Um dos maiores inconvenientes no âmbito da educação formal, observado em todo o mundo, é o fato de que grande parte do currículo permanece inalterado há anos. Adicione a isso o fato de que esses currículos muitas vezes são conduzidos independentemente das realidades da vida fora da escola e outra lacuna significativa emerge. A tecnologia está se movendo a uma velocidade supersônica, enquanto grande parte do currículo escolar se move, em sua totalidade, como um carro de boi. O ritmo de crescimento de produtos eletrônicos de consumo, serviços financeiros, processamento de big data, crescimento dos serviços de entrega através de nuvem, móvel e de mídia social não é apenas incomparável com o ritmo da educação e formação, mas a diferença é enorme e aumenta a cada dia. Isso causa, e já causou, um deficit de oferta maciço em termos de recursos técnicos para as empresas em geral, porém mais especificamente às startups, que dificilmente podem suportar os elevados custos associados à contratação de muito poucos e raros profissionais disponíveis nos campos orientados por tecnologia. Fale com qualquer cluster de startup em qualquer cidade do mundo de hoje e a falta de recursos técnicos será sinalizada como a questão número um. No entanto, outra faceta relevante do sistema de educação formal é a sua dependência por rotina de estudos e a premiação de notas altas. Isso concentra a mente dos jovens na necessidade de obter as maiores notas nas melhores escolas e universidades. Com exceção de algumas das principais universidades, não há quase nenhum reconhecimento dado à experimentação, inovação, tomada de riscos e liderança pública nos currículos da maioria das universidades, muito menos em escolas. Há também a cultura herdada na maioria das sociedades em que a falha atrai duras críticas e desgraça pública. Isso não é propício para promover um ambiente para começar uma empresa privada ou investir em uma, dado que ambas iniciativas envolvem uma inclinação a assumir riscos sem temer falha potencial.

Educação, treinamento, manter o ritmo da inovação é apenas marginalmente melhor em grandes níveis corporativos e regulatórios. Há grandes atrasos em regulamentos, mesmo em domínios relativamente mais antigos, tais como dispositivos médicos e testes de drogas, crowdfunding e e-commerce, para não falar de uma série de inovações recentes, como bitcoin, blockchain etc. Quando apenas um em 5 mil sintetizadores testados são utilizados e apenas uma em cada três drogas passa no teste para ser usada empatam em termos de números, o que é exigido dos reguladores é uma abordagem adaptativa, que é orientada para resultados. O recente caso de drogas experimentais de rastreamento rápido de Ebola deve ser muito instrutivo. Mas temos sempre que esperar por uma emergência para impulsionar mais rápido a inovação? Além disso, grandes corporações precisam reprojetar suas cadeias de fornecimento para acomodar a compra de produtos e serviços a partir de pequenas empresas. O tempo e os recursos gastos em atrair grandes corporações como clientes, apesar de um bom case de negócios, são simplesmente inacessíveis para a maioria das startups.

Financiamento do Crescimento e Oportunidades de Saída

O ecossistema startup só pode ser tão forte quanto o incentivo e as oportunidades disponíveis para jovens assumidores de risco e inovadores aproveitarem. Um dos pilares essenciais do presente ecossistema é a disponibilidade de financiamento para os primeiros estágios e para estágios sementes. No entanto, isto só é possível ou facilitado por meio da reciclagem de verbas em fases iniciais, além da injeção de novos recursos. Na essência, os primeiros anjos precisam recuperar seus investimentos iniciais, para que possam investir e diminuir o risco de novos empreendimentos.

Angariar dinheiro de outras pessoas para financiar um negócio de startup nunca é fácil. É particularmente difícil fazê-lo nos estágios iniciais, em que há pouca evidência empírica dentro da empresa para sustentar reivindicações ou projeções. Investidores-anjo entendem isso, e há, portanto, uma menor carga imposta a fundadores e startups nessa fase. Quando se trata de capital de crescimento, no entanto, a angariação de fundos assume novas dimensões em termos de complexidade. Startups muitas vezes têm que mostrar um produto ou serviço viável mínimo, um nível de tração do cliente e, mais importante, produto ou aderência ao serviço. Fundadores são, compreensivelmente, pouco inclinados a diluir tanto nesta fase, e os requisitos de capital de risco são muitas vezes bastante íngremes: de 25% a 30% de participação no nível de série A. Devido aos seus estágios, muitas startups não atraem o nível de valuation para serem capazes de dar um grande pedaço de sua empresa, e precisam de um round prévio de financiamento anjo e diluição. Os CRs, por outro lado, não estão preparados para se envolver com uma startup em que seu quantum de financiamento está abaixo de um limiar mínimo. Como CRs geralmente investem em não mais de duas empresas por parceiro por ano, em média, não é ideal, na opinião deles, que passem muito tempo com uma startup que não pode absorver um nível de financiamento com o qual eles fiquem confortáveis.

Depois, há o ponto sobre a propriedade intelectual (IP), ou melhor, a falta dela, que fez alguns fundos de risco desistirem de financiar startups. Vivemos dias de código aberto em que os desenvolvedores podem conectar-se e onde o crowdsourcing de ideias e design é quase lei. Uma vez que Elon Musk está mantendo abertos os princípios do design do projeto Tesla a ser copiado por outros fabricantes de automóveis, o IP não deve ser de grande valor para ninguém – exceto em caso raro de descoberta de medicamentos –, a não ser para manter ocupados alguns advogados de patentes. Facebook, Apple e Google têm inúmeras patentes, mas não fazem dinheiro com elas, nem qualquer uma de suas funcionalidades é totalmente insubstituível. Afinal, tudo se trata de execução; ou seja, o quão ágil a empresa e o produto são em receber o feedback do usuário, adicionar novas funcionalidades e, de forma iterativa, disponibilizar aos usuários produtos ricos em recursos, tudo pode ser feito sem um grande esforço para proteger as patentes.

Financiamento CR não está disponível para startups que não tenham tido o risco substancialmente eliminado, como vimos antes. O nível de eliminação de riscos esperado de startups por fundos de risco é alto, particularmente em áreas em que faltam precedentes. As exceções são startups fundadas ou investida por investidores que já tiveram saídas bem-sucedidas ou startups em um assunto que é a última moda e sustentada por vários CRs ao mesmo tempo. Todas as outras precisam beijar vários sapos antes de encontrar um príncipe CR. Mesmo quando encontram um, os termos são proibitivos em relação às disposições antidiluição, sem contar os custos por conta de diligência e opções de ações de alocação para mentoria impostas à startup. Muito disso é simplesmente inviável para muitas empresas jovens. Nenhuma surpresa, então, que o delta entre o financiamento anjo e o financiamento CR seja, muitas vezes, referido como o "vale da morte".

O descompasso de oferta e demanda para o financiamento do crescimento é, portanto, muito acentuado, resultando em um esforço monumental, causando distração e consequente disrupção da vida da startup com o resultado de que muitas empresas lutam para obter financiamento do crescimento. Qual é, então, o remédio?

Um país pequeno como Israel, que está em segundo lugar apenas atrás dos Estados Unidos em número de empresas de tecnologia listadas na Nasdaq, tem muito a nos ensinar aqui. Em 1993, o governo israelense criou a Yozma, um fundo de fundos de $100 milhões que em três anos gerou 10 fundos de capital de risco. Em cada um, Yozma, um parceiro privado de Israel, e um parceiro privado estrangeiro com experiência comprovada de gestão de fundos, investiram quantidades aproximadamente iguais. Desde o início, o governo de Israel deu aos parceiros do setor privado uma opção de comprar sua participação nos fundos em condições atraentes –, um fato muitas vezes ignorado pelos outros governos que copiam o modelo Yozma. Essa opção foi exercida por oito dos dez fundos, de forma rentável para o governo, pelo caminho. Cinco anos após a fundação da Yozma, seus ativos remanescentes foram liquidados por meio de leilão. A saída do governo serviu como prova de mercado de que o valor real tinha sido gerado, e é uma das razões pelas quais a indústria de capital de risco de Israel não só se tornou autossustentável, mas simultaneamente alcançou um salto quântico em crescimento.[1]

Em países como o Reino Unido, existem várias oportunidades em estágio de série A de acesso a subsídios e cofundos governamentais ou quase governamentais. Por seu próprio mandato, essas subvenções e cofundos têm a tarefa de incentivar a criação de empresas por meio de financiamento e de investimento, ou preencher o espaço onde investimento-anjo ou CR fica aquém. Isso acontece não só em áreas de longa gestação, como no caso da descoberta de medicamentos e fabricação e vendas de dispositivos médicos, mas também em inovações tecnológicas que são disruptivas, que promovem a saúde pública, energia limpa, um ambiente melhor e, muitas vezes, simplesmente criam empregos produtivos. Estes têm, de fato, englobado empresas de descoberta de drogas a e-commerce, análise e saúde móvel. Outros países e governos também podem imitar esse modelo.

Muitos países também podem seguir o exemplo do Reino Unido e de alguns outros países europeus, bem como de lugares como Singapura, na Ásia, onde existem benefícios fiscais oferecidos aos investimentos-anjo. Isso terá o efeito de atrair, mais uma vez, os grandes investimentos-anjo, evitando assim a necessidade de que startups olhem para financiamento de série A logo no início, antes de atingir a maturidade do produto/projeto e penetração no mercado. Na verdade, os programas EIS/SEIS do governo do Reino Unido podem ter um efeito cascata fenomenal em termos de investimentos-anjo adicionais, uma vez que os primeiros anjos comecem a sair rentavelmente.

Além disso, se os CRs e financiadores em fase posterior, incluindo os fundos do governo, puderem oferecer saídas secundárias na série A/B como uma questão de curso, ainda que parcialmente, para investidores-anjo e sementes, estes últimos estariam dispostos a financiar startups mais liberalmente, adiando, assim, a fase em que as startups buscam o financiamento de crescimento. Isso permitirá que séries A/B entrem em um estágio um pouco mais tarde, quando as startups tiverem tração suficiente e estiverem em condições de proporcionar o conforto requisitado pelos CRs.

No entanto, outra maneira de fornecer oportunidades de saída para os anjos e os investidores iniciais é criar trocas de compra e venda de títulos privados, que podem fornecer a liquidez necessária para esses investimentos. Estes podem ser adequadamente regulados, como a Índia tem procurado fazer, para que haja total transparência no sistema. A participação de fundos privados e públicos nesses intercâmbios proporcionaria oportunidades fenomenais para a liquidez e consequente reciclagem do capital, resultando em constante regeneração de todo o ecossistema startup.

O que eu esbocei nos parágrafos anteriores são apenas algumas áreas importantes às quais as parcerias público-privadas e os governos devem prestar atenção imediata. Grandes fundos, empresas e governos devem priorizar continuamente uma série de outros aspectos do negócio para que todos nós possamos lidar com várias demandas concorrentes – um aumento de jovens à procura de emprego levando a uma migração de trabalhadores em larga escala, o progresso tecnológico e inovação conduzindo padrões de consumo e alterações climáticas, a estagnação demográfica na Europa e na China contra os dividendos demográficos na África e Sul/Centro da Ásia, essas são apenas algumas das questões mais proeminentes que moldarão o setor de FinTech de amanhã.

Essas outras áreas abrangem o reforço das capacidades sob a forma de criação e manutenção de um clima de investimento público e privado saudável e constante, melhor acesso ao mercado para as pequenas empresas, atrito e custo de fazer negócios reduzidos, ajuda na ampliação de negócios e, por fim, construção criativa de financiamento e oportunidades de saída para assumidores de risco. Podemos ver que as questões de capital humano importam tanto quanto o capital de investimento tradicional.

[1] Fonte: HBR.

Inovação Empresarial

7

A inovação não tem sido o foco das instituições financeiras desde a crise financeira, já que tiveram que acompanhar as constantes mudanças de exigências regulatórias mundialmente. Esta parte oferece ao leitor uma visão geral sobre como empresas financeiras estabelecidas inovam, aproveitando parcerias e metodologias de inovação internas e externas. Os autores recomendam um modelo de engajamento eficaz interno de governança e investidores compartilham visões detalhadas sobre laboratórios de inovação, uma estratégia de inovação empresarial muito popular. Os autores também focam nas opções de colaboração entre as instituições financeiras estabelecidas e as empresas de FinTech, incluindo investimento de corporate venture, explicando como gerenciar um braço de investimento interno bem-sucedido. Finalmente, são discutidos o setor de seguros e as potenciais oportunidades de inovação que existem dentro desse setor.

Bancos Podem Inovar?

Por Alessandro Hatami
Fundador, The Pacemakers

2015 foi o ano em que ficou claro que a revolução digital finalmente atingiu a indústria bancária. Algumas manchetes mostram que o investimento global em tecnologia financeira (FinTech) triplicou em 2013–2014,[1] e a British Bankers Association anunciou que o banco móvel tornou-se a forma preferida de os clientes interagirem com seus bancos.[2] A maioria dos bancos (embora ainda não todos) finalmente percebeu que precisa começar a se envolver com seus clientes com níveis de velocidade, transparência, precisão e imparcialidade que simplesmente não são possíveis com os balcões tradicionais e abordagem por telefone. Os bancos estão gastando quantias substanciais em TI, mas em 2014–2015 é esperado que seu investimento total a nível mundial crescesse apenas 4,6%, e a maior parte desse gasto seria com a manutenção de sistemas antigos ainda existentes.

Com essas mudanças em andamento, a liderança da maioria dos bancos está cada vez mais interessada em explorar maneiras de ser mais inovadora e uma quantidade crescente de investimento está sendo alocada para a inovação. Alguns bancos têm estabelecido equipes de inovação – muitas vezes chefiadas por "disruptores" não bancários de outras indústrias mais inovadoras – e atribuíram orçamentos razoáveis para investir no fornecimento de novas ideias. Alguns bancos têm se engajado em parceria com aceleradores de negócios e incubadoras – essas são as organizações que selecionam startups de FinTech promissoras para os bancos orientarem, financiarem e até se associarem.[3] Por último, mas não menos importante, alguns bancos criaram fundos de investimento que possam investir diretamente em empresas em estágio inicial no setor.[4]

Todas essas iniciativas tiveram o efeito desejado de criar um certo nível de animação dentro dos bancos, com um bom número de oportunidades para enfatizar seu compromisso de renovação e inovação. Também têm gerado longas listas de possíveis propostas inovadoras. Algumas delas até avançaram para a fase piloto – mas muito poucas foram efetivamente entregues em escala para bases de clientes dos bancos. Isso ocorre porque os bancos fundamentalmente não são projetados para serem inovadores.

A cultura empresarial da maioria dos bancos valoriza a consistência, confiabilidade, previsibilidade e rentabilidade a curto prazo. Esses valores serviram os bancos muito bem no passado, mas estão muito mal adequados para um mercado que está sofrendo disrupção e exige a capacidade de responder rapidamente, muitas vezes com um plano de ação que ainda não está bem definido. Essa desconexão cultural tornou os bancos incapazes de abraçar a abordagem de inovação contínua de empresas como Google e Amazon, construídas para inovar constantemente. A maior parte da inovação que vemos nos bancos baseia-se em esforços isolados caros e difíceis de replicar.[5]

Isso significa que os bancos não serão capazes de inovar e enfrentar o desafio digital? Não necessariamente.

Bancos constroem coisas o tempo todo. Eles têm procedimentos bem estabelecidos e as orientações para fazer isso, que são amplamente utilizadas e bem testadas. Para construir novas proposições, a equipe de inovação dentro de um banco precisa aprender a aplicar a mesma abordagem para proposições de inovação. A maioria das coisas novas que os bancos constroem tem certos requisitos em comum. Todas elas têm:

- Um patrocinador com influência,
- Acionistas engajados,
- Confiança de adesão pelo cliente e
- Um case de negócios com uma forte tese de investimento.

Para começar a entregar em escala, a equipe de inovação de um banco precisa usar uma abordagem semelhante para todas as proposições que acreditem que seu banco deva lançar. Essas proposições devem ter cases de negócios comparáveis aos outros investimentos do banco.

1 "The Future of Fintech and Banking", Accenture Study, março de 2015: <http://www.fintechinnovationlablondon.co.uk/media/730274/Accenture-The-Future-of-Fintech-and-Banking-digitallydisrupted-or-reima-.pdf>.

2 "The Way We Bank Now: World of Change", relatório por BBA e EY, junho de 2015: <https://www.bba.org.uk/news/press-releases/mobile-phone-apps-become-the-uks-number-one-way-tobank/#.ViEDdH6rSM8>.

3 Veja Startupbootcamp FinTech, Barclays Techstars, e Startup Accelerator with Wells Fargo.

4 Corporate Venture Funds foram estabelecidos por Santander, BBVA, Sberbank, American Express, Citibank e Visa, para citar alguns.

5 Alguns exemplos são Pingit em Barclays, MoneyManager em Lloyds Bank, e BankAmerideals em Bank of America.

A fim de reunir esses cases de negócios, a equipe de inovação precisa criar um processo de entrega que lhes permita executar e arcar com várias experiências a cada ano, com uma tolerância para que muitos destes não tenham sucesso e garantir que todos aqueles que forem bem sucedidos cumpram os requisitos de serem finalmente lançados em grande escala. Os principais componentes desse processo são um forte envolvimento com o banco, uma profunda compreensão de como ele faz as coisas e a capacidade de experimentar e testar novas ideias com os clientes de forma rápida e barata. A verdadeira inovação é baseada na experimentação, e deve ser aceitável que o resultado de algumas experiências pode não seguir em frente. Sem fracasso, isso poderia significar que os esforços de inovação são muito conservadores e riscos insuficientes estão sendo assumidos. Endereçar custos e duração também são necessidades fundamentais – a maioria do que é relacionado a bancos demora muito tempo e custa muito caro. Isso faz com que o fracasso seja caro demais. Se os procedimentos de entrega tradicionais são aplicados com a inovação, o fracasso não pode se tornar uma opção.

Vamos observar mais de perto o que precisa estar posicionado para entregar inovação.

Patrocinadores com Influência

Um dos princípios fundamentais de entregar mudança em uma grande organização é que as coisas são construídas em nome de alguém. Esse alguém pode ser o regulador, a Divisão Jurídica/de Compliance ou, mais frequentemente, um responsável pelo P&L (ganhos e perdas). Mesmo as melhores ideias, sem o apoio e patrocínio de um empresário, não são construídas. Caso esse apoio não esteja lá, muitas vezes é melhor para a equipe de inovação concentrar-se em proposições que tenham esse apoio e desistir daquelas que não – mesmo que pareçam grandes ideias. Uma inovação decente que é realmente entregue em escala é melhor do que uma grande que não é. O ponto mais importante a garantir é que o patrocinador esteja empenhado em apoiar o lançamento de uma proposta em escala total se for comprovado com os clientes e atender às metas de retorno.

No entanto, essa abordagem tem uma desvantagem. O que a equipe de inovação deve fazer sobre ideias fortes sem apoio adequado do patrocinador? Isso pode ser comum, especialmente em situações de conflito de canais. Não há soluções fáceis nesse caso. Uma opção é comprar a ideia em torno de outros patrocinadores em potencial – se as equipes de produto não são favoráveis, então talvez as equipes de compliance, preocupadas com o tratamento do cliente, poderiam ser. Outra opção é escalar a hierarquia do banco – mas esta opção muitas vezes leva a complicações políticas e deve ser usada com moderação. A terceira opção é esperar e passar para a próxima ideia – boas ideias têm uma tendência de ressuscitar. No geral, porém, é importante perceber que, por vezes, boas ideias não serão construídas.

Acionistas Engajados

É melhor que a equipe de inovação identifique e se envolva com os vários acionistas – ou gatekeepers – o mais cedo possível no ciclo de vida do experimento, logo depois de ter garantido a adesão do patrocinador. Os acionistas incluem representantes dos trabalhadores de Compliance, Fraude, Risco, Finanças, Recursos Humanos, Operações, TI, Compras, e muito mais. Essas são as pessoas que podem parar o lançamento de um projeto. É fundamental que os representantes de todas essas áreas estejam pelo menos informados do experimento. É importante envolver todos os acionistas internos de um experimento de inovação no início, porque se forem parar uma nova ideia, é melhor que isso aconteça antes que muito tempo e esforço sejam gastos com ela. Na minha experiência, o envolvimento precoce suaviza a postura dos acionistas quando se trata de aprovação final.

O envolvimento dos acionistas não é apenas uma precaução necessária. Eles podem, de fato, muitas vezes, serem fortes contribuintes para a qualidade da experiência. Já participei de um projeto em que o representante da equipe jurídica veio com uma nuance que mudou fundamentalmente as proposições para melhor. Mas é importante ser cauteloso e não perder o controle do experimento, porque, quando deixados à sua própria sorte, os acionistas também podem facilmente danificar um experimento – então o engajamento com eles deve ser tratado com o máximo de cuidado. Acionistas são necessários, mas precisam ser bem geridos.

Confiança de Compra do Cliente

A melhor maneira de entender se os clientes querem algo é deixá-los usá-lo. Então o próximo passo importante é criar um protótipo que, na medida do possível, se pareça com o produto final. O back-end não voltado para o cliente, no entanto, às vezes pode ser feito com menos rigor. Imagine um aplicativo que pareça ótimo para o cliente, mas cuja integração back-end é feita por um colega digitando muito rapidamente para inserir os dados no sistema. O objetivo real da prototipagem é obter feedback do cliente em primeira mão de uma amostra suficientemente grande de clientes, para ou parar a ideia ou montar um plano de negócios realista. É importante que um protótipo seja barato e rápido, de modo a tornar a possível falha acessível e permitir ao banco executar vários experimentos em um ano, e não apenas um punhado. Em pequena escala, a velocidade e o baixo preço não são atributos geralmente associados com as capacidades de entrega normais de um banco, e, portanto, o inovador deve explorar a construção de um processo de entrega alternativo, possivelmente fora do banco, para construir seus protótipos.

Case de Negócios

Um case de negócios forte é o pré-requisito fundamental para a construção de qualquer coisa em um banco. É um documento que tem estrutura e conteúdo que é o reflexo da cultura e das crenças de um banco. Como tal, é fundamental que equipes de inovação entendam como construir um. Felizmente, se tiverem chegado tão longe, provavelmente terão todos os componentes necessários alinhados.

Um case de negócios precisa de um proprietário – neste caso, o patrocinador cumpre esse papel. Ele agirá como o advogado para o investimento na proposição nos fóruns de tomada de decisões apropriadas. O case de negócios precisará de uma análise do retorno sobre o investimento. Todos os componentes estão à mão. Os resultados do protótipo fornecerão os dados de base para prever um número de receitas. Vários dos acionistas fornecerão outros insumos necessários: TI e Operações contribuirão para a análise dos custos, e o time de Finanças validará a análise financeira. Outros acionistas garantirão que o case de negócios atenda aos requisitos de regulamentação, fraude e compliance.

Feito de maneira certa, o case de negócios da proposta de inovação será parecido com qualquer outro projeto a ser financiado pelo banco. Com essa abordagem, a inovação estará disfarçada como um negócio comum, aumentando substancialmente a probabilidade de que seja efetivamente entregue em grande escala.

Essa abordagem é muito útil com a inovação que tem um caminho claro de rentabilidade. Como sabemos, este não é o caso de muitas inovações. Qual deve ser a abordagem com inovações sem fins lucrativos? Em alguns casos, não ter um caminho para a lucratividade significa que a ideia não deve ser entregue em escala, em primeiro lugar – na verdade, o objetivo fundamental da prototipagem é identificar essas ideias antes que muito tempo e dinheiro sejam gastos com elas. Em alguns casos, no entanto, a proposta de inovação deve ser construída mesmo sem um caminho claro para a rentabilidade. Pode ser por causa da concorrência, da opinião pública, da regulação, e muito mais. Nesses casos, também o patrocinador, os acionistas, a abordagem de protótipo e o case de negócios ainda deverão entregar a estrutura adequada para construir a proposta.

Inovação e mudança digitais estão mudando a indústria bancária. É papel da equipe eficaz de inovação ajudar o banco a compreender, aceitar e oferecer inovação aos clientes – mesmo sem ter que mudar fundamentalmente a sua cultura.

E à medida que mais ideias inovadoras são entregues, é possível – até provável – que a cultura do banco mude.

Então Você Acha que o Laboratório de Inovação é a Resposta?

Por Andra Sonea
Formadora de Pensamento de FinTech

Na percepção do público, o mundo bancário manteve-se praticamente inalterado, enquanto outras indústrias têm se remodelado em resposta à crise global e, recentemente, a uma pressão crescente de clientes digitais. Por outro lado, banqueiros, consultores e reguladores afirmam que o mundo bancário mudou dramaticamente, e eles podem até mesmo apontar para os milhões gastos em programas de transformação em toda a indústria de serviços financeiros. Eu diria que os clientes não veem ou sentem essa "transformação" – eles obtêm em grande parte os mesmos produtos e serviços que costumavam obter há 20 anos. Embora todos os bancos já ofereçam uma plataforma móvel e web, o tipo de informação oferecida ainda é a mesma, e não há nenhum sinal de personalização do produto ou informações financeiras contextuais permitindo que os clientes tomem as melhores decisões financeiras.

A vida acelerou em comparação há 20 anos. Agora posso comprar itens online que vão de livros a produtos eletrônicos, mesmo no meu caminho para o trabalho, dentro de um prazo que anteriormente seria equivalente a dias na estrada para a compra final. Agora meros segundos de impulsividade podem desequilibrar as finanças e a vida das pessoas, porque elas não têm na ponta dos dedos as informações necessárias para tomar decisões financeiras com confiança. Enquanto todos pensavam que a mudança real nos bancos viria de alterações regulamentares e grandes programas de transformação, parece que a pressão combinada de clientes e startups é uma força disruptiva mais forte. A reação rápida de muitos bancos foi a criação de um laboratório de inovação, a fim de entender e atender às demandas desse cliente "novo" e reagir a elas com a velocidade de uma startup. Se a intenção de mudar não é apenas uma exibição de "inovação" para fins de relações públicas, então eu acredito que há duas áreas-chave que devem ser levadas em consideração quando se quer estabelecer e executar uma função de inovação eficaz:

1. Criatividade e inovação precisam de solo fértil para manifestarem-se, e o ambiente precisa ser criado com propósito.
2. Métodos consistentes de absorver os resultados de criatividade e inovação nas grandes organizações precisam ser possibilitados.

Bases

Decisões iniciais na criação de uma função de inovação levam a diferentes dinâmicas de trabalho e, como consequência, a resultados fundamentalmente diferentes da inovação.

Questões-chave para a gestão são:

- Você tem uma visão sobre o nível em que quer atuar? Mundialmente? Nacionalmente?
- Você está focado em certos segmentos de clientes ou produtos?
- Como você quer que seu banco opere em cinco anos?
- Você quer que sua inovação funcione para explorar e experimentar para descobrir o caminho para esse "estado futuro"?

Para ilustrar o ponto, deixe-me delinear apenas dois possíveis cenários e como eles afetam a função de inovação. Vamos assumir que a visão de um banco é que o mundo se move para os serviços financeiros que estão sendo consumidos como serviços básicos, e que fornecerá as conexões sempre-evasivas que permitem a inovação no topo de sua infraestrutura. Outro banco poderia manter a visão de que deve ser sua plataforma de escolha para a visualização de seu status financeiro completo, facilitando a agregação de todos os seus dados financeiros. Essas são duas visões muito diferentes do futuro, que tanto necessitam de importantes mudanças no *modus operandi* existente de um banco de varejo. Sua infraestrutura ainda não tem a fluidez ou conexão dos "tubos", nem pode fornecer a seus clientes um centro de controle, análise ou conselho contextual. No entanto, a função de inovação nesses bancos terá algo em comum: elas se concentram em um cenário futuro, e a inovação está alinhada estrategicamente a isso – veja a figura a seguir.

Um laboratório de inovação criado em tal caminho de descoberta seria muito diferente de um com uma agenda livre para "experimentação". Tais iniciativas de inovação poderiam ser como os "projetos 20% do Google", em que os funcionários do Google podem passar um dia por semana com foco em projetos paralelos que têm o potencial de trazer novos produtos para a mesa. Esses projetos, embora não claramente alinhados com a estratégia da empresa, muitas vezes acabam no portfólio de produtos desta.

Figura: Definindo seu laboratório de inovação – árvore de decisão

A forma mais comum de experimentação em serviços financeiros dentro de laboratórios de inovação é com um "pipeline orientado por negócios" ou um "pipeline independente". O primeiro tipo funciona com um pipeline sendo constantemente ajustado, dependendo das prioridades e do financiamento "do negócio", enquanto no outro modelo o laboratório tem poder de tomada de decisão sobre as prioridades para experimentação, mas provavelmente menos recursos financeiros sob seu próprio controle. Ambos os tipos de funções de inovação – vamos chamá-las de "focadas em metas" e "experimentação livre" – precisam responder explicitamente a mais algumas perguntas, a fim de que sejam eficazes:

- Qual é o apetite do banco para inovação disruptiva?
- Nós queremos que o laboratório foque em descobrir modelos de negócios disruptivos e formule os requerimentos acompanhantes para entrega de tecnologia?
- Ou gostaríamos que o laboratório focasse em inovação incremental[1] apoiando outras funções como estratégia e planejamento ou arquitetura, que juntas definem o caminho para o "estado futuro"?

As escolhas que você faz – disruptiva ou incremental; focado em tecnologia, produto, serviço ou modelo de negócios; apostando em identidade, big data, infraestrutura ou blockchain – guiarão para caminhos fundamentalmente diferentes de entregar inovação – veja a figura a seguir. Um laboratório poderia ser focado em inovação disruptiva de produto usando big data, enquanto outro poderia ser focado em inovação incremental para experiência do cliente. Ambos poderiam existir dentro da mesma organização e também

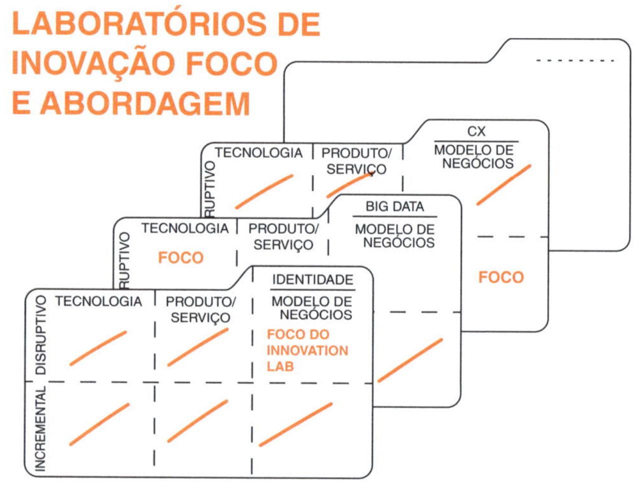

Figura: Laboratórios de inovação – foco e abordagem

em paralelo com experimentação livre. Para cada modelo, há obviamente prós e contras. Para um laboratório de inovação eficaz, é muito importante que o banco deixe suas intenções transparentes para aqueles trabalhando na função de inovação e para aqueles usando os resultados dessa função, para que os esforços e as expectativas estejam alinhados e nenhum recurso seja desperdiçado no processo de decisão.

[1] Eu deixaria de lado a discussão de se existe algo como "inovação incremental". Eu argumentaria neste caso que a organização está buscando "resolução criativa de problemas", não inovação verdadeira. Para mais, veja Tina Seelig, "Insight Out: Get Ideas out of Your Head and into the World" (*HarperOne*, 26 de maio de 2015).

Pessoas

Pessoas são definitivamente o recurso mais importante para o sucesso de uma função de inovação. Se você precisa de pessoas para entregar mudanças incrementais junto com as funções estabelecidas do banco ou se são requeridos criadores que possam visionar "novos mundos", as personalidades e habilidades do seu laboratório devem ser construídas para alinharem-se com essa visão. A maioria dos laboratórios de inovação que conheço acabam, infelizmente, com uma coleção do mesmo tipo de pessoas e habilidades e, muitas vezes, com muitos gerentes de projeto. Também deve haver designers de UX, os especialistas CX e pessoas entendidas de estratégia e formulação de proposições. Também deve haver desenvolvedores não emprestados de uma agência. Eu sempre envolveria arquitetos – pessoas que conhecem o banco de cor e podem lhe dizer como ou se uma nova tecnologia brilhante poderia ser aplicada no contexto real desse banco. A diversidade é a chave para permitir a criatividade. Reunir pessoas com diferentes experiências profissionais e culturais; levar pessoas de outras indústrias, gerações mais jovens e mais velhas, e veteranos de dentro da organização. Só porque "inovação" é jovem e moderna, o seu laboratório não deve ser exclusivamente um conjunto de jovens descolados. Gerir a diversidade e as pessoas com profundo conhecimento nunca é uma tarefa simples. Quem irá gerir os laboratórios terá de nutrir, e não abafar, a diversidade, permitir, e não suprimir o pensamento crítico, e gerenciar a profunda experiência para um propósito coletivo comum.

Metodologia

Um laboratório de inovação é a arca de Noé de profissões e especialidades. Cada profissão tem sua própria metodologia e linguagem, e cada indivíduo pode, a princípio, criar uma solução end-to-end para um problema dentro dos limites de sua especialidade. No entanto, a premissa de um laboratório de inovação depende do processo de colaboração de uma seção transversal de perícia. Portanto, uma "linguagem" comum deve ser desenvolvida para permitir que um designer de serviço, que nunca foi exposto a Serviços Financeiros, comunique-se com os bancários decisores ou arquitetos. Para ser claro, é muito difícil unir habilidades e pessoas com diferentes formações profissionais – mas essa é precisamente a combinação necessária para que a inovação "real" aconteça. É imperativo que as diferentes vozes e ideias não sejam silenciadas ou sufocadas. Assim, o esforço ativo e primordial deve ser colocado e mantido na criação de uma "linguagem" e, por sua vez, metodologia comum.

Outra dimensão fundamental da diversidade está fundindo as formas de trabalhar nas novas empresas e ambientes corporativos. O laboratório existe dentro da custódia da empresa, mas tem que entregar como uma startup. Portanto, é profundamente importante que a metodologia de laboratório permita ambos os "métodos de trabalho". Se você optar por Design Thinking, Métodos de Lean ou Agile, ou se você desenvolver seu próprio método – treine toda a equipe. Não deixe-os tocar de ouvido. Simplificando, através da metodologia comum, você inicia interações entre especialidades que não são suscetíveis de acontecer dentro da organização maior e permite que eles se alimentem de energia e ideias uns dos outros.

Recursos

A inovação ocorre em função de espaço físico, ou a inovação pode acontecer por meio da colaboração virtual? Eu vi os dois casos funcionarem. As pessoas podem simplesmente usar os recursos da organização disponíveis para negócios normais (salas, tecnologia e processos). Não há necessidade definitiva para esse espaço brilhante, com mobiliário moderno colorido. No entanto, a maioria dos laboratórios de serviços financeiros tem agora espaços físicos dedicados,[2] alguns deles localizados com o resto do negócio e alguns em centros globais de tecnologia. Não há uma escolha "melhor" aqui, no entanto, existem implicações. A localização remota pode permitir que o laboratório desenvolva novas formas de pensar, longe das restrições da organização. Esse aspecto positivo pode, no entanto, ser negado quando mais tarde o laboratório quiser realimentar suas descobertas. Eles podem ser vistos como fora de contato com a organização, ou simplesmente podem não ter os meios para forjar as relações necessárias com os principais acionistas internos que seriam afetados por suas descobertas e precisam tomar uma decisão sobre suas propostas de inovação. O que faz a diferença real para o resultado de um laboratório é a que tipo de recursos ele tem acesso. Idealmente, um laboratório teria a sua própria infraestrutura e ferramentas. Ele precisaria de ferramentas de colaboração, que lhe permitam comunicar-se de forma segura com organizações externas que são muitas vezes envolvidas no desenvolvimento de ideias. O laboratório precisaria de acesso às plataformas em que possa armazenar de forma segura e analisar dados. Alguns laboratórios desenvolveram uma pilha de informações, a qual projetos se conetam quando necessário, e, assim, as experiências não são perdidas, mas sim constróem-se umas sobre as outras.

[2] "Peek Inside 7 of The Banking World's Coolest Innovation Labs", The Financial Brand, 8 de junho de 2015: <http://thefinancialbrand.com/52177/7-of-the-coolest-innovation-labs-in-banking/>.

O acesso aos dados é essencial, como é crucial a colaboração com técnicos de dentro do banco para compreender como os vários sistemas antigos funcionam. Ignorar as necessidades de uma infraestrutura técnica para inovação limita consideravelmente o âmbito do trabalho e sucesso de um laboratório. Os resultados da falta de uma infraestrutura de laboratório de TI podem ser propostas tímidas que minam o papel da inovação desejada do laboratório.

Governança

A "governança da inovação" é muito mal compreendida por pessoas de dentro e de fora do mundo bancário. Os de fora muitas vezes olham intrigados. "O que é para governar aqui?" (veja a figura a seguir). Isso mostra, no entanto, a falta de compreensão de como um banco funciona. Como uma indústria fortemente regulamentada, necessitando operar 24/7 sem falhar, ao lidar com dados altamente sensíveis, os bancos funcionam de acordo com os processos e regras estritamente regulados. Internos e, especialmente, os guardiões da governança diriam, por outro lado, que todos, incluindo a função de inovação, deveriam respeitar as mesmas regras que o resto do banco. Isso não é verdade por muitas razões. Projetos de inovação têm um propósito e ciclo de vida muito diferente do que os projetos empresariais comuns: eles não podem usar dados do cliente ao vivo; na maioria das vezes eles não se conectam à infraestrutura produtiva ou não têm a oportunidade de "ganharem vida" em suas respectivas configurações.

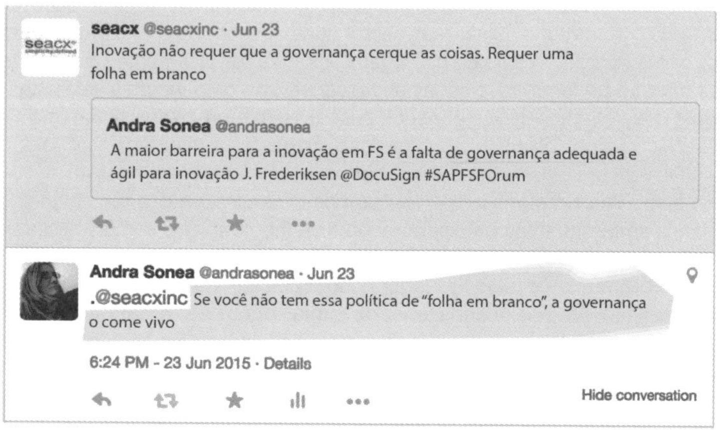

Figura: Feed do Twitter do autor
Fonte: Feed do Twitter da conta de Twitter Privada do Autor e um contato, 23 de junho de 2015.

A maioria das regras que regem o banco têm evoluído ao longo dos anos, desde a época de um negócio baseado em papel e que funcionava das nove às cinco horas, antes que as ameaças de nuvem ou de cibersegurança existissem. As instituições financeiras são agora uma mistura de velho e novo, tentando cobrir todos os aspectos de riscos. Elas não foram, no entanto, definidas para o caso em que alguém no banco quisesse experimentar um pouco, conectar e combinar tecnologias ou usar os dados do cliente para o teste ao vivo.

Se você quer repetidamente, mas rapidamente, criar provas de conceito que utilizam uma nova tecnologia, os dados reais, e que sejam testados pelos clientes bancários, as regras de tais compromissos devem ser formalmente definidas. Não é governança "folha em branco", como alguns imaginam, que permite a experimentação dentro do banco, mas precisamente o contrário. A governança deve conter uma definição clara do que a função de inovação precisa fazer a fim de ter acesso a recursos e quais especialistas e órgãos de governo precisa consultar para certificar-se de que os dados não sejam comprometidos e grandes riscos não sejam criados por meio da experimentação.

"Consumo" de Inovação

Enquanto para as indústrias farmacêuticas, de tecnologia e de energia P&D e funções de inovação estão, por definição, no coração de sua vantagem competitiva, os serviços financeiros não têm nem a cultura, nem a experiência de criação de funções de inovação e absorção de seus produtos. Há inúmeras histórias de oportunidades perdidas, muito dolorosas de ouvir: Xerox não saber o que fazer com Alto, IBM largando os fundadores da SAP... a lista continua. É por isso que eu acho que agora é mais importante do que nunca para o setor financeiro aprender realmente como incorporar a inovação, caso contrário, o futuro escorregará por entre os dedos.

Que saídas poderíamos esperar ver da função de inovação do banco?

Se um banco estabelece um laboratório com um mandato para a inovação disruptiva focada no uso de dados com tecnologia de big data, seria de se esperar que em um determinado período de tempo o banco acompanharia algumas reais oportunidades e escolhas claras de tecnologias, dada a sua visão expressa de que o banco criará valor de negócio a partir dos dados. Se, no entanto, a função de inovação não tem um mandato claro, mas proporciona experiências em resposta a um conjunto variado de questões de negócios, a saída seria apenas essa: um conjunto de respostas apenas para aquelas perguntas. Assim, é muito importante alinhar a forma que o laboratório de inovação funciona com o tipo de resultado que o banco espera obter. A maioria dos resultados de um laboratório de inovação típico de banco poderia ser incluído nas categorias a seguir:

- Novos recursos de um produto e/ou plataforma existente (por exemplo, web, móvel)
- Novo produto
- Identificação de nova tecnologia ou combinação de tecnologias para um caso de uso específico
- Jornada de Experiência do Cliente (CX) melhorada para um produto ou canal específico
- Tendências da indústria
- Relatórios de estratégia
- Scouting e notícias de FinTech
- Novos modelos de negócios

Há muitas maneiras, é claro, de medir o sucesso de um laboratório de inovação. Na minha opinião, o sucesso não é de forma alguma representado pela entrega de muitas experiências, mas sim pela entrega da informação relevante para as pessoas relevantes na organização, de tal forma que lhes permita tomar decisões, adotar a solução proposta ou aprender com os testes

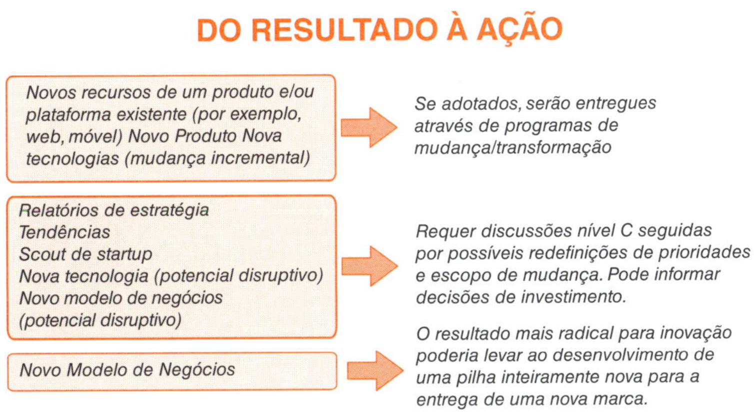

Figura: Do resultado à ação

realizados no laboratório. Sem habilitar o aperto de mão entre o laboratório de inovação e a organização, a organização como um todo desperdiçará recursos e, mais importante, perderá oportunidades valiosas.

Os apertos de mão entre o laboratório e a organização podem ser predefinidos?

Eu acredito fortemente que deveriam. Em alguns casos, o laboratório poderia procurar um pouco pelos acionistas relevantes para as suas descobertas particulares. No entanto, na maioria dos casos, dependendo do tipo de resultado, os clientes, o público, e os mecanismos para promover e distribuir a inovação podem ser predeterminados. A figura anterior mostra alguns exemplos de como resultados típicos de laboratório precisam ser entregues, a fim de serem convertidos em ação genuína.

Então você ainda acha que um laboratório de inovação é a resposta?

Meu conselho:

- Não é *um* laboratório, mas *muitos* laboratórios – estabeleça laboratórios focados, mas também permita experimentação livre na organização.
- A governança da inovação não é uma "folha em branco", como muitos acreditam, mas um quadro claro e simples que permite que o laboratório funcione de forma criativa e tenha acesso rápido aos recursos (pessoas, infraestrutura de dados etc.) em um mundo altamente regulamentado, que funciona em um ritmo diferente. Certifique-se de que você tenha um quadro posicionado desde o início e mantenha-o atualizado e relevante.
- Encontre, retenha e nutra as pessoas experientes e apaixonadas por sua área de especialização, que não são descartadas por tentativas e erros e reformulação de problemas, mas que, por outro lado, prosperam em desafios. Alimente-as. Encontre aquele líder que ama os "nerds" e saiba criar o ambiente que lhes permita fazer o seu melhor.
- Diversidade cria um terreno fértil para a criatividade – não faça um laboratório composto apenas por jovens brancos, modernos, e do sexo masculino. Não ignore as hard skills, ou você acaba com material PowerPoint demais. Não se esqueça de que as necessidades de inovação devem ser alimentadas de volta para a organização e alguém precisa falar a língua da organização, a fim de ser capaz de defender as alterações necessárias.
- Não se concentre apenas na ponta do iceberg. Inovação no setor bancário se concentra muito na parte visível do sistema bancário – um novo recurso

no aplicativo, na web, ou uma agência de cores vivas, com mobiliário moderno. Se você avaliar o conteúdo da maioria das conferências de FinTech ao redor do mundo, as ideias apresentadas atacam o modelo de negócios visível ou a camada de apresentação do mundo bancário. Para aqueles que entendem como um banco funciona, isto é apenas a ponta do iceberg. Onde está a inovação em ALM (Asset Liability Management), Tesouraria, ou até mesmo nos Relatórios Regulamentares? Todas essas funções continuam a ser entregues em silos e nas "velhas formas".

- Mudanças nas camadas profundas do banco teriam um enorme impacto na forma como funciona um banco e viriam à tona imediatamente em melhor CX, melhores produtos e serviços. Que tipo de laboratório permite a experimentação no núcleo do banco? Como podemos permitir a experimentação da combinação incrivelmente poderosa de hardware e software, que transformam e rompem todos os setores? Esse é o tipo de mudança na qual acredito fortemente e espero ver e contribuir nos anos vindouros.

O "laboratório de inovação" final, na minha opinião, entregaria um "challenger bank" in-house em grande escala. Com o orçamento de mais um programa de transformação em massa, em vez de tentar adicionar uma camada de polimento para sistemas em produção, os bancos têm a opção de construir seus próprios challenger banks. O cliente, em busca de uma melhor proposta, migraria, como antes. Mas, pelo menos agora, será capazes de migrar dentro do seu banco.

FinTechs e Bancos – Colaboração é a Chave

Por Bjoern Erik Juengerkes
Presidente de Desenvolvimeno de Negócios, biw AG

O Banco Bilbao Vizcaya Argentaria (BBVA) com a Dwolla, o Royal Bank of Scotland com o Funding Circle, o National Australia Bank com a Bugwolf, o Wirecard Banco com a Holvi e a Number26, o biw AG com a auxmoney, fashioncheque, e outros. Estes são apenas alguns exemplos de colaborações entre bancos e FinTechs que surgiram ao longo dos últimos dois anos.

Em épocas anteriores, também retrospectivamente referidas como FinTech 1.0, as FinTechs tomaram uma abordagem muito radical e disruptiva com o objetivo de substituir os bancos e sistemas financeiros tradicionais. Desde então, startups jovens e empreendedoras tentaram fechar a lacuna entre as ofertas de serviços "empoeirados" de bancos incumbentes e necessidades do cliente, usando tecnologias digitais inovadoras, que pretendem melhorar a experiência do cliente, agilizar os processos e oferecer de forma mais eficiente uma ampla variedade de produtos e serviços financeiros, tais como investimentos, empréstimos, pagamentos e remessas.

As coisas mudaram e, enquanto isso, um número crescente de FinTechs colabora com os bancos. A experiência de parcerias com diversas FinTechs europeias mostrou que para FinTechs terem sucesso, pode valer a pena pensar duas vezes se devem romper ou colaborar.

As parcerias entre startups e empresas tradicionais não são novas. Já que barreiras para entrar nos serviços financeiros, estabelecidas entre outros motivos por normas regulamentares, têm sido tradicionalmente muito elevadas, as startups têm, até agora, evitado esse segmento.

A experiência com várias FinTechs europeias revelou que FinTechs e bancos podem colaborar em diferentes fases de desenvolvimento. Há muitas razões para ambas as partes fazerem isso, com o parceiro certo, uma boa preparação e a abertura necessária no sentido de requisitos da outra parte.

Colaborar Faz Sentido para Ambos, FinTechs e Bancos

Colaborações entre empresas de FinTech e bancos podem assumir diferentes formas. Algumas FinTechs estão vinculadas a serviços que só podem ser oferecidos por aqueles que detêm uma licença bancária. Assim, elas precisam ou solicitar a licença, ou entrar em uma parceria estratégica com um parceiro regulado, um banco. O Funding Circle seguiu seu próprio caminho. No Reino Unido, é regulado pela FCA.[1] Outras, como Dwolla (Veridian Credit Union, EUA),[2] Number26 ou Holvi (Wirecard Bank, Alemanha)[3] e Savedo ou Zinspilot (biw AG, Alemanha)[4] têm parceria com bancos.

Algumas FinTechs concentram-se em parcerias bancárias, a fim de ampliar sua base de clientes e ao mesmo tempo enriquecer a oferta de produtos e serviços do respectivo banco (por exemplo, Lending Club e Union Bank, EUA).[5]

Sem relação com o estágio em que FinTechs e bancos se envolvem em uma parceria, ambos trazem bens valiosos para a mesa. FinTechs são guiadas por tecnologia, testam novas tecnologias e exploram o que é tecnicamente possível, não sendo ligadas a sistemas antigos. Aplicando conceitos inovadores, elas criam um enorme número de ideias de uma forma muito ágil. Além de tudo isso, os empreendedores FinTech usam inerentemente tecnologias de mídia social para apoiar seu trabalho, desde encontrar a ideia até o contato do consumidor após o lançamento.

Bancos são geralmente avessos ao risco e agem muito mais lentamente devido aos seus limites regulatórios e suas responsabilidades. Suas capacidades bancárias lhes permitem abrir contas, guardar dinheiro, dar crédito e oferecer outros produtos e serviços regulamentados. Além disso, eles podem adicionar seu conhecimento da indústria, regulamentar, jurídico, compliance e know-how de gestão de risco e podem dar às FinTechs acesso a sistemas de pagamentos globais, bem como a sua própria base de clientes.

1 Veja Funding Circle 2015, disponível em: <https://www.fundingcircle.com/uk>.

2 Veja Dwolla 2015, disponível em: <https://www.dwolla.com>.

3 Veja Number26 2015, About Number26, disponível em: <https://number26.de/en/support/number26-partner-bank-2> e Holvi 2015, *Customer Support*, disponível em: <https://support.holvi.com/hc/en-us/articles/201434362-Making-payments-to-Holvi>.

4 Veja Savedo 2015, AGB, disponível em: <https://www.savedo.de/agb and Zinspilot 2015, Ueber uns, available at https://www.zinspilot.de/de/ueberuns>.

5 Lending Club 2015, About us, disponível em: <https://www.lendingclub.com/public/lendingclub-press-2014-05-05.action>.

No geral, eles podem reduzir as barreiras de entrada para as empresas de FinTech no espaço de serviços financeiros e oferecer aos clientes uma parceria com um aumento do nível de confiança.

Juntos, FinTechs e bancos criam um ecossistema que lhes permite cumprir melhor as necessidades dos clientes e fecham a lacuna entre os serviços oferecidos pelos bancos tradicionais e exigências dos clientes reais.

Necessidade de Colaboração

FinTechs precisam escolher os parceiros certos e preparar com sabedoria suas parcerias. Dependendo das necessidades de uma FinTech e seu status, as opções de parceria são diferentes.

A criação de uma empresa requer uma preparação aprofundada e, em um certo ponto, uma decisão de buscar um parceiro ou seguir sozinho. A experiência mostra que o momento de aproximação dos parceiros potenciais precisa ser bem escolhido e preparado. Vender para os bancos – independentemente se é uma parceria necessária para executar o negócio ou para acelerar e fazer o negócio crescer – é muito frequentemente um processo de longa duração. E também não é um processo direto. Devido aos custos geralmente elevados de investimento, grandes riscos de negócio, bem como a necessidade de adequação estratégica, os bancos escolhem seus parceiros de FinTech sabiamente, aplicando critérios semelhantes àqueles em que os capitalistas de risco baseiam suas decisões de investimento.

FinTechs que já são operacionais precisam escolher se uma sociedade vai acelerar o crescimento ou se é sensato continuar a encarar o mercado sozinha. Não existem critérios de decisão prontos e, no final, como em qualquer sociedade, é uma escolha sobre se quer permanecer independente e tomar um caminho mais longo e mais difícil para fazer crescer o seu negócio, ou fazer uma parceria e comprometer-se potencialmente. Muitas FinTechs que atingiram uma massa crítica para operar seus modelos de negócios são, enquanto isso, abordadas por bancos em busca de soluções inovadoras para melhorar os portfólios de produtos e serviços dos bancos. Em modelos de negócios voltados para o consumidor, podem-se encontrar parcerias com base em acordos de referência, como a do Santander com modelos de negócio da Funding Circle, baseada no Reino Unido, e Crowdfunder.co.uk.[6] Outros mostram a integração completa de serviços, tais como a integração de análise de documentos e serviços de tecnologia de semântica do German FinTech GINI no front-end de internet banking do Deutsche Bank.[7]

FinTechs ainda na sua fase de estabelecimento precisam respeitar ambos os requisitos regulamentares e a natureza do seu modelo de negócios em uma decisão de seguir com ou sem um parceiro.

Como entidades completamente regulamentadas, os bancos podem apoiar FinTechs para gerenciar os requisitos regulamentares. FinTechs devem estar cientes de que, dependendo da parceria, eles ainda podem oferecer os seus serviços sob a sua marca; no entanto, o banco, como uma entidade regulamentada, (também) é, em quase todos os casos, um parceiro contratual para o cliente.[8] Essa configuração é completamente independente de qual entidade mantém o contato do cliente, faz o marketing e vendas, ou presta o serviço com seu sistema de TI. Um bom exemplo de uma FinTech que tem parceria com bancos por razões regulamentares é auxmoney, um marketplace online alemão para empréstimos P2P que atua como um agente e fez uma parceria com dois bancos, para fins regulatórios.[9]

Bancos Diferentes, Benefícios Diferentes

Ao buscar um parceiro, é importante diferenciar entre bancos de varejo ou de transação, pois ambos os tipos têm diferentes necessidades e desejos, e ambos podem ser atraentes para uma empresa de FinTech, dependendo do estágio de desenvolvimento e foco.

Bancos de Varejo

Parcerias com bancos de varejo normalmente ocorrem uma vez que a FinTech tenha montado seu negócio e quer ampliar rapidamente sua base de clientes, aumentar a confiança do cliente e/ou os bancos de varejo tenham a intenção de enriquecer o seu portfólio de produtos e serviços. Existe atualmente um enorme apetite dos bancos de varejo em cooperar com FinTechs. No entanto, há também inúmeros bancos de varejo que acreditam que podem inovar sozinhos, ou outros que simplesmente ignoram a tendência ou ainda resistem em ligar-se como segundos motores.

6 Santander 2015, Alternative funding, disponível em: <http://www.santander.co.uk/uk/business/alternative-sources-of-finance>.

7 Disponível em: <https://www.gini.net/en/b2c/>.

8 Conceito chamado "Co-" ou "white" labelling.

9 Auxmoney 2015, FAQ, disponível em: <https://www.auxmoney.com/faq/anleger>.

Uma base de clientes existente é atraente se as FinTechs puderem usá-la da maneira que gostariam de executar seus negócios. Depois de terem atingido uma certa posição no mercado, o acesso a bancos de maior dimensão é muito mais fácil, e por isso é a sua posição de negociação quando se trata de usar a base de clientes e tornar os clientes do banco também clientes da FinTech (com todos os direitos inerentes a esse do ponto de vista da corporação). Enquanto uma startup é pequena, é muito frequentemente confrontada com resistência de perguntas como "Quem é dono do cliente?".

Parcerias com bancos de varejo nem sempre são fáceis. Como a maioria dos bancos de varejo não têm infraestruturas abertas, usa sistemas antigos, e ainda são, apesar de uma disposição oficial para abrir a digitalização e inovação, motores lentos. Muitas vezes, há também resistência política, o que faz as FinTechs venderem para bancos de varejo difícil e demorado. Quanto maior é a integração de TI, mais os novos produtos e serviços competem com os já existentes, e mais difícil é iniciar com êxito uma parceria.

Bancos de Transação ou Especializados (Incluindo Challenger Banks)

Parcerias com bancos de transação ou especializados são importantes na criação de um modelo de negócios, no caso de o regulamento exigir licenças para operar o negócio. Geralmente, esses bancos não focam, ou o fazem apenas em menor grau, nos clientes finais, e, em vez disso, focam em clientes corporativos, tais como parceiros de distribuição ou agentes de vendas que mantêm o relacionamento com o cliente. Muitos dos bancos de transação, que abriram-se para FinTechs, concordaram com parcerias de cooperação, oferecem os serviços co- ou white-label de seus parceiros, agem de uma maneira que é mais semelhante à startups do que a bancos de varejo regulares e criam infraestruturas abertas que permitem interface fácil. Na Alemanha, vemos três bancos na frente em startups de FinTech. Dois deles, biw AG e Wirecard Bank AG, são bancos de transação puros que fazem white-label de seus serviços aos seus parceiros.[10]

Entrar em sociedades parcerias bancárias muitas vezes é muito demorado. Com o tamanho crescente, os processos de decisão em bancos tornaram-se imensamente longos. Para evitar serem paradas, FinTechs precisam estar bem preparadas e, idealmente, analisar com antecedência os processos de organização e decisão do lado do parceiro:

- Como meu parceiro desejado é organizado, ou seja, quem se beneficia com a parceria, quem não e o que precisa ser feito para promover a tomada de decisões?
- Como as decisões são tomadas, isto é, estou falando com as pessoas certas, quem está tomando as decisões – uma única pessoa ou um comitê?

Às vezes, pode não ser inteligente falar com o CEO em primeiro lugar. No entanto, é útil aproximar-se primeiro de uma pessoa, como o tesoureiro, pois ele pode se beneficiar mais da parceria desejada. Para a tomada de decisão, é posteriormente sensato construir um relacionamento com os órgãos de decisão.

Por Dentro da Colaboração – Evite Atritos

As sociedades entre FinTechs e bancos tradicionais são especiais, com parceiros com experiências, apetites por risco e passivos pretendendo trabalhar e funcionar em conjunto. Em particular, para colaborações que são necessárias para dirigir o negócio, é de máxima importância obter com antecedência um bom entendimento da mentalidade da outra parte, os seus objetivos e as restrições. Expectativas e orientações comuns devem ser definidas muito cedo na parceria. FinTechs precisam entender por que os bancos tradicionais não se desenvolvem na velocidade de uma startup, exigem certos níveis de segurança quando se trata de sistemas de TI, têm restrições de divulgação, para mencionar apenas alguns dos temas que muitas vezes levam a atritos. Tudo isso pode parecer trivial, mas a experiência mostra que parcerias FinTech/bancos que não são bem preparadas podem conduzir a uma grande insatisfação e, na pior das hipóteses, ao fim da sociedade.

Por que Colaborar?

Se uma FinTech pode replicar a TI do banco, se tem dinheiro suficiente para anular o capital social do banco e pode convencer o regulador a obter a aprovação para uma licença bancária, se acredita que a confiança do cliente não é um problema já que sua (nova) marca é confiável o suficiente e está convencido de que pode atrair clientes suficientes sozinha, ela deve começar

[10] Veja: <http://paymentandbanking.com/cooperations-between-banks-and-fintechs-in-ger-17-05-2015/>.

seus negócios sem entrar em uma sociedade. Se isso é muito demorado e complexo, deve buscar o sócio bancário certo.

Visão Geral

As parcerias entre startups e organizações tradicionais, como aquelas entre FinTechs e bancos, não são novas. Isso já ocorre em outras indústrias há muito tempo e têm demonstrado como as relações se desenvolvem. Enquanto os bancos têm sido muito relutantes em mudar para o espaço de FinTech em primeiro lugar, o número de colaborações entre FinTechs e bancos, entretanto, tem aumentado enormemente em todo o mundo. Não há dúvida de que a indústria de serviços financeiros será rompida, da mesma forma como outras indústrias anteriormente. Parcerias e colaborações entre os players novos e existentes são a chave para acabar do lado vencedor.[11]

[11] Por exemplo, a BBVA adquiriu o banco online Simple no início de 2014. Simple 2014, *Company News*, disponível em: <https://www.simple.com/blog/the-next-chapter>.

Parcerias São a Chave para Abordar a Exclusão Financeira e Digital

Por Marc Lien
Diretor de Inovação & Desenvolvimento Digital, Lloyds Banking Group

e Nick Williams
Diretor Digital de Consumo, Lloyds Banking Group

É um momento emocionante para estar envolvido em FinTech, e no Lloyds Banking Group estamos determinados a desempenhar um grande papel no ecossistema FinTech, nos envolvendo em debates, contribuindo para a inovação contínua e investindo em seu futuro. O rosto do setor bancário mudou, com clientes escolhendo agora fazer serviços bancários de novas maneiras em um momento e no lugar que lhes convier. Finanças tiveram que se adaptar para acompanhar os clientes acelerando rapidamente e as tendências movidas a tecnologia, para permitir que clientes e comunidades se beneficiem. O poder digital pode trazer uma maior prosperidade para indivíduos e organizações que utilizam o seu potencial. Por outro lado, pode trabalhar contra aqueles que são deixados para trás, quer devido à falta de competências digitais básicas, ou uma má compreensão das oportunidades online (os "digitalmente excluídos"), ou aqueles que são incapazes de fazer uso dos serviços centrais do banco (os "financeiramente excluídos").

Há um risco crescente de que a exclusão digital esteja levando à exclusão financeira. Sabemos que algumas famílias de baixa renda estão sem uma conta bancária e correm o risco de pagar um "prêmio de pobreza" porque não fazem seus pagamentos regulares usando débito direto ou ordens permanentes, por exemplo. Talvez o mais surpreendente sejam as conclusões de um estudo recente Halifax, que mostra que os clientes que são capazes de gerir o seu dinheiro de forma mais regular e mais facilmente online têm mais que o dobro da quantidade de poupança e são menos propensos a entrar em limites não planejados.

Ao abrir o poder digital para todos no Reino Unido, podemos enfrentar a exclusão digital e financeira. Na nossa organização, estamos estendendo um convite aberto à comunidade de FinTech para juntar forças conosco para que a revolução FinTech não resulte apenas em ganho privado, mas no legado partilhado de uma sociedade totalmente inclusiva e digitalmente e financeiramente mais experiente que contribui para o bem-estar de todos.

O Imperativo da Inclusão Financeira e Digital

Muitos dos nossos clientes pessoais, de negócios e sem fins lucrativos já estão aproveitando o poder digital. No entanto, mais de dez milhões de adultos e mais de um milhão de pequenas empresas e instituições de caridade no Reino Unido não estão só perdendo os benefícios do digital, mas correm o risco de ficar para trás e excluídos de uma sociedade que terá, no futuro, o digital em seu coração. A nossa própria pesquisa, conduzida como parte do 2015 Lloyds Bank UK Business Digital Index,[1] mostra que, em média, as organizações que adotam o poder digital têm uma visão mais confiante, acesso a mercados mais amplos, e são 1/3 mais propensas do que as organizações menos maduras digitalmente a relatar um aumento nos seus volumes de negócios nos últimos dois anos.

Os bancos e as comunidades de FinTech podem e devem trabalhar juntos para reduzir a exclusão. Alguns progressos foram feitos, como veremos a seguir, mas há muito mais a ser feito.

Sobre Nós

Nossos relacionamentos do dia a dia com nossos clientes estão evoluindo, não porque suas necessidades financeiras estão mudando fundamentalmente, mas porque eles querem interagir conosco de diferentes maneiras. Suas expectativas de como devemos servi-los estão sendo definidas pela forma como as melhores empresas do mundo aproveitam o digital. Por esse motivo, o digital fica no coração da nossa estratégia e sustenta a nossa missão global para ajudar a Grã-Bretanha a prosperar.

Agora você pode pedir um táxi, entrar nele e sair em seu destino sem nem sequer tirar a carteira do bolso. Isso define o limite para todas as organizações e, não menos importante, para nossa indústria. Os clientes

---

[1] Iniciado em 2014, o Lloyds Bank UK Business Digital Index usa análises detalhadas de pequenas e médias empresas (PMEs) e caridades para entender como usam e se sentem sobre tecnologia digital.

escolhem serviços bancários digitais porque são mais simples e mais fáceis, o que lhes permite transacionar quando e onde quiserem.

Por isso, nós estabelecemos um programa de transformação para melhorar nossos produtos e serviços digitais e ajudar a garantir que estamos sendo digitalmente inclusivos para todos os nossos clientes.

Nossa Transformação Digital

Como um líder Digital 100, nosso princípio orientador é simples: trata-se de estar onde nossos clientes querem que estejamos. Apenas quatro anos atrás, nenhum de nossos clientes estava usando um aplicativo de mobile banking. Hoje temos seis milhões de usuários móveis ativos, e para muitos desses clientes, o celular é a sua principal forma de ficar online. Só nos últimos 12 meses, os nossos 11 milhões de clientes digitais entraram no nosso site seguro 1,3 bilhão de vezes, enquanto transações que totalizaram £ 2,2 trilhões foram feitas por meio de nossos canais comerciais online em 2014 – o que não está muito longe de todo o PIB do Reino Unido.

Em 2014, mais de 40% das novas necessidades de produtos de nossos clientes, tais como contas correntes, empréstimos pessoais ou cartões de crédito, foram cumpridas via digital. Para manter essa mudança na preferência do cliente, nós entregamos propostas e experiências avançadas a eles todos os meses. Para ser verdadeiramente eficaz num mundo mais digital, percebemos que não podemos parar por aí. Estamos reinventando os principais serviços que prestamos aos nossos clientes, começando de novo com o único objetivo de projetar experiências brilhantes que atendam às necessidades de nossos clientes. Digital não é mais domínio de algumas pessoas dentro do nosso grupo – é tarefa de todos. O mesmo é válido para a inovação. Nossa viagem levou-nos de falar sobre digital para digitalizar o canal, a digitalização do banco, para ser digital no nosso próprio DNA.

Uma parte fundamental do nosso progresso digital nesta era de mudanças rápidas e penetrantes tem criado uma plataforma digital que nos permite inovar rapidamente tanto internamente como com a comunidade de FinTech. Investimos £750mi ao longo dos últimos três anos em uma única arquitetura digital que fornece consistência e resistência em todos os pontos de contato desktop, móveis, remotos e de telefonia.

Esse investimento é importante, mas para criar uma cultura de experimentação e para impulsionar a inovação em todo o Grupo também estabelecemos LBG Innovation Labs para testar constantemente novas ideias e conceitos. Mais de 50 ideias de inovação foram construídas e testadas com os clientes só este ano, e muitas delas estão, ou estarão em breve, com os nossos 11 milhões de usuários digitais. Criamos um ambiente controlado seguro em que é "tranquilo falhar" e podemos testar rapidamente. Como resultado, aceleramos o ciclo de feedback dos clientes e estamos ajudando o negócio a tirar o risco dos futuros investimentos.

Nós somos o primeiro banco importante a ter uma Divisão Digital reportando-se diretamente ao CEO do Grupo, centrada em torno de um hub digital especialista com 1.200 colegas em Londres. Essa divisão tem um mandato e não apenas se concentra na performance digital e entrega para o Grupo, mas é um catalisador para a mudança em toda a organização, facilitando a nossa ambição de ser o melhor banco para clientes na era digital.

Nosso Futuro Digital

Acreditamos que a abertura do poder digital para todos é um elemento-chave para alcançar a nossa missão de "ajudar a Grã-Bretanha a prosperar". Nos próximos três anos investiremos mais um £1 bilhão em formato digital, além de nosso investimento em resiliência de TI, para transformar dez experiências de clientes em todo os meios de contato físico e digital. Estamos começando com uma folha em branco e uma pergunta simples: o que parecerá "brilhante" para nossos clientes?

Nós podemos e vamos tornar o digital mais acessível para todos os nossos clientes, e uma maneira pela qual estamos fazendo isso diretamente é comprometendo 20 mil Campeões Digitais, recrutados entre colegas do Lloyds Banking Group, até 2017. Esses Campeões Digitais comprometem-se a contribuir ativamente para os clientes, amigos e família extraírem mais do "estar online", ajudando-os a compreender os benefícios da internet e inspirando-os a aumentar suas competências digitais básicas.

Nossa iniciativa dos Campeões Digitais foi lançada como parte do nosso compromisso com o programa social de habilidades digitais Go ON UK, cuja visão é capacitar todas as pessoas, pequenas empresas e instituições de caridade em todo o Reino Unido para que alcancem seu potencial digital. Go ON UK trabalha em parceria para alcançar a inclusão digital e o Lloyds Banking Group se orgulha de ser um sócio-fundador e membro do conselho. Um dos muitos projetos interessantes em que colaboramos é a criação do novo Lloyds Bank Digital Index, que fornecerá uma medida de competências digitais básicas e mapeará as relações entre a exclusão digital e financeira.

Enquanto estamos determinados a aproveitar oportunidades como estas para tornar o digital acessível a todos, é o poder coletivo dos bancos, com suas interações regulares e frequentes com milhões de pessoas e organizações em todo o Reino Unido e a guinada empreendedora e conhecimento tecnológico da comunidade FinTech, que acabará por ajudar a maximizar o potencial do digital. Para que isso seja realmente alcançado, devemos colaborar – e fazê-lo de uma forma que seja inclusiva para todos.

Parcerias Colaborativas São a Chave para a Inclusão Digital e Financeira

A FinTech aponta o caminho para o nosso futuro digital e precisamos cuidar e aproveitar o poder criativo e visionário da FinTech por meio de parcerias estratégicas, colaborações, patrocínio e defesa do ecossistema. O Lloyds Banking Group está se mobilizando em torno de FinTech e já estamos alcançando parcerias como a com o Startupbootcamp FinTech Accelerator, que foram envolvidos no lançamento do primeiro programa global FinTech Insurance Accelerator.

Estamos também muito satisfeitos em ser um sócio-fundador do Innovate Finance, um novo corpo de comércio para os inovadores tecnológicos que trabalham para apoiar o ecossistema FinTech no Reino Unido. Apoiamos a London Tech Week do Innovate Finance, que reuniu os principais players e influenciadores. Londres é o melhor lugar para startups de FinTech, e a cidade é o principal local para a criação de empregos em FinTech,[2] num momento em que os serviços financeiros estão acesos com a inovação. Com a FinTech gerando mais de £20 bilhões para a economia do Reino Unido e uma metade de todos os investimentos na Europa sendo assumidos pelo Reino Unido, é um grande momento para ser parte de um movimento tão importante.

Juntamos forças com o Innovate UK, o Technology Strategy Board do Governo, e outros quatro parceiros para lançar o primeiro desafio FinTech Open Innovation à comunidade de startups. O desafio era: "Como a inovação digital pode ser usada para melhorar a educação financeira e ajudar as pessoas a gerenciar melhor suas finanças para si e suas famílias?". O que estávamos procurando era uma startup que melhoraria a educação financeira e as habilidades entre os consumidores de uma forma atraente e intuitiva, fazendo uma diferença real na vida das pessoas.

Pequenas empresas e startups estão bem posicionadas para explorar as inovações financeiras e combater os tipos de questões que se colocam através dos desafios Innovate UK. O Lloyds Banking Group pode fornecer a essas empresas de FinTech acesso a 11 milhões de clientes online que podem se beneficiar desse tipo de inovação. As sinergias e benefícios mútuos dessa parcerias sustentáveis estão à vista – não estamos apenas usando nossa plataforma digital para inovar para nossos clientes, estamos coletivamente elevando o nível de nossa ambição de causar um impacto mais profundo e duradouro.

A Oportunidade de Trabalhar Juntos

A tecnologia está impulsionando mudanças na forma como nós trabalhamos, como usamos o banco e como vivemos nossas vidas. Muitos indivíduos e organizações já estão aproveitando o poder digital. Outros são incapazes, devido à falta de conhecimento ou experiência, ou simplesmente desconhecem as oportunidades que passam por eles. Não podemos tolerar a exclusão digital e permitir que qualquer pessoa fique para trás. Para o bem dos nossos cidadãos e das empresas, da nossa economia e da prosperidade futura do nosso país, temos que desenvolver alta capacidade digital em toda a nossa sociedade.

O Lloyds Banking Group pode e irá desempenhar um papel importante em ajudar a fornecer o acesso necessário para o digital, mas, para aproveitar o seu poder completo e causar um impacto duradouro, organizações como a nossa e a comunidade de FinTech devem combinar suas forças e trabalhar em parcerias próximas. Somente por meio das mãos dadas é que poderemos combater a exclusão digital e criar um legado social duradouro para todos no Reino Unido. Queremos ser parte do movimento e convidamos você a juntar-se a nós, porque sabemos que as melhores ideias vêm de colaboração.

Vamos trabalhar juntos.

---

[2] Fonte: startupbootcamp FinTech Trend Report 2014. Londres ultrapassou Nova York e o Vale do Silício em criação de empregos em FinTech, com 44.000 especialistas atuando somente na cidade de Londres.

Capital de Risco Corporativo – O Novo Corretor de Poder no Ecossistema de Inovação FinTech

Por Nicole Anderson
CEO, FINTECH Circle Innovate

> "Em uma economia onde a inovação soletra a diferença entre sucesso e fracasso, os riscos corporativos podem estimular as inovações do amanhã enquanto ajudam a construir uma organização na qual a inovação é um negócio como outro qualquer."
>
> *Boston Consulting Group, Outubro de 2012*[1]

Capital de Risco Corporativo (CVC – do inglês, Corporate Venture Capital) não é sinônimo, mas sim um subconjunto específico de Capital de Risco. O modo como o capital está mobilizado e é administrado para o retorno varia consideravelmente entre os perfis de investidores da empresa. A vinda da era do "investidor corporativo" em FinTech está um pouco distante, mas se utilizados de forma estratégica de apoio à inovação, CVC se torna uma verdadeira opção no cenário dos investidores. As lições aprendidas com outras indústrias podem ser aplicadas. O setor FinTech é de alta octanagem, é um segmento emergente em seu próprio direito e pede por velocidade e fornecimento ágil em um mercado global. O desafio é simples – a função CVC muitas vezes precisa realizar sua própria tentativa de reinvenção. Como a Divisão Capital de Risco está estruturada, sua cultura e habilidades em evolução desempenham um papel no seu sucesso futuro.

Há globalmente um aumento da quantidade de fundos com foco em FinTech. Em troca do retorno elevado que os capitalistas de risco assumem ao investir em empresas menores e menos maduras, eles geralmente obtêm um controle significativo sobre as decisões da empresa e uma parcela significativa de propriedade desta (e consequente valor).

O risco corporativo é muito mais variado na sua abordagem ao investimento, dadas as diferenças entre os drivers e as medidas de sucesso. Os drivers típicos por trás do mandato de investimento das empresas são:

- Estratégia – para avançar a visão de futuro da empresa;
- Expansão – para estender o portfólio de produtos e serviços da empresa;
- Inovação – para melhorar a posição competitiva e a experiência do cliente ou realizar apostas estratégicas;
- Finanças – para melhorar o retorno financeiro da empresa.

Em 2014, 40 CVCs investiram em uma combinação de fundos de capital de risco e aceleradores, o equivalente a mais de $29 bilhões. No mesmo ano, pelo menos 10 CVCs tiveram tamanhos de fundos superiores a $250 milhões.[2]

O ano de 2014 foi um grande ano para saídas sustentadas por empresas, com os EUA desfrutando 2/3 do valor de mercado, e uma das principais revelações foi a de que o financiamento corporativo foi rapidamente se tornando um player "do investimento semente até a série A" mais ativo com um primeiro round gritante de 212 (série A) negócios em um único ano.[3]

O momentum deve continuar. Empresas de CR e CVCs continuam a alinhar-se em coinvestimentos, e enquanto o capital comprometido em empresas de CR está se contraindo, o risco corporativo está crescendo. Mais empresas grandes entendem o potencial de retornos de negócios sustentáveis e competitividade através da mistura de estratégia de risco corporativo para as prioridades de aceleração da inovação. Considerando os benefícios que o investimento de risco oferece, a verdadeira questão é saber se as empresas podem ficar de fora do jogo.

CVC e a Oportunidade para o Ecossistema FinTech

Dezenas de bancos e empresas de serviços financeiros já estão se comprometendo a realizar "investimento semente", e muitos mais estão patrocinando grandes aceleradores FinTech ao redor do mundo. A conexão

---

[1] Boston Consulting Group, "Corporate Venture Capital: Avoid the Risk, Miss the Rewards": <https://www.bcgperspectives.com/content/articles/innovation_growth_mergers_acquisitions_corporate_venture_capital/?chapter=5>.

[2] Nicole Anderson: <https://medium.com/the-fintech-book/corporate-venture-the-new-power-broker-in-the-fintech-innovation-ecosystem-21bdfbad4ccb>; Global Corporate Venturing Annual Report – junho de 2015.

[3] *The Economist* (2015).

"Davi e Golias" está se revelando na busca de ganhos estratégicos e retornos previsíveis. Ainda é muito cedo.

Na tentativa de chegar "mais perto do ecossistema de inovação", alguns players nível 1 lançaram laboratórios de alto perfil – BBVA, Capital One, Wells Fargo, o Deutsche Bank, UBS etc. – enquanto outros optaram por patrocinar aceleradores tais como Lloyds e Barclays.

Os orçamentos para essas atividades são impressionantes, com o laboratório médio custando uma média de $2 milhões para lançar.[4] O foco em atrair startups para exibir, associar-se e colaborar fez com que milhões fossem gastos na infraestrutura, na contratação de talentos-chave e no aproveitamento do "benefício" do PR positivo.

Mudando para investimentos CVC de destaque, como Goldman Sachs (OnDeck, Kensho), JP Morgan (Prosper, Motif Investing, Square), Citi (Square, Betterment, Platfora), HSBC (Kyriba), BBVA (Simple), Mastercard (iZettle) e AmEx (SumUp, LearnVest), há pouca evidência para sugerir que a estratégia corporativa pegou ou é apoiada por mandatos de inovação e investimento. Eles são quase, por enquanto, mundos separados.

Acelerando Open Innovation em FinTech

A necessidade de inovar está afetando dezenas de áreas de produtos e serviços em toda a cadeia de fornecimento de serviços financeiros. Jamie Dimon, CEO do JP Morgan Chase, ganhou destaque ao dizer: "O Vale do Silício está chegando. Há centenas de startups com um monte de cérebros e dinheiro trabalhando em várias alternativas para o sistema bancário tradicional".[5]

Lloyd Blankfein, CEO do Goldman Sachs, confirmou publicamente que ele espera plenamente que "as parcerias, aquisições e a competição serão a chave para a forma como a vertical se desenvolve".[6] Se você combinar o ritmo da inovação ao potencial de disrupção dos negócios, as empresas terão que agir rapidamente. As regras do jogo mudaram, e a posição uma vez privilegiada de construir internamente e manter a competitividade é um modelo falho para um futuro de sucesso.

A parceria necessária entre chefes de inovação, risco corporativo, diretoria de tecnologia e de risco e compliance são essenciais na busca e formação de negócios, trabalhando com as unidades de negócios, definindo medidas de sucesso e, finalmente, apoiado a mudança no apetite cultural para o risco e vontade de ensaio, experimentação e colaboração com o mundo exterior.

A sustentabilidade do investimento requer planejamento e um apetite para o risco. Também requer paciência e margem embutida para "erro".

Para aqueles CVCs focados em FinTech que entendem o poder de gestão de portfólios – visando fluxo de negócios de alto risco em estágio inicial, mas equilibrando isso com fornecimento de tecnologia de menor risco na fase posterior –, há uma chance maior de retornos futuros.

Configurando para o Sucesso

Pergunte a qualquer Chefe de Inovação em um banco como eles são avaliados e como isso se alinha com outras unidades/funções de negócios, e as respostas provavelmente serão tão variadas quanto os indivíduos que estão sendo perguntados.

Se você ligar para o braço do CVC, muitos têm poucos recursos e precisam desesperadamente de aumento de profissionais experientes em risco e inovação trabalhando com eles, e nos locais-chave globais. Processos e medidas anteriores provavelmente não atenderão as necessidades de agora e do futuro.

A colaboração interna e a fusão de planejamento entre as funções de inovação e investimento é vital. Estrutura, a relação com matriz/empresa, talento/competências, abordagem à gestão de portfólios e filosofia de risco são todas áreas vitais para avaliar. Desafiar cada elemento é necessário – e algumas das questões-chave precisam ser feitas – elas são exemplificadas na tabela seguinte.

---

[4] Forbes, "FinTech Startup Labs on Growth Path from London to Hong Kong", setembro de 2014; Accenture, "The Rise of FinTech, New York's Opportunity for Tech Leadership 2014".

[5] Jamie Dimon, A Letter to Shareholders: <http://files.shareholder.com/downloads/ONE/15660259x0x820077/8af78e45-1d81-4363-931c-439d04312ebc/JPMC-AR2014-LetterToShareholders.pdf>.

[6] John Seward, "Is There Technological Turmoil in the Financial Services Industry?", Benzinga, 14 de março de 2015: <http://www.benzinga.com/analyst-ratings/analyst-color/15/03/5326198/is-there-technological-turmoil-in-the-financial-services>.

Tabela: Perguntas-chave para o sucesso

Estrutura	Relacionamento com Matriz	Talento/Habilidade	Gestão de Portfólio	Empreendimentos
• Como a Função de Risco Corporativo (CVF) pode ser estabelecida? • Objetivos Estratégicos – financeiro/estratégico – qual é o equilíbrio adequado? • Medidas de sucesso (KPIs)? • Estrutura de governança? • Composição do comitê de investimentos e do conselho consultivo?	• Como você estabelece expectativas para resultados? • Como você garante tomada de decisão rápida? • Como você obtém envolvimento BGs no processo? • Como manter a matriz e os BGgs envolvidos em atividades do CVF? • Como você leva empresas do portfólio para a matriz e os BGs?	• Perfis de Sócio/Diretor Administrativo? • Tamanho da equipe e perfis, contratações externas vs. conhecimento interno? • Compensação e implicações em aceitação de CVF pela organização? • Política de recompensa CR ou política de recompensa Corporativa?	• Como você obtém acesso às melhores oportunidades de negócios? • Funil de fluxo de negócios? • Lugares de conselho/ observador em empreendimentos? • O que o CVC oferece às empresas e coinvestidores?	• Como você constrói sua reputação no ecossistema? • Em que estágios você investe – seed, A, B, C? • Como você gera um pipeline de negócios de qualidade? • Participação majoritária/ minoritária? • Você coinveste em sindicatos?

Além disso, o papel da função CVC precisa atuar e mover-se mais como um CR para apoiar a estratégia de inovação. Muitos argumentam que CVFs podem ser mais bem-sucedidos se colocados fora da organização sob a governança de um comitê de investimento.

Um equilíbrio de tal modelo deve ser atingido. As considerações são muitas, mas com base no que foi mencionado anteriormente, algumas diretrizes para a criação de um CVF externo (patrocinado por uma empresa controladora) seriam encontradas na tabela abaixo.

Tabela: Orientações para estabelecer um CVF externo

Estrutura • Um foco claro em investimento essencial • Estabilidade – precisa ser de longo prazo – investimentos precisam de tempo para amadurecer • Processos de investimento eficazes para acompanhar a velocidade do mercado • Métricas de sucesso cobrindo elementos financeiros e estratégicos • Local próximo ao escritório corporativo ou principais grupos de negócios para networking interno	**Empreendimentos** • Participações minoritárias são mais comuns • Opções de coinvestimento devem ser a regra • Cadeira para conselheiro/observador no empreendimento e envolvimento em grandes decisões • Apoio ativo de empresas do portfólio • Rede estável e consistente no ecossistema do empreendimento • Reputação e registro são a garantia do fluxo de negócios de qualidade
Relacionamento com a Matriz • CVF (Corporate Venture Function) deve ter rede ampla e resiliente dentro da matriz e dos grupos de negócios (BGs – do inglês, business groups) • Diálogo entre CVF, BGs e Centro Corporativo precisa ser sistemático • Envolvimento dos BGs desde cedo durante processos de investimento • Empresas do portfólio precisam de exposição regular aos BGs	**Talento/Habilidades** • Tamanho de equipe para fundar: de 5 a 8 • Empregados representando um mix de CR e background interno (50/50) • Combinar pacotes de remuneração de CVC com aqueles de CRs

CVC FinTech – Lições para Viver de Acordo

CVC deve ser um verdadeiro parceiro de negócios para seu público interno e para suas empresas do portfólio de investimento. Ele deve misturar habilidades de investimento interno com os melhores padrões da indústria de financiamento de risco corporativo. Precisa encontrar o equilíbrio entre os retornos financeiros e estratégicos, trabalhando sempre para equilibrar o risco do portfólio tanto em investimentos discretos quanto em coinvestimentos, mas nunca alienados da agenda de inovação ou estratégia do grupo.

O custo de se aventurar é considerável. No entanto, a taxa de mudança de inovação se torna uma escolha óbvia, dado que a inatividade pode ser mais dispendiosa. É hora da FinTech criar uma tempestade perfeita para o risco corporativo e se tornar a nova lobista no ecossistema de inovação.

A Oportunidade de Seguro

Por Péter Orlovácz
Antigo Presidente de Digital, AXA Bank Europe

O seguro é uma indústria enorme de 4,64 trilhões de dólares, mas a maior parte do foco dentro de FinTech tem sido em bancos (investimentos e empréstimos) e pagamentos. Os problemas enfrentados pelos clientes do setor de seguros são muito semelhantes aos dos bancos, isto é, serviço ao cliente abaixo da média, precificação opaca e produtos complicados. As tendências da digitalização, novos modelos de distribuição e transparência que deram origem a muitas startups de FinTech também se aplicam ao mundo dos seguros.

Distribuição

As pessoas estão menos inclinadas a comprar um seguro sozinhas, e estão acostumadas a interagir com agentes que normalmente se aproximam do cliente e "empurram seus produtos". Isso moldou em grande parte a distribuição em um modelo de agente-corretor, em que o papel do agente é mais sobre vendas. Como as alternativas digitais moldam as necessidades e o comportamento dos clientes, é a distribuição que tende a mudar primeiro. Os avanços na tecnologia e o desejo das seguradoras de se aproximar de clientes começaram a mudar o modelo de distribuição, mas o surgimento de distribuição digital mudará ainda mais. Além disso, a distribuição apresenta alguns dos maiores custos modernos para as seguradoras. Algumas operadoras de seguros começaram a distribuição direta, especialmente para produtos pontuais mais simples, como viagens e seguro de automóvel. Muito poucos, no entanto, foram com tudo no seguro direto, temendo a concorrência com suas próprias redes de agentes. Como uma solução para o dilema clássico do inovador, alguns deles têm marcado a sua oferta direta de forma diferente como "preços e produtos modificados" para garantir que os agentes não sejam muito afetados negativamente. Essa relação é muito semelhante à forma como os bancos se sentem sobre suas divisões. Demais redes de agentes também terão que encontrar o seu valor agregado, além de vendas.

Uma das disrupções mais significativas orientadas para a tecnologia na distribuição tem sido o aumento dos agregadores, que são sites que comparam cotações de vários provedores de seguros. Estes são mais desenvolvidos no Reino Unido e em outros mercados europeus avançados, mas algumas empresas já começaram a fazer a mesma coisa nos Estados Unidos – o Google é uma delas. Sites agregadores começaram com produtos mais simples, como seguro automóvel e de viagem. Olhando para a expansão, o grande desafio é encontrar novos produtos, em que os clientes possam ser autodirigidos. Para isso, eles precisarão ou de produtos mais simples, necessitando de menos dados para o algoritmo, ou encontrar uma maneira de proporcionar uma melhor experiência do usuário – seja usando dados públicos ou informações de propriedade que a seguradora já tem para ajudar os clientes a obter o seu seguro. Outra forma de expansão de sites de comparação é vertical, para se transformar em consultores altamente pessoais, com maior valor agregado. O futuro da distribuição digital não chegará ao mesmo tempo em todos os lugares. A distribuição direta alcançou apenas uma pequena parte: apenas 2% e 5%, respectivamente, para P&C (Property e Casualty) na França e Itália, e porcentagens ainda menores no Japão, onde as redes de agentes ainda governam. Em outros países, como o Canadá, Holanda e nos mercados emergentes como a China e a República Checa, existem ações de distribuição remotas de 15% a 25%. O modelo de distribuição também pode ser alterado por empresas prestadoras de serviços em que o seguro é apenas um componente. Isso pode assumir muitas formas:

- Um exemplo famoso é o seguro de proteção de pagamento (PPI – do inglês, payment protection insurance) empacotado com empréstimos e hipotecas no Reino Unido. Dizia-se que essa apólice de seguro protegia seus titulares, caso eles não fossem capazes de reembolsar um empréstimo ou hipoteca.
- Trov, um aplicativo móvel, fornece um serviço que permite ao usuário catalogar e manter o controle de todos os seus pertences com seu valor atual. Esse serviço relaciona-se com o seguro, seja ele de automóvel, artigos de casa ou qualquer outro produto de especialidade P&C.
- A Monsanto adquiriu uma grande empresa de dados, The Climate Corporation, que tinha construído um produto de seguro para proteger os agricultores contra riscos climáticos, com base nos dados individuais e feeds de clima em tempo real. A Monsanto oferecerá esse produto como parte de seu Sistema Integrado de Agricultura que fornece aos agricultores recomendações para sua fazenda.

A distribuição digital está ganhando uma parte do mercado rapidamente, mas ainda é relativamente pequena. Redes de agentes provavelmente adotarão o digital também, aumentando seu próprio serviço. A distribuição não é apenas influenciada pela maturidade do mercado, já que as preferências dos clientes e do ambiente regulatório afetarão isso. Misturar seguro com outros serviços é um grande modelo, e o risco ainda está subscrito por operadoras de seguros. Essa não é uma ameaça, então? No longo prazo, isso pode enfraquecer os laços das seguradoras com seus clientes, relegando apólices de seguro a commodities.

Big Data

O seguro é o primeiro negócio de big data do mundo, à medida que as empresas vêm utilizando os dados para modelar e precificar o risco antes de o termo virar moda. O histórico de sinistros e a subscrição de dados passados das seguradoras é um de seus ativos mais valiosos. No entanto, a vantagem da indústria de seguros em coletar e entender as grandes quantidades de dados está desaparecendo rápido. Empresas como Google estão recolhendo muito mais dados e têm, melhores ferramentas e capital humano para entendê-lo. O crescimento dos sensores em torno de nós muito em breve produzirá grandes quantidades de dados aos quais as seguradoras não têm acesso.

Embora seja muito cedo para dizer que a indústria de seguros tem obtido big data e esteja usando isso plenamente, é definitivamente uma área em que os players tradicionais ainda têm uma vantagem inicial. A maioria das seguradoras já começou iniciativas como Data Innovation Lab da AXA ou a rede de joint venture alemã da Allianz com Fraunhofer Labs. Usar big data para personalizar produtos de seguros, em teoria, é um passo na direção certa, mas que certamente dará origem a preocupações com a privacidade. Os clientes poderão desfrutar de melhores preços e produtos sob medida, mas ainda é incerto o quão intrusivos eles poderiam achar as técnicas que tornam isso possível. Os consumidores e as seguradoras terão de encontrar um equilíbrio entre os descontos e a medida em que a empresa tem propriedade dos dados e perfis dos clientes. Outro risco de usar a Internet das Coisas para o seguro é a segurança cibernética, ou melhor, a falta dela. Esses dispositivos de coleta de dados inteligentes nem sempre são projetados com a segurança em mente. De acordo com estudos, 70% dos dispositivos IoT mais comumente utilizados contêm vulnerabilidades que um hacker pode explorar.[1] Esse não é o tipo de risco que as seguradoras podem ou gostariam de precificar em seus modelos.

Novos Participantes

O mercado de seguro é bem regulado, e começar uma nova operadora é muito caro. Oscar, uma empresa de seguro de saúde baseada em Nova York, teve uma exigência mínima de capital de $45 milhões. Crescimento rápido também é difícil, pois o capital regulatório aumenta com novos clientes. No entanto, os novos operadores nesse mercado poderiam chegar de duas direções.

Em primeiro lugar, a partir de algumas das empresas que coletam grandes quantidades de dados em suas operações diárias (Googles, Amazons e Facebooks). Além de dados, eles têm uma grande base de clientes com quem têm relações muito melhores do que as seguradoras. Essas empresas poderiam, em teoria, oferecer seguros, aproveitando seus dados proprietários. O que ainda não está claro é onde na cadeia de valor do seguro essas empresas gostariam de estar. O primeiro lugar lógico é a distribuição. O Google já está lá com o Google Compare para o seguro de automóvel. Em segundo lugar, startups podem e vão entrar em mercados de nicho rentáveis com produtos simples e focados. Assim como a TransferWise pode fazer transferências internacionais de dinheiro melhor do que os bancos, haverá produtos de seguros em que os novos operadores têm melhor desempenho do que os players atuais. Nos EUA, há startups como Oscar, Gravie e Navera que estão trabalhando em proporcionar melhor seguro de saúde, uma grande preocupação dos clientes.

Outro modelo interessante é o seguro de peer-to-peer, e Friendsurance é um exemplo disso na Alemanha. Esse modelo é tão antigo quanto a própria indústria de seguros. Os primeiros modelos de seguro foram baseados na partilha de riscos e benefícios de uma comunidade de pessoas (no modelo de cooperativas, a comunidade realmente possui a companhia de seguros – Benjamin Franklin introduziu esse modelo nos EUA em 1752). As comunidades online atingiram uma escala suficientemente grande para o modelo de cooperativas trabalhar de forma eficiente, desta vez não vinculada por barreiras geográficas. Juntamente com distribuição de baixo custo, formando pequenas comunidades que asseguram a si mesmas, podem pulverizar mercados de seguros anteriormente homogêneos.

Uma Nota sobre Seguradora Digital

Enquanto observa novas tendências de mercado e como as seguradoras existentes poderiam adaptar-se, a transformação digital tem oportunidades mais mundanas também para players tradicionais. A digitalização simples de processos de seguros existentes (Straight Through Processing de cotas, configuração rápida do produto etc.) poderia render a melhoria das margens de lucro. Combinada com a escala das empresas existentes, se bem feita e em tempo hábil, isso também poderia tornar corretores, em concorrentes de peso na era digital. Embora isso, em si, possa não ser suficiente.

[1] Eduard Kovacs, "70 Percent of IoT Devices Vulnerable to Cyberattacks: HP", *Security Week*, 29 de julh de 2014, <http://www.securityweek.com/70-iot-devices-vulnerable-cyberattacks-hp>.

Mais Histórias de Sucesso

8

Ao longo do livro ouvimos de empresas de FinTech bem-sucedidas sobre seus produtos e soluções de ponta e de formadores de opinião em FinTech que trabalham em grandes organizações e implementam ambiciosos programas de inovação de FinTech. Aqui compartilhamos histórias de sucesso dos empresários que fundaram empresas de FinTech e que seguiram sua visão e de "intraempreendedores" que implementam a inovação em grandes organizações globais. Observamos empresas atendendo a consumidores, bem como a outras empresas. O que todas essas histórias têm em comum é que pedimos aos nossos autores para olhar abaixo da superfície das relações públicas e nos dizer mais sobre o fundador, sua visão e o crescimento das empresas.

Você será inspirado pelo fundador da eToro, a maior rede de investimento social do mundo, descubrirá a história de Avoka como uma plataforma líder de gestão da experiência do cliente e será motivado pelo fundador da Bankable, que está construindo "banco como serviço" para todos.

Além disso, examinamos como o Citibank lançou um desafio FinTech global baseado na visão de um intraempreendedor e como a SWIFT foi capaz de detectar e responder com sucesso às oportunidades FinTech para os empresários e sua base global de instituições financeiras. Ambas as histórias demonstram claramente que as instituições financeiras, até mesmo tradicionais, têm a capacidade de inovar e aceitar a mudança.

eToro – Construindo a Maior Rede de Investimento Social do Mundo

Por Yoni Assia
CEO & Fundador, eToro

É uma manhã de segunda-feira fria no inverno da Holanda, e Noa Strijbos saiu aos estábulos para cuidar de seus cavalos. Ela é uma das treinadoras de cavalos mais populares do mundo, mas seus 27 mil seguidores não estão interessados em seu amor pelos cavalos.[1] Na rede de investimento social eToro, Noa transformou-se, em apenas três anos, de uma observadora amadora dos mercados financeiros a uma trader profissional. Seus seguidores pelo mundo estão esperando para ver quais serão seus próximos movimentos de investimento em mercados financeiros mundiais. Afinal, em 2015 seu portfólio de investimento já subiu em 25%.

Eu sou Yoni Assia, o fundador e CEO da maior rede de investimento social do mundo. Como uma criança que cresceu nos anos 1980, eu estava constantemente rodeado por inovação. Meu pai, David, estabeleceu a empresa de tecnologia Magic Software, que em 1991 se tornou a primeira empresa de software de Israel a ser listada na NASDAQ. Rodeado por essa revolução tecnológica, aos 14 anos eu estava inspirado a iniciar a programar, na esperança de um dia ter um papel importante na próxima fase da inovação. Como muitos adolescentes, comecei a trabalhar nos fins de semana, coletando moedas para colocar no meu cofrinho. E eu queria utilizar bem esse dinheiro. Sentindo-me sem inspiração por ver meu suado dinheiro parado lá na prateleira e igualmente sem inspiração dada pelos bancos locais, decidi que assumiria o controle da gestão do meu próprio dinheiro.

Eram os anos 1990, a tecnologia estava crescendo e os bulls (touros) estavam no comando – tanto na NBA quanto nos mercados financeiros. Homens de terno, em seus carros rápidos, que trabalhavam em grandes edifícios de escritórios estavam negociando nos mercados do mundo, com uma grande dose de sucesso. Com a minha experiência em tecnologia, assim como a minha aptidão para números, decidi dar uma chance ao trading (compra e venda de títulos) a partir do conforto do meu próprio quarto. Por que eu não poderia juntar-me àqueles em Wall Street e conectar-me aos mercados financeiros do mundo? Infelizmente trading não era tão simples como eu havia previsto inicialmente. De um ponto de vista prático, foi tudo bastante inconveniente e trabalhoso. Para começar, eu precisava comprar algumas telas extras para o meu computador. Uma vez que estava configurado com minhas telas, eu era capaz de analisar gráficos financeiros, mas toda a experiência parecia solitária e desamparada. Na verdade, meu irmão mais velho, Ronen, achou o meu fascínio e esforço com finanças bastante cômico.

No final, porém, ambos concordamos que isso realmente não era uma questão engraçada. Entendemos rapidamente que os mercados e as economias globais eram ligados um ao outro, mas de alguma forma 99% da população mundial havia sido desligada e desvinculada desse ecossistema. Com o surgimento da tecnologia e conectividade social em nível mundial, percebemos que o poder estava mudando para os 99% desconectados. Uma vez equipadas com as ferramentas e infraestruturas adequadas, as massas não só poderiam influenciar os mercados financeiros, mas poderiam assumir o controle de suas próprias decisões de investimento. Essa visão e percepção levou ao estabelecimento de eToro em 2006.

Construindo a Rede

Em 2006, nossos fundadores, Ronen Assia, David Ring e eu, decidimos tentar resolver os problemas que eu tinha encontrado enquanto tentava o trading online. Fizemos uma tentativa de combater a experiência complicada e solitária de trading online e criar uma plataforma de negociação online que era simples e agradável. Por que finanças deveria ser algo chato?

Inicialmente nossa plataforma foi concebida como um desafio financeiro, com operadores competindo uns com os outros nos mercados globais. No entanto, logo percebemos que isso contrariou nossa visão inicial. Em vez de competir uns contra os outros, seria melhor para nossos usuários aprenderem uns com os outros, e decidimos revolucionar a negociação permitindo que os traders vissem o desempenho e portfólio dos outros. Com o mundo em recessão depois de 2008, entendemos que havia uma demanda por transparência financeira e as massas tinham perdido a fé nas instituições financeiras tradicionais. Num contexto de aumento dos níveis de dívida globais, a crise de crédito, e com Bernie Madoff vendo o que outros traders estavam fazendo,

[1] <http://www.reuters.com/article/2015/05/29/idUSL5N0YC2RT20150529>.

fomos adicionando uma camada de transparência que nunca havia existido antes no ecossistema financeiro. Decidimos socializar as finanças.

Escalando a Rede

Em 2010, estabelecemos a primeira rede de investimento social do mundo, o eToro OpenBook, onde os membros da nossa comunidade online eram capazes de seguir um ao outro. Isso construiu não só uma rede de traders, mas uma multidão inteligente postando notícias e aplicações financeiras em seus feeds pessoais. Os traders eram agora capazes de consumir notícias financeiras no seu feed personalizado e operar de acordo com traders, divulgando suas decisões de investimento para milhões de pessoas em outras redes sociais. Produtos financeiros estavam agora ao alcance do mercado de massa, não apenas dos poucos escolhidos. Os segredos de traders bem-sucedidos não estavam mais escondidos da vista do público, mas sim a céu aberto, sendo analisados ou copiados, dependendo da sua própria interpretação.

A habilidade de copiar os traders no eToro OpenBook não só permite que os membros da nossa comunidade imitem outras estratégias de negociação, ela permite que os investidores construam portfólios baseados nas pessoas, criando uma classe própria de ativos financeiros.[2] Assim como traz níveis superiores de responsabilidade e prestação de contas, a negociação social em geral supera a negociação independente, de acordo com dados analisados pelo MIT Media Lab. O movimento de dinheiro dentro e fora desses portfólios baseados em pessoas é feito a critério dos investidores na rede, criando uma forma da gestão de ativos sem atrito. Quase qualquer um pode abrir uma conta na rede, de qualquer valor líquido, criando o seu próprio portfólio diversificado. Temos reduzido drasticamente as barreiras de entrada para quem deseja investir e gerir seus próprios fundos, criando uma rede escalável ao alcance de milhões de pessoas, dando a comerciantes acesso aos mercados financeiros que eles nunca tiveram antes. Desde que lançamos nossa rede de investimento social, não voltamos atrás.

O sucesso no estabelecimento e na ampliação de nossa comunidade nasceu de um profundo entendimento das tendências tecnológicas mundiais. Foi examinada a revolução social, e em vez de acreditar que essa era uma moda passageira, como muitos fizeram, nós rapidamente compreendemos que esse era o futuro de todas as finanças. Ao fazer a transição da nossa plataforma para como o mundo estava evoluindo, nos tornamos um dos primeiros adotantes e empreendedores nesse espaço. Isso também nos permitiu abraçar ainda mais nossa visão de abertura dos mercados mundiais para que todos possam investir de uma forma simples e transparente.

Quebrando os Bancos

Ser copiado e seguido pode ser um negócio lucrativo para nossos traders mais populares. Nosso Programa de Investidores Populares permite que os comerciantes recebam 2% dos ativos que geram passivamente. Esse é o futuro da gestão do dinheiro, um setor conhecido por sua exclusividade, despesas, cortinas de fumaça e espelhos. Muitos dos comerciantes na plataforma estão agora construindo seu próprio e rentável fundo de fundos. Hoje (junho de 2015), a rede da eToro inclui 4,5 milhões de usuários registrados em 170 países. Centenas de instrumentos financeiros podem ser negociados na eToro, e nossos investidores podem copiar, seguir e interagir uns com os outros em praticamente qualquer idioma, em todo o mundo. Levantamos um total de $62 milhões em investimentos. A nossa mais recente rodada de investimento "D" incluía verbas significativas a partir de três grandes instituições financeiras globais: Ping An, da China, Sberbank, da Rússia, e Commerzbank, da Alemanha – eToro sendo o primeiro investimento de FinTech deste último. A convergência de uma empresa de FinTech como eToro e principais instituições financeiras demonstra a força por da nossa disrupção do velho mundo das finanças.

Durante anos, somente poucos privilegiados tinham acesso ao tipo de informação e investimento que lhes deu o poder de mover os mercados. O sistema financeiro está sendo significativamente disruptivo. O que antes era domínio exclusivo dos homens em ternos em Wall Street e em Londres está agora mais acessível a qualquer pessoa, a qualquer hora, em qualquer lugar.

[2] *Decoding Social Influence and the Wisdom of the Crowd in Financial Trading Network*, by Wei Pan MIT, Media Lab Yaniv Altshuler MIT, e Alex (Sandy) Pentland MIT: <http://web.media.mit.edu/~panwei/pub/socialcom12.pdf>.

Avoka – Um Sucesso Instantâneo, 13 Anos em Produção

Por Derek Corcoran
Chief Experience Officer, Avoka Technologies

"OMG!" (Que significa "Oh My God!"). Eu estava familiarizado com a frase, mas foi a primeira vez que eu ouvi uma executiva, tudo bem que de nível C em um banco global, usá-la em uma reunião. Ela tinha percebido o que a Avoka poderia fazer por sua companhia, e eu percebi que realmente tinha construído algo especial com a Avoka.

Parecia que o culminar de um intenso período de cinco meses de publicidade positiva – ganhamos consecutivos prêmios do Finovate "Best of Show" em Londres e na Califórnia, fomos premiados como "Most Innovative Customer Engagement Solution" no Desafio Citi Mobile, e fomos indicados na Inc. Magazine em "22 Startups de Tecnologia Financeira que Você Precisa Conhecer". Parecia que 13 anos de trabalho duro e quatro pivôs significativos (talvez mais "refinamentos" do que "pivôs") em nosso negócio levaram a Avoka a tornar-se um sucesso "imediato". E a viagem começou...

Em 2002, Philip Copeland e Howard Treisman, já empresários bem-sucedidos e veteranos de TI, estabeleceram a Avoka como sua próxima aventura (terceira startup de Phillip). A Avoka era focada em cumprir a promessa de Gerenciamento de Processos de Negócios (BPM – do inglês, Business Process Management), ou seja, "a agilidade da empresa". Depois de completar uma série de projetos de sucesso em serviços financeiros, governo e aviação, Philip e Howard perceberam que muitos dos clientes para quem estavam vendendo já tinham um, se não quatro, BPM ou sistema de fluxo de trabalho. Eles não precisavam de mais um. O que eles realmente precisavam era de uma maneira de conectar esses sistemas para os clientes que estavam fora da organização. Precisavam permitir que os clientes se inscrevessem online, e essa precisava ser uma ótima experiência para o cliente.

PIVÔ 1 – Experiência do Cliente, não Gerenciamento de Processos de Negócios

A Avoka mudou o foco de gestão de processos internos de uma organização para permitir que os clientes iniciem um processo como a solicitação de um empréstimo ou a abertura de uma conta. A realidade era que os principais clientes da Avoka em serviços financeiros e governo tinham centenas, e em alguns casos milhares, desses tipos de transações. As transações de maior volume estavam disponíveis online (por exemplo, abrir uma conta corrente, solicitar um cartão de crédito), e o resto ainda era baseado em papel. O problema era que a forma tradicional de oferecer uma experiência online para substituir formulários de papel ou PDF era fazer com que o departamento de TI desenvolvesse um código personalizado usando programadores. Isso não era barato ou rápido, portanto, apenas as transações de maior volume eram online. A Avoka viu a necessidade de uma maneira mais rápida de construir essas experiências online sem programação – algo que colocou o "negócio" no controle, com a TI em um papel de auxílio. E isso criou uma segunda necessidade – uma solução para gerir essas experiências online. Afinal, se você tem centenas de transações online, então precisará de um lugar para mantê-las. Isso levou ao desenvolvimento da primeira iteração do produto do Avoka, Transact. Aprendemos muito durante esse período sobre o comportamento do consumidor e o que faz uma boa experiência do cliente. Nós levamos esses aprendizados e os inserimos no nosso produto, de modo que cada cliente subsequente beneficiou-se das lições daqueles que vieram antes deles. Como resultado, a Avoka era agora uma empresa de experiência do consumidor.

PIVÔ 2 – Móvel, o Inovador

Em 9 de janeiro de 2007, no Moscone Center, em San Francisco, Steve Jobs apresentou ao mundo o iPhone. Mudou tudo – desde a forma como verificar o tempo à forma como nos comunicamos, de como encontramos informações a como fazemos compras. Inicialmente nossos clientes nos disseram "as pessoas não querem aplicar para um empréstimo ou abrir uma conta bancária em um iPhone, a tela é muito pequena", mas não tínhamos tanta certeza.

Nos anos seguintes, tornou-se evidente que os clientes queriam fazer tudo em seu telefone celular, incluindo a abertura de uma conta bancária, um empréstimo ou a apresentação de uma reivindicação de seguro. Uma companhia de seguros nos explicou como eles queriam facilitar para que os clientes desalojados por uma tempestade fossem capazes de apresentar uma reivindicação de seguro em seu smartphone, tablet ou PC... tudo o que eles tinham acesso após um desastre natural. Precisava ser conveniente, não um aplicativo que o cliente tinha que baixar.

Construir a capacidade de oferecer suporte a dispositivos móveis e desktop em um único projeto foi provavelmente o mais significativo desenvolvimento de um único produto em que investimos. Porém mais tarde, perceberíamos que era absolutamente a coisa certa a se fazer. A Avoka era agora uma empresa de experiência do consumidor focada na nova fronteira do "canal digital" abrangendo PCs, smartphones e a nova onda de tablets.

PIVÔ 3 – A Computação em Nuvem Atinge a Maioridade

Ao mesmo tempo em que Steve Jobs e os celulares estavam mudando a experiência do cliente, Jeff Bezos e a nuvem estavam mudando a forma como as organizações construíam e hospedavam seus aplicativos de software. E isso proporcionou uma enorme oportunidade para a Avoka.

Neste ponto, o produto da Avoka era instalado nos centros de dados das empresas, e nossos clientes típicos eram bancos, seguradoras, gestores de fortuna e agências governamentais. Conseguir um novo servidor para o centro de dados de organizações como essas foi difícil, muito difícil. Os centros de dados foram tipicamente controlados por grandes empresas de terceirização de TI que forneciam serviços adicionais, tais como instalação, segurança, back-up, redundância etc. além de servidores bare-metal. Um servidor de $10 mil poderia facilmente custar $100 mil por ano em custos totais, e os prazos de entrega de dois a seis meses para solicitar, receber e instalar um servidor não eram incomuns.

Para uma empresa como a Avoka, que já estava experimentando ciclos de vendas de 3 a 12 meses, acrescentar meses adicionais antes dos clientes ganharem vida era incapacitante. "A agilidade é o novo preto" e centros de dados tradicionais estavam longe de ser ágeis. Usando a Nuvem, poderíamos criar uma novíssima instância de nosso produto para um cliente em um único dia. Aleluia! Neste ponto, nós também tomamos a decisão de mudar para preços baseados em transações. Se um cliente completou uma aplicação, por exemplo, para uma nova conta bancária, uma taxa foi incorrida. Isso permitiu que a Avoka alinhasse melhor o custo do produto com o valor que estava entregando. Houve alguma resistência a essa nova abordagem na época – organizações estavam acostumadas a pensar em termos de "comprar" software e pagar por manutenção e suporte. Mas, como produtos como Salesforce continuaram a crescer em popularidade, assim surgiu a ideia de Software como Serviço (SaaS – do inglês, Software as a Service). Fizemos nosso terreno sobre o novo modelo SaaS, e em cerca de 18 meses as objeções praticamente desapareceram. A Avoka era agora uma empresa de SaaS com foco na experiência do cliente digital.

PIVÔ 4 – Foco. Foco. Foco.

Nessa época, a Avoka estava crescendo bem e tinha clientes em bancos, seguros, gestão de fortunas, governo, indústria farmacêutica, engenharia, construção, transporte... e assim por diante. Sentimos que era o momento certo para procurar uma maneira para impulsionar um crescimento explosivo. Tudo o que sabíamos e líamos informava que era necessário "focar". Era óbvio que devíamos focar em serviços financeiros e, em particular, em gestão bancária e de fortunas – mas qual exatamente deveria ser a nossa proposta de valor? Por que um banco se envolveria com a Avoka como um novo fornecedor? Nós ajudamos com a eficiência operacional, a produtividade de TI, hora de ir a mercado, aquisição de clientes, mas ainda era muito amplo. O que seria a proposta de valor única da Avoka para nossos clientes-alvo? Qual seria nosso argumento de venda? Essa foi provavelmente a pergunta mais difícil que já tivemos de responder. O fato é que já sabíamos a resposta – só não tínhamos juntado os pontos ainda.

Oito anos antes, um executivo de um grande banco tinha nos dito que "as taxas de abandono para pedidos de empréstimos pessoais online estão rodando em torno de 92%". "Imagine!", ele exclamou: "Se 92% dos clientes que entrassem em uma agência fossem embora antes de completar uma transação ou se 92% das chamadas para o nosso call center ficassem sem resposta – estaríamos fora do negócio muito rapidamente". O abandono de operações de venda online (abertura de conta, pedidos de empréstimo etc.) nos serviços financeiros é um problema enorme, e parecia que os serviços bancários eram a única indústria disposta a aceitar tais taxas pobres de conversão. E como o canal digital foi crescendo em importância, o problema foi piorando. Em um ambiente com baixas taxas de juros (pós-crise financeira) e novas ofertas, como empréstimos peer-to-peer, as instituições financeiras tradicionais tornaram-se muito focadas na aquisição de novos clientes. Eles estavam investindo pesadamente em marketing digital para garantir que, se um cliente estava no mercado para um produto, seu banco "fosse encontrado". O problema era que quando o cliente clicava em "Aplicar agora", a experiência era muito semelhante à forma como era no início de 2000, e por isso as taxas de abandono mantiveram-se altas.

Então nós tivemos muita sorte. Fomos apresentados a uma instituição financeira que estava absolutamente focada em oferecer mais empréstimos pessoais e estava disposta a trabalhar com a gente para conseguir isso. Nós entregamos um novo pedido de empréstimo pessoal em apenas dez dias, e, em seguida, nossa equipe começou conjuntamente observando as estatísticas de abandono que estávamos gerando. Perguntamos a nós mesmos: "onde os clientes estão abandonando e por quê?". Gostaríamos de formar uma hipótese ("talvez se mudássemos X"), conversar com o cliente sobre isso, e que sua reação fosse "vão em frente... façam a mudança!". Então fizemos e imediatamente monitoramos o abandono. E eis que o número reduziu, ou seja, mais pedidos de empréstimo foram concluídos. Por isso, fizemos mais e mais mudanças – sempre mudando apenas uma coisa de cada vez, assim sabíamos se era positiva ou negativa.

Funcionou! Em apenas seis semanas, trabalhamos em conjunto para reduzir a taxa de abandono de pedido de empréstimo de 64% para 49% – um aumento significativo em empréstimos realizados a cada semana. Essa experiência ajudou a aumentar nosso conhecimento do problema, mas também nos deu a prova de que o abandono pode ser eficazmente combatido ou, pelo menos, reduzido. Ao olhar para o atrito ou esforço associado ao preenchimento de um empréstimo online ou abertura de conta e identificar formas de minimizar o atrito (isto é, facilitar para o consumidor), todo mundo ganha. Não posso exagerar a importância de ter um cliente e os dados reais para provar que nossa proposta de valor é real, não teórica. Possibilidades conectam-se com histórias, não com slides do PowerPoint.

Nós levamos o conceito de vendas digitais sem atrito para Finovate, a principal conferência para tecnologia bancária e financeira de ponta (com um formato apenas de demonstração), e ele ganhou três prêmios consecutivos "Best of Show". Isso proporcionou a confirmação de que o que estávamos falando e entregando havia sido avaliado pelo setor financeiro. A Avoka era agora uma empresa de SaaS focada em experiências de clientes sem atrito em serviços financeiros.

Havíamos encontrado nossa casa.

Lições Aprendidas

Em FinTech, há dois tipos de empresa:

> Disruptivas – aquelas que oferecem alternativas ao sistema bancário tradicional como empréstimos peer-to-peer.
>
> Colaboradoras – aquelas que oferecem aos bancos uma maneira alternativa de fazer negócios.

A Avoka é uma colaboradora.

Agora, dizer que pivotamos quatro vezes não é totalmente preciso. Foi mais um refinamento de nossa solução e modelo de negócio. Mas foram mudanças significativas. E ao longo do caminho, aprendemos algumas lições valiosas.

Vender algo que faz com que seus clientes sejam bem-sucedidos – se o seu produto/serviço pode ser conectado diretamente a ajudar a tornar seus clientes bem-sucedidos, em especial adquirindo novos clientes (em oposição à redução dos custos operacionais etc.), foque nisso. E quando trabalhar com os clientes, ouça, aprenda e incorpore esses aprendizados em sua oferta.

Conte sua "história" com os resultados – o mais rapidamente possível, construa um estudo de caso (mesmo um cego/anônimo) com dados reais mostrando o valor que você entrega. E entregue isso como uma história, como você contaria em um churrasco. As pessoas se conectam com histórias.

Adaptar-se para mudar – se você estiver em FinTech, a única constante é a mudança. Você não pode responder a todas as "tecnologias inovadoras" sugeridas, mas você deve manter seu dedo no pulso da indústria e estar preparado para se mover. Se uma tecnologia parece que tem o potencial para ajudar os consumidores e facilitar suas vidas, há uma boa chance de que eles a adotem (iPhone, empréstimo peer-to-peer etc.), então dê a essas tecnologias sua atenção especial, para estabelecer como poderiam ajudar ou prejudicar o seu negócio.

Bankable – Banco como Serviço

Por Eric Mouilleron
Fundador & CEO, Bankable

Fundei o Bankable em 2007, quando a palavra "FinTech" ainda não tinha sido inventada. Tudo começou em um jantar em Londres em novembro de 2006, quando conheci uma senhora que havia investido no espaço de pagamentos pré-pagos nos Estados Unidos. Pré-pago já era uma indústria de alto crescimento nos EUA, e eu pensei que esse crescimento se espalharia pela Europa. Eu tinha um olhar mais atento na indústria de pagamentos e descobri um mundo opaco com taxas abusivas, enormes ineficiências e falta de processamento em tempo real. Percebi que essa indústria estava madura para disrupção pela adição de um componente em tempo real, flexibilidade, eficiência e transparência à nova equação de pagamento. Eu queria lançar do zero um novo empreendimento de software, que fosse inovador e disruptivo, ainda que sem capital ou recurso intensivo. Os pagamentos eram exatamente o espaço certo.

Eu venho de um background de tecnologia. Na Valtech, uma consultoria baseada em projetos de TI que eu cofundei em 1993, nosso crescimento foi, por definição, limitado pelo nosso quadro de funcionários. Quanto mais membros na equipe tivéssemos para entregar projetos de software, mais crescia nossa capacidade de fatura. Eu queria eliminar essa fatalidade e construir um negócio escalável não estritamente dependente de recrutamento de novos funcionários. Em seis anos, a Valtech cresceu de dois fundadores em um escritório para 1.200 funcionários com 12 escritórios em oito países. A empresa foi financiada com dinheiro de amigos e familiares, que rapidamente traduziu-se em receitas de clientes. Em abril de 1999, a Valtech abriu seu capital na Bolsa de Paris e, em seu pico em 2000, atingiu uma capitalização de $1,5 bilhões no mercado.

Reconhecendo as lacunas na indústria de pagamentos, eu estava determinado a deslocar ineficiências de pagamento para soluções eficientes, em tempo real, acessíveis e seguras. Percebendo a escalabilidade atingível em um negócio que é impulsionado pela tecnologia, eu imaginava alimentar pagamentos com inovação tecnológica globalmente escalável. Eu assisti à primeira MasterCard Prepaid Conference em Praga, em maio de 2007. A energia provocada por uma grande concentração de pessoas na conferência confirmou a minha crença de que os pagamentos pré-pagos eram um setor em franca expansão com enorme potencial de crescimento. Eu queria ser parte dele.

Reiniciei as discussões com a empresa que tinha visitado nos EUA com o objetivo de importar sua tecnologia de pagamentos pré-pago para a Europa. No entanto, isso revelou-se impossível, já que sua plataforma de software de emissão não tinha a flexibilidade para se tornar global. Com base na minha experiência anterior de entregar soluções de software escaláveis para os clientes, decidi desenvolver uma plataforma transacional interna flexível que atenderia às necessidades de grandes instituições financeiras e não financeiras visando as dificuldades de pagamento de ambos, empresas e consumidores.

No entanto, a regulação impediu as instituições financeiras não bancárias de lançar imediatamente um serviço de pagamentos na Europa. Com a indústria se movendo rapidamente nos EUA, onde um crescente número de startups estava redefinindo os serviços financeiros, fiquei na expectativa de uma onda de mudança que atingiria também a Europa. Enquanto isso, continuei trabalhando no negócio e na arquitetura legal para o Bankable. Dois anos mais tarde, finalmente fui recompensado pela minha paciência. Em novembro de 2009, a Payment Services Directive foi implementada pela maioria dos Estados Membros da UE, a fim de estimular a concorrência no mercado para oferecer aos consumidores serviços financeiros transparentes e eficientes. Essa foi a mudança regulatória necessária que nos permitiria operar na Europa como um novo habilitador de tecnologia de pagamento. Além disso, em dezembro de 2009, essa mudança de regulação me ajudou a fechar o primeiro round de financiamento de 1,5 milhões de euros a partir de um único investidor privado. O Bankable iniciou suas operações em janeiro de 2010 como um programa gestor de pagamento com sede em Londres.

Escolhi Londres, já que a Financial Conduct Authority (Reino Unido) sempre incentivou a concorrência no setor de finanças e governo do Reino Unido, em geral de negócios promovidos ativamente. A maioria das instituições de moeda eletrônica está sediada no Reino Unido. A posição de Londres como um centro de comércio global com uma grande concentração de empresas tecnológicas financeiras e sedes de grandes empresas e instituições financeiras é incomparável na Europa. Assim, Londres também atrai uma grande quantidade de talentos altamente qualificados e diversificados.

Como cofundador da Valtech por 12 anos, sempre incentivei um ambiente multicultural e diversificado. Apliquei os mesmos valores no Bankable e empreguei pessoas que trouxeram conjuntos de habilidades especializadas e eram especialistas em seus respectivos campos – desde consultoria e direito à indústria das telecomunicações e defesa. Eu queria construir uma equipe de pessoas brilhantes que trouxessem novas ideias e não hesitassem em falar o que pensavam. Minha experiência me ensinou que colocar essas pessoas juntas em uma sala geraria ideias e soluções engenhosas. Conheci meu primeiro empregado pelo ex-chefe da divisão de pré-pagos da MasterCard Europa. Ele trouxe uma vasta experiência na indústria de pré-pagos, que foi vital para lançar as bases de Bankable. Fui então apresentado ao meu parceiro e atual Chief Operating Officer da Bankable por meio de um amigo em uma festa em maio de 2010. Dado seu background de consultoria, compartilhei minha proposta de negócio com ele para obter feedback. Ele viu uma oportunidade no negócio e, eventualmente, decidiu juntar-se ao Bankable em setembro de 2010. Construí gradualmente o resto da minha equipe principalmente por meio de conexões feitas durante os dois anos em que eu esperei a regulação mudar.

Com uma equipe montada, estendi a mão para alguns representantes do Deutsche Bank, que eu também tinha encontrado em uma conferência para as instituições financeiras não bancárias. Eles estavam interessados em aprender mais sobre os challenger banks e FinTech e estavam dispostos a dar seu feedback durante cada passo do desenvolvimento da plataforma transacional que eu tinha em mente. Trabalhamos na construção da primeira versão da plataforma Bankable e, simultaneamente, agendamos reuniões e colocamos os contratos em vigor com processadores de pagamento, departamento de cartão e bancos para patrocínio NIB.[1] Com essas parcerias estabelecidas, a primeira operação bem-sucedida na plataforma do Bankable foi processada em março de 2011.

Posteriormente, a plataforma do Bankable passou por uma auditoria de 18 meses pelo Deutsche Bank Global Transaction Banking, tornando-nos o único "fornecedor global aprovado" pelo Deutsche Bank em nosso espaço. Em seguida, criamos um programa de cartão pré-pago de desembolso corporativo para o Deutsche Bank, que entrou em funcionamento em outubro de 2013. Ter tal marca ligada ao Bankable foi muito benéfico, pois criou confiança instantânea e construiu credibilidade com potenciais clientes e parceiros. Hoje o Bankable tem mais de 80 clientes em toda a Europa.

Em cinco anos, o Bankable evoluiu e alargou seu âmbito para oferecer soluções inovadoras de pagamento, deslocando o foco de cartões pré-pagos como meio de pagamento para fornecer "Banco como Serviço". Para atender às necessidades de negócios de grandes instituições financeiras e players FinTech disruptivos da mesma forma, evoluímos nossa plataforma para uma plataforma transacional altamente flexível que funciona como um núcleo para fornecer soluções de pagamento na medida. Nossa plataforma permite que qualquer organização regulada ou não regulada rapidamente lance soluções de pagamento direcionadas.

Por exemplo, um empreendedor em série francês, que também acontece de ser meu vizinho, identificou uma oportunidade para lançar uma ferramenta financeira orientada para a geração mais jovem. Apresentei a ele a plataforma do Bankable ao tomarmos café em uma manhã, quando ele percebeu que a funcionalidade sob medida da plataforma poderia dar poder à sua ideia. O Bankable, em seguida, forneceu um conjunto de APIs[2] permitindo-lhe construir rapidamente *Anyti.me*, uma solução que substitui o cash como dinheiro de bolso de uma criança com um cartão pré-pago, enquanto fornece aos pais ferramentas de monitoramento. A solução tem sido muito bem recebida na França e ressoa com a ideia de fornecer serviços de pagamento essenciais e monitoramento de transações em tempo real.

Hoje a equipe do Bankable está baseada em escritórios em Londres e Paris, representa cinco nacionalidades e fala oito idiomas. À medida que FinTech se espalha globalmente, o Bankable quer desempenhar um papel na revolução em curso, fornecendo continuamente soluções de pagamento eficientes e de baixo custo para todos. Estamos buscando expandir nossos serviços para os mercados emergentes, onde a plataforma Bankable robusta e inovadora ajudará a deslocar dinheiro. Minha prioridade agora é fazer com que o Bankable seja um sucesso e torne-se o "Intel Inside" de pagamentos.

[1] Um Número de Identificação Bancária (NIB) são os primeiros seis dígitos em um cartão de pagamentos e identifica o banco que o emite/patrocina.

[2] Veja o capítulo intitulado "Abraçando a Economia API Conectada" para mais detalhes.

O Próximo Capítulo na História de Inovação da Citi

Por Jorge Ruiz
Chefe Global, Digital Acceleration, Citi

Observando o setor financeiro hoje, a concorrência é feroz, e as empresas têm uma clara oportunidade de inovar – configurar-se para as demandas e expectativas de seus clientes, criar novos produtos e experiências e injetar progresso na indústria. Ao mesmo tempo, há uma enorme população de desenvolvedores e designers de todo o mundo que estão prontos para ajudar a fazer essas mudanças, mas eles precisam ser convidados a participar da conversa. Como resultado, vemos pessoas inovadoras que criam novas empresas financeiras, em vez de aderir a grandes corporações. Lemos sobre essas empresas startups o tempo todo; ou elas estão assumindo uma parte do mercado dos bancos tradicionais ou estão sendo adquiridas por eles. São muitas vezes vistas como a concorrência, mas não é assim tão simples. No Citi, estamos rompendo a norma incentivando e capacitando pessoas para trabalhar conosco para ajudar a inovar e mudar a indústria financeira.

O Começo de FinTech

A Tecnologia Financeira (FinTech) está transformando a forma como os indivíduos e as instituições se envolvem com dinheiro. Quase todo grande banco está fazendo algo no espaço de FinTech – desde a contratação de consultores para a criação de competições, hackathons, aceleradores, fundos de risco e programas de desenvolvedores. Apenas nos últimos anos esses grandes players começaram a prestar atenção às startups e pequenas empresas que estão fazendo contribuições surpreendentes para o ecossistema bancário. Costumava acontecer de uma indústria dominada por players globais com licenças bancárias constituir uma barreira à entrada de marcas jovens e inovadoras. Mas agora as marcas de longa data devem olhar para esses players menores para sacudir o status quo e colaborar para promover mudanças dentro da uma vez estagnada indústria financeira.

Os bancos têm a oportunidade de repensar a forma como abordam a inovação e de transformarem-se usando alguns dos aplicativos criativos sendo concebidos e trazidos ao mercado por players financeiros não tradicionais. No Citi, estamos olhando para os ecossistemas desenvolvidos, bem como outros lugares inesperados em todo o mundo, para encontrar a próxima grande jogada no setor bancário. Construir relacionamentos e gastar um tempo significativo em mercados que antes eram considerados distantes é fundamental para realmente compreendermos os desafios específicos do local que nossos clientes enfrentam. As ideias e soluções que estamos escavando enquanto exploramos podem nos ajudar a nos manter um passo à frente de um mercado disruptivo.

O ritmo da inovação FinTech hoje é um desafio para os bancos tradicionais. Os grandes bancos têm processos de planejamento arraigados e encaram regulamentos que podem resultar em um longo ciclo de go-to-market e processos de aprovação complicados. Eles não são considerados tão ágeis ou particularmente sensíveis. Startups, enquanto não têm os recursos de corporações globais, são ilimitadas quando se trata de aproveitar novas tecnologias e, assim, têm sido capazes de trabalhar com agilidade para inovar e responder ao feedback dos clientes com uma fração do custo.

Uma área específica em que o Citi está rastreando rapidamente a inovação e desenvolvimento de FinTech é por meio da equipe de Aceleração Digital. Essa equipe global foi criada para alimentar o progresso, trabalhando com organizações de FinTech e aproveitando inovações de fora para dentro para desencadear o poder da comunidade de tecnologia, desenvolver novas soluções e romper a forma como os bancos inovam.

O Caminho para a Aceleração

Ao olhar para a indústria financeira como um todo, é evidente que existem dois caminhos que as grandes instituições podem tomar. O primeiro é uma posição defensiva – a ideia de que há pouco com que a comunidade startup pode contribuir e que não precisa ser vista como uma concorrência séria. Inúmeras empresas em vários setores têm tomado esse caminho e não só perderam relevância, mas também a quota de mercado para as startups com quem deveriam colaborar. O segundo caminho, e aquele que nós da Citi escolhemos, é encontrar meios para trabalhar com o maior número possível de empresas inovadoras, ajudando-as a criar e inovar nosso setor, o que, em última análise, beneficia a nós e a nossos milhões de clientes. Enquanto não temos desenvolvedores incrivelmente talentosos trabalhando internamente em tudo, desde a nossa presença ponto com a tecnologia móvel de ponta, há um limite para o que podemos conseguir por conta própria. Sabemos que os mercados globais, cada um tem suas próprias necessidades e desejos específicos em forma de infraestrutura, cultura, adoção móvel, acesso Wi-Fi e inúmeros outros fatores. Nós percebemos que precisávamos criar uma plataforma para dar uma voz ao talento, além de ajudar a conduzir o tipo de inovações necessárias localmente pelos nossos clientes.

Uma vez que decidimos que queríamos colaborar com os desenvolvedores, era necessário encontrar uma maneira para que eles dessem o primeiro passo. Nem sempre é fácil conseguir uma reunião ou assinar um acordo com um executivo de uma instituição financeira global. Como poderíamos fazer disso uma possibilidade? Depois de olhar para todos os players que queríamos incluir – desenvolvedores, designers, líderes de pensamento de tecnologia e governos –, criamos o Citi Mobile Challenge (CMC). O programa é um acelerador de próxima geração que não se limita a uma localização física, mas realiza um programa de três meses praticamente em todo o mundo, aproveitando o alcance global incomparável do Citi para descobrir e incubar soluções em mais de 100 mercados.

Criando o Citi Mobile Challenge

A abordagem do Citi à inovação bancária é mais do que uma competição. É uma oportunidade para transformar a indústria financeira, trabalhando com os principais desenvolvedores e designers que podem nos levar para o próximo nível e realmente mudar a forma como o mundo faz serviços bancários. CMC é conectar desenvolvedores e recursos de uma forma que não está acontecendo com frequência ou rapidez suficiente em outras partes dos serviços financeiros.

O CMC ocorre onde quer que os desenvolvedores estejam – a escolha de quando e como trabalhar está inteiramente em suas mãos. Os desenvolvedores de todo o mundo têm acesso a APIs[1] do Citi e das principais empresas de tecnologia para construir soluções que podem mudar o mundo. Os finalistas são selecionados e preparam-se para Dias de Demo, onde têm a oportunidade de apresentar o protótipo da sua solução pessoalmente. Líderes do Citi e dezenas de outras empresas julgam esses eventos e encontram-se diretamente com os desenvolvedores. As principais inovações são selecionadas e incubadas pelo Citi para ajudar a transformar seus protótipos em pilotos viáveis.

[1] Veja o capítulo intitulado "Abraçando a Economia API Conectada" para mais detalhes.

Citi Mobile Challenge é Lançado na América Latina

O Citi Mobile Challenge lançou seu programa inaugural na América Latina na primavera de 2014. Cento e cinquenta ideias foram apresentadas por mais de 500 desenvolvedores de 19 países diferentes. A velocidade e os resultados iniciais do programa foram notáveis – e sabíamos que estávamos no caminho de algo que realmente transformaria o banco digital. Onze inovações principais foram anunciadas e gerentes de projeto foram atribuídos a cada equipe para ajudar esses desenvolvedores a navegar nos negócios e processos do Citi. Citi lançou pilotos com duas dessas equipes. O primeiro é PAQ, uma plataforma de comércio móvel de ciclo completo que se conecta a uma instituição de microcrédito, um provedor de tecnologia, um pequeno varejista, um distribuidor da empresa e ao Citi para promover a inclusão financeira. A segunda é PideloRapido, uma solução personalizada integrada de e-commerce. Esses pilotos são excelentes exemplos de como podemos nos conectar com desenvolvedores externos e até mesmo com outras instituições financeiras e permitir o progresso para mais de nossos clientes em todo o mundo. Para nós no Citi, também é uma ilustração maravilhosa de como podemos nos conectar através de linhas de negócios e locais para abastecer o progresso para uma variedade de nossos clientes.

Citi Mobile Challenge Viaja o Mundo

Depois de um programa inicial de sucesso na América Latina, o Citi Mobile Challenge viajou para os Estados Unidos no outono de 2014, e para a Europa, Oriente Médio e África na primavera de 2015. Com cada desafio, o programa acrescentou novos elementos, aprofundou as relações com patrocinadores e aumentou sua comunidade de líderes de pensamento FinTech.

Nos Estados Unidos, nossa chamada para inscrições atraiu mais de 700 inscritos de 62 países. Foram revisados 61 protótipos funcionais de finalistas nos Dias de Demo no Vale do Silício, Nova York e Miami, e nomeadas 12 melhores inovações em soluções móveis e de Internet das Coisas. Nós crescemos de três patrocínios da América Latina para 18 nos EUA e adicionamos valor para os desenvolvedores por meio de uma orientação maior. A conversa em torno da competição expandiu para além das paredes dos Dias de Demo mediante a cobertura de imprensa e o engajamento de mídia social. Decidimos que esse era o momento certo para o Citi lançar outra maneira de se envolver com a comunidade de desenvolvedores, por meio do Citi FinTech Meetups.

Em dezembro de 2014, anunciamos a inauguração do Citi FinTech Meetup em Miami, que se concentrou na importância da cidade como um centro de tecnologia financeira conectando as Américas. O objetivo do programa é capacitar e envolver mais ecossistemas prósperos de desenvolvedores locais, aprofundar as ligações com os melhores pensadores e estimular o progresso digital na indústria. Continuamos a manter um Meetup regular em Miami e estamos ansiosos para expandir a novos mercados.

O próximo estágio da turnê mundial Citi Mobile Challenge foi a Europa, Oriente Médio e África, na primavera de 2015. Nós ampliamos o alcance do programa para incluir mais países do que nunca e acrescentamos novos elementos para beneficiar os desenvolvedores. Os principais patrocínios foram formados com empresas como IBM, MasterCard e Uber, o que resultou em mais APIs para desenvolvedores usarem e uma série de webinars para ajudar os participantes a melhorar suas soluções antes dos eventos do Dia de Demo em Nairobi, Jerusalém, Varsóvia e Londres. Funcionários do governo local se juntaram a nós como oradores convidados, e nossos juízes incluíram executivos de empresas colaboradoras e até mesmo alguns alunos de desafios passados. Desenvolvedores na EMEA reimaginaram completamente o que é FinTech e quão longe ela poderia ir, ajudando a tornar o serviço bancário ainda mais pessoal e conectado. A nossa experiência na região ampliou o nosso pensamento sobre o que esse programa pode alcançar e o enorme potencial de inovação de fora para dentro.

O Que Vem a Seguir?

Voltamos nossa atenção para outras regiões do mundo, e a equipe Citi Mobile Challenge está animada para continuar nossa jornada, construir nossa comunidade e descobrir novas aplicações para FinTech. As inovações de ponta e pilotos resultantes do Citi Mobile Challenge são apenas a ponta do iceberg. Nós temos tido muita sorte de trabalhar com líderes de pensamento em toda a comunidade FinTech e aprofundar as relações com muitos de nossos clientes, empresas colaboradoras e colegas. Conhecer e trabalhar com esses desenvolvedores tem sido verdadeiramente inspirador, e a resposta dos nossos colegas do Citi é energizante. Quando olhamos para nosso portfólio de produtos, hoje, é claro que o Citi Mobile Challenge acelerou a inovação de fora para dentro. Estamos comprometidos com o crescimento do programa, bem como em adicionar novos elementos para tornar a experiência ainda mais valiosa para os desenvolvedores, para o Citi e para o setor bancário inteiro. A nosso ver, o programa é o próximo passo do Citi em inovação FinTech e ligará os players em todos os níveis do ecossistema financeiro enquanto se esforçam para reimaginar o banco digital e melhorar a experiência financeira.

Tendências FinTech da Linha de Frente – Construindo Oportunidades Colaborativas para Startups, Infraestruturas de Mercado e Bancos de Atacado

Por Fabian Vandenreydt
Chefe Global de Mercados de Valores Imobiliários, Innotribe & The SWIFT Institute na SWIFT

Como parte integrante da SWIFT, Innotribe tem uma posição única dentro da inovação FinTech – identificar tendências e oportunidades-chave, aproveitando talento e assegurando que o ecossistema de serviços financeiros se beneficie de pensamento fresco de startups. Innotribe foi um dos facilitadores iniciais que ajudou a acelerar e espalhar a primeira onda de inovação de FinTech, e continua a desempenhar um papel importante nesse processo. Aproveitando a extensa rede global da SWIFT, Innotribe colabora com investidores, capitalistas de risco, estrategistas, bancos e instituições financeiras. Innotribe também suporta o crescimento da inovação FinTech globalmente com o seu programa Startup Challenge, parcerias estratégicas, liderança de pensamento e seu fórum em Sibos, principal evento de serviços financeiros do mundo para a indústria financeira.

O cenário FinTech mudou substancialmente desde que Innotribe foi lançado em 2009, e o número de grandes players tem aumentado rapidamente. Cinco anos atrás, "FinTech" estava longe de ser um termo familiar. O ritmo da mudança é rápido e tem um impacto profundo na forma como a indústria de serviços financeiros opera. Vemos isso em primeira mão no crescimento exponencial de nosso Startup Challenge, para o qual as inscrições têm mais do que duplicado em apenas dois anos – de 175 empresas em 2013 para 370 em 2015. Além da expansão global de FinTech, os temas que esses players focam são cada vez mais maduros e atingem mais profundamente o núcleo dos bancos de atacado e de mercados de infraestruturas. Há claramente uma compreensão em desenvolvimento sobre o que precisa evoluir em sistemas bancários, de varejo e de atacado. Além disso, o profissionalismo de startups está aumentando, graças à melhoria dos programas de coaching e mentoria. Startups estão se tornando muito mais espertas em termos de como os processos de aquisição funcionam em bancos e entendem melhor como obter os fatos e números necessários para apresentar uma ideia com sucesso.

Essas jovens empresas famintas estão mudando o cenário competitivo. Elas estão adotando novas tecnologias e modelos de negócios para atender às necessidades de instituições financeiras em tudo, desde empréstimos até valores mobiliários e pagamentos. Em paralelo, a indústria como um todo está se tornando cada vez mais curiosa para entender e potencialmente capitalizar novas ideias. Isso é evidente no número de entidades, tais como incubadoras e aceleradores, que existem para ajudar a nutrir talentos startup e preencher a lacuna entre a comunidade financeira e do ecossistema startup. Vimos também uma mudança importante na relação entre startups/empresas de crescimento inicial e bancos. Costumava ser um "nós contra eles" dinâmico, mas os sentimentos têm evoluído significativamente. Os bancos agora veem FinTech como parte integrante de sua estratégia de inovação, e há uma necessidade de reconhecê-la como tal. Há um sentimento emergente de colaboração entre os bancos e as novas empresas de FinTech.

As tendências geográficas também são interessantes. A inovação FinTech tende a surgir em cidades específicas, ou centros financeiros, em vez de no nível dos países como um todo. No entanto, o número total de centros está aumentando, e prevemos que a expansão de FinTech continuará. Os centros financeiros há muito estabelecidos estão ampliando seus horizontes e cada vez mais abraçando FinTech. Frankfurt, Luxemburgo, Dublin e Londres são apenas alguns exemplos de uma crescente rede de paraísos de FinTech surgindo em toda a Europa. Parte de sua receita para o sucesso é ser muito aberto a todas as profissões e nacionalidades. Uma combinação de apoio financeiro, apoio imobiliário e da academia é igualmente importante. Essa mistura valiosa torna tais ambientes destinos atraentes para startups. Além dos centros financeiros maiores, a região nórdica tem – de um ponto de vista da tecnologia e empresarial – normalmente estado na vanguarda das coisas, e agora está aumentando sua presença também em FinTech. Os bancos espanhóis também têm estado ativos na priorização de subconjuntos e bolsas de inovação FinTech. Fora da Europa, da Ásia do Pacífico à América Latina, estamos testemunhando o desenvolvimento de novos hubs de startups em mercados que são férteis para a inovação e disrupção. Para

SWIFT e Innotribe, a África é uma região de importância emergente em toda a empresa, inclusive também em termos de inovação. Foi por essa razão que nós levamos o Startup Challenge à Cidade do Cabo este ano pela primeira vez, o que foi uma ótima maneira de chamar a atenção para a inovação acontecer no terreno nas comunidades africanas e fora do Startup Challenge "tradicional" de Londres, Nova York e Singapura.

Em última análise, se você estiver em um centro financeiro, atrairá investidores, já que, geralmente, é um lugar seguro para investir. Mas ajuda se houver também um diferencial – como talento. A maioria das comunidades de FinTech aspirantes percebe que precisam importar talento, até certo ponto, mas alguns ecossistemas estão mais avançados do que outros. Você quer começar pequeno, mas quanto mais cedo você se abrir, melhor. Singapura é um exemplo proeminente. A cena startup se abriu para a importação de talentos com competências muito específicas, tais como habilidades cibernéticas ou com fundos de risco, a fim de impulsionar seu ecossistema e escalá-lo mais rápido. Também notamos uma procura crescente de governos ou associações bancárias para criar um ambiente positivo para a inovação FinTech. Nos EUA, por exemplo, houve o desenvolvimento consciente de uma cultura de correr riscos controlados, e um ambiente que permite que as pessoas falhem foi criado. Essa mudança de mentalidade garante que as startups não sejam consideradas "sem êxito" se falharem da primeira vez, e torna-se muito mais fácil começar de novo.

Pode parecer simplista destacar a importância de tal ambiente positivo, mas continua a ser essencial para o sucesso da inovação no Vale do Silício e é um ethos que se reflete também em Nova York. Além disso, se um empresário pede a um potencial investidor por $100 mil nos EUA, a resposta provavelmente será: "O que você pode fazer com $1 milhão?". Considerando que na Europa, se uma startup pede $100 mil, os investidores podem perguntar: "O que você pode fazer com $50 mil?" É uma abordagem muito diferente para risco e ambição.

Outro tema importante é promover a diversidade de talentos. Este ano, temos monitorado o gênero dos fundadores de empresas interessadas em participar em nosso Startup Challenge. Com 23% do sexo feminino e 77% do sexo masculino, o número está desequilibrado, e esperamos estimular uma melhoria. Considerando-se que havia apenas uma CEO do sexo feminino entre a atual lista de 50 melhores empresas de FinTech europeias (por financiamento de risco), nossos números não são ruins – mas claramente não é de 50/50. Essa é uma questão que tem sido levantada muito em debates entre os players da indústria recentemente, e esperamos resolvê-la ainda mais do ponto de vista educacional.

Olhando para o futuro, temos agora uma rede de alumni de mais de 650 startups. Estamos muito orgulhosos disso e esperamos capacitar esse ecossistema vibrante para trabalhar em conjunto em áreas específicas de inovação que realmente agreguem valor para a comunidade financeira em geral. E como uma empresa, SWIFT pretende trabalhar em estreita colaboração com startups e empresas no estágio de crescimento para desenvolver provas de conceito que capacitarão nossa estratégia daqui para a frente.

Nós sentimos que é essencial para as empresas identificar oportunidades para colaborar, compartilhar experiências e aprendizado e debater os desafios comuns. Se quisermos avançar como uma indústria, a colaboração entre as várias comunidades de FinTech é mais importante do que nunca. Como cooperativa global, SWIFT está ansiosa por apoiar a inovação e encontrar maneiras de levar mudança escalável e real para abordar os muitos impulsionadores de mudança predominantes na comunidade financeira. Como a inovação tecnológica continua evoluindo, Innotribe desempenhará um papel vital para continuar a reunir o ecossistema de startup e competência de serviços financeiros.

Criptomoedas e Blockchains

9

Esta parte concentra-se em moeda digital e nas várias aplicações da blockchain.[1] Até agora, a manifestação mais importante de tecnologias blockchain foi a Bitcoin. O que vem depois? Quais são as aplicações alternativas da tecnologia blockchain subjacente aos serviços financeiros?

A maioria dos aplicativos Bitcoin 2.0 ainda está em fase emergente, mas eles prometem melhorar a arquitetura de indústrias baseadas em transações. Os autores desta parte vislumbram várias categorias de tecnologias blockchain que terão impacto sobre o setor financeiro: moedas digitais, registros de ativos, pilhas de aplicativos e tecnologias centradas em ativos.

1 Uma blockchain é um banco de dados sem permissão distribuído com base no protocolo de bitcoin que mantém uma lista continuamente crescente de registros de dados rígidos contra a manipulação e revisão, até mesmo por operadores de nós do armazenamento de dados. A aplicação mais conhecida da tecnologia blockchain é o registro público de transações para bitcoin.

FinTech + Moeda Digital – Convergência ou Colisão?

Por Manie Eagar
Presidente/CEO, DigitalFutures; Diretor, Bitcoin Alliance of Canada

Criptomoeda Encontra Finança Digital e Troca de Valor Móvel

Em apenas dois curtos anos, a criptomoeda cresceu de um projeto de hobby a uma indústria multibilionária global de finança digital. Com novas alternativas e tecnologias concorrentes avançando para além de pagamentos baseados em moeda simples, para todos os tipos de troca de valores, instrumentos financeiros, contratos inteligentes e registros distribuídos baseados em blockchain, todo mundo está acordando para o fato de que a bitcoin foi apenas o começo.

Chegando bem a tempo para a grande convergência dos pagamentos móveis, bancos digitais sem agências e troca de valor digital, bitcoin, moedas alternativas e inovações nas finanças digitais prometem uma grande disrupção das finanças globais.

Originalmente uma tecnologia discrepante, o negócio da bitcoin e suas aplicações digitais de dinheiro mais amplas já atraiu a atenção de todas as principais instituições financeiras, tecnologias de consumo e reguladores de todo o mundo. Vamos explorar a tensão entre a descentralização versus o movimento de "novos canais para o mercado" de vários players tradicionais.

A proposição bitcoin: Em seu artigo seminal "A peer-to-peer eletronic cash system", datado de novembro de 2008, Satoshi Nakamoto previu que "uma versão puramente peer-to-peer de dinheiro eletrônico permitiria que pagamentos online fossem enviados diretamente de uma parte para outra sem passar por uma instituição financeira".

A partir dessa premissa simples, o fenômeno bitcoin tem crescido em escopo (mais de 2 milhões de usuários atuais, projetado para crescer a 5 milhões, de acordo com a pesquisa Juniper[1]) e tamanho ($3,7 bilhões de valor de mercado no início de julho de 2015) para conseguir a atenção de manchetes em todo o mundo graças aos infames desastres de MtGox e Silk Road. Banqueiros e reguladores ainda citam estes dois fatores como as razões específicas de não "confiar" em bitcoin, confundindo negligência de negócios com as aplicações legítimas de uma inovação financeira altamente disruptiva.

Mas o que é irreversível é a convergência de dois grandes setores de FinTech: o de bitcoin e novas moedas digitais e tecnologias baseadas em blockchain – o cruzamento em que o Banco Digital e as Transações Móveis cumprem o Protocolo de Criptomoeda. Isso será uma convergência natural ou uma colisão? Quais são as implicações, oportunidades e desafios para startups de FinTech, empreendedores, investidores e players antigos tradicionais?

A Internet do Dinheiro: Um Novo Modelo de Negócios Radical

Os principais impulsionadores para a emergente FinTech e inovação de moeda digital estão prestando serviços que são seguros, sem atrito e quase livre, em tempo real, em qualquer lugar. As eficiências que só essas tecnologias oferecem são incentivo suficiente para cada prestador de serviços financeiros tradicionais sentar-se e tomar nota, enquanto empresários no espaço de criptomoeda têm atraído mais de $1,5 bilhão em investimentos, com o setor de FinTech mais amplo projetando $22 bilhões em 2015.[2]

O que impulsionará a adoção das tecnologias sobrepostas e as eficiências e oportunidades de negócios disruptivos? O relatório de 2015 do Fórum Econômico Mundial sobre "O futuro dos serviços financeiros"[3] destaca que os players tradicionais são mais suscetíveis de serem atacados onde as maiores fontes de atrito do cliente encontram as maiores quantidades de lucro.

Clientes, consumidores e usuários estão se tornando os novos cocriadores de valor. Isso requer um sistema de transferência de valor que premia cada respectiva contribuição incrementalmente e diretamente, independentemente do tipo de bens ou serviços que sejam oferecidos em qualquer lugar do mundo em tempo real.

---

[1] <http://www.juniperresearch.com/researchstore/commerce-money/cryptocurrency/ bitcoin-altcoin-impact-opportunities>.

[2] <http://www.fintechinnovationlablondon.co.uk/media/730274/Accenture-The-Future-of-Fintech-and-Banking-digitallydisrupted-or-reima-.pdf>.

[3] <http://www3.weforum.org/docs/WEF_The_future__of_financial_services.pdf>.

Gerenciamento de Ativos Digitais e Troca de Valor

O gerenciamento de ativos digitais e troca de valores estão rapidamente se tornando os mercados virtuais onde as organizações e comunidades distribuídas globalmente se conectam para permutar, trocar, transacionar, resolver e interagir em torno de diferentes modos de troca de valor digital. Setores-chave da economia digital participarão de espaços de mercado de economia digital fechados ou abertos facilitados por aplicações seguras de registros distribuídos.

À medida que a economia digital torna-se global e penetrante, as principais áreas de foco serão o gerenciamento de ativos digitais e troca de valores; distribuição e logística; Internet das Coisas (IoT); dados machine-to-machine (M2M); pagamentos móveis, online e distribuídos; e as remessas e acordos por meio de contratos inteligentes globais.

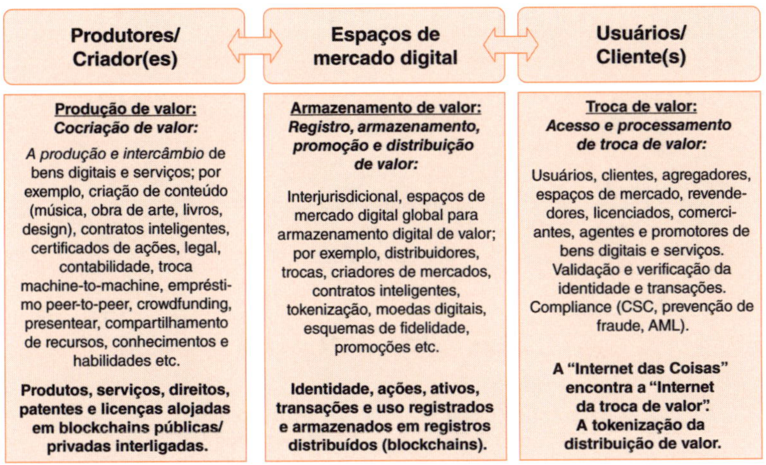

Figura: Gestão de ativos digitais e troca de valor

Os setores-chave que o registro distribuído (blockchain) e a tokenização relacionada (leia moedas digitais) mais aplicações de contratos inteligentes abordarão são:

- Verificação e validação government-to-government (G2G) de ativos e dados relacionados ao financiamento, ajuda ao desenvolvimento, registros de ativos, impostos, taxas para descobrir lavagem de dinheiro e monitorar as sanções e os acordos comerciais.
- Informações de acompanhamento government-to-business e business-to-government (G2B2G), auditoria, tributação, câmbio, remessas e monitoramento de comércio exterior têm sido historicamente um desafio. Os bancos estiveram notavelmente sob escrutínio e receberam multas pesadas por não cumprir ou por não monitorar adequadamente as atividades de agentes estrangeiros, clientes e filiais.
- Serviços government-to-citizen (G2C2G) cobrem todos os aspectos dos serviços aos cidadãos, tais como registro, tributação, emissão de passaportes, votação e a participação dos cidadãos com as agências governamentais em todos os níveis. Sistemas distintos vastos não podem lidar com a demanda e a multiplicidade de registros públicos duplicados, criando silos e múltiplos pontos de falha abertos à pirataria, risco de identidade pessoal e fraude.
- Business-to-business (B2B) abrange os aspectos do comércio interempresarial e assentamentos, fabricação e distribuição, logística, gestão da cadeia de abastecimento e economias globais. Negócios aproveitarão, por sua vez, bancos de dados de consumidores e acompanhamento de desempenho para agilizar seus serviços e agregar valor em grande escala.

Figura: Criação de valor e troca na economia digital + a Internet das Coisas

- Business-to-consumer interativo (B2C2B) em varejo físico e online e serviços ligados a meios de comunicação social serão cada vez mais um impulsionador para as economias nacionais e globais. Negócios aproveitarão, por sua vez, bancos de dados de clientes e acompanhamento de desempenho para agilizar seus serviços e agregar valor em grande escala.
- Engajamento econômico citizen-to-citizen (C2C) se manifestará cada vez mais na economia compartilhada e digital com crowdfunding, empréstimos peer-to-peer, comércio informal, troca e intercâmbio como impulsionadores.

Convergência de Plataforma de Finanças Digitais Híbrida

A finança digital será distinguida das velhas formas de sistemas bancários e financeiros antigos e tradicionais por meio da convergência de serviços bancários digitais, troca de valor móvel e aplicações de criptomoeda em uma variedade de formas adaptadas a diferentes jurisdições, evoluções do mercado e necessidades diferenciadas dos bancados versus o tão chamado sub-bancados (estimado em 2 bilhões) em todo o mundo.[4]

Fala-se cada vez mais da "Internet do Dinheiro", convergindo com a "Internet do Valor" (troca) e a "Internet das Coisas" e uma maior compreensão da oportunidade em serviços de finanças digitais e desenvolvimento de infraestrutura distribuída.

O cenário das finanças digitais está evoluindo para abordar essas oportunidades, criando enorme convergência e integração em todo o sistema e players de nicho semelhantes. No final do dia, os usuários/consumidores de todas essas ofertas decidirão quais variações mais lhes convêm com base na facilidade de uso, acesso, estabilidade, reserva de valor, segurança, atrito reduzido, permutabilidade, transferibilidade etc. – em última análise, a melhor experiência do usuário (UX) para o dinheiro.

Plataformas de entrega de todos os setores da indústria disputarão um jogo nesse negócio lucrativo e necessário – das partes do mundo tão subservidas. Não há dúvida de que o sistema financeiro mundial precisa de uma revisão, ou, no mínimo, de alternativas sólidas e viáveis para as ofertas atuais guiadas pelo sistema antigo e as mais recentes inovações emergentes por meio de serviços bancários sem agência e transações/pagamentos móveis. Há uma grande chance de que a própria bitcoin possa ser descontinuada, à medida que as tecnologias de criptomoeda, processos de negócios e moedas alternativas e protocolos que surgem ou são adotados por players novos e existentes em FinTech, moeda digital e setores de pagamento móvel.

Isso significa que é uma "hibridação" das tecnologias digitais de finanças e uma combinação de plataformas descentralizadas e centralizadas e canais de entrega. Há uma série de razões pelas quais essa economia dupla provavelmente surja, incluindo a facilidade com que moedas digitais podem unir consumidores e comerciantes globais: o baixo custo de pagamentos em moeda digitais, a abertura dos consumidores a novas inovações e a crescente influência de empresas de tecnologia de acordo com Gareth Murphy, diretor de mercados para o Banco Central da Irlanda falando na BitFin 2014, Digital Money e no Future of Finance Conference, em Dublin.[5]

Ele prevê um futuro híbrido Bitcoin-Fiat, em que "A existência de uma 'economia denominada em euros' e uma 'economia de moeda virtual' aumenta a perspectiva de um equilíbrio interno de pagamentos entre duas subeconomias em que os fornecedores podem preferir uma moeda em relação a outra como um meio de pagamento (para diferentes bens e serviços)".

Figura: Convergência de FinTech

[4] <http://www.worldbank.org/en/news/press-release/2015/04/15/massive-drop-in-number-of-unbanked-says-new-report>.

[5] <https://www.centralbank.ie/press-area/speeches/Pages/GarethMurphyBitFin2014.aspx>.

Ele continua: "economias multimoedas não são incomuns. Por exemplo, o dólar dos EUA é aceito em muitas economias ao lado da moeda legal local. Além disso, há uma série de moedas regionais existentes em muitas partes do mundo, que visam incentivar as transações de bens e serviços locais", para direitos digitais e serviços online.

Uma área de convergência destacada pela antiga empresa de capital de risco Kleiner Perkins Caufield & Byers (KPCB), depois de anunciar o seu fundo de investimento blockchain,[6] é a rápida adoção pelo desenvolvedor da tecnologia com capacidades fundamentalmente novas e aplicações ágeis habilitadas por blockchain. Com permissão ou sem (por exemplo, bitcoin), interfaces de scripting blockchain dão aos desenvolvedores a capacidade de programar contratos distribuídos em cima do bitcoin e redes blockchain concorrentes. Eles destacam a capacidade de criar contratos programáveis, que permitem aos desenvolvedores gerenciar programaticamente a troca de valor com um nível sem precedentes de controle, que simplificará e minimizará a confiança necessária em muitas operações comuns feitas hoje. Eles destacam os casos de uso que surgiram em torno de tipos de contratos padronizados, tais como canais de micropagamento, que são indicativos de uma ampla gama de aplicações que agora são possíveis, tais como carteiras móveis, presentes e valor de troca de mídia social.

Figura: A cadeia de valor

[6] <https://www.kpcbedge.com>.

Moedas Digitais e Transações Móveis

Serviços bancários sem agência são o canal-chave de distribuição usado para a prestação de serviços financeiros sem depender de agências bancárias e também estão sendo usados como um canal de estratégia separado que as renuncia inteiramente. O fato é que a maioria dos clientes agora prefere o banco online ou móvel.

O acesso à internet (todos os dispositivos, mas especialmente o móvel), com foco no cliente, acessibilidade, facilidade de uso e acesso seguro a preços acessíveis em qualquer lugar, especialmente no ponto de venda, estão se tornando os principais drivers.

- Mobilidade é o piloto principal para a mudança na tecnologia de pagamentos – especificamente nas remessas e nos mercados de transferência de dinheiro. Quase metade de todas as vendas online é feita agora por meio de dispositivos móveis (IMRG Capgemini).[7]
- "Os modelos de negócios, tecnologia e comportamentos dos consumidores estão mudando. Os pagamentos eletrônicos, comércio digital, análise preditiva e de mobilidade estão a convergir, juntamente com o marketing contextual, publicidade digital, cupons, fidelidade e meios de comunicação social. As oportunidades para permitir novas experiências mágicas de comércio para os consumidores e interações mais significativas entre marcas, comerciantes e seus clientes são infinitas" (Paul Galant, VeriFone).
- Absorção dramática de smartphones e penetração de telefonia móvel em mercados emergentes (e não apenas dos "sem-banco"). Sessenta e sete por cento das pessoas no planeta agora têm um telefone móvel realizando um número estimado de 300 bilhões em transações avaliadas em $860 bilhões. Já existem 1 bilhão de usuários de serviços bancários móveis (Mobile Commerce revolução).[8]

M-Pesa – Lições para FinTech Integrada + Mercado de Moeda Digital e Adoção do Cliente?

Um exemplo importante, e ótimo estudo de caso para adoção alternativa de transações digitais, é a história de sucesso dos mercados emergentes no Quênia, ou seja, M-Pesa. Foi originalmente projetado por Safricom (Vodafone)

[7] <http://internetretailing.net/2015/12/45-of-ecommerce-sales-now-made-via-mobile-devices/>.

[8] <http://ptgmedia.pearsoncmg.com/images/9780789751546/samplepages/9780789751546.pdf>.

como um sistema para permitir reembolsos de microempréstimos financeiros a ser feito por telefone, reduzindo os custos associados com a manipulação de dinheiro e, portanto, possibilitando as taxas de juros mais baixas. Uma vez que você se inscreveu, paga no sistema, entregando dinheiro para um dos 40 mil agentes (normalmente um vendedor de rua ou de uma loja de esquina). Desde então, ampliou-se para tornar-se um esquema de transferência de dinheiro em geral – empréstimos e produtos de poupança, contas e pagamentos de salários etc. Tendo estabelecido uma base de usuários iniciais, M-Pesa, em seguida, beneficiou-se dos efeitos de rede: quanto mais as pessoas o usavam, mais fazia sentido para os outros inscreverem-se nele.

Interoperabilidade – O Desafio (e Oportunidade) da Integração

O desafio é que as tecnologias financeiras emergentes não confiam ou têm acesso a instituições e serviços financeiros estabelecidos, enquanto o segundo, por sua vez, não confia ou tem acesso às tecnologias emergentes. No entanto, ambos os mundos já estão explorando parcerias estratégicas e relacionamentos, e em breve veremos uma convergência em grande escala e articulada do legado, ofertas de financiamento digitais emergentes e plataformas de entrega. Blockchains baseadas em "provas de conceito" estão surgindo em toda parte. Imagine que algo centralizado encontra a nuvem, que encontra soluções distribuídas. Aqui reside a vantagem competitiva e a inovação verdadeira para os players de finanças digitais.

A moeda digital do futuro pode assumir muitas formas. Ela quebrará as barreiras e aumentará o acesso a audiências cada vez maiores em todas as geografias, com diferentes níveis de renda. Inovações de criptomoedas iniciadas pelo protocolo bitcoin e suas derivações posteriores abriram um leque de aplicações e soluções potenciais para uma economia cada vez mais globalizada, convidando para uma maior exploração. Modelos emergentes de finanças digitais e tecnologias para a inclusão financeira podem impactar positivamente aqueles que são "sem-banco" ou excluídos, criando um maior acesso, igualdade e eficiência em mercados estabelecidos e entregando um futuro de finanças digital que é "flexível, sem atrito, e quase gratuito" para todos.

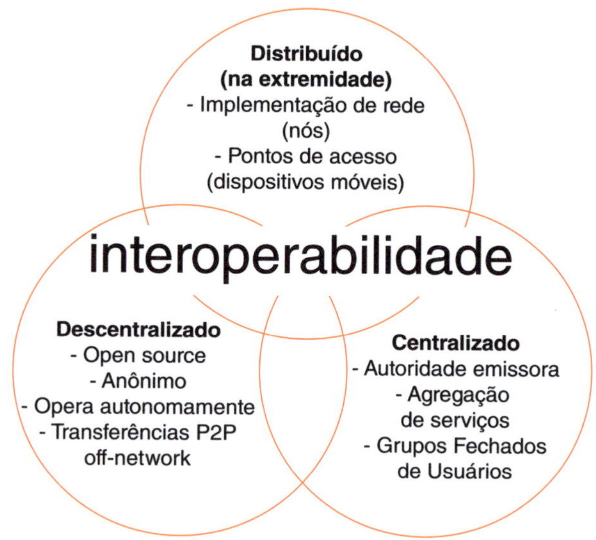

Figura: Desafios de implantação distribuídos

Blockchain e Criptomoedas

Por Adam Hayes
Cofundador & CEO, ChainLink

e Paolo Tasca
Economista, Deutsche Bundesbank

A noção de uma forma completamente digital de dinheiro conquistou a curiosidade dos economistas, cientistas da computação e filósofos desde o momento em que o computador ainda era jovem. Sempre houve, no entanto, o problema persistente de que uma moeda que consiste inteiramente de zeros e uns pode ser copiada várias vezes, da mesma forma que zeros e uns permitiram a duplicação infinita de áudio na forma de discos compactos. De que serve dinheiro que pode ser falsificado à vontade? A solução, que gerou a bitcoin e suas várias filhas digitais, foi o casamento de redes descentralizadas e criptografia. Ambas as tecnologias já existiam de forma independente: criptografia, útil na codificação de mensagens de e-mail, informações sensíveis e arquivos digitais; redes descentralizadas e distribuídas com ARPANET dando origem à internet.

Como Funciona a Moeda Digital?[1]

Em 2009, Satoshi Nakamoto satisfez a antiga curiosidade de economistas, cientistas da computação e filósofos com a criação de Bitcoin. O sistema se baseia em uma rede díspar de participantes, cada um tentando essencialmente decifrar uma mensagem criptografada. Em vez de os nós da rede trabalharem juntos, em cooperação, Nakamoto coloca-os em concorrência uns com os outros para resolver esse quebra-cabeça, e o primeiro a fazê-lo ganha um prêmio: um bloco de bitcoins recém-formadas. Isso ficou conhecido como a "mineração" para bitcoin. Além disso, o sistema foi conectado a uma determinada regra: um novo bloco seria encontrado em média uma vez a cada dez minutos; se mais participantes entrassem na competição e o tempo para resolver o enigma encolhesse para, digamos, oito ou nove minutos, a dificuldade do quebra-cabeça seria aumentada, para restabelecer esse tempo-alvo.

[1] Para mais sobre como funciona a moeda digital, veja: <https://bitcoin.org/en/faq> (conteúdo em inglês). Para evitar confusão, nós usamos *Bitcoin* (singular com B maiúsculo) para dar nome ao protocolo, software e comunidade e *bitcoins* (com b minúsculo) para nomear unidades de moeda.

Vamos pegar uma roleta em um cassino como uma analogia para a mineração bitcoin, caso em que o prêmio para o pouso no zero duplo é um bloco de bitcoins. Há 36 números na roleta, além de um slot de zero e um zero duplo. A chance de que a bola pare em zero duplo é uma em 38. O proprietário do casino sabe que 38 jogos de roleta podem ser jogados ao longo de um intervalo de dez minutos e quer garantir que haja apenas um vencedor por determinado intervalo. Como regra final, no nosso exemplo hipotético, apenas um jogador pode se sentar em uma única mesa de roleta de cada vez.

Um segundo jogador entra no casino e senta-se em uma segunda mesa de roleta. O proprietário do casino está chateado ao ver que o dobro de jogos pode ser jogado em qualquer período determinado e que, na verdade, ele agora está pagando para dois vencedores a cada dez minutos. O proprietário do casino restaura o seu intervalo de pagamento-alvo, aumentando o número de slots em cada mesa de roleta. Quando uma terceira, quarta, décima, centésima etc. pessoa entra no casino para jogar em sua própria mesa de roleta privada, o proprietário do casino deve continuar a aumentar o tamanho das roletas.

É importante lembrar que cada giro de uma roleta é um estudo independente: as chances de que a bola caia em um número preto não aumentam simplesmente porque uma série de números vermelhos ocorreu. Mineração de bitcoin, e a nossa analogia de roleta de tamanho crescente, é também uma série de testes independentes realizados em conjunto pelos jogadores competindo. A boa sorte pode produzir dois vencedores seguidos, mesmo que as chances aumentem para uma em 38 mil, em vez de 38. Mas, assim como em uma moeda honesta lançada uma e outra vez, a média de longo prazo reverterá para a média esperada, e nosso proprietário do casino – e mineradores de bitcoin – sempre podem esperar um pagamento uma vez a cada dez minutos.

A mineração de Bitcoin serve a um propósito duplo; não é apenas o método de introdução de bitcoins recém-criadas. Mais importante, serve para validar e confirmar cada operação na rede, a criação de uma estrutura de dados subjacente à prova de violação do sistema conhecido como *blockchain*. A blockchain é essencialmente um registro público ao qual todos minerando por bitcoins têm uma cópia. Toda vez que há um vencedor, cada cópia da blockchain é atualizada e todas as operações que tiveram lugar entre esse vencedor e o último são gravadas de forma indelével para ele.

Novamente, considere a roleta. Não só existem pessoas que jogam jogos simultâneos de roleta, mas há também os não jogadores que estão simplesmente fazendo apostas paralelas à ação. Essas transações de apostas laterais são confirmadas apenas quando há um duplo zero.

Bitcoin funciona quase da mesma maneira: mineradores competem um com o outro para resolver um enigma, assim como os jogadores de roleta esperam marcar duplo zero. À medida que mais mineradores entram no jogo, o problema torna-se mais difícil de resolver, mantendo um intervalo de dez minutos entre a criação de novas bitcoins. Durante todo o tempo, as pessoas estão negociando com bitcoin para comprar e vender produtos e serviços, especulando sobre seu preço e pagando salários. Cada vez que um minerador resolve o quebra-cabeça, todas essas transações acumuladas são validadas e confirmados na blockchain. A diferença importante entre bitcoin e o nosso cassino é que a bitcoin não tem dono e nenhuma autoridade central para supervisionar isso. Em vez disso, essas regras foram conectadas ao código inicial e acordadas pelos seus participantes.

Isso tudo é muito inteligente e razoavelmente passível de automanutenção: a mineração bitcoin encontra novas bitcoins e, ao mesmo tempo, valida e confirma transações bitcoin-bitcoin internas. Mas e se esse mesmo motor poderoso de validação de carimbo de tempo puder ser aproveitado para confirmar e verificar transações específicas não bitcoin externas?

Bitcoin 2.0 e Tendências Futuras

Até agora, a manifestação mais importante de tecnologias blockchain foi Bitcoin. No entanto, qualquer coisa que requer confiança ou prova é um bom candidato para blockchain, já que mineradores bitcoin ingenuamente também validarão e confirmarão essas transações – porque esses mineradores estão sempre tentando resolver o próximo bloco e ganhar bitcoins como uma recompensa. Título de propriedade, ações, contratos de todas as formas e tamanhos e notário são exemplos de informações que podem ser permanentemente gravadas na blockchain – e que podem inequivocamente ser transferidas para proprietários subsequentes sem a necessidade de uma autoridade central. Isso tem enormes ramificações para a forma como o negócio é transacionado e pode revelar-se prejudicial para tudo, desde o setor legal ao financeiro.

Com efeito, após a primeira onda de entusiastas iniciais e bitcoiners excessivamente ideológicos "cegos" por sua crença em um deslocamento rápido do dólar americano e outras moedas fortes, a comunidade Bitcoin começou incidindo em aplicações alternativas da tecnologia blockchain subjacente.[2]

A maioria dessas aplicações Bitcoin 2.0 ainda está no começo, mas prometem melhorar a arquitetura de indústrias baseadas em transações. Nós visionamos quatro categorias de tecnologias blockchain que terão impacto sobre o setor financeiro: moedas digitais, registros de ativos, conjunto de aplicações e tecnologias centradas em ativos.[3]

Moedas Digitais

No momento em que este texto é escrito, há mais de 500 altcoins alternativas.[4] Elas são moedas digitais muito parecidas com bitcoin, com mecanismos de fornecimento monetário específicos e redes de transação. Vislumbramos um futuro caracterizado pela criação e difusão das moedas digitais baseadas na comunidade que serão usadas em ambientes de forma fechada como ferramentas para gratificação interna, programas de fidelização ou esquemas de incentivo e de governança. As comunidades serão ou organizadas por meio das instituições do Estado ou por empresas privadas que emitirão suas próprias "moedas" especificamente marcadas. Já existem plataformas que permitem que qualquer pessoa com um conhecimento rudimentar de programação de software crie sua própria moeda digital de acordo com suas próprias regras únicas e limites de uso dentro da comunidade e da organização. Além disso, já existem redes de pagamento, tais como Ripple, permitindo que várias moedas digitais sejam enviadas facilmente entre membros.[5] Num futuro próximo, será possível que cada usuário de smartphone no planeta possua uma carteira digital para cada moeda marcada, trocadas instantaneamente na forma, por exemplo, de pontos de fidelidade, outras altcoins ou moedas fortes. Isso tudo funciona sob os auspícios de um mercado global único, com um mecanismo de compensação descentralizado distribuído. Isso melhorará maciçamente a eficiência das transações e aumentará a utilidade de moeda de recompensa.

[2] Sobre esse assunto, um comentário interessante foi dado pelo CEO da Reddit (Sr. Yishan Wong), que elogiou a tecnologia, mas gritou com a comunidade bitcoin por ser ideológica demais. Veja: <http://www.coindesk.com/reddit-ceo-thinks-world-dogecoin-slams-crazy-bitcoiners/>.

[3] Veja Paolo Tasca (2015), Digital Currencies: Principles, Trends and Opportunities, ECUREX

[4] Research Working Paper.

[5] Veja: <https://cryptocointalk.com /forum/178-scrypt-cryptocoins/>.

Registros de Ativos

Essas aplicações referem-se à possibilidade de ligar ativos reais (ações, títulos, certificados etc.) a um token digital que pode ser trocado entre os usuários da rede, transferindo simultaneamente a propriedade do ativo subjacente. As mudanças de propriedade são automaticamente registradas e gravadas em um registro público multiativo, sem a necessidade de uma autoridade central ou qualquer instituição de prestação de serviços de compensação e liquidação. Por enquanto, a tecnologia ainda precisa de refinamento. As questões críticas incluem o potencial de sobrecarregar as blockchains com dados externos adicionais (um fenômeno conhecido como "inchaço blockchain"), o que exigirá poder de mineração adicional e criará problemas de escalabilidade.[6] Assim, apesar de pedidos de registro de ativos já terem sido levados para o mercado (exemplos incluem Mastercoin (agora OmniLayer),[7] ColoredCoin,[8] Namecoin,[9] e Counterparty[10]), no momento o setor bancário em geral não pode explorar plenamente as potencialidades dessa tecnologia. A boa notícia é que as soluções tais como cadeias laterais estão sendo implementadas para resolver o problema do inchaço, e nos pedidos de registro de ativos do futuro próximo certamente serão uma ferramenta comum utilizada por toda a indústria financeira.[11]

Conjunto de Aplicações

Essas são plataformas "não monetárias" baseadas em blockchain que serão utilizadas para o desenvolvimento e execução de aplicações completas sobre redes descentralizadas.

Por aplicações completas queremos dizer Organizações Autônomas Distribuídas (DAOs – do inglês, Distributed Autonomous Organizations). Qualquer organização empresarial pode ser definida como uma combinação de um conjunto de propriedades e também um conjunto de regras que regem as funções e a interação entre os indivíduos que compõem a organização. A ideia de DAOs pega o conceito tradicional de organização empresarial, descentraliza-o e codifica uma divisão de trabalho entre os agentes de Inteligência Artificial e seres humanos sob o controle de um conjunto verificável e incorruptível de regras empresariais. Assim, DAOs são estabelecidas por meio do emprego de uma rede descentralizada de agentes autônomos, cada um dos quais realiza resultados maximizando as funções de produção de acordo com regras preestabelecidas que são auditáveis, open-source e distribuídas em todo o poder de processamento de seus agentes (que são seres humanos ou até mesmo outras DAOs). DAOs são a forma mais complexa de automação descentralizada até hoje. Formas mais simples desse conceito consistem em contratos inteligentes, agentes autônomos, aplicações descentralizadas e organizações descentralizadas.[12] Conjuntos de aplicações atuais que permitem a implementação de automação descentralizada são NXT, Ethereum e Eris, que se distinguem com base em seu foco principal.[13]

Tecnologias Centradas em Ativos

Tecnologias centradas em ativos são baseadas em um novo conceito de consenso distribuído que se livra do sistema de prova de obra caro e desperdiçador de recursos, que é o mecanismo de consenso padrão utilizado por Bitcoin.[14] Stellar, Ripple, Hyperledger e Namecoin são exemplos famosos de tecnologias centradas em ativos.[15] Essas infraestruturas de registro descentralizado permitem o intercâmbio de ativos reais, como moedas, metais, ações ou títulos e, em alguns casos, até mesmo sem a necessidade de utilizar um token nativo digital, como no caso de Hyperledger.[16] O elemento que distingue essas tecnologias centradas em ativos em relação às outras tecnologias baseadas em blockchain descritas acima é o fato de que elas representam trocadores distribuídos em que os usuários da rede podem trocar entre si vários ativos reais heterogêneos.

[6] Veja: <https://ripple.com>.

[7] Em junho de 2015 foi anunciado que o tamanho de bloco máximo para a blockchain Bitcoin seria aumentado para 8 MB

[8] Veja: <https://www.coloredcoins.org and https://www.coinprism.com>.

[9] Veja: <https://namecoin.info/>.

[10] Veja: <https://www.counterparty.com>.

[11] As cadeias laterais são separadas e distintas da principal blockchain bitcoin, mas que seria interoperável com um pino de mão dupla. Isso poderia permitir a transferência de ativos entre a cadeia lateral e a blockchain principal, sem consumir muito espaço de armazenamento. Veja o artigo "Enabling Blockchain Innovations with Pegged Sidechains" em: <http://www.blockstream.com/sidechains.pdf>

[12] Mais informações sobre automações descentralizadas podem ser encontradas aqui: <https://blog.ethereum. org/2014/05/06/daos-dacs-das-and-more-an-incomplete-terminology-guide/>.

[13] Veja: <http://nxt.org/, https://ethereum.org/, and https://erisindustries.com/>.

[14] Segundo uma estimativa de 2014, Bitcoin consumiu tanto poder elétrico quando a Irlanda inteira. Veja: <http://karlodwyer.github.io/publications/pdf/bitcoin_KJOD_2014.pdf>.

[15] Veja: <https://www.stellar.org, https://ethereum.org, http://hyperledger.com/, and https://namecoin.info/>.

[16] Diferente de Bitcoin, Stellar, Namecoin ou Ripple, Hyperledger não tem uma moeda digital embutida, mas ao mesmo tempo, garante uma base de registro distribuído que dá liberdade a cada participante para escolher em quais combinações de outros participantes confiar.

Conclusões

Uma moeda totalmente digital, descentralizada de peer-to-peer, é agora uma realidade. Bitcoin inaugurou a era da criptomoeda, para melhor ou para pior. O potencial para criptomoedas de revolucionar o dinheiro e romper as finanças é enorme, mas é apenas o começo. Talvez ainda mais importante é a blockchain, a estrutura de dados de registro distribuído na qual a criptomoeda se apoia. O investimento de capital em startups relacionadas a blockchain é uma tendência recente que começou apenas em 2012; no entanto, desde então, a taxa de crescimento homóloga do investimento, de 150% ano após ano, é mais rápida do que até mesmo a explosão das ponto com. Aplicações blockchain abrangendo vários setores prometem mudar a forma como as empresas e as pessoas transacionam, enviam pagamentos, assinam contratos, transferem a propriedade das coisas, e muito, muito mais.

A esperança é a de que essa nova tecnologia, ao contrário, transforme a divisa digital, entre e dentro de nossos países, em oportunidades digitais. A redução dos custos de transação e a eliminação de camadas caras – e às vezes obscuras – de intermediação tem o potencial de favorecer a inclusão financeira para o benefício da sociedade.

No entanto, as tecnologias blockchain também introduzirão novos riscos para os usuários e participantes do mercado, bem como para a integridade financeira: por exemplo, fraude, lavagem de dinheiro e crimes cibernéticos. Portanto novas formas de "regulação tecnológica" devem ser concebidas e implementadas de modo a estimular a inovação e a estabilidade do mercado de garantia nessas novas áreas que serão afetadas pela adoção de tecnologias blockchain.

O Futuro de FinTech

10

Esta parte final do livro almeja traçar o rumo futuro de FinTech durante a próxima década. O que acontecerá com a indústria de seguros e bancária global? Será que sobreviverão e talvez até mesmo prosperarão, aprendendo com os programas de transformação bem-sucedidos por gigantes da tecnologia e da cultura de inovação de startups de FinTech hoje? O que acontecerá com as empresas de FinTech que rompem a indústria financeira? Será que serão as vencedoras, tendo respondido mais rápido e melhor do que ninguém às novas demandas dos clientes? Os serviços bancários e de seguros existentes se tornarão "utilidades"? Se big data é a vantagem competitiva, os dados que são controlados pelos operadores históricos dentro de sua organização serão mais valiosos, ou serão os dados fora de seus firewalls de TI que podem ser analisados por empresários de FinTech usando inteligência artificial de ponta, machine learning e soluções de mineração de dados analíticos?

Todos concordam que a colaboração é fundamental. As interfaces de programação de aplicações (APIs) são a ferramenta secreta para implementar parcerias na prática? Poderiam APIs até mesmo ajudar os bancos a escapar de seus sistemas antigos e competir em velocidade de startup? Será que vamos ver emergir os bancos de FinTech globais que deixarão de contar com players tradicionais ou ficar à mercê de processos de aquisição longos? O "FinTech Marketplace Banking" inverterá a cadeia de valor existente completamente, aonde players tradicionais se tornarão fornecedores de bancos de FinTech? Para servir bem aos clientes em longo prazo, devemos esquecer o que estes pedem hoje e descobrir o que eles pediriam se soubessem que seria possível? Tecnologias disruptivas como mobile, blockchain, a Internet das Coisas e wearables permitem muitos novos serviços financeiros limitados somente pela nossa imaginação. Para olhar para o futuro, perguntamos a um grupo diversificado de autores, o que esperar e como acionistas no ecossistema FinTech poderiam responder para garantir seu futuro de sucesso.

Como Tecnologias Emergentes Mudarão os Serviços Financeiros

Por Manoj K. Kashyap
Sócio da Assurance, Banking and Capital Markets, Líder FinTech Global, PwC

e Grégory Weber
Diretor e Líder FinTech, PwC Luxembourg

O setor de serviços financeiros está no estágio inicial de disrupção digital. Suas principais funções são, hoje, as mesmas de ontem – as pessoas usam serviços financeiros para trocar dinheiro, poupar ou investir, financiar, ou comprar seguros contra o risco. Todos os serviços financeiros são uma resposta a essas quatro necessidades básicas, e isso não mudará. O que está mudando, porém, é a maneira como essas necessidades estão sendo tratadas. As novas tecnologias estão proporcionando conveniência, velocidade e volume em quantidades que nunca vimos antes, tornando as transações financeiras mais fáceis, baratas e convenientes. FinTech está, de fato, remodelando a indústria de serviços financeiros, o que amanhã parecerá, sem dúvida, muito diferente do que é hoje. E a penetração de empresas orientadas à tecnologia no setor financeiro está definida para ir mais fundo, uma vez que finanças oferecem um oceano de oportunidades.

Muitas Oportunidades para FinTech Ainda Serão Exploradas

Até o ano de 2020, mais de 1 milhão de operações de pagamento ocorrerão a cada minuto no mundo.[1] Enquanto o dinheiro continua a ser o principal método de pagamento para transações de baixo valor, temos observado uma tendência de queda na sua utilização durante as últimas décadas, em conjunto com o aumento da adoção de novos métodos de pagamento alternativos. Em grande escala, os governos estão tomando conhecimento do diferencial de custo entre as soluções com dinheiro e sem: o dinheiro pode custar até 1,5% do PIB de um país,[2] que é cerca de cinco vezes mais do que o custo de alternativas sem dinheiro.[3] O volume de transações de pagamento será impulsionado pelo crescimento do PIB global, especialmente nos países SAAAME (América do Sul, África, Ásia e Oriente Médio), pela melhoria contínua da infraestrutura de sistemas de pagamento, bem como pelo crescimento contínuo do e-commerce em nível global. De fato, de acordo com a eMarketer, as vendas de e-commerce B2C estão definidas para chegar a $2,36 trilhões até 2018, subindo de $1,23 trilhões em 2013. A esse respeito, mobile representa um poderoso veículo para as vendas digitais, e esperamos que o valor global de pagamentos móveis aumente para $1.271,8 bilhão até 2020[4] (a partir de $235,4 bilhões em 2013). Por outro lado, a digitalização de moedas e sua aceitação pelos clientes e comerciantes está em ascensão. Criptomoedas, como bitcoin, Ripple e centenas de outras criptotecnologias, certamente promoverão a digitalização dos sistemas de pagamento e da economia globalmente conectada.[5]

Impulsionado pelo aumento dos requisitos de infraestrutura e um número crescente de classe média, as necessidades de financiamento globais serão superiores a três vezes o PIB mundial em 2020. Apesar de formas alternativas de financiamento, tais como PE/VC, crowdfunding e empréstimos P2P ainda serem pequenos mercados, representando meros 0,5% do PIB europeu, eles têm crescido a um ritmo acelerado nos últimos anos. A esse respeito, o crowdfunding mundial reuniu um forte impulso em 2014, uma expansão de 167%, atingindo $16,2 bilhões arrecadados, acima dos $6,1 bilhões em 2013.[6] Em relação a empréstimos P2P, o Lending Club, o maior dos credores de mercado, atingiu mais de $13,4 bilhões na emissão de empréstimos no final de setembro de 2015, em comparação com $7,6 bilhões no final de 2014.[7] Ativos de investimento chegarão a $200 trilhões até 2020.[8] O maior aumento virá do patrimônio líquido de indivíduos ricos e de high-net worth (HNWI). Mais especificamente, os ativos ricos em massa em regiões SAAAME serão mais que o dobro de 2012 a 2020.[9] A importância dos investidores institucionais

1 PwC Market Research Centre baseado em dados Goldman Sachs.

2 MasterCard Advisors' Cashless Journey, setembro de 2013.

3 Análise PwC baseada em dados ECB.

4 PwC Market Research Centre baseado em dados Goldman Sachs.

5 Veja também PwC, *Virtual Currencies: Out of the deep web into the light*, 2014.

6 Massolution, Crowdfunding Industry report, 2015.

7 <https://www.lendingclub.com/info/statistics.action>.

8 PwC Market Research Centre baseado em dados Credit Suisse.

9 Ibid.

também está em ascensão, e prevemos que os ativos dos fundos de pensões, companhias de seguros e fundos de riqueza soberana (SWF) chegarão a \$100,5 trilhões (a CAGR[10] de 5,8% de 2013 a 2020).[11]

Um aumento em ativos investíveis se traduz em aumento da demanda por gestão de ativos, que devem apoiar o crescimento de soluções de assessoria financeira automatizadas. Em uma base global, robo-advisors geriram diretamente cerca de \$19 bilhões em dezembro de 2014, de acordo com um estudo realizado pela Corporate Insight,[12] e esse número deverá crescer, já que consultores virtuais estão fornecendo alocação personalizada de portfólio, design de portfólio ciente de impostos, rebalanceamento inteligente para manter um risco alvo e acesso 24/7 com taxas mais baixas do que outros tipos de assessores.[13] Players do mercado também terão cada vez mais vantagem a cada nova peça de informação para decisões de investimento, distribuição, compliance e confecção de relatórios.

Prêmios de Seguros Globais Somarão até US\$800 per capita em 2020[14]

O valor global do prêmio de seguro chegará a US\$6,2 trilhões em 2020, crescendo a uma CAGR de 4,2% entre 2013 e 2020. O maior crescimento virá dos mercados em desenvolvimento, como Ásia-Pacífico, América Latina, Oriente Médio e África. No entanto, a Europa e os EUA continuarão a ser as duas regiões mais importantes, responsáveis por 63% dos prêmios de seguro globais até 2020. São evidentes as oportunidades de longo prazo para as seguradoras em um mundo onde as pessoas vivem mais tempo e têm mais riqueza para proteger. Mas eles também trazem competição fresca, de dentro da indústria de seguros, e uma série de novos participantes vindos de fora. Os participantes incluem empresas de outros setores de serviços financeiros, os gigantes da tecnologia, empresas de saúde, empresas de capital de risco e novas startups ágeis.[15]

[10] Compound Annual Growth Rate.

[11] PwC Market Research Centre. Dados antigos baseados em dados Credit Suisse., SWF Institute, The City UK, OECD e Insurance Europe.

[12] Corporate Insight, *Transcending the Human Touch*, 2014.

[13] PwC/CACEIS, *Reshaping the retail fund distribution – Winning strategies and tactics in a disrupted environment*, 2015.

[14] PwC Market Research Centre baseado em dados da Credit Suisse.

[15] PwC, *Insurance 2020 & beyond: Necessity is the mother of reinvention*, 2015.

Telemática (um termo que se refere a qualquer dispositivo que mescle telecomunicação e informática), por exemplo, oferece novas aplicações para gerir o risco e melhorar o relacionamento com clientes. Em uma base global, o valor do seguro de telemática subiu de EUR 3,4 bilhões em 2009 para EUR 13,5 bilhões em 2014, um CAGR de 31,8% ao longo do período.[16] As seguradoras Property & Casualty estão particularmente interessadas em adotar essa tecnologia, que lhes permite combinar prêmios mais alinhados com risco real. Por outro lado, os motoristas beneficiam-se da oportunidade de reduzir suas taxas de seguro por dirigir com mais segurança.

O Futuro de FinTech Depende Muito de Cinco Inovadores

Nesse ambiente altamente dinâmico, nós identificamos cinco inovadores principais (a experiência dos clientes, conexão Fin & Tech, monetização de dados, criptotecnologias e regulação) que estão definidos para influenciar o desenvolvimento futuro da indústria financeira, mas o impacto definitivo desses fatores permanece desconhecido.

Experiência do Cliente (CX)

Internet, mobilidade, redes sociais e a ascensão de sites de comparação de preços mudaram o jogo ao longo da última década e criaram uma nova geração de clientes que exigem simplicidade, velocidade e conveniência em suas interações com os prestadores de serviços financeiros e até mesmo com os seus pares. FinTech coloca os clientes no centro do seu modelo de negócios. Está se movendo no sentido do reforço de ferramentas front-end e da adoção de uma abordagem multicanal, a fim de fornecer aos clientes múltiplos pontos de contato e enriquecendo a experiência dos clientes. "Entendemos que nossos clientes estão mudando a forma como consomem produtos financeiros, e nos concentramos em enriquecer a nossa proposta de valor para eles, à procura de oportunidades nas áreas de serviços de gestão financeira pessoal, blockchain, bancos baseados em API,[17] seguros e mais."[18]A flexibilidade cada vez maior de arquiteturas de TI, redes abertas e

[16] PwC Market Research Centre based on GSMA data.

[17] Veja o capítulo intitulado "Abraçando a Economia API Conectada" para detalhes.

[18] Website Santander Innoventures.

API[19] facilita um ambiente de serviços financeiros dinâmico e diversificado. Isso levanta uma questão fundamental para os operadores históricos: até que ponto serão capazes de adaptar seus modelos de negócios e infraestruturas de TI para lidar com esse novo cenário competitivo.

Conexão Fin & Tech

A conexão de Finanças e Tecnologia está produzindo um espírito de colaboração em ambos os setores que está apagando as linhas de negócio tradicionais. Especialistas do setor financeiro trazem para a mesa um conhecimento específico, tais como gestão de riscos, análise financeira e compliance regulatório, enquanto os players de TI contribuem com especialização tecnológica e uma compreensão da experiência do cliente em uma era digital. "O Vale do Silício está chegando [...] vamos trabalhar duro para tornar os nossos serviços o mais simples e competitivos, como os deles. E também estamos completamente confortáveis em fazer parcerias onde fizer sentido."[20] Seguindo em frente, qual será a abordagem dominante para combinar experiência em finanças e tecnologia? Os players aprimorarão capacidades internas sozinhos, por meio da terceirização, mediante parcerias ou por meio da aquisição de participações estratégicas?

Monetização de Dados

Prestadores de serviços financeiros estão sentados em uma mina de ouro de dados inexplorados, que desempenhará um papel importante no desenvolvimento de FinTech. De fato, o surgimento de poderosas ferramentas analíticas, de baixo custo e de tecnologia de computador permite que as empresas explorem dados grandes, identifiquem as tendências emergentes e desenvolvam uma visão única. Esses insights podem se traduzir em decisões de negócios melhores, mais rápidos e mais inteligentes – e podem impulsionar o desenvolvimento de produtos inovadores, revelar mercados escondidos e despertar outras inovações que dão às empresas uma vantagem competitiva.[21] A questão é: será que a análise de dados não será uma vantagem competitiva, mas sim uma desvantagem competitiva para aqueles que não a adotem? E o mais importante, como as instituições financeiras podem assegurar a privacidade dos dados dos clientes e reforçar a confiança na indústria?

Criptotecnologias ("Blockchain")

A inovação verdadeiramente disruptiva certamente virá de criptotecnologias ou blockchain.[22] Na verdade, elas podem não só mudar a forma como fazemos pagamentos, mas também todo o mundo de negociação e liquidação. De acordo com o Banco da Inglaterra, a tecnologia pode ter implicações de longo alcance, e seu impacto sobre o setor financeiro poderia ser muito maior do que os pagamentos. "Muitos passaram a acreditar que essa tecnologia pode ser adaptada para gravar e verificar as transações financeiras, de compensação de títulos, para fazer pagamentos transfronteiriços."[23] Dito isso, os riscos e incertezas relacionados a moedas virtuais (por exemplo, questões Antilavagem de Dinheiro [AML], Conheça Seu Cliente [CSC]) evitarão uma nova adoção de criptotecnologias? Se for aprovada, até que ponto podem essas tecnologias desencadear simplificação dos processos bancários e estrutura de custos? Por fim, em que medida os "contratos inteligentes", que são programas que contêm condicionalidade e podem executar automaticamente os termos do contrato, se estiverem reunidas as condições, serão aplicados no setor financeiro?

Adaptar (à) Regulação

Finalmente, o futuro da FinTech dependerá em grande parte da sua capacidade de lidar com o quadro regulamentar altamente exigente do setor financeiro. Por outro lado, os reguladores terão que aumentar esclarecimentos e garantir um campo de jogo harmonizado, a fim de proteger os clientes e remover barreiras à evolução do mercado. No fechamento, a regulação pode tornar-se o catalisador para o desenvolvimento de FinTech ou seu inibidor principal. Empresas de FinTech já conseguiram penetrar com sucesso na indústria de serviços financeiros, aproveitando a inovação para oferecer um serviço melhor aos clientes. FinTech agora tem o potencial de trazer uma mudança mais radical dentro desta indústria e tornar-se um componente central de sua infraestrutura e processos, aumentando assim a velocidade e agilidade dos serviços financeiros.

---

[19] API = Interface de Programação de Aplicativo, é um conjunto de rotinas, protocolos e ferramentas para construir aplicações de software. A API especifica como os componentes do software devem interagir.

[20] Jamie Dimon, CEO of JPMorgan, Annual Letter to Shareholders, 2014.

[21] PwC, *Capitalizing on the promise of Big Data*, 2013.

[22] Um livro-razão público e inquebrável, que serve como um registro das transações que foram trazidas primeiro por bitcoin.

[23] *The Wall Street Journal*, "UBS to Open Blockchain Research Lab in London", abril de 2015.

O Futuro dos Serviços Financeiros

Por Axel Apfelbacher
Líder de Pensamento FinTech

O seguinte diálogo entre Artus, um consultor financeiro digital do futuro, e um usuário de um serviço bancário muito específico (financiamento de hipoteca) descreve os principais conceitos (varejistas) da indústria financeira do futuro. Após cada sequência, os conceitos relevantes são descritos no que diz respeito ao seu impacto sobre a interação entre os utilizadores de serviços financeiros e o futuro ecossistema de provedores. Esses impactos não serão limitados ao exemplo escolhido, mas se aplicam a qualquer tipo de transação financeira.

O Futuro das Finanças

> "Artus, por favor organize a hipoteca para nossa futura casa que escolhemos há uma hora."
>
> "... Hipoteca processada... eu contratei o Crowdlending-Pool Europe III para um contrato de 20 anos. Você pode se mudar na segunda, o MoveBots estará lá às 7 da manhã."

Financiar a compra de uma nova casa se tornará um processo muito suave, muito rápido, ultrapassando velocidades de processamento atuais em mais de 99%. Seguindo a lógica do livro de ordens das bolsas de valores, as hipotecas serão visíveis para várias partes interessadas em tomar uma posição de empréstimo em um mercado específico (imobiliário). Todos os critérios que um mutuário interessado necessita para fechar uma transação são capturados por Assistentes Financeiros Digitais (AFD) que comparam várias ofertas disponíveis sobre a troca de empréstimos com esses parâmetros que foram definidos pelos usuários desses serviços. Fluxos de caixa disponíveis para reembolsar a hipoteca, a estrutura de renda e riqueza existente e objetivos financeiros globais para o investidor são conhecidos do AFD, que pode então comparar todas as ofertas disponíveis e executar um contrato (inteligente) com base em todos os dados disponíveis.

Crowdlending se tornará um canal adicional significativo para acumular e alocar fluxos de caixa que os investidores individuais concedem às pools de crowdlending que serão organizadas por plataformas e seguradas por meio de acordos de CDS (do inglês, credit default swap – ativo que funciona como uma espécie de seguro de risco) contra perdas de empréstimos. Apesar do peso sobre as margens brutas como consequência de seguros, crowdlending será muito competitivo devido aos menores custos de tecnologia de correspondência de fluxo de caixa e análise das qualidades de crédito dos mutuários. Depois de alcançar a calha da desilusão em 2017, crowdlending evoluirá para uma estrutura de financiamento padrão em torno de formas mais tradicionais de acumulação de capital.

O Futuro da Identidade

> "Maravilha. Alguma outra entrada adicional requerida?"
>
> "Não, todos os parâmetros estão disponíveis. Seu ID de avatar será incluído na base de dados de ativos globais como proprietário de sua nova casa em Madri na segunda-feira. Por favor, valide a transação dentro de 24 horas no centro de ID global na Lombard Street (antigo Banco da Inglaterra)."

A tecnologia blockchain mudará a natureza das transações financeiras, uma vez que leva a mudanças fundamentais na arquitetura financeira global. A gestão de dados financeiros atuais é impulsionada por bancos de dados discretos dentro das instituições financeiras que se comunicam umas com as outras por meio de canais de comunicações seguros, e o futuro do processamento de transações financeiras será um mundo de uma ou várias bases de dados de ativos globais. Essas bases de dados armazenarão todos os dados financeiros dos participantes do mercado financeiro que optam por utilizar esses motores de transação mais baratos e mais fáceis de usar. Seguindo a lógica blockchain, essas bases de dados serão distribuídas ao redor do globo, e as transações, para serem executadas, exigirão a validação de todos ou, pelo menos, de uma maioria qualificada desses bancos de dados.

Esse sistema de registro distribuído é projetado para reduzir a probabilidade de hackers, já que a quantidade de energia de computação necessária para quebrar o sistema é enorme. No entanto, ele vem com o preço de ter todos os dados financeiros distribuídos por uma rede global de bancos de dados que são de propriedade dos participantes no mercado potencialmente não confiáveis. Portanto, um mundo blockchain exigirá ou um intermediário ou a utilização de pseudônimos em transações financeiras, para evitar a completa divulgação financeira para o mundo exterior. Dada a necessidade de reguladores para esse tipo de transparência, uma implementação blockchain global exige tanto intermediários para intervir e cumprir as regras de CSC (semelhante à prática de hoje) quanto um mecanismo de tradução que permite que os reguladores interpretem as entradas pseudônimas blockchain de livro-razão por meio do uso de um banco de dados ID para manter os processos de AML. Ambos os conceitos existem hoje e podem continuar no futuro, embora possa haver uma ligeira preferência pelo modelo intermediário.

Além disso, os usuários de serviços financeiros terão a opção de determinar um limite transacional, bem como tipos específicos de operações para as quais será necessário um processo de validação separado. Isso pode ocorrer em pontos de venda que costumavam ser agências bancárias que agora se transformaram em centros de validação ID. Aqui a identidade dos intervenientes no mercado será verificada por meio de uma comparação de características e tokens digitais e não digitais que são projetados para gerar uma prova de sua identidade. A reentrada de tal elemento analógico para (pelo menos) as grandes transações diminuirá a probabilidade de falhas de segurança em todo o sistema e explorações que ameaçam a validade do sistema financeiro global.

O Futuro do Dinheiro

"Artus, por favor, exiba nosso status financeiro."

"As taxas de processamento total de 1,4% do valor da transação serão transferidas com o preço de compra na segunda-feira. Sua carga de hipoteca mensal de 1.957 ePounds será debitada no dia 1° de cada mês. Você está comprometendo 27% do seu salário líquido. Incluindo o seu nível normalizado de despesas, você terá economizado uma quantidade adequada de dinheiro para cobrir os custos de educação dos seus filhos até 2021."

A emissão de moeda eletrônica por parte dos bancos nacionais em todo o mundo é uma consequência das capacidades tecnológicas derivadas da tecnologia blockchain. Os governos nacionais e as comissões supranacionais do mercado financeiro empurrarão para uma implementação de bancos de dados ativos globais totalmente transparentes que permitem o acompanhamento em tempo real dos fluxos financeiros. O dinheiro provavelmente permanecerá por muito tempo como um mecanismo de operação paralelo e anônimo, no entanto, a maioria das transações se tornará acessível em redes online, devido à facilidade de uso e velocidade de operação de bancos de dados ativos globalmente organizados. Portanto, a emissão de moeda eletrônica (por exemplo, "ePounds"), controlada pelos bancos centrais dos países participantes, se tornará uma forma padrão de gestão da base monetária de uma moeda.

Quando perguntados por que implementaram um regime de moeda digital, tão abrangente, os bancos centrais, reguladores e agências fiscais referem-se à capacidade de auditoria e rastreabilidade dos fluxos financeiros, bem como aos mais baixos custos de transação associados com o uso de e-moedas oficiais. Essa transparência exigirá novos mecanismos de governança para equilibrar transparência e liberdade em um mundo de vigilância onipresente.

O Futuro da Economia e do Consumo

"Artus, há espaço para manobra? Eu gostaria de levar minha família para férias estendidas na África."

"Sua taxa de poupança é de 10% do salário líquido. A taxa para atingir seu alvo líquido de riqueza com a idade de 57 é de 8,2% anualmente. Posso recomendar um maravilhoso resort em Portugal que está à procura de novos clientes e está oferecendo quatro semanas para a sua família a preço de banana?"

A questão de se usar os recursos disponíveis em caixa para a poupança ou consumo será cada vez mais respondida por AFDs, contando, por um lado, com insumos que temos dado a eles que refletem o nosso consumo em relação a preferências de poupança e à importância de alcançar nossos objetivos financeiros. Por outro lado, esses assistentes baterão todos os recursos disponíveis, principalmente por meio de informações sobre os produtos que estão disponíveis online, para sugerir o mix de preço/produto mais adequado que corresponda o mais próximo possível da nossa posição financeira, bem como a nossa vontade de gastar dinheiro.

Haverá um ecossistema de AFDs independentes *versus* dependentes, refletindo o modelo de cobrança dos provedores que vivem de taxas de utilização ou taxas de referência/receitas de publicidade a partir de provedores de produtos e serviços que são canalizados por meio do mecanismo de análise de AFDs. Alguns AFDs oferecerão a seus usuários a escolha de pagar por seus serviços com dinheiro ou com o uso (restrito ou irrestrito) de transacionais anônimos e outros dados para fins publicitários. Novos direitos de propriedade para os dados pessoais finalmente permitirão que o proprietário de tais dados determine o grau em que esses dados podem e devem ser divulgados a terceiros, e finalmente colocarão um preço sobre o uso desses dados por terceiros.

O trade-off entre o uso imediato dos recursos de caixa e poupar esses recursos para usos futuros mudará para uma perspectiva mais de longo prazo para os usuários com objetivos financeiros de longo prazo que permitam ao AFD comparar os desejos de gastos imediatos. O usuário individual ainda será capaz de ignorar o Assistente Digital (AD), mas a voz irritante falando sobre a validade dos objetivos de longo prazo pelo menos colocará a próxima compra em um contexto mais amplo, potencialmente adiando essa compra para outro dia. Assim, a poupança *versus* decisão de consumo será baseada em uma perspectiva financeira mais sofisticada fornecida por um AD imparcial.

O Futuro da Educação Financeira

> "Artus, o resort parece fabuloso. Você pode, por favor, informar meu chefe sobre minha intenção de tirar férias prolongadas e organizar alojamento e transporte após a aprovação?"
>
> "... Pedido de férias processado... e aprovado. Aproveite sua viagem. Detalhes do seu voo estão disponíveis em seu Watchlet. Por favor, lembre-se de fazer o teste de educação financeira anual no próximo mês, já que sua licença expira em 17 de maio."

Como intermediários estão sendo espremidos para fora da cadeia de valor financeiro, substituídos por Assistentes Digitais que baseiam sua tomada de decisão em inputs de participantes do mercado, a abordagem atual da regulação financeira que incide sobre os intermediários que regulam será desafiada. Portanto, a regulação pedirá cada vez mais provas de educação financeira e fará com que a natureza das transações financeiras em função dos resultados dos testes obrigatórios projetados exiba o nível de compreensão de um indivíduo com relação ao conhecimento financeiro. Sem tais testes, a regulação financeira terá dificuldades para capturar todos os aspectos relevantes de transações financeiras futuras, enquanto Assistentes Digitais projetarão seus modelos de negócios para evitar uma posição de risco financeiro recebendo o processo de tomada de decisão. Assim, o indivíduo se tornará o foco da ação regulamentar, do conhecimento dos fluxos financeiros e do impacto das decisões específicas sobre bem-estar financeiro, e se tornará cada vez mais importante para evitar buracos desastrosos na arquitetura financeira (varejista).

A natureza dos serviços financeiros e da arquitetura financeira global evoluirá substancialmente na próxima década e avançará para um serviço de aconselhamento habilitado para tecnologia, altamente automatizado, que leva em conta todas as fontes disponíveis e usos do dinheiro que ainda estão em vigor nos mercados, tornando-os disponíveis para cada participante e em uma linguagem que pode ser compreendida por todos. Esses AFDs serão altamente personalizados, potencialmente independente do emissor e altamente interligados, para gerar os melhores resultados financeiros disponíveis para seus usuários e executar transações automaticamente para reduzir o tempo de processamento e esforço. A emissão de dinheiro pelos bancos centrais será transformada por meio da utilização de tecnologia de blockchain e transformará a transferência de dinheiro e todos os outros tipos de instrumentos financeiros em experiência em tempo real. Tal automação e contratação inteligente disponível por meio do uso de AFDs, com base em bancos de dados de moeda eletrônica e mercados financeiros transparentes, ajudará as pessoas a tomar melhores decisões que conduzem a um futuro financeiro mais positivo para os usuários desses sistemas.

Serviços Bancários em Inovação por meio de Dados

Por Dr. Marc Torrens
CIO, Strands Labs

A inovação tecnológica tem sido vital para o setor bancário online desde que o Stanford Federal Credit Union ofereceu o primeiro portal de internet banking do mundo em 1994.[1] As últimas décadas viram a indústria financeira lentamente incorporar tecnologias baseadas na internet para abrir novos canais de distribuição e operacionais. No entanto, a maior parte dessa inovação tem sido em torno dos aspectos operacionais do banco, incorporando novos canais digitais diferentes.

Hoje, a grande maioria dos bancos oferece seus produtos e serviços por meio dos canais de internet, tais como plataformas web ou aplicações móveis. O digital banking permite que os clientes acessem quase todos os serviços financeiros de qualquer lugar, a qualquer momento.

Os bancos, no entanto, ainda estão oferecendo essencialmente os mesmos produtos e serviços, como fizeram na década de 1990. Em comparação com outras indústrias, tais como entretenimento, viagens ou de varejo, os bancos ainda não estão usando esses canais para realmente mudar seu modelo de negócios ou propor produtos ou serviços novos e mais relevantes. Extravagâncias à parte, o setor bancário ainda não sofreu uma disrupção real.

De Vendedores de Produtos Financeiros a Provedores de Soluções

Os dados transacionais que os bancos estão coletando de milhões de clientes e a nova revolução de dados são os ingredientes necessários para romper os produtos e serviços que os bancos oferecem atualmente. Essa disrupção mudará os bancos de sua posição atual de fornecedores de produtos financeiros para o de fornecedores de soluções financeiras.

[1] Veja: <http://www.thefreelibrary.com/_/print/PrintArticle.aspx?id=17104850>.

Por exemplo, um cliente que quer comprar seu carro dos sonhos tem milhares de produtos disponíveis para ajudá-lo a economizar ou pedir dinheiro emprestado para atingir esse objetivo específico.

Mas o cliente provavelmente gostaria de ter um plano para atingir a meta com os produtos certos. Assim, em vez de oferecer aos clientes um grande catálogo de produtos financeiros para escolher, os bancos poderiam oferecer planos personalizados para atender às necessidades específicas do cliente. Produtos financeiros devem servir como ferramentas que facilitam situações financeiras diárias. Os bancos começarão a oferecer soluções para eventos de vida e situações, em vez de apenas ferramentas financeiras para superá-los.

Os bancos estão realmente muito bem posicionados para fazer precisamente isso; podem desenvolver tecnologias que oferecem soluções financeiras, em vez de um catálogo de produtos, aprendendo com os dados que eles recolhem há décadas. O desafio é extrair o significado dos dados e usá-lo para oferecer os produtos certos no momento certo para o cliente certo. Esse novo conhecimento deve codificar preferências e gostos dos clientes de uma forma muito precisa. Esses insights podem então ser utilizados para propor soluções financeiras personalizadas para os desafios específicos dos clientes.

A Revolução dos Dados Chegou

Até agora temos visto como os bancos estão em uma posição excepcionalmente privilegiada para levar a indústria financeira até onde ela nunca foi. No entanto, o panorama não é um mar de rosas – os bancos estão sob muita pressão para fazer isso antes que as empresas gigantes de internet façam primeiro. Além disso, os bancos estão enfrentando uma onda de concorrência sem precedentes de um conjunto emergente de players puros de FinTech. As grandes empresas de internet e de FinTech que foram líderes da revolução de dados em outros setores estão começando a entrar no mundo financeiro. Os grandes bancos estão muito cientes dessa ameaça e estão começando a levar a revolução de dados a sério. Um exemplo notável vem de Francisco Gonzalez, presidente-executivo do BBVA, que afirmou em um artigo de opinião intitulado "Banks need to take on Amazon and Google or die", publicado no *Financial Times* em 2013:[2]

> Alguns banqueiros e analistas pensam que Google, Facebook, Amazon ou similares não entrarão completamente em um negócio altamente regulado, de

[2] "Banks need to take on Amazon and Google or Die", *Financial Times*, 2 de dezembro de 2013: <http://www.ft.com/cms/s/0/bc70c9fe-4e1d-11e3-8fa5-00144feabdc0.html#axzz3ojXmfGVg>.

baixa margem de lucro, tais como serviços bancários. Discordo. Além disso, eu acho que os bancos que não estão preparados para tais novos concorrentes enfrentarão morte certa.

Então qual é a única vantagem competitiva que as instituições financeiras têm para continuar liderando a inovação no setor financeiro? Como podem inovar para ganhar a nova batalha contra a Amazon, Apple, Google e startups de FinTech?

O que os bancos têm de sobra são dados de confiança, quantificáveis, e o melhor de tudo, monetizáveis. Infelizmente, os bancos em geral não têm uma cultura de inovação de internet e agilidade e organização de TI quick-to-market, que forma o DNA de startups de FinTech e gigantes da internet. O desafio de entrar na revolução dos dados da perspectiva de um banco não é insignificante, porque os sistemas de core banking foram corrigidos durante décadas, e organizações bancárias não foram concebidas para inovar rapidamente nesse espaço. Internet e dados de inovação devem ter um tipo muito específico de organização que está muito longe da forma como as instituições financeiras operam. Especificamente, os bancos têm dificuldades para inovar nos setores de dados e internet por várias razões:

- Uma organização empresarial e de cultura que não é projetada para inovação rápida. Bancos têm operado suas equipes de desenvolvimento de TI usando o que é conhecido em gerenciamento de projetos como "a abordagem em cascata", em que os requisitos são muito bem definidos no início do projeto e os resultados devem ser vistos no final. Essa forma de trabalhar não é a mais adequada para promover a inovação. Empresas de internet e startups usam metodologias ágeis para fazer uma iteração rápida e implementar novas ideias. Mesmo que seja de maior risco, os resultados são muitas vezes desconhecidos, e o fracasso é parte do processo.

- A falta de talento especializado de engenharia de software e ciência de dados.

  Engenheiros muitas vezes preferem dedicar seu talento a empresas menores, onde sentem que sua contribuição tem um impacto maior e onde a cultura é baseada em inovação desde o início.

- Uma infraestrutura de TI de centro heterogêneo e difícil.

  Infraestruturas de core banking são muitas vezes compostas de sistemas antigos e heterogêneos que incorrem em custos enormes para se manterem operacionais e seguros. A construção de novos sistemas é, portanto, vista em alguns cenários como uma segunda prioridade, mas não faz parte do core business do banco.

Os bancos estão realmente começando a perceber a sua situação e adaptar a sua forma de trabalhar com o setor de tecnologia inovadora, mas isso pode não ser suficiente para competir contra os novos players.

Então Como os Bancos Podem Aproveitar Melhos Sua Vantagem de Dados?

A questão que surge então é: como exatamente os bancos podem inovar para competir com esses novos players (por exemplo, gigantes da internet e startups de FinTech) explorando a sua vantagem de dados única?

Para viver em um mundo de sistemas interconectados em que o valor real vem cada vez mais a partir de dados em si, os bancos devem abrir e oferecer APIs[3] bem estruturados e seguros sobre o qual os inovadores terceirizados podem desenvolver a próxima geração de soluções financeiras. Essa não é uma nova abordagem no setor de tecnologia; que tem sido amplamente utilizada pelas maiores companhias de tecnologia. Por exemplo, a Apple através do seu ecossistema Apple Store, abriu sua plataforma para permitir que empresas terceirizadas inovassem sobre seus sistemas operacionais e dispositivos. Essa abordagem torna plataformas Apple muito mais fortes e poderosas, embora algumas das inovações não venham diretamente da Apple, mas de outras empresas e startups. O Google também está inovando por meio da abertura de serviços e APIs para outras empresas.

Os bancos devem seguir o exemplo e começar a oferecer APIs bem estruturadas e seguras para abrir seus dados e serviços para os desenvolvedores inovadores. Essa abordagem requer aplicações de middleware para interagir com os sistemas de core banking para dar aos desenvolvedores acesso a serviços e dados do banco por meio de APIs robustas. Essa camada de middleware também envolveria uma simplificação de algumas das infraestruturas de TI que atualmente impedem a inovação dentro dos bancos. Com essa abordagem, as empresas terceirizadas poderiam inovar novos serviços financeiros, permitindo que os bancos mantenham seu core business.

[3] Veja o capítulo intitulado "Abraçando a Economia API Conectada" para mais detalhes.

A comunidade de desenvolvimento de aplicativos FinTech é infinitamente criativa e ágil. APIs de dados têm o potencial de permitir que as empresas de tecnologia, bancos e seus clientes se beneficiem de um ecossistema cada vez mais valioso de soluções inovadoras. Essa nova abordagem não só tem um grande potencial para gerar novos fluxos de receita, mas, mais importante ainda, permite que os bancos realmente liderem a disrupção iminente de sua indústria.

O Futuro de FinTech: Um Ecossistema de Inovação Triplo

A ciência de dados aplicada a dados de transações financeiras que os bancos detêm abre novos caminhos para a inovação e formará a base do futuro de FinTech. A chave para realizar essa inovação é extrair conhecimento de dados que podem ser usados em novas aplicações, tendo as necessidades dos clientes, basicamente, codificadas e preferências para gerar insights. Com base nesse novo conhecimento, tecnologias de machine learning, tais como filtragem colaborativa, serão capazes de oferecer aos clientes exatamente o que eles precisam no momento em que precisarem. Além disso, esse novo ecossistema financeiro será capaz de oferecer soluções mais personalizadas com base em produtos já oferecidos pelos bancos. Essas soluções permitirão que os consumidores atinjam seus objetivos específicos com planos financeiros adaptados às suas necessidades e comportamentos precisos.

Esse novo ecossistema proposto em que os bancos se concentram em seu core business e permitem que as empresas de tecnologia desenvolvam novos serviços financeiros sobre dados e serviços bancários, sem dúvida, leva a novos modelos de negócios envolvendo as três partes: bancos, empresas de tecnologia e clientes. Embora esse cenário não considere os bancos impulsionando a inovação por conta própria, eles ainda terão o combustível que alimenta esse ecossistema de inovação: dados e serviços.

Por que os Bancos de FinTech Dominarão o Mundo

Por Philippe Gelis
CEO, Kantox

O setor financeiro é uma das últimas grandes indústrias que não foi completamente rompida pela revolução digital. No entanto, parece que os banqueiros não têm uma abordagem muito diferente de pessoas que dirigiam a imprensa, à hotelaria e a indústria de linhas aéreas há alguns anos. Cada setor será "uberizado", mas parece que a maioria dos banqueiros ainda acha que será diferente no seu caso, provavelmente porque consideram que uma regulamentação pesada irá protegê-los e limitar o crescimento, ou pelo menos o impacto, de FinTech. Banqueiros simplesmente não entendem que as empresas de tecnologia são ágeis o suficiente para tirar proveito de qualquer peça de regulação.

Eles também continuam a acreditar que os clientes ainda confiam nos bancos; no entanto, desde a crise financeira de 2008, e devido aos escândalos financeiros intermináveis (Libor-gate, o escândalo de manipulação de câmbio (FX) etc.) clientes (indivíduos e empresas) têm um enorme apetite para o financiamento alternativo. Os bancos já não são vistos como parceiros, mas sim como fornecedores puros cuidando de seus próprios interesses e de lucros de curto prazo.

É um primeiro passo para os bancos abrirem incubadoras ou criarem fundos de capital de risco (CR) para investir em startups, algumas delas de FinTech, mas definitivamente não é o suficiente. A maioria dos bancos busca financiar startups de FinTech que criam produtos a serem adicionados sobre seus próprios produtos, o que tornará a experiência do usuário melhor, mas eles quase nunca investem em produtos que competem diretamente com eles e, portanto, poderiam canibalizar seus clientes ou lucros. Deixe-me explicar por que essa abordagem é completamente errada. Estamos agora experimentando a primeira onda de FinTech, que vê as empresas concorrerem com os bancos sobre produtos específicos, incluindo, entre muitos mais:

- Empréstimos e crédito
- Pagamentos
- Câmbio e remessas
- Gestão de riquezas

Lending Club é, de longe, a principal empresa global de FinTech. O sucesso de seu IPO tem sido um divisor de águas para o setor de FinTech inteiro. Assim, os bancos estão sendo pressionados pelos recém-chegados, mas – e o "mas" é realmente importante – esses disruptores estão contando com bancos antigos para serviços bancários e infraestrutura bancária (contas bancárias, pagamentos, cumprimento, corretagem etc.). Em outras palavras, eles estão reinventando a experiência do usuário, a interface do usuário ou o modelo de negócio, mas não "a coisa toda" (para roubar uma citação de Marc Andreessen). E baseando-se em bancos para fazer negócios, as empresas de FinTech são clientes e, assim, geram receitas para o banco. Esse é um modelo de coopetição (concorrência cooperativa), no qual FinTech fica à mercê dos bancos – elas rompem os bancos de um lado, mas levam negócios a eles do outro lado. No final, os bancos ainda ganham.

É importante notar que muitas empresas de FinTech evoluíram de puros "modelos P2P" para "modelos de marketplace", em que a liquidez pode vir de outros usuários ou de instituições financeiras. Lending Club é conhecido por conseguir até 80% de sua liquidez de instituições financeiras, e não de usuários comuns. Aqui temos um exemplo claro de banco, considerando que seja mais eficiente e, portanto, mais rentável para eles emprestar dinheiro através do Lending Club do que através de suas agências desatualizadas. Em qualquer caso, o desafio é mais em ter profunda liquidez do que em localizar a liquidez.

A segunda onda de FinTech, por vir nos próximos três anos, será a de "marketplace bancário" (ou "bancos de FinTech"). Esse será um tipo de banco com base em cinco elementos simples:

1. Uma plataforma de core banking construída do zero.
2. Uma camada API[1] para conectar a terceiros.
3. Uma infraestrutura e processos de compliance/CSC.
4. Uma licença bancária, para ser independente de outros bancos, e a habilidade de manter fundos de clientes sem restrições.

[1] Veja o capítulo intitulado "Abraçando a Economia API conectada" para mais detalhes.

5. Uma base de clientes/CRM, significando que o banco de FinTech terá os clientes e uma equipe de suporte ao cliente.

Os produtos diretamente oferecidos pelo banco de FinTech serão limitados a "fundos de participação", compostos por:

1. Contas bancárias (multimoedas)
2. Cartões de crédito e débito (multimoedas)
3. eWallet (multimoedas)

Todos os outros serviços (investimento, trading e corretagem, gestão de fortunas, empréstimos, crédito e hipotecas; crowdfunding (capital e social); seguros; criptomoedas; pagamentos; remessas e FX... esta lista não é exaustiva) serão fornecidos por terceiros por meio da API, incluindo bancos da velha escola, instituições financeiras e empresas de FinTech.

Imagine que você seja um cliente desse "marketplace bancário" e que precisa de um empréstimo. Você realmente não se importa se o empréstimo é fornecido pelo Lending Club ou Bank of America, o que procura é um processo rápido e sem atrito para obter seu empréstimo e a taxa de juros mais baixa possível. Assim, por meio da API, o "marketplace bancário" consultará todos os seus terceiros e lhe oferecerá o empréstimo que melhor lhe convier. Podemos imaginar um processo em que as condições oferecidas por terceiros não são negociáveis, mas também podemos imaginar um processo de concorrência para obter a melhor oferta para cada cliente em qualquer ponto no tempo.

Em uma recente conversa informal com o gerente do ramo de capital de risco de um banco global, eu finalmente entendi que o que os bancos mais temem são que as empresas de tecnologia (GAFA e FinTech) possuam o relacionamento com o cliente no futuro e que eles se tornem meros white labels no final do processo. Em tal cenário, os bancos não possuem o relacionamento com o cliente e apenas competem em preço, criando uma pressão significativa sobre suas margens e rentabilidade. É um pouco como quando uma empresa fornece produtos white-label para varejistas como Carrefour ou Tesco.

Tenho sido perguntado várias vezes sobre esse modelo de negócios e acho que é muito descomplicado. É uma mistura simples entre uma taxa de acesso ao "marketplace bancário" e um modelo de partilha de receitas com terceiros fornecendo serviços adicionais. Aqui nós temos uma abordagem completamente diferente sobre a relação com os operadores históricos. Bancos de FinTech, graças a sua licença bancária, já não confiarão em qualquer banco para ser – e permanecer – no negócio e, por isso, não ficarão à mercê dos operadores históricos. E o que é ainda mais poderoso, por meio do mercado, os operadores históricos se tornarão "clientes" dos bancos de FinTech, então o sistema será totalmente revertido.

Veremos bancos pagando uma comissão para bancos de FinTech para servir aos seus clientes! A beleza do "marketplace bancário" é que ele compete diretamente com os bancos sobre os serviços bancários centrais, sem a necessidade de construir todos os produtos. Agora a pergunta é, o que é realmente necessário para lançar um "marketplace bancário"?

1. Tecnologia/API/Compliance/CSC: construir a tecnologia é um elemento complexo, mas muitas pessoas têm as habilidades para fazê-lo. Portanto, não é definitivamente a principal barreira.

2. Licença bancária: na Europa, o orçamento para obter uma licença bancária é estimado em cerca de €20 milhões, podendo custar menos ou mais, dependendo do país. Mas não é apenas questão de dinheiro. Para estar no negócio você precisa de conselheiros fortes e experientes; sem eles os reguladores provavelmente não lhe darão a luz verde. Então você precisa ser capaz de convencer os investidores e membros do conselho a confiar em você, baseados em uma apresentação em PowerPoint, e apostar grande em você. Eu acho que precisamos que a primeira onda de FinTech seja bem-sucedida, com algumas saídas e retornos grandes, para que as pessoas apostem um monte de dinheiro em "marketplaces bancários". Como um empresário, você precisa ter demonstrado que é capaz de executar e dimensionar um negócio de FinTech para conduzir esse tipo de novo empreendimento.

3. Base de clientes/CRM: Esta é a parte mais complexa. Como você atrairá uma massa crítica de clientes com base em uma oferta simples (contas + cartões + eWallet) que depende de terceiros para serviços adicionais? Você não pode depender apenas de marketing e ter uma marca legal para atrair centenas de milhares de novos clientes, se você não tem nada realmente diferente para oferecer.

Você também precisa se concentrar: você terá como alvo indivíduos ou empresas? A extremidade inferior ou indivíduos de alta renda? Pequenas, médias ou grandes empresas? Vai se concentrar em um único país ou em vários? Como sempre, é questão de clientes e receitas, então você precisa de um plano de vendas claro e marketing para escalar rapidamente a base de clientes. Tenho sido perguntado várias vezes se o primeiro "marketplace bancário" será lançado por um banco antigo ou uma startup de FinTech. Eu definitivamente acho que ocorrerá o último. É muito disruptivo, e o risco de canibalismo é muito alto para ver um banco assumindo o risco.

Desde 2010, novos bancos foram iniciados, principalmente no Reino Unido, alegando que eles são "os bancos digitais da nova geração". Minha opinião é a de que a maioria deles não tem um diferencial claro. Ser online ou abrir 24 horas por dia, 7 dias por semana, não é atraente o suficiente para atrair massivamente novos clientes. Outros bancos estão buscando oferecer o "melhor" em conta corrente sempre... Pessoalmente, não vejo o ponto aqui. O primeiro banco de FinTech ainda está para ser inventado.

De qualquer forma, a maioria dos banqueiros não está preocupada o suficiente com FinTech para reagir à sua segunda onda que está chegando. Isso cria uma fantástica "janela" para nós empresários de FinTech para construí-la. Bancos de FinTech são inevitáveis! Este é apenas um modelo. Conseguir isso requer muito trabalho duro. Mas dado que os elementos já estão disponíveis, não é uma questão de se, mas sim de quando aparecerão os primeiros bancos de FinTech puros. Eles serão definidos, flexíveis e sem impedimentos por sistemas antigos, e não terão a reputação manchada dos operadores históricos. Comerão o almoço dos dinossauros bancários atuais e poderiam muito bem, eventualmente, governar o mundo bancário.

O Supermercado de FinTech – O Banco está Morto, Vida Longa ao Banco!

Por Spiros Margaris
Conselheiro, FinTech Forum; CEO, Margaris Advisory

> "Não são as espécies mais fortes que sobrevivem, nem as mais inteligentes. É aquela que é mais adaptável à mudança."
>
> Charles Darwin, *A Origem das Espécies*

As instituições financeiras do futuro terão que ser muito diferentes das estruturas de hoje se quiserem permanecer competitivas, desde que satisfaçam às sempre mutáveis e crescentes exigências dos clientes. Elas consistem de uma construção de empresas de tecnologia financeira (FinTech), principalmente inovadoras e independentes. Esses tipos de instituições oferecem taxas mais baixas, além de melhor desempenho e experiência do usuário. Mais importante, elas representam um futuro em que podemos e queremos acreditar.

A nova instituição financeira proposta é chamada de Supermercado de FinTech, e seu modelo de negócios se diferencia de instituições financeiras existentes, tais como bancos, incluindo aqueles que já têm parcerias com empresas de FinTech.

O Supermercado de FinTech

A proposta de Supermercado de FinTech refere-se a uma busca quase obsessiva por utilizar principalmente as empresas de FinTech como prestadores de serviços financeiros. É figurativamente um desenvolvimento lógico da bem conhecida prateleira de fundos, mas com a distinção importante de que as melhores empresas de FinTech são oferecidas no lugar dos melhores produtos de fundos. Trata-se da possibilidade de combinar uma seleção aberta dos melhores parceiros de FinTech e os melhores pacotes de serviços financeiros sob o mesmo teto. As principais empresas de FinTech independentes e inovadoras fornecerão a maioria de todos os serviços financeiros.

Ao mesmo tempo, o Supermercado de FinTech será sempre aberto à cooperação com bancos, companhias de seguros ou gigantes da tecnologia para garantir os melhores índices e serviços de preço-desempenho. É mais provável que acabará por se beneficiar mais de usar melhores FinTechs, que são mais ágeis e ligeiras, devido ao seu tamanho, e mais inovadoras, devido ao seu espírito empreendedor.

No entanto, uma diferença fundamental dessa nova instituição financeira é que não são os incumbentes da indústria financeira que permitirão que FinTechs participem nos serviços gerais e de negócios; será o contrário. Quanto à falta geral de filiais, bancos e talvez algumas FinTechs eventualmente só irão oferecê-los para os clientes privilegiados. Outros clientes não precisam deles ou simplesmente não podem pagar por eles. Os bancos que, no entanto, retêm agências o farão a um custo elevado para cobrir o segmento de clientes que ainda se sentem desconfortáveis com o banco digital, entre outros. Para um bom exemplo que mostra que os parceiros de serviços podem trabalhar com sucesso dentro e para uma estrutura maior, é preciso olhar além dos grandes sites que usam o Google, Bing ou Yahoo! Search como seus mecanismos de busca padrão. Ambos os fornecedores de mecanismos de busca e os sites beneficiam-se da parceria, e ambos permanecem independentes, fortes e bem-sucedidos em seu próprio direito.

Benefícios ao cliente

- Acesso à "arquitetura aberta de FinTech", que oferece melhores serviços financeiros, melhores índices de preço/desempenho, maior transparência e, posteriormente, uma experiência nova e melhorada do cliente.
- Pré-seleção de provedores de serviços, consolidação de serviços, ativos e relatórios hoc.
- Taxas menores e, portanto, retornos e economias maiores em geral.

Benefícios de FinTech

- Acesso a mais clientes, permitindo que a massa crítica seja alcançada mais rapidamente e a criação de uma fundação sólida para expansão e crescimento.
- Manutenção de competências centrais e independência: uma parceria com ou venda para um terceiro não está excluída.

Benefícios do supermercado de FinTech

- Redução de custos e a habilidade de fornecer aos clientes melhores serviços independentes.
- Crescimento contínuo e aquisição de conhecimento atualizado por meio de parcerias de serviços financeiros.
- Atratividade, branding e vantagem competitiva serão reforçadas por meio de maiores retornos totais, maior transparência e ajustes mais rápido às necessidades dos clientes.

A estratégia de negócios de Supermercado de FinTech será um "divisor de águas" para os serviços financeiros. Na indústria de seguros, já é comum para os corretores de seguros comparar as ofertas adequadas para os clientes e, em seguida, reunir um pacote ideal. Além disso, já existem FinTechs que negociam melhores taxas bancárias e de seguros para seus clientes. Em contraste, o Supermercado de FinTech analisará todos os serviços correspondentes de FinTech e os preços no mercado, bem como os serviços de bancos elegíveis, avaliará os resultados e, em seguida, oferecerá o melhor negócio possível para o cliente. O Supermercado de FinTech, assim, cria um novo mercado novo. Ele aumentará a gama de serviços para todas as partes – clientes, FinTechs, bancos e companhias de seguros – o que levará a melhores serviços, índices de preço-desempenho e competitividade.

O avanço de novos concorrentes no setor financeiro e de modelos de negócios, como o Supermercado de FinTech, trará mudanças disruptivas que também podem ser muito dolorosas para muitos participantes. Também, naturalmente, estabilizará a renda da indústria financeira em um nível inferior por meio de uma maior concorrência e pressão associada a margens de lucro.

Para sobreviver a essa tendência, as instituições financeiras devem fornecer claro valor acrescentado e experiências únicas aos clientes para manter suas margens altas. A abordagem adotada pela Apple pode ser considerada um bom modelo de negócios futuros para a indústria financeira, uma vez que opera em um setor extremamente competitivo e tem, até agora, sido muito bem-sucedida em manter elevadas suas margens de lucro.

Regulação Financeira

Muitos, se não todos, os bancos e instituições financeiras têm a esperança de que a regulamentação exterminará menores concorrentes bancários e FinTechs e segurará as gigantes da tecnologia. O restante pensa que pode reinventar-se fora do problema de deficit de inovação, mas não é provável que isso aconteça. Se as instituições financeiras dependem de regulação financeira para parar sua concorrência, elas morrerão na praia.

No entanto, FinTechs devem se preparar para o momento em que os novos regulamentos reforçarão as regras e a supervisão. Seriam bem-aconselhados a cumprir com os regulamentos desde o início e considerá-los críticos para as suas perspectivas de sucesso. Devem, portanto, adaptar-se e agir em conformidade. Não devemos esquecer que os reguladores e os governos sabem, ou deveriam saber, que as FinTechs poderiam servi-los em vários níveis, como melhoria das experiências dos clientes bancários em geral e serviços bancários. Os centros financeiros internacionais que não entendem a importância de FinTechs como um dos componentes-chave para determinar seu futuro e para permanecer relevantes perderão rapidamente sua importância como tal. Alimentar a indústria de FinTech, que representa o futuro, faz parte de nutrir seu próprio futuro.

Millennials

Clientes, particularmente a geração de millennials, querem coisas diferentes fora do sistema bancário e também esperam que os reguladores e políticos permitam que FinTechs e qualquer competição com status quo prosperem. Millennials – também conhecidos como Geração Y – são a geração nascida aproximadamente entre 1980 e 2000 e são considerados um dos segmentos de clientes mais importantes para as instituições financeiras. Portanto, há uma enorme necessidade de instituições financeiras se tornarem um destino viável para eles, especialmente porque seu poder de compra e de investimento aumenta naturalmente e os seus negócios tornam-se essenciais para garantir o sucesso.

Muitas soluções para as necessidades da geração de millennials serão transferíveis para outras gerações de alguma forma, já que todos nós queremos melhorias nos serviços que atendam às nossas necessidades atuais ou futuras, bem como aqueles que são ainda desconhecidos. A famosa frase de Henry Ford, fundador da Ford Motor Company, traz o ponto: "Se eu tivesse perguntado às pessoas o que eles queriam, elas teriam dito cavalos mais rápidos". As pessoas se adaptarão facilmente a melhores serviços e experiências do usuário que as FinTechs oferecerão, e até mesmo aos serviços que elas não sabiam que queriam.

As estruturas tradicionais em alto-relevo, sistemas antigos e formas de pensar dos bancos dificultam muito para que resolvam a Equação de FinTech (Inovação + Experiência do Cliente + 24/7 = FinTech). No entanto, é absolutamente essencial que a resolvam para se tornarem um destino viável para a geração de millennials e o restante de nós.

Chegando a uma Cidade Perto de Você!

Para a maioria das pessoas, a força crescente de FinTechs e gigantes da tecnologia como concorrentes ao sistema bancário tradicional não vem como uma surpresa. A verdadeira notícia é a rapidez com que estão se tornando bem-sucedidos na indústria financeira. Essa tendência do setor financeiro não pode ser desfeita. No entanto, a inovação disruptiva de serviços de FinTech e gigantes da tecnologia proporciona melhores oportunidades para satisfazer às necessidades dos clientes de hoje e, mais importante, de amanhã.

O fator humano e de assessoria no banco nunca desaparecerá; na verdade, ganhará em importância. FinTechs devem levar isso em suas estratégias, independentemente do seu poder tecnológico, a fim de não perder de vista seu objetivo de proporcionar aos clientes a melhor experiência e valor possíveis. FinTechs são especializadas e focadas na adaptação aos sonhos e desejos dos clientes; são, portanto, mais flexíveis e adaptáveis do que as grandes empresas financeiras. Além disso, sua razão de existir e futuro estão sempre intimamente ligados com a satisfação das necessidades e desejos dos clientes.

Os gigantes da tecnologia e FinTechs desempenharão um papel importante não só no espaço de banco varejista, mas também no segmento B2B. As corporações podem se beneficiar dos avanços da tecnologia e da experiência do usuário que serão inicialmente concebidos e desenvolvidos para o segmento de clientes de varejo. No final, não haverá nenhuma diferença nas maneiras como as pessoas ou empresas usam a tecnologia. Basta olhar como o iPhone e outras tecnologias da Apple são usados por ambos os segmentos para ver o enorme potencial.

O enorme interesse e investimento de capital de risco global em empresas de FinTech são uma reminiscência da era ponto com. Embora muitas empresas ponto com não existam mais, as sobreviventes estão aqui para ficar, e mudaram nossa vida para sempre. FinTechs mudarão o futuro das instituições financeiras de hoje, e muitos não sobreviverão ou serão integrados a grandes instituições. No entanto, o que é certo é que mudarão nossa compreensão e expectativas para os serviços financeiros para sempre e criarão novos mercados. Esse é apenas o começo, e é irreversível.

Os bancos devem ter cuidado, pois os gigantes da tecnologia estão vindo, e algumas FinTechs se tornarão muito maiores e mais poderosas do que a maioria dos bancos gostaria. Além disso, o modelo de negócios de tecnologia pesada de FinTechs está mais perto do coração de gigantes da tecnologia. Esse fato faz com que a probabilidade de muitas FinTechs serem adquiridas pelos gigantes da tecnologia seja uma realidade, uma vez que são vistas como um bilhete de entrada perfeito para a indústria financeira.

As instituições financeiras seriam bem-aconselhadas a tentar avaliar o modelo de negócios do melhor Supermercado de FinTech o mais rápido possível. Deve-se ter em mente que novos concorrentes não precisam adaptar-se a modelos de negócio antigos. Eles só precisam implementar seus novos modelos de negócio, sem os obstáculos estruturais de estruturas de poder corporativo antigo. Além disso, os sistemas antigos exterminarão muitos bancos, já que muitos ótimos programadores não querem construir seus desenvolvimentos de ponta sobre eles ou trabalhar para essas instituições.

Em caso de dúvida, a administração do banco deve se lembrar de que novos concorrentes podem e irão mover-se e aproveitar as oportunidades muito mais rápido do que ela. Além disso, FinTechs, que muitas vezes não têm o dinheiro que os operadores históricos têm, beneficiam-se de uma grande vantagem: ficam com poucas opções, a não ser inovar. O resultado provável da guerra da concorrência financeira será a fusão de FinTechs, principalmente as melhores, às gigantes da tecnologia e aos bancos. Quem quiser desempenhar um papel preponderante no futuro tem que entender que a tecnologia e a experiência do cliente determinarão o resultado. A estrutura do melhor Supermercado de FinTech proposta prevê todas as partes com uma situação ganha-ganha e, acima de tudo, um modelo de negócios que pode se adaptar rapidamente às necessidades dos clientes e, não menos importante, ao futuro. O rei está morto, vida longa ao rei!

Bancos em Parceria com Startups de FinTech para Criar uma Experiência Integrada do Cliente

Por Bernard Lunn
Sócio-fundador, Daily FinTech Advisers

As pessoas às vezes assumem que "empreendedor" significa "carinha jovem em uma garagem" (sugestão da imagem icônica de garagem suburbana no Vale do Silício). Essa imagem está desatualizada, porque o empresário de hoje poderia muito bem ser uma mulher na África. Também está desatualizada porque o empresário poderia estar trabalhando para um banco. (Eu uso o termo banco como abreviação para qualquer instituição financeira, podendo ser um banco, corretora ou companhia de seguros.)

O capital de risco (CR) financiando startups é apenas uma estrutura para a inovação.

Na verdade, pode-se considerar como os bancos podem criar o futuro por meio de sociedades com startups. Sociedade implica uma relação de iguais. Historicamente, a ideia de sociedade fazia pouco sentido. FinTech significava ser um fornecedor, vender tecnologia para os bancos. Nos últimos anos, os bancos podem ter sentido a água subir, mas a situação ainda era confortável. A transição do ponto de ebulição ainda não aconteceu em Serviços Financeiros. O impacto hoje sobre a última linha é pequeno. O dinheiro de CR derramando em FinTech está apostando que esta não será pequena por muito tempo. CRs estão tão confiantes porque viram a velocidade com que os operadores históricos têm sido impactados pela digitalização em outros mercados (como mídia, viagens e varejo).

Os bancos devem sentir a urgência.

No entanto, isso não significa correr riscos selvagens e injustificados com base na propaganda sem fôlego da mídia. A estratégia tem que ser certa. É importante criar sociedades ganha-ganha entre os bancos e startups de FinTech.

Fazendo Parceria, uma Competência Central na Era Digital, é tudo Questão de Dados

Os bancos não podem pensar claramente sobre isso até que aceitem que quase todos os dados valiosos estão fora do seu firewall de TI – na internet aberta. Essa "web programável" é um recurso gigante que startups de FinTech usam para ganhar em termos de menor tempo de mercado e proposições de valor de custo mais baixo.

Para aproveitar esse poder, os líderes empresariais de bancos precisam familiarizar-se com um pequeno jargão técnico chamado API.[1] API significa Interface de Programação de Aplicativo; significa simplesmente como obter recursos (dados e algoritmos) de um sistema externo e enviar recursos de volta a esse sistema externo. A maior parte dos recursos de que os bancos precisam não fica atrás de seu firewall de TI. A maioria desses recursos está na internet aberta e pertence a startups de FinTech com quem os bancos precisam fazer parceria.

A boa notícia é que essa é uma parceria ganha-ganha – contanto que os players tradicionais escolham as startups certas para se associarem. Algumas startups querem "comer o seu almoço". Elas fornecem um serviço hoje para parte do mercado dos bancos. Podem não vender aos clientes dos bancos ainda (porque estão começando com um segmento do mercado que tem sido ignorado pelos operadores históricos), mas quando começarem a escalar, irão atrás dos principais clientes do banco. A ameaça de algumas startups é muito real.

Outras startups de FinTech querem fazer parceria com os bancos. Estas são os marketplaces, como o Lending Club e Angel List, que ganham efeitos de rede, atraindo outras empresas para agregar valor aos seus dados. Elas querem que os bancos usem seus dados. É assim que ganham o jogo de efeitos de rede. Alguns bancos podem optar por dirigir a criação de valor rápida desses mercados investindo neles por meio de aceleradores e fundos de capital de risco corporativo – mas o investimento não é o mesmo que o de uma parceria. Esses modelos transacionais caem na zona de conforto organizacional de um banco e podem ser muito rentáveis. Se você investisse no início, digamos, do Lending Club ou Angel List, você teria feito bem. No entanto, isso é muito diferente de usar recursos desses marketplaces de rede para mover a agulha de receita/lucro do banco. Um investimento minoritário

[1] Veja o capítulo intitulado "Abraçando a Economia API Conectada" para mais detalhes.

não confere vantagens exclusivas em negócios digitais. Se um marketplace de rede oferece uma vantagem exclusiva para alguém que possui algumas ações, ele não ganhará o jogo de efeitos de rede (e, em seguida, suas ações não valerão muito). As APIs devem estar abertas para ganhar. Bancos ganham por agregar valor a dados abertos, não controlando os dados.

Essas parcerias ganha-ganha são todas uma questão de dados.

Todos os "espaços quentes" que se lê na mídia de tecnologia são sobre dados. Pense na Internet das Coisas (dispositivos de criação de dados), wearables (nossas roupas e acessórios de moda, criando dados sobre o que nosso corpo está fazendo que está transformando os cuidados de saúde e seguro) ou dispositivos e sensores de carro de criação de dados que estão transformando o transporte e seguro.

Pense em marketplaces de rede no mercado de gestão de fortunas, como Lending Club e Angel List. Esses marketplaces criam uma grande quantidade de dados – que ficam felizes em disponibilizar aos parceiros que agregam valor a esses dados e, fazendo isso, adicionam os efeitos de rede para o mercado.

Valor Adicionado no Nível de Experiência do Cliente

Os dados precisam de contexto, e isso significa algoritmos inteligentes e design de experiência de usuário que encantam os clientes e antecipam suas necessidades. É aí que os bancos podem criar valor. Marketplaces em rede não são novos. Por exemplo, as bolsas de valores são marketplaces em rede que vomitam feeds de dados. Para ganhar o jogo de efeito de rede, estes marketplaces em rede têm que capacitar um ecossistema, mesmo se os players nesse ecossistema (as empresas de serviços que agregam valor aos dados) tornem-se mais valiosos do que eles. Então eles são motivados a trabalhar com os bancos que agregarão valor em cima de sua API.

Os bancos são empresas de serviços – não marketplaces – e não devem sofrer de inveja de mercado. Considere NYSE e NASDAQ. Esses são marketplaces dominantes nos mercados massivos, ainda que NYSE tenha sido adquirida por $8,2 bilhões[2] e Charles Schwab (SCHW) esteja avaliado em mais de $40 bilhões. Se você não adicionar valor sobre essas APIs de mercado, as startups de FinTech que querem comer o seu almoço farão. É uma corrida, e o prêmio vai para o mais rápido.

Usando APIs externas, os bancos podem escapar da ferrugem do sistema antigo e competir em velocidade de startup. Os bancos podem, em seguida, implantar uma enorme vantagem quando lançarem usando essas APIs – uma marca bem conhecida.

Marca Conhecida mais Agilidade de Startup é uma Combinação Vencedora

Para aproveitar essa vantagem, os bancos precisam se colocar no lugar de seus clientes e resolver os problemas que os primeiros a adotar esses mercados têm descoberto. Os primeiros a adotar esses mercados veem o valor potencial, mas também veem além da propaganda e entendem que não oferecem qualquer bala de prata. Os bancos que recebem esse tipo de feedback de grupos de foco podem reagir de uma das duas maneiras:

- "Ufa, estou feliz que tudo acabou e posso ignorar." Isso é como ouvir que os clientes estavam tendo problemas comprando coisas online por volta de 1996.
- Esse é claramente o futuro, e esses primeiros adotantes estão nos dando nossa "lista de afazeres". Essa é a reação inteligente e deve movimentar o design da Experiência do Cliente.

A Grande Reagregação

Marketplaces de rede vencem por desagregação, por fazer uma coisa bem. Para obter efeitos de rede, o atrito do usuário tem que ser muito baixo. Tem que ser "clique aqui para transacionar". Os bancos são empresas de serviços que podem sobreviver e prosperar em meio à tempestade de FinTech, servindo às necessidades complexas de dois tipos de clientes por meio da reagregação dessas experiências pulverizadas em uma experiência de usuário integrada para:

- Pessoas ricas e
- Pequenos e médios negócios.

Para servir a esses clientes, os bancos precisam primeiro descobrir para onde a tendência está indo e, em seguida, fazer algo mais difícil – esquecer-se do que os clientes estão pedindo hoje e descobrir o que eles pediriam se soubessem que seria possível. As tecnologias disruptivas –

---
[2] <http://www.bloomberg.com/news/articles/2012-12-20/intercontinentalexchange-said-in-mergertalks-with-nyse-euronext>.

mobile, blockchain, internet das coisas, wearables – permitem tantos novos serviços que realmente só são limitados pela imaginação e pela necessidade real do cliente; há uma abundância de necessidades reais do cliente, de modo que o fator importante é a imaginação e a vontade de agir sobre ela.

Reagregando em Gestão de Fortunas

A Lei de Moore reduzirá, sem remorso, o preço – eventualmente para gratuito – de serviços commodities, como alocação de ativos. Isso é o que os robo-advisors estão fazendo hoje – alocação de ativos por 25 pontos base.

Não tente competir nessa camada de commodities com uma estrutura de alto custo. A consolidação nessa camada será brutal, e alguém como Vanguard com escala existente tem a vantagem.

Há muito espaço para a inovação nas camadas superiores de ciência de dados, personalização e emissão de relatórios. Essa é a oportunidade para reagregar. Alguns robo-advisors tentarão evitar a fase de consolidação movendo a pilha de valores no mundo dos gestores de riqueza, com foco na reagregação de serviços complementares. É uma corrida.

A chave para a oportunidade de reagregação é uma nova geração de "gestores de microativos" que estão emergindo como os primeiros a adotar marketplaces como Lending Club e Angel List. Eles são normalmente focados em uma classe de ativos. Por exemplo, os gestores de microativos estão batendo em mercados de empréstimos P2P (como Lending Club, mas também aqueles especializados em pequenas empresas, empréstimos para automóveis e educação) e aplicam seus conhecimentos e alguns algoritmos de pesquisa para melhores retornos ajustados ao risco. Em Angel List, esses gestores de microativos são investidores-anjo que estão se tornando microfundadores de CR por meio de sindicatos que dão a eles o que costumávamos chamar de "sócios limitados".

Lending Club e Angel List já são maduros e estão rompendo esses mercados. Na Daily FINTECH[3] também perfilamos empreendimentos em fase mais precoce que estão fazendo isso por meio de outras classes de ativos, tais como patrimônio público, dívida pública, FX e private equity. Esses gestores de microativos emergentes cobram uma fração dos gestores de ativos tradicionais, porque seus custos são muito menores – eles operam e os mercados fazem o resto (administração de back office e acesso aos investidores). Esses gestores de microativos são de baixo custo e ágeis, porque pensam sobre uma coisa e apenas uma coisa – negócios rentáveis.

Gestores de fortunas podem ganhar durante a fase de reagregação criando experiências de usuário simplificadas e prazerosas que permitem a diversificação do risco em todas as classes de ativos, indústrias e geografias e que podem pegar a fruta madura (alpha) que esses gestores de microativos estão vendo. A receita bruta diminuirá durante a fase de separação devido à concorrência digital. Durante a fase de reagregação, a receita líquida aumentará, porque o mercado de microativos permite que os gestores cobrem menos do que os gestores de fundos tradicionais e porque o alpha, por ser precoce nesses mercados, atrairá novos ativos. Esses mercados de rede também oferecem transparência total para ativos individuais, permitindo que os gestores de ativos fiquem um passo à frente dos impulsionadores de regulamentos, como os Markets in Financial Instruments Directive (MIFID) II.

Reagregando em Pequenas e Médias Empresas (PME) Bancárias

A oportunidade de reagregação em pequenas e médias empresas bancárias fica na interseção de software financeiro das empresas (contas a pagar, contas a receber, compra a pagar, fatura eletrônica, gestão de tesouraria, gestão da cadeia de suprimento) e finanças. À medida que o software financeiro corporativo move-se para a nuvem, cria-se uma rede interempresarial para a troca de dados. Em outras palavras, torna-se um marketplace que oferece dados que podem ser aproveitados para prestar serviços financeiros. Isso já está funcionando em finanças da cadeia de suprimento, mas estamos apenas nos estágios iniciais dessa transição, o que afetará todas as formas de empréstimos de negócios.

Bancos desertaram empréstimos para pequenas empresas porque não eram tão escaláveis como crédito ao consumidor ou crédito a empresas. A saída dos bancos permitiu que marketplaces em rede separassem os empréstimos, oferecendo soluções de baixo custo. Durante a fase de reagregação, os bancos têm a oportunidade de criar serviços de financiamento integrados que utilizam uma mistura de empréstimos a prazo, empréstimos de fluxo de caixa e empréstimos ativos. O CFO de uma empresa de pequeno porte não tem tempo ou conhecimento para usar diretamente todos esses mercados. Como os investidores ricos, ele precisa de ajuda com a complexidade. Essa é a oportunidade de serviço de agregação para os bancos.

[3] "Daily FINTECH" é a empresa que o autor montou e onde ele fornece atualizações diárias sobre o setor de FinTech global: <http://dailyfintech.com/>.

A Fase de Reagregação Precisa Ser Guiada do Topo

As finanças não enfrentaram esse nível de disrupção antes, então não há modelos durante essa onda de disrupção. No entanto, as empresas de tecnologia têm enfrentado esse nível de disrupção em ocasiões regulares, por isso os bancos podem obter inspiração:

- Reviravolta da IBM de Lou Gerstner depois que quase foi exterminada pela onda de disrupção de PC.
- Reviravolta da Apple de Steve Jobs depois que também estava quase dizimado pela onda de disrupção de PC.
- Intervenção precoce da Google por meio da compra da Android e como isso evitou que a Google fosse rompida pelo móvel.
- Intervenção tardia do Facebook por meio da compra do Instagram e WhatsApp para evitar a disrupção pelo móvel.

Tópicos comuns em todos esses programas de transformação:

- Foco no cliente

  Os gigantes da tecnologia não perguntam aos clientes "o que você quer?" via grupos focais tradicionais. Eles descobriram para onde a tendência estava indo (qual nova tecnologia estava vindo) e criaram produtos que atendiam às necessidades reais, mas que os clientes não estavam pedindo porque não sabiam o que era tecnicamente possível.

- Cultura

  Lou Gerstner resumiu em seu livro clássico (*Who Says Elephants Can't Dance*[4]). Gerstner escreve que ele sabia antes de começar que um grande desafio seria mudar a cultura. No final, ele escreve que a mudança da cultura não era um dos muitos desafios, foi o desafio.

- CEO

  A inovação transformacional real não pode ser delegada. Isso tem que ser conduzido a partir do topo. Todos os exemplos anteriores ilustram isso.

Em resumo, os bancos precisam fazer parceria com startups de FinTech para criar uma experiência do cliente integrada e devem aprender as lições desses gigantes da tecnologia que transformaram suas organizações globais ao longo dos últimos 20 anos, ameaçados pela explosão da internet, e conseguiram ter sucesso se reinventando.

[4] Publicado em outubro de 2009, https://books.google.co.uk/books/about/Who_Says_Elephants_Can_t_Dance.html?id=WyDMM6bz8SMC&source=kp_cover&hl=en.

A Ascensão de BankTech – A Beleza de um Modelo Híbrido para Bancos

Por Frank Schwab
Cofundador, FinTech Forum; Antigo CEO, Fidor TecS AG

e Sophie Guibaud
Vice-presidente de Expansão Europeia, Fidor Group

Hoje os clientes esperam serviços financeiros mais inovadores, mais rápidos e eficientes em termos de dinheiro e velocidade. Comissões internacionais de transferência de até 8% e vários dias de espera para o seu próprio dinheiro não são aceitáveis em um mundo de comunicação em tempo real.

No entanto, os bancos tradicionais não conseguiram fornecer esses serviços, devido a exigências regulatórias excessivamente rigorosas e sistemas antigos de core banking, inflexíveis e lentos de se adaptar. De um lado, crises financeiras repetidas no século passado (várias delas causadas diretamente pela indústria bancária) levaram os governos a emitir regulação bancária mais rigorosa. Os bancos tiveram que implementá-las internamente, reorganizar todos os processos em torno delas, deixando, assim, pouco tempo para se concentrar na inovação.

Por outro lado, os sistemas de core banking antigos que datam das décadas de 1960–1970 não têm a agilidade necessária para permitir o desenvolvimento de serviços inovadores pelo qual os clientes anseiam e agora esperam de qualquer prestador de serviços. Os bancos têm estado presos ao lidar com os altos custos operacionais, lacunas funcionais, baixa agilidade de seus sistemas, infraestruturas de TI imaturos, caros projetos de TI, inconsistências e dependências não intencionais em todas as linhas de produtos e canais de acesso, bem como uma variedade de diferentes tecnologias usadas.

Enquanto algumas instituições têm buscado reconstruir do zero seu sistema bancário central e mediano, custos elevados e longos prazos de entrega as têm impedido de fazê-lo até agora. Isso levou os bancos a fornecer aos clientes o que eles são capazes de fazer, e não o que os clientes querem.

Hoje, os consumidores passam cada vez mais tempo online e ganharam a capacidade de comparar e escolher os serviços financeiros mais adequados às suas necessidades em apenas alguns cliques. Eles querem serviços melhores, mais rápidos e mais baratos. Nesse contexto, uma nova categoria de startups surgiu com o objetivo de satisfazer às necessidades dos usuários em termos de serviços financeiros, não só lhes proporcionando uma experiência mais centrada no cliente, mas também pela adoção de novos modelos de negócios mais adequados para o estilo de vida deste. Por exemplo, algumas empresas de transferência de dinheiro internacional agora cobram uma taxa fixa baixa para fazer uma transferência, não importa o quão alto seja o montante transferido, enquanto outras decidiram cobrar uma taxa variável baixa, dependendo da quantidade.

A pesquisa de mídia Viacom de 2014[1] afirma que 53% dos clientes não acham que seu banco oferece algo diferente de outros bancos, resultando em baixas taxas de comutação de um banco para outro. Até agora, os consumidores têm principalmente ligado contas bancárias impulsionadas por mudanças de vida, tais como começar a universidade, casar ou se inscrever para uma hipoteca. No entanto, isso pode mudar no futuro próximo, com a chegada de novos serviços financeiros e neobancos com ofertas mais inovadoras e diferenciadas do que dos bancos tradicionais.

Enquanto os governos estão trabalhando para facilitar a portabilidade aos consumidores, os bancos devem se concentrar em fornecer aos seus clientes os serviços centrados no cliente pelo qual anseiam e buscarão em outros bancos. Mas quais são as áreas que os bancos devem focar? Pagamentos de integração suaves, rápidos e fáceis, banco 24h, mobile banking, economia partilhada, oportunidades de investimento alternativas ou moedas digitais são algumas opções. Quanto maior a dor percebida pelo cliente, mais bem-sucedida é a oferta que resolver tal dor.

A integração sem atritos dos serviços financeiros para o estilo de vida digital de um cliente é o desafio técnico que um banco tem que enfrentar a fim de lidar com os desafios futuros. É necessário que os bancos ajam e pensem como empresas de FinTech, e não apenas como facilitadores de FinTech por meio da adoção de uma abordagem cultural aberta.

Startups de FinTech têm desafiado e reinventado todos os aspectos do setor bancário ao longo dos últimos anos. Os bancos estão sob ataque? A maioria

---

[1] <http://www.millennialdisruptionindex.com/wp-content/uploads/2014/02/MDI_Final.pdf>.

dos bancos pensa que sim. No entanto, enquanto o setor bancário está se preparando para a atomização dos serviços financeiros, nós, em Fidor, pensamos um pouco diferente. Nós acreditamos que em um mundo onde a experiência centrada no cliente é a chave, os clientes não devem ter que passar de um aplicativo para outro para usar os serviços financeiros de que necessitam ou passar várias horas por mês para reconciliar o fluxo do seu dinheiro a partir de vários aplicativos e ofertas.

Ao longo dos últimos anos, temos trabalhado na criação de um modelo de banco híbrido, em que nos concentramos no que fazemos melhor e nos associamos com empresas de FinTech para o resto com o objetivo de oferecer os melhores serviços financeiros para nossos clientes a partir de uma única plataforma, independentemente de quem seja o provedor.

Nós também nos posicionamos como um capacitador de FinTech por meio de uma arquitetura API[2] aberta, fidorOS, uma nova plataforma de serviços bancários que perfeitamente faz a ponte entre serviços bancários tradicionais (contas, depósitos, transferências, empréstimos etc.) e novos (peer-to-peer, crowdfunding, criptomoedas etc). Por meio dessa plataforma bancária, permitimos que as empresas de FinTech desenvolvam a sua própria oferta de serviços financeiros. FidorOS desempenha as funções de um sistema de core banking, e ele é realmente construído para que seja executado sobre um sistema de core banking já existente.

Isso efetivamente dá a qualquer usuário, seja um banco, uma empresa de telecomunicações ou uma empresa de FinTech, a capacidade de lançar novos serviços financeiros rapidamente, sem o fardo de manter e investir em sistemas antigos altamente caros em vários países. Esse modelo híbrido permite que os bancos cumpram dois objetivos. Primeiro, fornece uma melhor experiência centrada no cliente e estende a mão para novos públicos, atuando como um facilitador para as empresas de FinTech dirigidas a esses públicos. Uma vez que é mais rápido de implementar do que para mudar seus sistemas de core banking antigos, FinTech poderia ser a oportunidade para os bancos de servir melhor seus clientes por meio de soluções white-label ou acordos de referência.

Imagine um marketplace bancário único em que os clientes são capazes de usar os melhores, mais rápidos, mais baratos serviços bancários, independentemente do provedor. Os bancos continuarão a oferecer seus melhores serviços e contar com FinTech para o resto. Por exemplo, a plataforma da Fidor oferece três camadas diferentes de empréstimos:

- A primeira camada é composta de um cheque especial tradicional fornecido pela Fidor em que esta gera receitas por meio de juros pagos pelos clientes.
- A segunda camada é composta de empréstimos peer-to-peer, em que Fidor aproveita sua comunidade permitindo que os clientes Fidor peçam emprestado e emprestem dinheiro para outros clientes Fidor negociando taxas de juros diretamente com eles e pagando uma comissão para Fidor para usar o serviço.
- A terceira e última camada é a integração de outras plataformas de empréstimos P2P, tais como SMAVA, a maior plataforma alemã de empréstimos P2P, permitindo que os clientes Fidor emprestem grandes somas de dinheiro de vários usuários SMAVA ao mesmo tempo. Fidor ganha uma comissão para enviar seus clientes à SMAVA.

A principal ideia por trás disso é criar e oferecer uma série de opções, incluindo ofertas de proprietários e de terceiros (arquitetura aberta de banking), em vez de restringir um cliente a fazer um pedido formal para a oferta de produtos um banco sem alternativa a ele. Fidor vem se posicionando como um agregador dos serviços financeiros – reagregando os "serviços financeiros desagregados".

Enquanto isso, os bancos também poderiam conquistar novos segmentos de clientes, servindo como a espinha dorsal de empresas de FinTech lidando com mercados pouco atendidos pelos bancos (sem banco, crianças, startups, nativos digitais etc.).

Vamos ilustrar esse modelo com o exemplo das relações entre MVNOs (operadores de redes virtuais móveis – do inglês, mobile virtual network operators) e empresas de telecomunicações tradicionais. MVNOs são os operadores de telecomunicações que utilizam infraestruturas de empresas de telecomunicações tradicionais para operar. Eles surgiram na década de 1990 por duas razões, dependendo do ambiente de mercado dos países. De um lado, alguns governos queriam aumentar a concorrência na indústria de telecomunicações e forçaram as empresas de telecomunicações a abrir sua infraestrutura para eles. Em outros países, as próprias empresas

[2] Veja o capítulo "Abraçando a Economia API Conectada" para mais detalhes.

de telecomunicações incentivaram sua chegada, pois tinham minutos de atacado que queriam vender. As empresas de telecomunicações têm emprestado sua infraestrutura para MVNOs a quase sem nenhum custo adicional para eles. Um grande número de MVNOs tem focado em segmentos de mercado de nicho com necessidades específicas, como comunidades de expatriados, PMEs, e/ou modelos de baixo custo ou pré-pagos orientados para pessoas.

Se aplicarmos esse modelo para serviços bancários, os bancos emprestam seu núcleo e infraestrutura de middleware bancário e, por vezes, a licença bancária para empresas de FinTech para que operem enquanto indiretamente atingem novos públicos que não foram capazes de servir no passado. Um ponto muito importante a levantar é que, enquanto as empresas de FinTech reinventaram serviços financeiros para uma experiência mais centrada no cliente, algumas das empresas de FinTech não teriam sido capazes de fazê-lo sem o apoio de um banco. Em particular, podemos pensar em empresas de transferência de dinheiro e ofertas bancárias front-end digitais, tais como Simples ou Moven nos EUA.

Essas empresas de FinTech têm sido bem-sucedidas seja endereçando um problema particular experimentado por clientes em torno de um determinado serviço financeiro ou dirigindo-se a um mercado-alvo específico ou ambos. Em particular, algumas delas têm visado públicos que foram historicamente mal atendidos pelos bancos, como os jovens, os sem-banco, PMEs ou nativos digitais. Bancos os têm servido mal por uma variedade de razões – esses públicos foram considerados demasiado arriscados, não estratégicos, ou os bancos simplesmente não sabiam como lidar com eles. Emprestar sua infraestrutura para as empresas de FinTech é uma boa maneira para que os bancos cheguem a esses públicos indiretamente.

Uma nova era de um relacionamento simbiótico banco-FinTech está prestes a surgir, em que os bancos não só fornecerão às empresas de FinTech suas infraestruturas de backbone para operar, mas também contarão com elas para servir melhor aos seus clientes. De acordo com o CEO do JP Morgan, Jamie Dimon: "Nós trabalharemos duro para tornar os nossos serviços tão simples e competitivos quanto os deles. E também estamos completamente confortáveis com a parceria onde faz sentido". Parece que alguns bancos já perceberam o potencial desse modelo híbrido.

O Impacto de FinTech no Banco Varejista – De um Modelo Bancário Universal para a Verticalização Bancária

Por Roberto Ferrari
Diretor-geral, CheBanca; Membro do Conselho, Mediobanca Innovation Services

A maré de disrupção digital chegou para atingir a indústria de serviços bancários e financeiros. Essa não é apenas uma grande mudança tecnológica ou uma adição de novos canais, é uma profunda revisão de todo o modelo de banco de varejo, já que toda a estrutura do mercado mudará. Preço e receitas, a experiência do cliente, produtos e modelos de distribuição em que o modelo de banco universal foi concebido no século passado estão sendo desafiados como nunca antes. Em 2015, o ex-CEO do Barclays, Antony Jenkins, afirmou que o "modelo de banco universal está morto", e o CEO do JPMorgan Chase, Jamie Dimon, alertou a comunidade financeira de que "O Vale do Silício está vindo"... então o que está acontecendo?

O ponto é que os bancos tradicionais ainda não foram capazes de enfrentar simultaneamente duas grandes forças externas disruptivas:

1. Mudança na regulamentação;
2. Mudança nos hábitos de consumo (e tecnologia).

Esses dois fatores estão intimamente correlacionados, trabalhando em conjunto para piorar ainda mais a imagem.

Em primeiro lugar, devido ao fato de que o regulamento da crise financeira no banco ficou mais duro. Foram impostas novas exigências de capital e liquidez. Ativos bancários têm sido fortemente analisados através de testes de estresse. Muitos bancos grandes têm sido multados por comportamento desleal e injusto. Isso teve dois impactos principais:

- Os bancos começaram a apostar em questões regulatórias pesadas, em vez de enfrentar os novos desafios do mercado.
- O custo de compliance e regulação voou alto – o FinTech Innovation Lab da Accenture estima que a maioria dos grandes bancos têm gasto 70 centavos por dólar em compliance e regulamentação.

Em segundo lugar, entretanto, o crescimento exponencial da economia digital mudou os hábitos de consumo e plataformas tecnológicas. A proliferação de canais digitais não está só elevando as expectativas dos clientes "mimados" pela Amazon, Apple, PayPal e os padrões de experiência do usuário do Google, mas mudou significativamente a forma como os clientes veem e usam canais e produtos bancários. Isso, por um lado, aumentou ainda mais os custos de TI e está aumentando o canal de distribuição central tradicional – agências – em um fator de 2:1.

Os mesmos fatores regulatórios e digitais juntos estão desempenhando um papel significativo espremendo receitas de banco de varejo com base em uma maior acessibilidade e procura por transparência. Como um resultado líquido, houve um aumento estrutural significativo nos custos de funcionamento e um aperto nos lucros. Por exemplo, o custo administrativo médio por trabalhador de grandes bancos europeus aumentou em 68% nos dez anos, de 2003 a 2013, apesar dos planos de tentativas de redução de custos. Mais de 250 mil pessoas foram demitidas pelo setor na Europa ao longo dos últimos sete anos, mas isso pode não ser suficiente.

O setor bancário de varejo ainda está lutando para mudar seus modelos de operação e pegada de distribuição. Os canais digitais são construídos sobre estruturas inflexíveis e antigas de TI resultando em aumento de custos e complexidade, e isso acaba criando legado adicional. Os bancos contam com sistemas de TI à moda antiga e arquitetura com ofertas de produtos muito complexos. Como resultado, estima-se que representem 14% dos custos bancários, estimados em $461 bilhões em 2014, mas, ao mesmo tempo, 75% disso é apenas para manutenção.

Além disso, os bancos tendem a manter uma abordagem focada em agência, em vez de mover toda a velocidade para uma nova arquitetura omni-canal digital. Os 25 principais bancos globais estão gastando em sua rede de agências mais do que as 25 maiores empresas de tecnologia globais em P&D em uma proporção de 2:1. Assim, embora os bancos tenham dinheiro suficiente para mudar seu modelo de negócio, não enveredam por esse caminho. Devido ao medo de canibalizar seus próprios canais proprietários, da complexidade de seus portfólios de produtos e serviços, e desafios organizacionais e de TI significativos, eles preferem inovar em pequenos passos, em vez de em saltos gigantes.

No entanto, a verdade é que o modelo de serviço completo não é mais uma resposta viável às demandas do mercado – um pensamento e planejamento mais radical são necessários. A fim de atravessar o abismo crescente a frente dos bancos, pequenos passos não serão suficientes.

FinTech: A Ascensão de uma Nova Geração de Bancos?

Uma nova competição digital tem se desenvolvido sob o rótulo de "FinTech". A concorrência digital e novos competidores não tradicionais estão tentando explorar tudo isso, começando a tirar as oportunidades de negócio de bancos incumbentes, visando linhas específicas de negócios, a separação deles, ignorando os players tradicionais e criando novos mercados. Estima-se que em 2014 o novo setor de FinTech tenha recebido investimentos de $12 bilhões (+ 300%, em comparação com 2013).[1] Só nos EUA, o investimento em FinTech saltou para $9,9 bilhões em 2014, e em 2015 continuava a crescer. AngelList listou 3.800 startups só de FinTech tentando obter negócios de players de serviços financeiros tradicionais. Enquanto os bancos universais tradicionais parecem recuar de planos de expansão global (ver recentes declarações de HSBC, Barclays e Deutsche Bank), recém-chegados digitais com êxito podem desafiar o status quo criando novos modelos de negócios simplificados focados em áreas específicas do sistema bancário. Eles podem separar e acabar com o setor do banco de varejo em diferentes segmentos de produtos e serviços.

Por exemplo, na Europa você não precisa de um banco para gerenciar suas transações. Você pode abrir uma conta de pagamento/e-dinheiro com um cartão de débito/pré-pago com uma Payment Institution[2] ou com um Eletronic Money Institute.[3] Players dos EUA, como Simple ou Moven, oferecem contas bancárias móveis sem a necessidade de ter um estatuto bancário. Além disso, "shadow banking" (definido como os intermediários financeiros envolvidos na facilitação da criação de crédito em todo o sistema financeiro global, mas cujos membros não estão sujeitos à supervisão regulatória – o sistema bancário paralelo também se refere a atividades não regulamentadas por instituições reguladas) está crescendo e está estimado em $71 trilhões. Fundos de pensão e empresas de gestão de ativos estão substituindo os bancos tradicionais no financiamento do mercado de capital social. Versões novas, até mesmo híbridas, de financiamento e de empréstimo alternativo estão florescendo em quase toda parte. Bancos universais, com os requisitos regulamentares de capital rigoroso e RWA (ativos ponderados pelo risco) e os estoques de créditos inadimplentes, estão perdendo terreno para os novos players no fornecimento de financiamento e capital.

A desagregação do modelo de banco universal de serviço completo já está acontecendo. Todos os componentes de banco de varejo estão em risco aqui. Desde pagamentos e transações até investimento e trading, de empréstimos à avaliação do risco, de serviços bancários para pequenas empresas ao financiamento e coleta de capital. McKinsey estima que impressionantes 52% das receitas de serviços bancários de varejo estão em risco, sendo atacados por startups de FinTech. Os segmentos de maior risco identificados pela McKinsey são os setores macrovertical, tais como operações de pagamento (transacional), de investimento e de financiamento.

Cada um dos setores é um grande cluster contendo vários subsegmentos, e em cada segmento vertical único existem challengers de FinTech bem posicionados para tirar negócios dos bancos de varejo tradicionais e históricos. Cada segmento tem seus próprios desafiantes, de Lending Club a Kickstarter, de Wealthfront a Dwolla, de TransferWise a Kabbage. O IPO do Lending Club fez história no final de 2014 e representa o primeiro de uma nova onda de "unicórnios" de FinTech, pronto para se materializar.

A fim de entrar no mercado, esses players verticais B2C desenrolam com sucesso os novos serviços de valor acrescentado. Para fazer isso, eles mesmos podem colaborar com novos fornecedores de soluções FinTech B2B que podem ajudar a fornecer uma nova experiência do usuário (UX) digital de frente e middleware/conjunto de back-end (ou seja, prestadores de plataformas cruzadas), que podem ser utilizados por diferentes players de FinTech B2C. Como resultado, a cadeia inteira de valor bancário de varejo está sendo digitalizada pelos novos operadores. Isso é destinado pelo esquema de Verticalização a seguir.

[1] Fonte: Accenture Study March 2015.

[2] http://www.fca.org.uk/firms/firm-types/payment-services-institutions/.

[3] http://www.fca.org.uk/firms/firm-types/emoney-institutions.

Segmento Vertical #1: Serviços Transacionais

Esse cluster inclui uma ampla gama de serviços de pagamento e, de acordo com McKinsey, pode representar até 15% das receitas de serviços bancários de varejo globais que estão sendo atacados por empresas de FinTech. Os novos players incluem banking/prestadores de serviços transacionais, como Moven, para enviar dinheiro, e serviços de remessas internacionais, tais como TransferWise, as empresas de pagamento PDV como i-Zettle para e-commerce, e plataformas de pagamento digitais como Stripe, para citar apenas alguns. TransferWise, Square, Stripe e i-Zettle, todos pertencem aos chamados "unicórnios", com uma valorização de pelo menos $1 bilhão em maio de 2015, de acordo com Finovate.

Os serviços transacionais têm sido um dos primeiros segmentos a ser desagregado. Olhando-se para os sistemas de cartões de crédito ou PayPal (provavelmente a primeira empresa de FinTech) percebe-se que os bancos já perderam terreno. Os novos players estão crescendo. Por exemplo, Venmo, um aplicativo de pagamento, transferiu $1,3 bilhão no primeiro trimestre de 2015. No entanto, ainda é pequeno, se comparado ao do PayPal; $230 bilhões de valor de transações durante 2014.

Outro componente do negócio transacional vertical são as moedas digitais, como a bitcoin. É claro que, em tempo real, pagamentos transfronteiriços são uma necessidade fundamental provocada pela digitalização de comércio e por hábitos de consumo que os bancos também não têm sido capazes de satisfazer. Os gigantes líderes da tecnologia têm focado nesse segmento de prestação de serviços financeiros, sem se tornar um banco. O Facebook lançou sua própria plataforma de pagamentos P2P. Nos próximos anos testemunharemos um processo de "Whatsappização" de envio de dinheiro e remessas sem atrito, tão simples quanto enviar um texto. Na Europa, a introdução da legislação Payment Services Directive 2 (PSD2) e prestadores de pagamento terceirizados abrirá ainda mais o mercado, permitindo que os players não bancários tenham acesso às contas bancárias dos clientes. Sofort, uma empresa alemã adquirida pela Klarna, já está desenvolvendo novos serviços nesse setor.

Um conjunto de novos serviços de valor adicionado é fornecido em combinação com pagamentos: agregadores de contas, serviços de gestão de portfólio e software de orçamentação e plataformas de câmbio de moedas digitais, para citar apenas alguns. Eles podem ser direcionados para melhorar a UX ou para facilitar o intercâmbio e serão reforçados à medida que o mercado se abre.

Segmento Vertical #2: Investindo

Plataformas de serviço de robo-advisors (investimento digital) estão se tornando mais visíveis. Wealthfront e Betterment são as mais famosos nos EUA, com cerca de $4 bilhões em ativos sob gestão, e Nutmeg, no Reino Unido. Nesse conjunto há muitos players. Nenhum deles atingiu o nível de um "unicórnio", mas existem alguns já perto do limiar de $1 bilhão, liderados por Wealthfront e Betterment. Espera-se que esse segmento exploda, como foi estimado pela AT Kearney, que os robo-advisors irão gerar $2 trilhões em ativos até 2020,[4] impulsionados também por iniciativas de grandes players tradicionais, tais como Charles Schwab, com o lançamento da plataforma "Intelligent Portfolios", o lançamento de aconselhamento online da Vanguard, a aquisição pela Fidelity da e-Money, e assim por diante. Além disso, plataformas de negociação online dos operadores tradicionais estão sendo desafiadas por novos players digitais, como o Robinhood de corretagem online nos EUA e eToro na Europa, entre muitos outros. Novas formas de corte de custos/melhora de desempenho e soluções de comércio empoderadas socialmente e comunitariamente estão surgindo e desafiarão grandes operadores históricos.

O objetivo geral aqui é a acessibilidade de orientação de investimento a um público mais amplo. Obter um consultor financeiro independente não é fácil (você precisa ter um capital mínimo para investir) e é caro, muitas vezes representado por uma comissão de gestão anual de 1% com base em seus ativos totais. O comércio online pode ser caro também e foi construído para comerciantes pesados que muitas vezes seriam considerados investidores/comerciantes experientes. As novas plataformas digitais prometem democratização, reduzindo significativamente os custos de gestão de ativos e de negociação e ajudando os clientes com soluções fáceis de usar e ferramentas sociais comportamentais baseadas em software.

O negócio em jogo aqui é potencialmente enorme. A evolução das políticas de assistência social e seu impacto sobre as pensões e aposentadoria aumentarão ainda mais o potencial de mercado, abrindo possibilidades

[4] <http://www.bloomberg.com/news/articles/2015-06-18/robo-advisers-to-run-2-trillion-by-2020-if-this-model-is-right>.

adicionais, como está acontecendo no Reino Unido com a recente reforma do regime de pensões. Há duas questões principais:

- Será que essa vertical será capaz de se expandir internacionalmente, uma vez que a legislação sobre gestão de ativos e consultoria de investimento pode variar geograficamente?
- Será que plataformas apenas digitais serão substituídas ou serão desafiadas por interfaces híbridas digitais e humanas (como a Personal Capital nos EUA)?

Essa é uma vertical, em que operadores históricos parecem reagir mais rapidamente, pelo menos nos EUA, à ameaça das startups de FinTech, e todo o mercado, em especial os consumidores, poderia se beneficiar enormemente de uma batalha tão competitiva. Essa vertical também está desencadeando o crescimento de ferramentas adicionais de software de valor agregado, desde o planejamento financeiro pessoal para otimização fiscal, de e-learning/jogos a grandes análises de dados. Aqui também todo o conjunto está sendo revolucionado por interfaces adicionais sem atrito guiadas por experiência do usuário e análises e mecanismos guiados pelo cliente.

Segmento Vertical #3: Financiamento

O terceiro macrocluster é sobre o financiamento e captação de recursos. Bancos incumbentes tradicionais estão lutando para fornecer as opções de capitais e financiamento necessários para as pequenas empresas e consumidores. As demandas de capital mudaram, estruturas de medição de riscos e novos requisitos regulamentares estão dificultando isso muito mais.

Por outro lado startups de FinTech estão avançando com sucesso com a ascensão de crowdfunding, financiamento alternativo e plataformas de empréstimos de mercado P2P. Esse é o único segmento em que duas startups já foram a público, com Lending Club e OnDeck nos EUA, e já conta com dez "unicórnios". Soluções de financiamento alternativas são de crescimento rápido – novos empréstimos do Lending Club dos EUA em 2014 chegaram a $3 bilhões, com a taxa de crescimento de +265%, se comparada a 2013. Um relatório da E&Y e da Universidade de Cambridge confirmou que foi a mesma taxa de crescimento que players de finanças alternativas experimentaram na Europa entre 2012 e 2014.

Embora o modelo de negócios original de uma plataforma de empréstimo peer-to-peer (P2P) tenha sido focado na desintermediação dos bancos, a fim de oferecer retornos mais elevados aos investidores, oferecendo taxas de juros mais atraentes para os mutuários, as instituições financeiras reentraram o mercado P2P. Por exemplo, cerca de 80% do financiamento do Lending Club não vêm de usuários/consumidores, mas de investidores institucionais, e até mesmo de capital de risco em busca de maior rendimento. Portanto, parece mais como um empréstimo alternativo para instituições que um negócio pessoa-a-pessoa/peer-to-peer (P2P). Ao mesmo tempo, plataformas de crowdfunding como o Kickstarter e Indigogo estão fornecendo capital alternativo para pequenas empresas financiadas por investidores individuais. Além disso, podemos ver o surgimento de plataformas híbridas B2B adicionais como negócios de anjos restritos a sindicatos, como OurCrowd ou AngelList. Essa provavelmente é a vertical com a mais alta forma de desintermediação do sistema bancário tradicional. Também estamos começando a ver o que é provável que seja "FinTech 2.0", ou seja, a segunda fase de FinTech, em que os bancos e startups challengers trabalham juntos para construir uma oferta combinada.

Essa tendência já começou, muitas vezes referida como coopetição, uma combinação necessária de competição e colaboração para o benefício de ambos os parceiros. No Reino Unido, por exemplo, Santander e RBS assinaram uma aliança comercial com Funding Circle, uma plataforma de empréstimos P2P. Aos seus clientes de pequenas empresas em busca de financiamento será oferecido acesso à plataforma de investidores de Funding Circle. Outro exemplo é a startup de FinTech baseada em Londres InvestUp crowdfunding, que está atualmente executando pilotos com dois dos seis maiores bancos no Reino Unido.

Segmento Vertical #4: Plataformas Cross-software

O último conjunto horizontal do regime de Verticalização proposto é composto por plataformas de cross-software que serão necessárias em todos os segmentos. CSC e gestão de identidade serão fundamentais no futuro do sistema bancário para se certificar de que o projeto sem atrito de on-boarding e experiência do usuário é apoiado por sistemas sólidos antifraude e de autenticação de identidade. As plataformas de middleware de API[5] serão a chave para abrir de forma eficiente, desenvolver e enriquecer serviços online. Novos sistemas de core banking, muitas vezes baseados em nuvem, estão

5 Veja o capítulo intitulado "Abraçando a Economia API Conectada" para mais detalhes.

sendo desenvolvidos e poderiam abrir novos cenários competitivos, tais como empresas de FinTech que solicitem uma licença bancária ou bancos digitalizando seu core business. Financiamento do comércio transfronteiriço, ferramentas de pagamentos e redes precisam ser desenvolvidos para permitir a digitalização dos serviços financeiros. Big Data e novos recursos de análise são necessários para extrair valor e personalizar a segmentação de clientes e serviços em todos os segmentos desagregados. Isso está criando um desenvolvimento extraordinário de novas capacidades de software de maneira geral que terá impacto sobre todo o setor financeiro.

FinTech Terá Sucesso? Como os Bancos Devem Responder?

Os bancos precisam reagir. Alguns responderão de forma apropriada – muitos players de serviços financeiros estabelecidos já investem fortemente no setor de FinTech –, outros não, e será tarde demais. As startups de FinTech substituirão os bancos? Todas as ofertas de serviços serão focadas apenas em verticais, eliminando a necessidade de bancos universais? Não – pelo menos não nos próximos 15 ou 20 anos.

Há uma razão pela qual ainda não há um Facebook do sistema bancário ou um banco de varejo totalmente global. Os requisitos de capital são muito resistentes, e a regulamentação é complexa. Isso não é uma desculpa para não digitalizar o negócio. Os bancos devem tornar-se "bancos de FinTech" em 5 ou 10 anos, se quiserem sobreviver, mas transformar um negócio financeiro global em um leitor digital não é fácil. Haverá um elevado nível de atividade M&A entre bancos tradicionais e uma forte seleção natural entre os startups de FinTech, bem como em todas as fases de destruição criativa pós-Schumpeteriana. E haverá muita desintermediação, colaboração e coopetição entre os bancos, entre os bancos e as empresas de FinTech, e também entre empresas de FinTech. Como resultado, existirão diferentes modelos de negócios coexistentes no mercado. Os bancos devem passar de apenas incubação ou financiamento de startups para adquirir alguns deles, deixá-los conduzir e transformar digitalmente o segmento vertical no quais eles estão focados. Tenha em mente que os bancos são, em essência, empresas de TI lidando com dinheiro e dados. Eles se lembrarão disso?

Ao mesmo tempo, os bancos têm que escolher do que desistir a fim de simplificar as operações e sua gama de produtos. Não há outra maneira – ou você muda e agiliza ou você morre a longo prazo. Indo por esse caminho, os bancos poderiam simplesmente terceirizar algumas de suas fábricas de produtos, otimizando a sua cadeia de valor e se concentrando mais em verificações integradas CSC, entrega omnicanal e relacionamentos personalizados com clientes reais e ofertas de serviços. Como está acontecendo na arena de empréstimos P2P, os bancos podem criar seus próprios mercados, colaborando com empresas de FinTech; eles podem conectar investidores com mutuários, conectando oferta com demanda. As empresas de FinTech, por outro lado, terão que decidir se querem colaborar com os bancos ou seguir sozinhas. Elas poderiam focar em um B2C direto, mas também em uma estratégia de entrada no mercado B2B2C indireto, oferecendo uma solução white-labelled de seu serviço para o banco e sua base de clientes. Isso tem que ser cuidadosamente gerido de modo a não distrair a empresa de FinTech de seus próprios consumidores e sua rota direta para estratégia de mercado, se desejar. Por outro lado, se as empresas de FinTech querem chegar à escala real e experiência, podem precisar de algumas parcerias-chave com players tradicionais. Bancos possuem clientes. Empresas de FinTech possuem novas tecnologias e a mentalidade certa. Será que trabalharão em conjunto para um resultado ganha-ganha? Por que não?

Se o fizerem, nós poderíamos ver expansões internacionais mais rápidas no setor, com empresas de FinTech mais inteligentes escolhendo seus parceiros bancários locais. Os bancos e os grandes gigantes da tecnologia podem decidir expandir internacionalmente não por meio de um modelo de banco universal, mas selecionando os serviços verticais mais eficientes e simplificados. Em resumo, não há espaço suficiente para uma grande variedade de modelos de negócios e players. Uma coisa é certa: serviços financeiros mudarão para sempre e para melhor.

Abraçando a Economia API Conectada

Por Richard Peers
Diretor, Indústria de Serviços Financeiros, Microsoft

e Shashi Rana
Arquiteto Corporativo e de Estratégia, Microsoft

Os capítulos anteriores articularam a importância de interligar players tradicionais de serviços financeiros e empresas de FinTech por meio de interfaces de programação de aplicativo, conhecidas como APIs. Este capítulo fornecerá detalhes para compreender plenamente a economia API. A economia conectada está mudando a forma como as empresas inovam. Descubra o que isso significa para você e como aderir à revolução.

A Economia API: Ajudando Empresas de Serviços Financeiros a Construir Produtos Melhores

Mercados e indústrias estão mudando mais rápido do que nunca. A disrupção assume muitas formas, e as empresas devem lidar com o "dilema do inovador": como definir o ritmo da mudança sem tropeçar no legado do passado. Eles precisam abraçar novas tecnologias com sabedoria para inovar rápido a baixo custo e baixo risco. Interfaces de Programação de Aplicativo (APIs) oferecem um meio poderoso para fazer isso.

O Valor de Negócios de APIs

Um número crescente de empresas está usando APIs externamente para mudar a forma como interagem com os clientes e sua cadeia de fornecimento. Internamente estão usando APIs para alterar a forma como o departamento de TI trabalha com o resto do negócio. O ponto-chave é que uma plataforma API pode mudar a maneira como a TI entrega e o negócio inova. Mas não exige mudanças por atacado ou programas de transformação de cinco anos. Em vez disso, facilita as primeiras etapas da viagem utilizando a abordagem de API e continua de forma ágil e iterativa.

A economia API é baseada em quatro blocos de construção: social, móvel, de análise e nuvem. Aplicativos e serviços podem ser ligados rapidamente e de maneira econômica para criar uma proposta de valor estendida. Por exemplo, os compradores e vendedores podem ser conectados por meio de uma bolsa, onde todas as partes da cadeia de valor vêm de partes separadas e estão ligadas por meio de APIs para facilitar uma transação end-to-end.

A Ascensão e Ascensão de APIs

Já existem mais de 11 mil APIs públicas e, talvez, dez vezes mais privadas.[1] Elas possibilitam que os desenvolvedores compartilhem serviços e dados de forma fácil para construir aplicações que ligam serviços e dados de outras pessoas. Isso está criando novos modelos de negócios e novas fontes de valor para as empresas. A Internet das Coisas (IoT), mídia social, mudanças na entrega de TI e o desejo de experiências de clientes multicanal impulsionarão ainda mais o crescimento da economia API.

Tudo Está Conectado a Tudo

A fim de participar do novo mundo digital, pense sobre o seu negócio como um dos muitos neurônios que interagem uns com os outros em uma cadeia de valor mais ampla. Você não pode esperar para ter a totalidade da experiência de um consumidor ou para participar de todas as suas interações digitais. Portanto, a abordagem API permite que você se concentre no que faz de melhor e conecte-se com outras pessoas para fazer o resto.

Começando

No passado, se as empresas avistassem um nicho ou uma ineficiência no mercado, precisavam construir toda a tecnologia para criar uma nova oferta de produtos. No entanto, usar APIs permite que se pegue sua propriedade intelectual preexistente e vincule-a aos novos serviços, economizando tempo e dinheiro e permitindo que as empresas criem novas ou estendam propostas de valor existentes. Embora APIs já estejam disponíveis há muitos anos, apenas as modernas foram projetadas para o "plug and play" do mundo de hoje.

---

[1] <http://www.slideshare.net/3scale/progress-in-the-api-economy-april-2014>.

Em um nível muito básico, simplesmente permitir que negócios façam a prototipagem mais rápida, com baixo custo e despesas gerais, é um benefício por si só. Tradicionalmente, desenvolvedores on-boarding, agências criativas ou mesmo trabalhar com os parceiros existentes para fazer experimentos foi uma questão longa e difícil, deixando negócios frustrados com a falta de agilidade. Fazer pequenas alterações à forma como o seu parceiro, desenha, executa e orquestra apresenta grandes impactos na redução de custos e agilidade. Abraçar a economia API não é questão de expor suas APIs externamente. Há vantagens para a utilização do modelo internamente e também claramente em aplicá-lo com parceiros. Estar pronto para quando o modelo de negócios está certo e maduro o suficiente para o seu negócio faz parte da estratégia vencedora. Uma plataforma API ajuda a conectar seus processos de negócios, serviços, conteúdo e dados para parceiros, equipes internas e desenvolvedores independentes de uma forma fácil e segura.

Em resumo, recomendamos:

- Apresentar o modelo de API em pequenos passos;
- Prototipagem rápida e ágil, desenvolvimento e testes usando APIs;
- Explorar novas abordagens para o desenvolvimento;
- Alugar e usar uma plataforma de gerenciamento de API pronta.

Essa abordagem maximiza a flexibilidade e inovação, reduzindo os riscos e minimizando os custos.

Entendendo APIs

API significa Interface de Programação de Aplicativo (Application Programming Interface, em inglês). É uma maneira para os desenvolvedores acessarem serviços e recursos de outras peças de software que eles não escrevem. Por exemplo, é comum que aplicações web tenham APIs que permitam que outras aplicações integrem-se a elas. Mas é mais do que mero middleware ou apenas um gateway de serviço.

A empresa lança suas especificações API para o público ou terceirizados escolhidos para que outros desenvolvedores possam projetar produtos que funcionam com ela. Ela se conecta a dispositivos, processos, serviços e software em um ecossistema digital (veja a figura abaixo).

Figura: APIs por toda a parte

O Valor de Negócios de APIs para a Indústria de Serviços Financeiros

APIs abertas ou públicas são a ponta do iceberg; há muito mais APIs privadas do que públicas. Abastecidas pelo mobile, nuvem, social, big data e Internet das Coisas, o número cresceu enormemente ao longo da última década.

APIs oferecem novas formas de se diferenciar e construir uma vantagem competitiva, por exemplo:

- Integrando o conteúdo de parceiros para criar oportunidades de cross-sell e upsell;
- Criando novas linhas de negócios;
- Estendendo ofertas de produtos usando dados corporativos de novas maneiras;
- Fortalecendo a marca, proporcionando uma experiência consistente e personalizada por meio de múltiplos pontos de contato do cliente;
- Permitindo a reutilização, por isso novas integrações de parceiros são mais rápidas;
- Entregando serviços internamente de uma maneira mais eficiente.

Modelos de Negócios API

APIs também podem ganhar dinheiro, direta ou indiretamente. Existem vários modelos de negócios para escolher:

- Livre. As empresas podem abrir sua API para gerar novas receitas ou partilhar informações amplamente. Por exemplo, a API planejadora de viagens Transport for London ou a API de publicidade de produto da Amazon, que permite que as pessoas anunciem produtos da Amazon em seu próprio site.
- A API é o produto. Empresas como Twilio e Stripe vendem seus serviços exclusivamente a outros desenvolvedores de aplicativos, por meio de uma API: telefonia via internet e mensagens instantâneas, como um serviço no caso de Twilio, e pagamentos pela internet para Stripe.
- O desenvolvedor paga. Algumas empresas vendem o acesso às suas informações por meio de uma API, seja num modelo pay-as-you-go, com taxas de transação, ou com uma taxa mensal ou anual.
- O desenvolvedor é pago. Algumas empresas compartilham receitas com os desenvolvedores. Por exemplo, o *The Guardian* compartilha receita de publicidade com os desenvolvedores, e a API QuickPrints da Walgreens paga uma porcentagem da receita para os desenvolvedores de aplicativos que usam o serviço de impressão de fotos da empresa por meio da API.
- Aquisição de conteúdo. O modelo de aquisição de conteúdo reúne dados valiosos para o uso do negócio, tais como feedback, opinião ou conteúdo. Por exemplo, a API do Flickr permite que as pessoas façam upload de imagens para o site.
- Distribuição de conteúdo. Isso faz com que o conteúdo fique disponível para ser publicado por terceiros, tais como a API TripAdvisor, que permite que websites de viagens compartilhem suas avaliações.

Impulsionadores da Economia API

Ao longo dos últimos 15 anos, APIs floresceram em todos os lugares, mas não acho que seja o fim da história. Na verdade, ainda estamos nos primeiros dias da economia API. Quatro coisas conduzirão ao seu futuro crescimento: a Internet das Coisas, mídias sociais, a necessidade de entregar incríveis experiências consistentes em múltiplos pontos de contato com o cliente e a ambição dos departamentos de TI progressivos para que contribuam mais diretamente para o crescimento do negócio.

- Gartner projeta que o valor econômico total agregado a partir da Internet das Coisas será de $1,9 trilhões até 2020, por muitas – quase todas – as indústrias. A Internet das Coisas crescerá a uma CAGR de 35,2% a partir de 2013 até 2020, atingindo uma base instalada de 25 bilhões de unidades. Em 2020, 8,3 bilhões de "coisas" serão lançadas, com mais de metade delas sendo aplicações de consumo. A Internet das Coisas suportará a despesa total de serviços em cerca de $ 63 bilhões em 2020.
- É uma enorme oportunidade (veja a figura a seguir), e APIs são vitais para obter o máximo de dispositivos conectados à internet e tocar essa oportunidade de mercado.

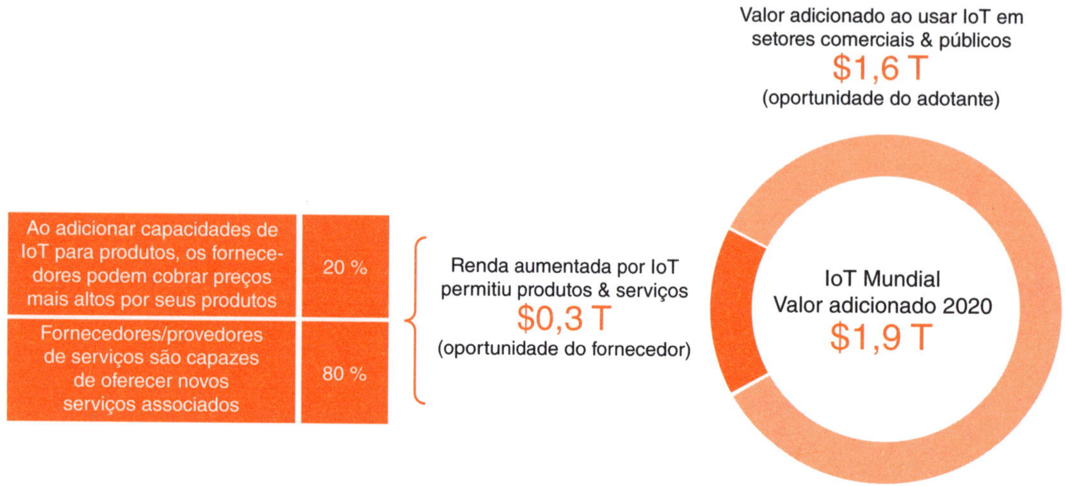

Conceitualmente, o valor econômico total adicionado por todos os setores é uma medida de PIB, então os valores neste diagrama representam o PIB global incremental. O valor adicionado pode ser derivado dentro do setor de uma indústria, aumentando as vendas, ou diminuindo os custos de entrada, ou ambos. **O valor adicionado representa os benefícios agregados que derivam dos negócios por meio da venda e do uso da tecnologia da IoT.**

Figura: **O gráfico foi criado a partir da pesquisa de Gartner, como citado anteriormente**

- Mídia social. "Ao longo dos próximos oito anos, podemos reconhecer que a mídia social não será apenas mais um pedaço de tecnologia que muda o mundo", mas, de acordo com Social3, "uma nova era muito semelhante à revolução industrial. Enquanto a revolução industrial mudou a forma como produzimos (na primeira metade de um negócio), a revolução social está mudando a nossa forma de vender, comercializar, servir e entregar nossas soluções (a segunda metade de um negócio)". Como essa tendência continua a crescer, as empresas utilizarão APIs para se envolver com a mídia social, compreender as oportunidades e explorar maneiras de ganhar dinheiro com isso sem danificar suas marcas.
- Experiências do cliente multicanal. As empresas estão constantemente à procura de novas maneiras de se envolver com os clientes. Por exemplo, os varejistas já adotaram estratégias multi ou omnicanal que integram web, lojas físicas e móveis. Mas com canais proliferando – incluindo internet, móvel, quiosque, lojas, filiais, paredes digitais, in-car, jogos, TV e mais –, as empresas precisam de agilidade para explorar novos canais rapidamente e de forma rentável. Imagine ser capaz de entregar uma experiência de marca e de usuário consistente em um novo canal em menos de um mês.
- Departamento de TI pró-ativo. Considere um departamento de TI que fica na sala de trás, fazendo apenas coisas de desktop e servidor, constantemente dizendo "não" e concentrando-se exclusivamente em "manter as luzes acesas". Por outro lado, imagine um departamento de TI que proativamente dá a decisores empresariais novas maneiras de atrair, reter e envolver os clientes ou melhorar a eficiência dos negócios e agilidade ou atingir novos clientes, mercados e parceiros da cadeia de suprimentos. Qual departamento você prefere liderar? Se você fosse CEO, qual deles você preferiria ter em seu negócio? APIs são uma ferramenta importante para transformar os departamentos de TI.

Como Juntar-se à Economia API: Comece Devagar, Comece Agora

As empresas devem abraçar APIs em etapas ao longo do tempo. Se o processo for bem orquestrado, cada passo criará valor, tornando o andamento autossustentável, gerenciável e rentável. Você não precisa de uma estratégia totalmente desenvolvida para redes sociais, aplicativos ou canais. Nem precisa de um modelo completamente novo de negócios. Tome uma abordagem iterativa para a inovação por meio da experimentação e aprendizagem com projetos pequenos, incrementais. Por exemplo:

- Obter aplicações criativas e front-ends web construídos de forma rápida e barata.
- Alugar e usar a plataforma sem integrá-la plenamente.
- Comece expondo um punhado de funções para os desenvolvedores usarem.
- Deixe tocos para o desenvolvimento futuro.
- Tente "alugar-antes-de-comprar-antes-de-construir" e abordagens "configurar-antes-de-personalizar".
- Não invista pesadamente em infraestrutura e recursos in-house para essa prototipagem e fase de rápido desenvolvimento.

Não comece com um conjunto pré-concebido de regras ou limite a sua criatividade se preocupando com a segurança, risco ou outras restrições. Em vez disso, debata todas as possibilidades e, em seguida, escolha algumas possibilidades de baixo risco e ganho rápido para começar.

Middleware Existente Não é a Resposta

A maioria dos sistemas de middleware não tem as funções necessárias para entregar uma verdadeira API. Por exemplo, eles muitas vezes não têm um processo para os desenvolvedores on-board, uma loja de aplicativos, gerenciamento de chaves e ferramentas de monitoramento para informar sobre o comportamento do consumidor e o uso. Plataformas API dedicadas são projetadas para fazer os desenvolvedores trabalharem rapidamente, facilitando:

- Expor serviços de dados por meio de APIs bem trabalhadas que são robustas e fáceis de escalar;
- Registrar e obter desenvolvedores;
- Apresentar, revisar e aprovar aplicativos;
- Fornecer a acessibilidade enquanto protege a empresa contra ameaças, sobrecarga de back-end e problemas no serviço;
- Monitorizar a forma como as pessoas estão usando as APIs com relatórios detalhados;
- Obter insights sobre os comportamentos de clientes;
- Adicionar recursos como feeds de notícias, geolocalização, integração do motor de busca;
- Investigar os erros e problemas de desempenho para melhorar a capacidade de resposta.

A grande questão é se você quiser alugar, construir, comprar, configurar ou personalizar. A plataforma que lhe permite alugar e configurar é, de longe, a mais barata, e nossa abordagem recomendada aproveitar a economia API de serviços financeiros.

Fornecendo Serviços Bancários como Água

Por Frank Sonder
CEO & Cofundador, foresee

Vamos passar dos aspectos técnicos de APIs[1] para o cliente. Os clientes estão no centro da revolução de FinTech, então o que eles esperam de serviços financeiros no futuro? Em sua famosa entrevista ao *New York Times*,[2] David Bowie descreveu o futuro da indústria da música como "música como água". Treze anos mais tarde, ouvimos músicas no Spotify ou Apple Music e temos acesso móvel a uma biblioteca de música quase infinita. Como resultado, estamos testemunhando a propriedade intelectual diminuindo, a extinção de direitos autorais em larga escala e um modelo de negócios quase inteiramente novo para a indústria da música. Cenários semelhantes se aplicam aos filmes, transporte e em geral para a nossa forma de consumir mídia.

O serviço bancário é o próximo. A digitalização e algoritmos inteligentes colocam a indústria de serviços financeiros sob pressão extensa. Seus produtos e serviços não são nem originais nem únicos, e hoje são praticamente os mesmos onde quer que você vá. Serviços financeiros se transformarão da mesma maneira que a música para se tornarem totalmente digitais e onipresentes. Além disso, os clientes estão perdendo a confiança, uma nova competição está surgindo, e a pressão regulatória é mais forte do que nunca. Um modelo de negócios que deveria ser seguro está se desgastando continuamente. E se o serviço bancário também se tornar um componente de infraestrutura simples também? E as novas moedas que não são apoiadas por governos e uniões políticas, mas pelas comunidades? Poderia ser a Bitcoin ou pagar com minutos de telefonia móvel como no Quênia?

Hoje em dia quase todos os modelos de negócios, produtos e serviços bancários são desafiados por startups de FinTech ou redes peer-to-peer. Cada vez mais pagamos via dispositivo móvel e digital, o financiamento de nossos empreendimentos é feito via crowdfunding, e cada vez mais investimos com base em algoritmos e computação cognitiva.

[1] Veja o capítulo intitulado "Abraçando a Economia API Conectada" para mais detalhes sobre APIs.

[2] <http://www.nytimes.com/2002/06/09/arts/david-bowie-21st-century-entrepreneur.html>.

É hora de repensar radicalmente o serviço bancário – se precisamos dele.

O futurólogo Gerd Leonhard sugere fazer uma pergunta muito genérica: "A minha empresa é dispensável?". Para o negócio bancário, a resposta é tão simples como a pergunta: Com certeza! Se olharmos para as funções gerais de negócios em bancos, isso se torna ainda mais evidente. Há um negócio de empréstimo, um negócio de depósito, um negócio de investimento, e serviços, como transferência de dinheiro, fornecimento de dinheiro, e uma infraestrutura bancária em geral. E hoje cada uma dessas atividades empresariais está ameaçada fundamentalmente por startups de FinTech, empresas de tecnologia ou redes peer-to-peer.

A razão mais importante para isso é a digitalização de toda a nossa sociedade, que remove cada vez mais intermediários de transações comerciais.

O Problema do Intermediário

Soluções de rede peer-to-peer já fizeram muitos modelos de negócios para os intermediários em vários setores obsoletos, conectando compradores e vendedores diretamente e cortando o intermediário. Airbnb está conectando anfitriões com os convidados, myTaxi e Uber encontram motoristas para os passageiros, "prosumidores" (a pessoa que consome e produz conteúdo, derivado de "Prosumo", um termo da era de negócios ponto com que significa "produção por parte dos consumidores") e os clientes são atendidos em muitas plataformas online diferentes. Bancos são um intermediário clássico com a intenção de reduzir a incerteza do mercado e assimetria de informação em um mercado imperfeito. Mas e se a digitalização fornecer a base para um mercado quase perfeito em que os compradores e vendedores possam realizar transações sem atrito – um mercado que não precisa de intermediários como bancos?

O Fim do Dinheiro

É o dinheiro que simboliza mais claramente a nossa relação pessoal com bancos. Uma das nossas primeiras lições de economia é que houve uma economia de troca antes da invenção das moedas. Até então o comércio de bens e serviços por bens ou serviços foi limitado a uma pequena comunidade e relacionamentos diretos. À medida que o comércio aumentou, o dinheiro preencheu a lacuna e tornou possível a troca de serviços por dinheiro e dinheiro por serviços. Mas o poder do dinheiro superou o mecanismo simples e se tornou o que é o poder do capitalismo e, particularmente, o capitalismo financeiro de hoje. O dinheiro tornou-se a linguagem do "turbo-capitalismo" global e desenvolveu-se muito além de uma economia de mercado, ligada a produtos e serviços – pode ser apenas questão de investimento.

Mas este pode em breve ser um mundo sem dinheiro como o conhecemos. Como o dinheiro é uma parte integrante da nossa vida cotidiana, pode ser difícil de imaginar. Nós temos que enfrentá-lo: já estamos nessa fase. Há mais milhas aéreas não resgatadas por aí do que dólares norte-americanos,[3] tornando-as a maior moeda no mundo. Cerca de 30% da receita de Starbucks em lojas de café é composta de Starbucks Stars, seu sistema de recompensa interno. Na África, a Vodafone apoiou o desenvolvimento de uma infraestrutura em que as pessoas pagam com tempo de transmissão, seja no cabeleireiro ou banca de jornal. Usar seu mecanismo de corrida da Nike no México o permite ganhar pontos de crédito e usá-los para comprar equipamento adicional. Tudo isso é uma moeda, por definição, mas sem chamá-la de dinheiro. E até agora sequer mencionamos criptomoedas digitais como bitcoin, um sistema descentralizado não apoiado por governos ou indústria financeira, mas por um sistema tecnológico.

O Fim do Capitalismo?

Devemos ficar no contexto econômico por enquanto e ter um olhar mais atento ao que está fundamentalmente subjacente ao nosso sistema econômico. Jeremy Rifkin[4] prevê que o capitalismo será substituído ou pelo menos amplamente acompanhado por uma economia de partilha em 2050. Esse novo sistema pode parecer mais com a sociedade Neolítica, em vez de uma nova forma de capitalismo que existia apenas nos últimos 150 anos ou mais. No futuro, esse período de tempo pode mesmo ser considerado um episódio relativamente curto, em comparação com a existência da raça humana.

Robôs Assumem o Controle

Vamos seguir em frente e derrubar mais algumas áreas de negócios bancários. Crowdlending e microcréditos estão conosco há algum tempo, e isso questiona o negócio de empréstimos de cada banco. Crowdfunding parece ser a abordagem peer-to-peer ao negócio de investimento moderno.

Levando em consideração a inteligência artificial (IA), que já pode ter encontrado o sucessor de gestão de portfólios e banco de investimentos de hoje: IBM Watson, o supercomputador vencedor do Jeopardy (que pode ser um nome enganoso, afinal de contas), já é capaz de processar uma série de tarefas anteriormente realizadas por seres humanos. Algoritmos inteligentes já são capazes de prever a intenção estratégica das corporações com base em cada pedaço de informação que possam encontrar e entender. Enquanto um gestor de portfólio pode ser capaz de seguir um certo número de empresas de perto para propor investimentos futuros, um sistema de computador cognitivo pode ir muito além em termos de número e velocidade. Confiança e credibilidade, domínios claramente humanos, poderiam ser as últimas vantagens restantes para um conselheiro humano sobre um computador cognitivo. A confiança nas instituições financeiras, no entanto, foi fundamentalmente danificada durante a recente crise financeira.

Nenhum Apple Bank por Perto

A pesquisa mostra que a estratégia digital se tornou o tópico número um para os bancos em 2015, subindo três lugares desde 2014. Embora esta pareça ser uma prioridade óbvia, é difícil imaginar que o impacto da digitalização só foi reconhecido agora com desafios tão enormes e fundamentais à frente. Há uma séria concorrência de grandes corporações de tecnologia. Para elas, os serviços financeiros são apenas mais um tijolo no muro que constroem em torno de seu ecossistema de longo alcance. No entanto, não é recomendado esperar pela primeira aparição de um Google ou um Apple Bank, considerando a grande quantidade de operações de pagamento e cartões de crédito arquivada. Elas já são bancos, e não há nenhuma necessidade para entrar no negócio bancário oficialmente. É muito mais inteligente manter-se de fora devido aos regulamentos extensivos que enfrentariam.

O Desafio dos Nativos Digitais

Os chamados nativos digitais são outro desafio. Certamente os bancos estão abordando esse próximo público-alvo e reconhecendo o fato de que têm que levar em conta as suas necessidades e seu estilo de vida. No entanto, ninguém está abraçando o impacto total dessa mudança. Os nativos digitais precisam tornar-se o núcleo de cada futuro modelo de negócio bancário. Em vez disso, as instituições levantam a questão de como obter os clientes de volta para o ramo. Enquanto agências ainda são consideradas o seu bem

[3] <http://www.theguardian.com/money/2005/jan/08/business.theairlineindustry>.

[4] Rifkin é o autor best-seller de 20 livros sobre o impacto de mudanças científicas e tecnológicas na economia, força de trabalho, sociedade e ambiente.

mais valioso, a questão está completamente fora do assunto para os nativos digitais. A maioria deles nunca teve um relacionamento com um banco ou uma experiência relacionada com um banco de varejo. Outra pergunta errada é aquela sobre as expectativas dos clientes, não só, mas especialmente os nativos digitais. Em vez disso, os bancos devem enfrentar o fato de que seus clientes potenciais não têm expectativas em tudo, assim como eles não esperam muito mais do que um serviço regular e silencioso de seu provedor de água ou energia.

Banco como Serviço

Para os bancos europeus, uma revolução silenciosa está programada – silenciosa, mas incrivelmente poderosa. A legislação europeia já forçou os monopólios ferroviários e de telecomunicações públicos a abrir sua infraestrutura para a concorrência. Seguindo os discretamente chamados Payment Services Directive,[5] os bancos precisam oferecer uma API (Interface de Programação de Aplicativo) para terceiros para mostrar receitas e saldos de conta, mas, acima de tudo, para iniciar uma transferência de dinheiro. O termo normalmente usado para isso é "banco como serviço".

Confrontados com esses e outros desafios e com uma análise realista do status quo, fazemos a pergunta final: há alguma chance de os players financeiros tradicionais se defenderem com sucesso contra a erosão de um modelo de negócio e uma concorrência extremamente poderosa? Pode parecer cínico que a única razão para acreditar no sucesso de instituições financeiras tradicionais seja o fato puro de sua existência. Em quantidade, não qualidade.

Para terminar com uma nota positiva, vamos considerar duas perspectivas possíveis para os bancos do futuro:

- Troca de capital

  O primeiro diz respeito ao capital social. O filósofo Pierre Bourdieu definiu três formas diferentes de capital que uma pessoa pode adquirir e negociar: o capital econômico, cultural e social. Hoje, o centro de nossas atividades individuais está na obtenção de capital econômico e marketing de sucesso da educação como nosso capital cultural. O capital econômico é essencial para adquirir e, em particular, para comercializar. O capital social tem sido muito limitado até agora, mas com a ascensão das redes sociais, isso muda rapidamente. À medida que a tecnologia evolui, cada indivíduo torna-se mais capaz de trocar as diferentes formas de capital. Não seria isso um campo de negócio novo e excitante para o futuro dos bancos?

  Nesse contexto, David Birch traz um ponto interessante em seu livro *Identity is the New Money*.[6] Dinheiro, ele afirma, é apenas uma forma simples de memória. Ele se refere à moeda de pedra de uma ilha no Oceano Pacífico. À medida que as pedras eram pesadas demais para serem movidas, era suficiente apenas lembrar qual pedra pertencia a quem. Ele afirma que hoje existem formas mais elaboradas de memória que podem tornar o dinheiro obsoleto.

- Segurança como diferencial único

  Outra área de negócio interessante para os bancos pode ser a de segurança. Se há uma experiência que até os nativos digitais têm com um banco, é essa. Todo mundo conhece o cofre com os principais documentos secretos nele. Ou as portas pesadas de aço do cofre do banco que é roubado em quase todos os filmes de James Bond. Se dados são a moeda do século 21, por que meu banco não cuida disso? Por que os bancos não ajudam os consumidores a rentabilizar os seus próprios dados e capital, em vez do Facebook, Google e cia.? Quando os bancos pilotarem suas agências do futuro, eles esquecerão inteiramente de que também pode haver uma experiência de segurança valorizada pelos seus clientes.

O que Há de Errado com a Água?

Finalmente, a prestação de serviços de infraestrutura não é a pior opção de todas. Se banco como água é uma realidade, precisamos de alguém para entregar esse serviço de forma segura no tempo e lugar. E se as moedas futuras tornarem-se tão sofisticadas e promissoras quanto parecem hoje, estamos ainda mais necessitados de um fornecedor competente para esses serviços de identidade de tendências.

[5] http://eur-lex.europa.eu/legal-content/EN/TXT/PDF/?uri=CELEX:32007L0064&from=EN.

[6] David Birch, *Identity is the New Money* (London Publishing Partnership, 2014).

Eliminando o Atrito da Vida Financeira dos Clientes

Por Travers Clarke-Walker
Chief Marketing Officer, Fiserv

2001: Uma Odisseia no Espaço, de Stanley Kubrick, lançado em 1968, famosa e precisamente previu um futuro com aparelhos como telefones de vídeo e computadores tablet. A previsão menos discutida no filme foi o surgimento de uma moeda universal de "créditos" – lá se foram os dólares, ienes e libras.

Depois, há o *Guia do Mochileiro das Galáxias*, de Douglas Adams, publicado em 1979, que marcou o Babel Fish – proporcionando ao seu usuário a capacidade de compreender todos os idiomas.

Muitas vezes há complicação desnecessária para o usuário casual em várias versões da mesma coisa, seja moeda ou linguagem. Uma vez que essas complicações são resolvidas – como foram nesses exemplos da ficção científica –, a inovação em particular se torna uma parte suave e esperada da vida. Qualquer coisa menos seria vista como um incômodo, no melhor dos casos.

Com capacidade de processamento quase ilimitada e armazenamento de dados nas mãos de mais de metade da população do mundo, diferenças desnecessárias, restritivas e pesadas podem ser superadas. É por isso que a ascensão da "melhor versão única" de um produto ou serviço está acontecendo agora: Facebook para conexões pessoais, LinkedIn para conexões de negócios, Spotify para a música, serviços agregadores para desmistificar escolhas, e assim por diante. O aumento de ofertas de propostas simples em torno de empréstimo e investimentos peer-to-peer (P2P), remessas internacionais e pagamentos existem justamente porque podem ser feitos uma vez e melhor do que pode ser feito por milhares de instituições que fazem parte de uma matriz de empresas e ofertas aparentemente antiga.

O que essas novas empresas de sucesso têm compreendido, e contra o que instituições financeiras principais continuam a lutar, é que o equilíbrio de poder mudou da empresa para o cliente. Isso é mais do que um mantra apaziguador que proclama que "o cliente tem sempre razão". Os melhores disruptores de FinTech compreendem as informações às quais os clientes têm acesso e as formas que podem influenciar uns aos outros. Em um mundo em que os clientes (e funcionários) discutem publicamente suas experiências, as empresas já não podem inflar reivindicações sobre a qualidade da sua oferta. Pelo menos não de uma forma que ninguém confie.

Isso contribui para um sentimento crescente de que a nova vanguarda da oferta de serviços financeiros de proposição única substituirá o serviço bancário tradicional. Na verdade, um estudo constatou que quase metade dos millennials nos Estados Unidos espera que startups tecnológicas rompam as operações bancárias tradicionais, e quase 3/4 ficaria mais animado sobre ofertas de serviços financeiros de grandes empresas de tecnologia (Google, Amazon, e assim por diante) do que com seu banco.[1]

Isso nos diz que as expectativas dos clientes estão mudando. Eles esperam simplicidade, facilidade e uniformidade. Eles esperam transparência e confiabilidade. Alguma empresa, em algum lugar, entregará. Alguma empresa, em algum lugar, entregará serviços financeiros quando e onde o cliente exigir.

Esse não é um sinal de que toda esperança está perdida para os bancos. As instituições financeiras têm entregue inovações que melhoram drasticamente a experiência do cliente e abordam os principais problemas. Mobile banking abordou uma questão séria de atrito que os serviços bancários online criaram – a necessidade de estar no seu computador para fazer logon. Esse ponto pode ser facilmente explicado com as estatísticas, mas é mais fácil observar o que o Royal Bank of Scotland já tem: que a sua "agência mais movimentada" é o trem das 07:01 de Reading a Paddington. Essa é a norma.

O mobile banking é um passo na direção certa. Sua taxa de aprovação e o valor das transações sendo movidos estão projetados para dobrar no Reino Unido até 2020.[2] Globalmente, o mobile banking está transformando o acesso de pessoas de baixa renda aos serviços financeiros (embora, em muitos casos, as operadoras móveis têm sido os desreguladores). O mobile banking demonstra que é possível quando as instituições financeiras oferecem produtos e serviços que colocam a experiência do cliente no centro.

Aproximando-se do Futuro

Há exatamente uma constante quando se trata de inovação tecnológica: se você não fizer isso, alguém o fará. Aqueles que buscam estar na vanguarda terão que repensar os modelos tradicionais e abordagem de inovação como uma startup.

1 <http://www.millennialdisruptionindex.com/>.

2 <http://newsroom.fiserv.com/releasedetail.cfm?ReleaseID=907511>.

Mude o Prisma: Resolva o Atrito Primeiro

A quantidade de possíveis inovações e sua taxa aparentemente constante de mudança dificultam saber para onde ir. Tradicionalmente, as instituições financeiras começaram a partir de um local de redução de custos e mitigação de riscos, ambas as áreas de atrito para o banco, mas não necessariamente para o cliente. A solução com a melhor relação custo-benefício é a solução que é levada adiante. Perceber esses benefícios, no entanto, depende inteiramente da taxa de adoção de clientes.

E esse é o negócio. A adoção do cliente não é, de modo algum, impactada por como ou se o banco se beneficia.

Cada empreendedor de startup sabe que o pitch deck começa com um slide descrevendo o problema a ser resolvido. Isso é muitas vezes referido como o ponto de dor ou atrito. O deck não descreve o problema da startup ou o problema do investidor. Busca abordar o problema do cliente.

Há, sem dúvida, alguns lugares em que os consumidores experimentam mais atrito do que na gestão de sua vida financeira. As instituições financeiras que prosperarem no futuro se concentrarão primeiro na experiência do cliente. Isso é o que a concorrência está fazendo e o que todas as ofertas de proposição individuais descobriram.

Se olharmos através da lente de necessidades do cliente, desejos e frustrações, torna-se muito mais fácil dar prioridade ao desenvolvimento de produtos e serviços. O que frustra mais o cliente? O que o impede de usar um produto específico? O último ponto pode ser tanto uma questão de marketing quanto de educação, pois é de desenvolvimento de produto. Por exemplo, mais da metade das pessoas que não estão usando os serviços bancários móveis nos EUA diz que é por preocupações de segurança.[3] A ironia é que o mobile banking é considerado mais seguro do que o banco online, então parece que a sensibilização e a construção de confiança podem ser um antídoto ao atrito nesse caso.

Empresas de serviços financeiros que são capazes de se adaptar ao ritmo de mudança da demanda do consumidor começarão com uma sinopse do que estão resolvendo, e depois manterão o foco afiado até que o atrito do cliente seja removido. O resultado será um produto ou serviço que atenda às necessidades do cliente de uma forma totalmente nova. E, com isso, o aumento da adoção, satisfação, retenção e de economia de custo.

Repense Ciclos de Desenvolvimento de Produto/Serviço

Voltando para os emprestadores de dinheiro baseados em templos da Grécia antiga, o modelo tradicional de agência de banco manteve-se praticamente inalterado durante milhares de anos. Inovações no modelo de negócio tipicamente ascenderam a pouco mais do que mudanças nas estruturas de custos ou incentivos. Mesmo em tempos modernos, a taxa de mudança não tem sido caracterizada por uma sensação de urgência.

Em teoria, todo mundo sabe que os tempos mudaram, mas isso não é sempre expresso na prática. Na verdade, em 2014, a McKinsey relatou que os bancos na Europa tinham digitalizado apenas de 20% a 40% de seus processos e alocado menos de 1% do total de gastos para o digital.[4] As instituições financeiras têm dificuldades em fazer grandes investimentos em tecnologia apenas para eliminá-los alguns anos depois. Para os bancos competirem, essa mentalidade tem que mudar. A velocidade com que a tecnologia e a informação evoluem obriga os prestadores de serviços financeiros a implementarem sistemas que permitem a agilidade na tomada de decisão e implantação mais rápida. Métricas devem procurar ser de curto prazo, e a tecnologia deve estar em um estado constante de testes beta.

Isso é o que a história dos bancos nos ensinou: não construir um outro sistema complexo, difícil de atualizar. FinTech está mudando rapidamente e continuará a fazê-lo.

Deixe Outra Pessoa Construir

Prestadores de serviços financeiros de tecnologia já estão desenvolvendo produtos e serviços de ponta. Isso é o que eles fazem de melhor, criando tudo a partir de produtos que facilitam o processo de empréstimo de subscrição para soluções biométricas que aproveitam coisas como leitores de impressões digitais móveis e – talvez em breve – detectores de ondas cerebrais que permitem que uma pessoa acesse sua conta simplesmente

---

3 Fiserv 2014 Consumer Trends Survey.

4 <http://www.mckinsey.com/insights/business_technology/the_rise_of_the_digital_bank>.

pensando em sua senha. Esses parceiros podem trazer os aceleradores e inovadores que os bancos não conheceriam normalmente.

Eles sabem como intercalar a tecnologia existente (e também sabem quando não fazê-lo).

O que as instituições financeiras têm para oferecer é uma seleção cultivada de ofertas que são relevantes para as comunidades em que atuam. Essas instituições têm o potencial de oferecer um nível de educação, apoio e serviço que os fornecedores de produtos individuais terão dificuldade em replicar. Essa é uma vantagem competitiva significativa e é onde as instituições financeiras são inteligentes para se concentrar, enquanto aproveitam IP e recursos dos provedores de tecnologia.

Antecipe Quando o Cliente Precisará de Você, e Esteja Lá

Do ponto de vista do cliente, serviços financeiros não são um setor ou uma relação de negócios. Os serviços financeiros são uma parte da vida, algo com o que as pessoas experienciam e interagem durante todo o dia, todos os dias. A oportunidade para as instituições financeiras é participar da experiência do cliente. É questão de estar no lugar certo no momento certo, o tempo todo.

As instituições financeiras têm acesso a quantidades extraordinárias de poder de processamento não utilizado, que podem ser desencadeadas para melhorar a experiência do cliente. Por exemplo, se os serviços de geolocalização colocarem um cliente de serviços bancários móveis em uma concessionária de carros, os alertas podem ser imediatamente enviados para estender a uma oferta de empréstimo. Isso permite ao cliente saber qual oferta (do banco ou do revendedor) é mais competitiva, sem ter que fazer a pesquisa. Aplicações de mobile banking podem até mesmo incorporar características, tais como modelo de carro, e fazer pesquisas de valores contábeis de veículos usados. Esses são serviços que agregam valor ao cliente exatamente no momento em que precisam.

Na física, o atrito é o inimigo da velocidade; em tecnologia de serviços financeiros, a atividade ou o atrito transacional são nêmesis dos usuários finais. As instituições financeiras e fornecedores de tecnologia de todo o mundo fariam bem em reconhecer que o futuro será definido por aqueles que tornam a complexidade da vida tão simples quanto uma moeda e uma língua. Isso é o que o consumidor quer e do que ele precisa. É onde os negócios e serviços terão que ir. É realmente muito simples.

O futuro de FinTech já está aqui. Ela permite serviços financeiros que se movem na velocidade da vida. A única questão agora é: quem participará dele?

FinTech é o Próprio Futuro

Por David Gyori
CEO, Banking Reports

A humanidade está ansiosa por um período excepcionalmente emocionante na longa história de serviços financeiros. Um que é turbulento, mas invulgarmente transformador. Um que é cheio de ideias inesperadas, disruptores criativos, grandes sucessos e falhas ameaçadoras. Então aperte os cintos e venha comigo para esta bela, mas acidentada, viagem, e mantenha os olhos abertos, porque você verá coisas revolucionárias na história de 4 mil anos dos serviços financeiros.

Iniciaremos nossa jornada em 2030! Sente-se ao meu lado neste carro que dirige sozinho!

1ª Parada: Os Sobreviventes

Você vê esses arranha-céus? Este é o distrito financeiro tradicional. Algumas empresas sobreviveram, e algumas não, mas as formas institucionais tradicionais básicas tiveram que permanecer com a gente do passado.

Bancos permaneceram porque as instituições que tomam depósitos domésticos em grande escala têm que ser fortemente regulamentadas e controladas, supervisionadas e controladas pelas autoridades financeiras.

As seguradoras e resseguradoras sobreviveram porque assumir o risco coletivamente e compartilhar os custos de um evento negativo dentro de uma comunidade cria uma forma estrutural que é inevitável.

Os gestores de ativos ainda estão aqui porque faz sentido que os profissionais especializados criem e meticulosamente gerenciem quantidades consideráveis de investimentos.

2ª Parada: O Mendigo Sem Dinheiro

Você queria parar aqui. Aquele cara na rua com o iPhone 10 antigo é um mendigo. Por que ele tem o iPhone? Bem, ele recebe dinheiro por meio do "iBeg-app". Você vê, as pessoas que passam na rua apenas passam seu smartwatch na frente daquele velho iPhone 10 e apertam um botão. Esse botão é a quantia que eles querem pagar. Estamos em uma sociedade sem dinheiro de fato. Alguns estados já proibiram dinheiro, mas é difícil para alguns idosos livrarem-se da nostalgia de levar uma carteira física.

Para aqueles poucos que ainda usam dinheiro, antigos caixas eletrônicos foram substituídos por cash-drones e caixas eletrônicos humanos. Você pode pedir o dinheiro de seu banco, e um drone entrega-o para você. Caixas eletrônicos peer-to-peer (também conhecidos como caixas eletrônicos humanos) são aplicativos em seu telefone. Você insere quanto dinheiro você precisa e escolhe uma pessoa nas proximidades oferecendo esse dinheiro por uma pequena comissão. O dinheiro flui de sua conta por meio de um contrato de depósito da conta da outra pessoa. Assim como em um Uber-app, você vê o perfil e a classificação da outra pessoa.

3ª Parada: A Loja de Autopagamento

Vamos entrar neste supermercado e comprar algumas coisas. Eu abri o aplicativo de autopagamento no meu smartphone. Você pode vê-lo muito bem: não há nenhum caixa. Isso é passado. Pessoas incluem os itens em seu telefone e pagam pressionando um botão. Dessa forma, podemos comprar mais, porque não temos que ficar na fila e monitoramos em tempo real o quanto estamos gastando em nossa cesta. Tão perfeito! Já ouvi essa história de os meus pais ficarem na fila. Quero dizer, que coisa estranha: você quer comprar o material e, em contrapartida, a loja faz você ficar na fila? Absurdo. Ladrões? Cada cesta de produtos tem um peso total distinto. Roubar está por fora.

4ª Parada: O Museu Metropolitano de Cartões de Plástico

O Metropolitano tem a maior coleção de cartões de plástico. Isso é tão divertido! As pessoas costumavam ter carteiras com coisas como sua carteira de motorista e esses estranhos cartões de crédito de plástico nelas. Eu posso entender por que as pessoas carregavam uma carteira de motorista: imagine que os carros não se dirigiam sozinhos, mas as pessoas tinham que dirigi-los! É compreensível que uma licença era necessária para isso. Mas estes plásticos devem ter sido totalmente ridículos. Você sabia que as pessoas tinham que passá-los em máquinas e muitas vezes inserir números, e essas pequenas máquinas até mesmo imprimiam um pedaço de papel? Totalmente louco! Os bancos emitiam esses cartões. Eles muitas vezes pagavam artistas para desenhar as cores, padrões e imagens sobre esses pequenos cartões de plástico. Em alguma época, as pessoas usavam cartões de plástico e carteiras móveis em paralelo. Elas inseriam os dados do seu cartão em seu smartphone e então usavam o telefone para pagar, mas ainda usavam seus plásticos também.

Fico feliz que você está gostando da exposição! Existe agora uma galeria temporária realmente agradável, de cheques. Cheques foram essas ordens escritas de pagamento. Você está certo, não faz qualquer sentido, para começar. Mas foi realmente muito difícil de se livrar deles. No período de transição, as pessoas usavam apps de smartphones de depósito de cheques. Elas tiravam fotos da frente e do verso desse pedaço de papel com sua câmera do smartphone, enviam a foto ao seu banco por meio de um aplicativo, e seu banco depositava a quantia do cheque em sua conta. Você consegue imaginar isso?

Cruzeiro em Modo Escritório

Em "Modo Escritório", a tela do seu celular aparece nesses laptops embutidos. Isso é o que chamamos de celulador. Seu telefone inclui o software e o hardware, e você o conecta a uma tela de laptop e teclado para trabalhar fisicamente em um laptop, mas tudo está acontecendo em termos de hardware e software em seu smartphone. Assim, enquanto o carro nos leva a outra parte da cidade, vamos trabalhar um pouco.

Vamos relatar um incidente de perda de dados para a nossa seguradora-nuvem. A seguradora opera um call-center robô. Não existe um sistema de menu de call-center complicado. O robô guiado por inteligência artificial pega o telefone imediatamente. Realiza o reconhecimento emocional e sente que estamos com raiva. Um sistema de proteção de fraude biométrica analisa a nossa voz ao longo de 140 vetores e conclui que estamos dizendo a verdade, esta não é uma reivindicação fraudulenta.

Doações de caridade também se tornaram muito mais fácil. Usaremos um site de caridade direta e imediata. Você aperta um botão e seu dinheiro chega imediatamente ao telefone de uma pessoa aleatória, pré-selecionada em um país em desenvolvimento. Visitaremos a agência virtual do nosso banco. Já que a nossa sociedade eliminou o dinheiro e os cheques, a relevância das agências está diminuindo. Uma verificação de identidade muito completa pode ser realizada remotamente, por isso contas podem ser abertas e operadas digitalmente sem o cliente estar presente. Existem vários tipos de agências virtuais:

- Uma agência totalmente virtual que podemos acessar via internet – movida conselheiros IA.
- Uma agência totalmente virtual, em que os conselheiros são avatares apoiados por seres humanos. Isso também é chamado de agência drone.
- Uma agência virtual, em torno de conselheiros reais, projetada online através de vídeo.
- Um conselheiro de vídeo com um ou dois acessos por vídeo.
- Agência aumentada: uma filial real que podemos acessar via internet e obter grande quantidade de informações digitais, além de ser capaz de fazer videochat com assessores.

Já que sou um cliente do GAFA Bank, posso escolher qual tipo de agência virtual usar. O GAFA Bank foi criado pelo Google, Apple, Facebook e Amazon em 2020. Depois do famoso IPO da PayPal em 2015, quando eBay desmembrou a empresa de pagamento, esses quatro gigantes se uniram para formar algo novo que desafiou os bancos incumbentes. A filosofia do GAFA Bank é permitir que as empresas de FinTech vendam seus produtos por meio deles. Então eles estão servindo como um "agregador" para FinTechs. Eles agregam as soluções mais adequadas para a sua necessidade financeira e o ajudam a escolher a melhor alternativa, que geralmente é a oferta de uma empresa de FinTech. Provou ser uma estratégia tão poderosa que os bancos incumbentes tradicionais também tentaram fazê-la, mas foram menos bem-sucedidos. É por isso que o GAFA Bank é hoje o maior banco em termos de ativos totais mundialmente.

Também compraremos um pouco de comida online para você. Pagaremos com uma moeda digital 100% coberta por ativo do tipo registro distribuído chamada Inter-Coin. Bem, você está vindo de 2016, então já sabe sobre bitcoin. Pessoas Inter-Coin aprenderam as lições necessárias da história de bitcoin. Elas mantiveram as coisas boas e compensaram as que faltavam. Inter-Coin, obviamente, funciona na lógica de registro distribuído. É apoiada por ouro, prata, platina e paládio (10%), USD (35%), EUR (10%), JPY (5%), GBP (5%), CHF (5%), e RMB (30%). Você pode transacionar com Inter-Coins globalmente quase em tempo real de forma gratuita. As pessoas gostam dela em todo o mundo, e as grandes economias a apoiam felizes, uma vez que cria demanda por suas moedas, ao contrário da bitcoin, que causou competição.

5ª Parada: O Memorial da Senha

Pessoas usaram senhas por décadas. Elas lutaram com combinações de números e letras. Alternativas de identificação biométrica tomaram conta. Reconhecimento de impressões digitais, retinas, íris, piscadas, voz e facial, movimentos da mão, análises de batimentos cardíacos e velocidade de digitação estão entre as soluções interessantes e inovadoras que usamos hoje em dia. A biometria proporciona mais comodidade ao usuário, redução de fraude, maior satisfação do consumidor e mais eficiência de custos. Esse monumento memorial foi erguido em memória da senha, esse fenômeno estranho em que tantas pessoas e máquinas gastaram seus recursos escassos.

6ª Parada: A Sede do Conselho Regulatório Financeiro Global

Nas duas primeiras décadas do século 21, a globalização já era dominante, mas os reguladores de serviços financeiros estavam operando a nível nacional. O regulamento em si representava um grande obstáculo à internacionalização para as empresas de FinTech. A manta de retalhos regulamentar era complicada e impossível de cumprir integralmente. GFRC, o Global Financial Regulatory Council, foi criado em 2025 e tem feito um trabalho incrível desde então.

7ª Parada: A Cidade de FinTech

Este edifício de 30 andares é o lar de milhares de startups de FinTech e investidores de FinTech. Cada andar é ocupado por diferentes empresas de FinTech: análise de dados, finanças pessoais, gestão de fortunas, carteiras móveis, pagamentos P2P, serviços de remessas, challenger banks, neobancos, fornecedores de API,[1] soluções de tesouraria, tecnologia de seguros, criptomoedas, crowdfunding, empréstimos P2P, serviços de negociação de fatura e de fluxo de caixa, interface de usuário (IU), especialistas em experiência do usuário (UX – do inglês, user experience) e experiência do cliente (CX – do inglês, client experience), biometria e identificação, wearables, segurança da informação, gestão de riscos alternativa e pontuação (scoring), inteligência artificial (IA) e robo-advisors, especialistas emocionais bancários, fundos, banqueiros de investimento, capitalistas de risco, investidores-anjo, aceleradores, incubadoras, laboratórios e espaços de coworking. Este é um enorme edifício. Em 2014, havia aproximadamente 5 mil empresas de FinTech e 25 mil bancos de licença completa globalmente. Em 2016, o número de bancos permaneceu inalterado, mas o número de empresas de FinTech cresceu para 25 mil, então quintuplicou em dois anos. Em 2030 o número de bancos caiu para 12 mil, e o número de FinTechs cresceu para 50 mil. FinTechs são menores do que os bancos, mas todas juntas representam uma força enorme.

Mas espere um minuto! Acabei de bater o olho no meu smartwatch, meu caro leitor, e é hora de você partir. Por favor, passe o seu relógio aqui e pegue este serviço de translado! Tenha uma viagem segura de volta! De volta ao passado, de volta a 2016. Eu espero vê-lo novamente no futuro, no futuro de FinTech, no futuro de "O Futuro".

---

[1] Veja o capítulo intitulado "Abraçando a Economia API Conectada" para mais detalhes.

Um Futuro Sem Dinheiro

Por Chris Gledhill
CEO & Cofundador, Secco Bank

A maioria dos filmes de ficção científica tem um elemento em comum: são definidos em algum futuro utópico em que dinheiro não é necessário. Não há pobreza, não há ganância e não há guerra. Em vez disso, a busca da felicidade e autoaperfeiçoamento é a ordem do dia. Parece incrível, certo? É provavelmente bom demais para ser verdade, mas assumindo que é, em parte, correto e em algum momento do futuro próximo o dinheiro torne-se redundante, como chegaremos lá? Esta seção explora um roteiro a partir de culturas obcecadas com dinheiro do século 21 para um futuro sem dinheiro.

Dizem que para prever o futuro é preciso olhar para o passado, e certamente há uma história rica em serviços financeiros e sobre o conceito de dinheiro. É verdade que houve mudanças significativas na forma como o dinheiro funciona ao longo dos milênios, mas os desenvolvimentos realmente emocionantes ocorreram no século passado com o advento da computação moderna. No entanto, há um problema irritante – as inovações no campo do dinheiro têm sido em grande parte questão de conveniência da forma, em vez do próprio conceito. Por exemplo, o movimento das moedas para papel foi ótimo, porque resolveu um problema de peso. O que nos falta é uma reinvenção fundamental do conceito de dinheiro.

Pegue os bancos, por exemplo – quando a internet surgiu, os bancos olharam para suas formas e processos de papel e os traduziram para websites. Então, quando surgiram os smartphones, eles esmagaram as mesmas páginas em telas menores. Nós acabamos com uma versão digital de construções centenárias – poucos perguntaram se, dada a tecnologia digital de hoje, teríamos projetado serviços financeiros da mesma forma. O mesmo é verdadeiro para o dinheiro – alguns dos problemas para o qual o dinheiro foi inventado para resolver há cerca de 3 mil anos já sumiram, outros mudaram. Na verdade, a maioria dos requisitos fundamentais para o dinheiro ser usado não existem mais, e ainda assim usamos dinheiro. Então, qual é a alternativa? Aqui olhamos para três modelos econômicos concorrentes e tecnologias associadas com real potencial emergente para se tornar a próxima fase evolutiva do dinheiro.

Modelo Econômico Desafiador #1: Poder é Dinheiro

O mercado de serviços públicos de energia está enfrentando disrupções na forma de tecnologia de bateria. Quando a balança apontar em direção a ser mais barato para armazenar do que gerar eletricidade, veremos o gerenciamento de energia localizado. Líderes nesse espaço são empresas como Tesla, com sua linha de produtos de bateria interna. Essas medidas permitirão que as famílias se desconectem de fornecedores de eletricidade, gerem e armazenem sua própria eletricidade. Mas por que parar aí? E se uma família puder gerar mais energia do que consome – como vender essa energia de volta às famílias/indústrias com mais exigências e famintas por poder –, entra a Economia de Energia (EE).

Para uma EE funcionar, precisamos de todas as casas ligadas a algum tipo de rede nacional (já presente na maioria das nações desenvolvidas!) E precisamos de pessoas para substituir suas carteiras por baterias (nós já carregamos baterias em nossos bolsos, embrulhadas em um smartphone!). Como isso funciona na prática? Há algo interessante acontecendo em Gana. Lá não é incomum haver apagões de energia por dois ou três dias. Isso representa um problema para as empresas que dependem de comunicações de telefonia móvel. Insira o Power Bank Phone, um telefone popular em Gana que é comum, exceto por possuir um gigante de 10.000mAh (medida comumente utilizada para descrever a carga de energia que uma bateria terá), escondido dentro e uma porta USB para carregar outros dispositivos. Os proprietários de um Power Bank Phone podem oferecer-se para carregar telefones e dispositivos de outras pessoas em troca de produtos e serviços – essencialmente transformando quilowatts-hora em uma moeda! A comparação pode ser desenhada com esquemas como M-Pesa na África Subsaariana, onde créditos de telefone são usados como moeda, no entanto, em uma EE a moeda também é uma mercadoria. Uma EE seria um modelo econômico em que a energia é gerada, em seguida consumida, com a nossa necessidade de consumir sempre superior à nossa capacidade de gerar, o delta sendo o "valor" inerente. O que torna isso ainda mais emocionante são desenvolvimentos em impressão 3D e as chamadas tecnologias "replicadoras", em homenagem a um dispositivo fictício em Star Trek que pode transformar a energia em matéria para criar itens tangíveis. A famosa equação de Einstein

$$E = MC^2$$

afirma que a energia (E) num sistema (um átomo, uma pessoa, o universo) é igual à sua massa total (M) multiplicada pelo quadrado da velocidade da luz (C, igual a 186.000 milhas por segundo). Quando usada no contexto de uma economia de energia, temos uma moeda que também é uma mercadoria que pode assumir a forma de uma commodity, dando-nos uma potencial equação financeira de...

$$£ = MC^2$$

Diferente da bitcoin, uma prova criptográfica de energia desperdiçada ou comércio de carbono, o subproduto da geração de energia, uma EE usa a própria energia como moeda.

Modelo Econômico Desafiador #2: Hiperfrugalidade

O que acontece se mexermos com o equilíbrio de oferta/procura, se criarmos uma abundância maciça de oferta que excede em muito a nossa demanda de consumidores? O resultado lógico seria que o "custo" de materiais de consumo continuaria a cair a níveis próximos de insignificantes – basicamente, tudo se torna grátis, tornando o dinheiro redundante. O mesmo resultado se apresentaria se nossa demanda por bens e serviços caísse ao ponto em que se tornasse tão frugal que teríamos um consumo insignificante, novamente negando a necessidade de dinheiro – essa é a hiperfrugalidade.

Para chegar a esse estado, pelo menos uma das duas coisas precisam acontecer.

Nós automatizaremos nosso trabalho (aumento da oferta) – uma tendência a qual temos assistido desde a revolução industrial e que continua a acelerar é a automatização do trabalho. Isso tem diminuído o custo de extração de matérias-primas, fabricação e distribuição de mercadorias. Juntamente com a robótica e a inteligência artificial (IA), podemos chegar a um estado em que toda a oferta que sustenta nossa existência torna-se automatizada e de automanutenção para o ponto onde todas as demandas materiais são fornecidas. Embora a visão seja uma saída, a prática está sendo testada por meio de experiências em Universal Basic Income (UBI). UBI dá aos cidadãos um salário base com o qual podem viver confortavelmente, sem a necessidade de trabalho em troca. Para os participantes, o conceito de dinheiro perde seu peso ao ponto em que ele tem pouca importância em sua mentalidade, desde que vivam por meios razoáveis.

Nós mudaremos nosso modelo de existência (diminuir a demanda) – outra maneira de romper a oferta/demanda é mudar nossa maneira de viver para reduzir nossa demanda de recursos ou tornar-nos parte de um ecossistema autossustentável. Esse modelo pode ser testemunhado hoje em tribos amazônicas remotas que fazem parte do seu ecossistema e vivem dentro dos meios de seu habitat. Alguns modelos abstratos de existência têm sido propostos, principalmente fora do movimento trans-humanista. Por meio do trans-humanismo poderíamos ter a capacidade de mudar nosso plano de existência e, essencialmente, a nossa espécie a um lugar onde o dinheiro se torne irrelevante. Por exemplo, com o advento das tecnologias de realidade virtual (RV), passaríamos uma quantidade crescente de tempo em RV, em vez de em mundos reais. Em mundos de RV, nosso modelo de consumo não precisa ser dependente do fornecimento físico e, por isso, o modelo econômico oscila no sentido de uma demanda insignificante, portanto, o dinheiro torna-se redundante. Levando o trans-humanismo ao extremo, poderemos ser capazes de evoluir como espécie além da biológia para uma existência digital, em que a unidade de processamento central (CPU) petaflops (definida como a medida da velocidade de processamento de um computador e que pode ser expressa como mil trilhões de operações de ponto flutuante por segundo) pode tornar-se a nossa mercadoria de escolha. De qualquer maneira, é difícil imaginar como o dinheiro na sua forma atual sobreviveria a tal jornada.

Modelo Econômico Desafiador #3: Moeda Reputacional

O terceiro modelo econômico concorrente é a reputação. A reputação de um indivíduo, em vez de seu saldo bancário, é mais semelhante à forma como nós naturalmente medimos o valor de alguém fora da economia. Considere pessoas como Mahatma Gandhi e Anjezë Gonxhe Bojaxhiu (também conhecida como Madre Teresa), que notoriamente não tinham riqueza monetária, mas sua riqueza de reputação foi imensa. Pelo contrário, alguns que foram mais desprezados ao longo da história têm sido os mais ricos ou os mais obcecados com a acumulação de riqueza monetária. Então, se a reputação é um mecanismo de moeda mais eficiente, como usaremos a reputação para ganhar acesso a produtos e serviços – a resposta é que nós meio que já usamos!

Os bancos e outros serviços financeiros sempre olharam em direção a pontos de dados além do saldo bancário básico de alguém ao avaliar sua credibilidade, ou, mais importante, creditabilidade! Empresas como agências de referência de crédito fazem exatamente isso – olham para a história de gestão de crédito de um indivíduo e a reduzem a uma pontuação de reputação de crédito. Do lado de fora do sistema bancário vemos a pontuação de reputação decolando com a Economia Solidária e outros modelos de negócios baseados na confiança. Coisas como classificações de comprador/vendedor do eBay e motorista/passageiro do Uber ou convidado/anfitrião do AirBnB são exatamente isso. Todas essas pontuações são acumuladas dentro de silos e tornam-se meios eficazes para avaliar membros por suas respectivas comunidades. O que estamos vendo agora é uma polinização cruzada de pontuação de reputação entre os silos e indústrias, por exemplo, registros de mídia social de alguém agora podem ser usados para avaliar a qualidade do crédito.

Seguindo até a sua conclusão natural agregada, acabaríamos com uma pontuação de reputação centralizada que é um amálgama de todas as esferas da vida. Seria a sua educação, referência de crédito, mídia social, histórico de emprego, registros transacionais, conexões, associações etc., todos os demais em um único escore. Essa seria uma forma extremamente arredondada de avaliar a confiança e integridade de alguém, mas como é que vamos converter isso em uma moeda capaz de destronar o dinheiro em sua forma numérica dura e fria? Apresentando moedas de reputação.

Moeda de reputação (MR) é semelhante a dar a todos o preço de ação individual e ações de si próprio. Com MR, cada um de nós teria sua própria moeda, cujo valor está indexado à nossa reputação. Neste mundo MR, você não iria a um banco para um empréstimo, poderia ter estímulos na sua própria moeda – basicamente imprimir seu próprio dinheiro. Isso seria logicamente o mesmo que pegar um empréstimo, haveria mais da sua moeda em circulação, assim desvalorizando sua moeda ao longo de um período de tempo – como pagar um empréstimo bancário. Um sistema de MR abre conceitos interessantes, tais como o investimento em futuros de outras pessoas. Você poderia, por exemplo, comprar moeda de reputação em uma graduação, financiando, assim, a sua taxa de matrícula, e ganhar com a elevação em sua reputação que vem com a obtenção de um grau. Coletivamente, você poderia investir em, digamos, um índice 100 de Oxbridge (os 100 primeiros graduados de Oxford e Cambridge), em vez de em um índice FTSE 100, na esperança de que a reputação do indivíduo continue a aumentar. Talvez a sociedade poderia, no entanto, se beneficiar mais no setor de caridade. Considere alguém que é sem-teto nas ruas. Sua pontuação de reputação seria muito baixa, semelhante ao tostão. Você poderia investir em sua moeda, em seguida pegá-la, treiná-la, colocá-la em um terno, conseguir um emprego para ela e, finalmente, assistir a sua pontuação de reputação explodir e colher os benefícios de possuir parte de seu estoque de reputação. Isso significaria, pela primeira vez na história da humanidade, que seria lucrativo ajudar em vez de explorar as pessoas.

Com um sistema de moeda de reputação, começamos a ver as coisas de preços varejistas em moeda de um indivíduo e enrolá-las em coisas como lealdade, descontos, recompensas e ofertas ao ponto em que todos nós temos preços personalizados. O conceito de valor de um item ou valor já não seria universal, já que preços seriam agora uma coisa muito pessoal, assim como moedas de reputação se tornariam um sistema de moeda introspectivo. Em um sistema de MR, conceitos relativos como ricos e pobres param de tornar-se relevante para nós, e assim, em última análise, o dinheiro em si torna-se irrelevante – é como a última iteração de dinheiro antes de não precisarmos mais dele.

Os três modelos econômicos competidores anteriores não são exaustivos, mas uma amostra representativa do que poderia chegar às lojas neste século, desencadeada pela revolução de FinTech. Para a maior parte, esses modelos competidores têm desafios culturais em vez de técnicos. Nem todos gostariam de aceitar o fim do dinheiro, muito menos aqueles que têm acumulado uma enorme quantidade de coisas! Mas com todas as mudanças tecnológicas exponenciais, seria ingênuo acreditar que nossa visão do dinheiro será a mesma que a de nossos filhos ou netos.

Ética em FinTech?

Por Huy Nguyen Trieu
Diretor Administrativo, Citi; Autor, *Disruptive Finance*

Sem ética, Finanças 2.0 está condenada a repetir os erros das finanças tradicionais. Mas há uma solução fácil.

Finanças é uma indústria estranha. Um dia, é o Dr. Jekyll, no outro é o Sr. Hyde. Pelo lado positivo, finanças desempenham um importante papel social, de ajudar os consumidores a comprar uma casa a apoiar as pequenas e médias empresas (PMEs) em empréstimos de dinheiro. Do outro lado, todos nós sabemos as histórias de horror sobre os credores predadores e produtos que eram mal vendidos aos clientes bancários.

Por que isso? É porque as finanças são o coração da sociedade e da economia – tente encontrar uma economia dinâmica, sem um setor financeiro forte – e, portanto, produzem uma enorme vantagem. Quaisquer decisões em finanças, portanto, podem ter um impacto significativo – seja positivo ou negativo. Por exemplo, seria muito difícil para um recém-graduado entrar em uma empresa de consultoria e perder $1 milhão em um dia – exceto, talvez, queimando o prédio... O mesmo graduado em um pregão poderia perder essa quantia em dez segundos. Assim, a vantagem é muito alta – e, portanto, atalhos podem ser uma tentação maior para os trabalhadores.

Isso me leva à ética e aos valores. Não é preciso dizer que todas as indústrias e todas as empresas precisam de ética e valores. No entanto, um comerciante local sem ética pode ter consequências menos desastrosas para a sociedade do que, digamos, um banco ou uma companhia de seguros – mais uma vez, é questão de vantagem. Se você ler este livro, pode concordar que algumas das startups de hoje se tornarão os gigantes financeiros de amanhã – os próximos Googles em finanças, se você quiser. E da mesma forma que o financiamento tradicional pode ter um impacto positivo ou negativo na sociedade, Finanças 2.0 enfrentará o mesmo desafio – e potencialmente muito mais. Porque Finanças 2.0 não só poderia beneficiar-se da mesma alavancagem como as finanças tradicionais, poderia ser muito mais impactante por causa do uso da tecnologia.

Em primeiro lugar, há alguma razão óbvia para que uma startup de FinTech, uma vez que se torne uma empresa de $100 bilhões, se comporte de forma diferente dos conglomerados financeiros de hoje? Eu não acho. Eu não acho que as pessoas que trabalham em uma instituição financeira são fundamentalmente diferentes – isto é, menos éticas – do que aquelas que trabalham em outras indústrias. Mas a maior alavancagem e o potencial de ganhos rápidos torna-as muito mais fáceis de sucumbir à tentação – se não houver barreiras adequadas. O que significa que as startups de FinTech de hoje poderiam ser expostas no futuro aos mesmos problemas que os bancos e as companhias de seguros têm enfrentado (por exemplo mis-selling, fixação de preços etc.), mas também, potencialmente, outros problemas devido ao uso aumentado da tecnologia, por exemplo:

- Uma melhor exploração dos dados já está revolucionando pilares fundamentais de financiamento, como empréstimos. E há definitivamente uma base racional para os credores avaliaram melhor o risco de crédito dos mutuários. Parece lógico que sua profissão ou seus estudos poderiam ter um impacto sobre sua capacidade de pagar um empréstimo. Mas com bilhões de dados que um credor poderia processar, que tal se ele descobrir que ter amigos ricos também impacta sua pontuação de crédito? Ou se seu empregador anunciou um plano de demissões em sua divisão, a sua pontuação de crédito baseada em big data deveria cair de repente?
- Evoluindo ainda mais no processo de pensamento, estamos certos de que quanto mais dados tivermos, melhor será para os consumidores? Vamos pegar o exemplo do seguro – que na sua essência é uma mutualização de risco. O seguro funciona porque não podemos ter certeza sobre vários resultados, como um carro sendo roubado ou questões de saúde. Mas com a quantidade crescente de dados provenientes de big data ou wearables, estamos testemunhando uma individualização dos riscos. No momento, isso se traduz em incentivos positivos ("ir à academia, obter um desconto"), de modo que ninguém está pior. Mas, claro, o jogo final é uma individualização total de cada risco, e então o que acontece se você estiver com sobrepeso e nunca for para a academia? Será que estaremos nos movendo para uma sociedade em que os melhores riscos (que são geralmente também a parte mais privilegiada da sociedade) obteriam as melhores condições, e os piores estariam significativamente pior?

Esses dois exemplos mostram que o aumento do uso da tecnologia, big data e inteligência artificial levará a um enorme impacto social das Finanças 2.0. Startups de FinTech devem prestar especial atenção à ética e valores; no entanto, não é o caso hoje. Ao olhar para os sites de 16 startups líderes de FinTech, o que percebemos? Metade delas tem uma categoria "Sobre nós", um terço tem uma seção "Ajuda", muitas têm uma "Notícias" ou um link "O que fazemos". Mas nenhuma dessas 16 empresas tem uma seção chamada "Os nossos valores" ou "Ética". Obviamente, poderíamos argumentar que o espaço em uma página é muito precioso, e que "valores" ou "ética" não é um fator de diferenciação para uma startup e não merece qualquer lugar lá.[1]

Mas então isso também não parece certo. Muitas startups de FinTech estão promovendo-se como uma alternativa melhor, mais barata, mas também mais ética ao financiamento tradicional – em outras palavras, como uma opção para os consumidores que se sentiram abusados pelos lapsos éticos de bancos ou seguradoras. Se isso é tão importante, por que seus valores não estão na primeira página? Meu sentimento – de estar igualmente envolvido com startups de FinTech e banqueiros – é o de que a maioria dessa mensagem é marketing mais do que qualquer outra coisa. E eu claramente não estou insinuando que startups de FinTech são imorais, mas sim que elas são amorais.

Em outras palavras, não é que startups de FinTech têm valores ruins ou má ética, é mais que elas não têm valores ou ética. E eu não quero dizer isso como uma crítica, mas como um fato – tendo sido eu mesmo um empreendedor. Quando você inicia uma startup, o pensamento de valores ou ética geralmente não é a sua primeira prioridade. Suas primeiras prioridades estão em encontrar uma ideia, o desenvolvimento de um produto, a contratação de uma equipe, levantar dinheiro, encontrar clientes, certificando-se de que você tem dinheiro suficiente para pagar sua equipe, etc. A realidade é que não há estresse e pressão suficientes para que você raramente tenha tempo para pensar em outras coisas como a ética ou valores. Resumindo, a situação de hoje não é satisfatória:

- Finanças 2.0 terá valores e ética muito fortes por causa de seu impacto na sociedade.
- Startups de FinTech se comercializam como sendo diferentes do financiamento tradicional – que sofria de falta de ética –, mas realmente não consideram a ética também como uma prioridade.
- Isso porque a ética e os valores não têm um benefício imediato para a sobrevivência e o desenvolvimento de startups.

[1] Transferwise, eToro, Nutmeg, Ondeck, Osper, CurrencyCloud, Wealthfront, Calastone, Credit Benchmark, CrowdCube, Funding Circle, Gocardless, Invoiceable, Lending Club, Square e Stripe. Lista escolhida como as melhores 16 de 130 startups de FinTech: <http://www.disruptivefinance.co.uk/?p=354>.

Como resolver esse dilema? Uma das respostas óbvias é por meio de regulamentação, que eu acho que pode ser útil, mas não é a resposta. Regulamentação geralmente vem depois que algo ruim aconteceu, e não é uma solução adequada. Por exemplo, os bancos têm sido objeto de uma intensa quantidade de regulação desde a crise de 2008, mas mesmo em 2014 – seis anos mais tarde – ainda havia exemplos de violações éticas claras por parte de indivíduos, que resultaram em vários bilhões de multas. Então, se a regulamentação não é suficiente para impedir que os indivíduos ajam de forma antiética, o que é? A resposta, na minha opinião, é incentivar o comportamento ético por meio de valores que foram enraizados na cultura da startup. Para startups de FinTech construírem uma cultura que inclui ética e valores, existem três requisitos importantes:

- Perceba que valores e ética têm um impacto social e econômico: para os empresários que querem criar empresas de muito sucesso, entender que ter valores fortes não terá um impacto só na sociedade, mas também no seu próprio negócio.
- Entenda que a cultura é desenvolvida desde o início: fundadores de startups precisam estar cientes de que quaisquer que sejam os valores ou a ética que têm no início da startup, isso terá um enorme impacto para mais adiante.
- Exigir o escrutínio dos acionistas: coloque ética e valores na ordem de trabalhos de capital de risco, empregados, clientes e jornalistas.

Como mencionei, a maioria dos empresários não se concentra na ética, porque a ética não irá ajudá-los com a sobrevivência imediata de suas startups. No entanto, a maioria dos empresários quer mudar o mundo, tem grandes visões, e seriam, portanto, muito receptivos a essas ideias. A consciência, portanto, já seria um primeiro passo muito grande. Se os empresários entendem que a cultura de sua futura empresa de bilhões de dólares está sendo construída por todas as pequenas decisões que tomam em uma base diária, então isso seria um grande passo à frente, de fato. Se, além de perguntarem à sua equipe "como este novo recurso fará dinheiro?" eles também perguntarem "deveríamos estar fazendo isso?", então essas seriam as raízes de uma forte cultura que permearia toda a organização. A maioria dos empresários estará disposta a fazer isso? Eu acredito que sim. Eles só precisam estar cientes.

Eu acho que os CEOs de FinTech também serão muito receptivos à inclusão da ética em suas startups à medida que percebem que uma cultura forte não impactará só a sociedade, mas também o sucesso dessas startups. Basta pensar em quantos CEOs de banco prefeririam hoje focar em seu negócio, em vez de gastar seu tempo mudando a cultura de suas organizações. Ou pegar o exemplo muito revelador de Wonga, uma das primeiras startups de FinTech que estava a caminho de se tornar uma história de sucesso tremendo.

Wonga foi lançada em 2007 e usou modelos de scoring de crédito sofisticados para emprestar dinheiro aos consumidores e conseguir uma taxa de inadimplência muito baixa. Esperava-se que Wonga valesse mais que £10 bilhões em 2015, mas, em vez disso, foi multada pelo regulador do Reino Unido porque "em uma investigação iniciada pelo Office of Fair Trading (OFT) e levada adiante pela FCA, descobriu-se que Wonga teria enviado cartas aos clientes em atraso de escritórios de advocacia inexistentes, ameaçando tomar medidas legais". Além disso, "330 mil clientes que estão atualmente com mais de 30 dias de atraso terão o saldo de seu empréstimo anulado e não deverão nada à Wonga".[2]

Em vez de se tornar o próximo Google em finanças, o futuro da Wonga é agora muito mais incerto, e ela está sujeita a escrutínio regulamentar muito pesado. Para um CEO de FinTech, não estamos falando de problemas teóricos que poderiam acontecer daqui a 20 anos; é um exemplo muito concreto para uma startup pré-IPO. Claro, a realidade de um empreendedor é que é uma jornada muito difícil, e qualquer coisa que não seja essencial será relegada como segunda prioridade. E seria injusto apenas colocar o ônus sobre os empresários, quando a sociedade como um todo deve se preocupar. Os vários acionistas de uma startup também devem colocar a ética e os valores no topo da sua lista de prioridades. Por exemplo:

- Investidores e capitalistas de risco devem exigir que suas startups comuniquem seus valores e não devem tolerar comportamentos antiéticos.
- Os funcionários devem saber quais são os valores dos fundadores antes de dar o salto de fé e de participar de uma startup.
- Os clientes devem questionar os valores da startup.
- Os jornalistas não devem focar apenas em modelos de negócios e avaliações de startups, mas também questionar seus impactos na sociedade.

Tendo sido eu mesmo um empresário, tenho, naturalmente, muito cuidado com pessoas bem-intencionadas que dão conselhos gerais que não sejam implementáveis. Então aqui está um conselho acionável para empreendedores de FinTech, fundadores de startups e CEOs de tecnologia que acreditam que suas startups mudarão o mundo e terão um impacto na sociedade, mas também muito egoisticamente querem torná-la um enorme sucesso.

Em sua página inicial, ao lado do "Sobre nós", "Produtos" e "FAQ", por que você não adiciona um link para uma página chamada "Nossos valores" e diz ao mundo no que você acredita? Passar um tempo com sua equipe para escrever essa página forçará os CEOs de startup a refletirem sobre o que é importante para eles, qual o impacto que podem ter na sociedade, e dizê-los ao mundo. Isso, por sua vez, os ajudará a contratar pessoas que partilharão dos mesmos valores, obter dinheiro de investidores que entendem seus princípios e construir a cultura certa para uma empresa multibilionária sã no futuro de FinTech.

[2] http://www.fca.org.uk/news/wonga-major-changes-to-affordability-criteria, Announcement from the Financial Conduct Authority, 2 October 2014.

Lista de Contribuidores

Todos os capítulos estão inclusos neste livro, e todos os resumos podem ser lidos online em www.TheFINTECHBook.com.

Bibhupriya Acharya
Líder de Pensamento FinTech
www.linkedin.com/in/bibhupriya
www.twitter.com/acharyabi
Veja o resumo:
How Your Mobile May Decide Your Next Car

Michael Adebisi
Diretor, NewTime Group
www.linkedin.com/pub/michael-adebisi/1/974/1a5
Veja o resumo:
FinTech Future in Frontier Markets: Africa

George Anastasi
Chief Business Development Officer & Cofundador, Funding Tree
www.linkedin.com/in/georgeanastasi
www.twitter.com/_GeorgeAnastasi
Veja o resumo:
The Funding Tree Reality – A Place for Real Businesses, Funded by Real People, Started by Real Entrepreneurs

Hamish Anderson
CEO, Money Mover
www.linkedin.com/in/hamishjanderson
www.twitter.com/moneymovr
Veja o resumo:
Peer-to-peer Solutions for UK's Growing Export Market

Nicole Anderson
CEO, FINTECH Circle Innovate
www.linkedin.com/in/nicolejmanderson
www.twitter.com/NicoleAnMo
Veja o capítulo:
Capital de Risco Corporativo – O Novo Corretor de Poder no Ecossistema de Inovação FinTech
Veja o resumo:
Where Have All the Pinstripes Gone?

Axel Apfelbacher
Líder de Pensamento FinTech
https://www.linkedin.com/in/axel-apfelbacher-cfa-a13391
Veja o capítulo:
O Futuro dos Serviços FInanceiros

Anup Aryal
Consultor de Negócios Sênior em Forbes Accounting & Business Consultants
www.linkedin.com/in/aryalanup
www.twitter.com/anuparyal
Veja o resumo:
The FinTech Revolution: Role of Regulation

Yoni Assia
CEO & Fundador, eToro
www.linkedin.com/in/yassia
www.twitter.com/yoniassia
Veja o resumo:
eToro – Building the World's Largest Social Investment Network

Dele Atanda
CEO, Digitteria
www.linkedin.com/in/deleatanda
www.twitter.com/DeleAtanda
Veja o resumo:
Bitcoin: Crytpo-currency or Crypto-commodity?

Jan Michael Auer
Cofundador, predictR e 25th-floor
www.linkedin.com/in/janauer/en
www.twitter.com/jan_auer

Veja o capítulo:
Algoritmos de Previsão – Soluções Inovadoras de Internet Banking

Dominika E. Bajer
Diretora, DEB Marcomms
www.linkedin.com/pub/dominika-bajer/1b/679/31a
www.twitter.com/DEBMarcomms

Veja o capítulo:
Inovações FinTech para Wearables

Janos Barberis
Fundador, FinTech HK & SuperCharger
www.linkedin.com/in/jbarberis
www.twitter.com/JNBarberis

Veja os resumos:
In 1988, Jack Ma Would Have Been Unbankable
Why Hollywood Hates Bitcoin

Marc P. Bernegger
Conselheiro Sênior, FinLeap
www.linkedin.com/in/marcpbernegger
www.twitter.com/marcpbernegger

Veja o resumo:
Finance 2.0 and Next Generation Finance Business Models

Maneesh Bhandari
Diretor, CIIE
www.linkedin.com/in/mbh91
www.twitter.com/maneeshbhandari

Veja o capítulo:
Índia e a Pirâmide de Oportunidades

Veja o resumo:
Mumbai-Pune: The Most Sustainable FinTech Hub Yet

Muazzam Arslan Bhatti
Fundador & CEO, Alfoze Technologies
www.linkedin.com/pub/muazzam-arslan-bhatti/9/76/10a
www.twitter.com/MuazzamBhatti

Veja o resumo:
Electronic Invoicing, Future of Transactions Leading to Cost Saving and Improved Partner Relationship

Reinhold Bierbaumer
Cofundador & Sócio Administrativo, MEP Mobile Equity Partner
www.linkedin.com/in/reinhold-bierbaumer-a1a69b36
www.twitter.com/rbierbaumer

Veja o capítulo:
Viena como Hub FinTech Nº 1 em Pagamentos Móveis?

Robert Bloom
CEO, Aquipa Partner
www.linkedin.com/pub/robert-bloom/27/b94/192

Veja o resumo:
Customer Acquisition in Today's Digital Economy

Sander Boon
Sócio Administrativo, Symetrics B.V.
www.linkedin.com/pub/sander-boon/7/538/162
www.twitter.com/sander_o_boon

Veja o resumo:
The Future of FinTech

John G. Booth
Cofundador & Diretor, MidPoint Holdings Ltd
www.linkedin.com/in/johngbooth
www.twitter.com/johngbooth

Veja o resumo:
FX: The Last Barrier to a Borderless Economy?

Andrew Campbell
Analista de Dados, Quantopian
www.linkedin.com/profile/view?id=375269646
www.twitter.com/TheAndyCamps

Veja o capítulo:
Fazer Crowdsource de um Fundo Hedge

Collin Canright
Diretor, Canright Communications
www.linkedin.com/in/collincanright
www.twitter.com/collincanright

Veja o resumo:
The FinTech Field of Engagement

Richard Carter
Chefe Executivo, The Nostrum Group
www.linkedin.com/pub/richard-carter/12/b1b/9a3
www.twitter.com/richard_nostrum

Veja o resumo:
The Advent of Digital Lending

Ruth Chamberlain
Cofundador & Marketing, Investly
www.linkedin.com/pub/ruth-chamberlain/a/b10/b3b
www.twitter.com/Ruth_E_C

Veja o resumo:
FinTech in Estonia

Toby Chambers
Diretor de Planejamento Estratégico, We Care Foundation
www.linkedin.com/pub/toby-chambers/2b/653/2bb
www.twitter.com/Ecalism

Veja o resumo:
The Death of Financial Capitalism and the Birth of Ecalism

Susanne Chishti
CEO & Fundadora, FINTECH Circle; Presidente, FINTECH Circle Innovate
www.linkedin.com/in/susannechishti
www.twitter.com/SusanneChishti

Veja o capítulo:
Investimento-anjo – Acesso a "Smart Money" para Financiar as Melhores Empresas de FinTech

Veja o resumo:
What Are the Secrets to Creating a FINTECH Hub?

Travers Clarke-Walker
Chief Marketing Officer, Fiserv
www.linkedin.com/in/traverscw
www.twitter.com/Traverscw

Veja o capíulo:
Eliminando o Atrito da Vida Financeira dos Clientes

Rael Cline
Cofundador & CEO, MediaGamma
www.linkedin.com/in/raelcline
www.twitter.com/raelcline

Veja o capítulo:
Soluções FinTech Beneficiando Outros Setores

Alain Clot
CEO, Dexia Credit Local; Presidente, France FinTech
www.linkedin.com/in/alainclot
www.twitter.com/alaintheassets

Veja o capítulo:
A Conexão FinTech (Francesa)

Claire Cockerton
CEO & Presidente, ENTIQ
www.linkedin.com/pub/claire-cockerton/16/23/a79
www.twitter.com/clairecockerton

Veja o capítulo:
Promovendo Novas Comunidades de FinTech

Veja o resumo:
Beyond Bitcoin: The Future of the Blockchain

Juan Colon
Cofundador, Darwinex
www.linkedin.com/in/juancolonbolea
www.twitter.com/Darwinexchange
Veja o resumo:
Long Tail – Returns Beyond the Efficient Frontier

Derek Corcoran
Chief Experience Officer, Avoka Technologies
www.linkedin.com/in/derekcorcoran
www.twitter.com/cxofficer
Veja o capítulo:
Avoka – Um Sucesso Instantâneo, 13 Anos na Produção

Terry Cordeiro
Líder de Pensamento FinTech
www.linkedin.com/pub/terry-cordeiro/10/869/874
www.twitter.com/terryc_uk
Veja o capítulo:
Design Não é Mais uma Opção – Experiência do Usuário (UX) em FinTech

Neil Costigan
CEO, BehavioSec
www.linkedin.com/in/neilcostigan
www.twitter.com/BehavioSec
Veja o capítulo:
Biometria Comportamental – Uma Nova Era de Segurança

John Coulter
Diretor Administrativo, Trendrating
www.linkedin.com/pub/john-coulter/0/b95/8b6
www.twitter.com/jjcoulter44
Veja o resumo:
Momentum Investing Gains Momentum

Felipe Daguila
Chefe de APAC, gTech Ads GS, Google
www.linkedin.com/in/felipedaguila
www.twitter.com/felipedaguila
Veja o resumo:
FinTech Influence on Today's Generation

Sushankar Daspal
Estrategista Digital
www.linkedin.com/in/sushankardaspal
www.twitter.com/sushankar
Veja os resumos:
FinTech Impact on Society – The Rise of the "Convenience Seeker" and "Optimizer"
Impact of FinTech in Emerging Economies like India

Akber Datoo
Sócio, D2 Legal Technology LLP
www.linkedin.com/pub/akber-datoo/1/591/110
www.twitter.com/akber_datoo
Veja o capítulo:
Soluções FinTech em Otimização de Contratos Complexos

David Desharnais
Antigo CMO, Traxpay; SVP e GM de Plataformas Digitais e Comerciais, American Express
www.linkedin.com/in/davdesh
www.twitter.com/davedesharnais
Veja o capítulo:
Reescrevendo o Acordo – O Caminho Adiante para Cadeias de Suprimento B2B

Romain Dreyfus
Consultor, ADNco
www.linkedin.com/pub/romain-dreyfus/20/490/687/en
www.twitter.com/romaindreyfus?lang=fr
Veja o resumo:
Financial Inclusion, the Main FinTech Revolution

Daniel Drummer
Consultor Administrativo, McKinsey & Company
www.linkedin.com/pub/daniel-drummer-ll-m/12/8b6/9a/en
Veja o resumo:
After the Dust of Revolution Has Settled – The Long-Term View on FinTech

Thierry Duchamp
Fundador & COO, Scaled Risk
www.linkedin.com/profile/view?id=7501456
www.twitter.com/DuchampThierry
Veja o Capítulo:
Big Data é a Base de Sistemas de Compliance Regulatório

Christine Duhaime
Advogada, Fundadora Think Tank, Digital Finance Institute and Duhaime Law
www.linkedin.com/pub/christine-duhaime/2/953/6a3
www.twitter.com/cduhaime
Veja o resumo:
How Emerging Markets Will Explode in FinTech and Solve Financial Inclusion Problems

Manie Eagar
Presidente/CEO, DigitalFutures; Diretor, Bitcoin Alliance of Canada
www.linkedin.com/in/manieeagar
www.twitter.com/manieeagar
Veja o capítulo:
FinTech + Moeda Digital – Convergência ou Colisão?

Jessica Ellerm
Sócia Administrativa de Desenvolvimento, TyroPayments
www.linkedin.com/in/jessicaellerm
www.twitter.com/JessicaEllerm
Veja os resumos:
Moral Hazard in Banking – Fintech's Elephant in the Room
Why Darwin Would Have Predicted FinTech

Jakob Etzel
Cofundador, predictR and 25th-floor
https://at.linkedin.com/in/jakobetzel/en
www.twitter.com/jakobetzel
Veja o capítulo:
Algoritmos de Previsão – Soluções Inovadoras de Internet Banking

Tim Evans
Diretor de Estratégia, Inovação & Marca, Verus360
www.linkedin.com/in/timevans24
www.twitter.com/Verus_Tim
Veja o resumo:
The FinTech Long Tail and the Rise of the Quantified Business

Sanford Ewing
Presidente, SPAN – Financial Technology Advisory
www.linkedin.com/in/sfewing
www.twitter.com/wingofsand
Veja o resumo:
Gaps Need To Be Closed in the FinTech Space

Nazim Faid
Advogado Corporativo, Bancário e de Finanças, Kaufhold & Reveillaud
www.linkedin.com/profile/view?id=387856644
www.twitter.com/nazimfaid
Veja o capítulo:
Luxemburgo, um Futuro Hub FinTech?

Daniel Faloppa
Fundador, Equidam
www.linkedin.com/in/danielfaloppa/en
www.twitter.com/faloppad
Veja o resumo:
3 FinTech Trends Driving Innovation in Finance

Roberto Ferrari
Diretor Geral, CheBanca; Membro do Conselho, Mediobanca Innovation Services
www.linkedin.com/in/robertoferrari
www.twitter.com/ferrarirobtweet

Veja o capítulo:
O Impacto de FinTech no Banco Varejista – De um Modelo Bancário Universal para a Verticalização Bancária

Veja o resumo:
The End of Universal Bank Model?

Rob Findlay
SVP Experience Design, DBS; Fundador, Next Bank
www.linkedin.com/in/robfindlay
www.twitter.com/robfindlay

Veja o resumo:
FinTech Startups Innovate Where Banks Fear to Tread

Christine Funk
Jurista, P+P Pöllath + Partners
www.linkedin.com/in/christinefunk/en
www.twitter.com/fintechlawde

Veja o resumo:
More Thrust for FinTechs

Emilio Calvo Garcia
Chief Digital Officer, sngular
www.linkedin.com/in/emiliocalvo
www.twitter.com/ecalvogarcia

Veja o resumo:
Banking for the Minecraft Generation

Matthew Gardiner
Consultor Técnico de Alto Crescimento
www.twitter.com/matwg

Veja o resumo:
Beyond Bitcoin's Wild Spikes: The Enduring Value of Blockchain and Sidechain Technologies

Marc Geary
Chefe de Serviços de Escritório Familiar, Harris Fraser Group
www.linkedin.com/pub/marc-geary/19/85/607

Veja o resumo:
FinTech In The Family Office Arena

Philippe Gelis
CEO, Kantox
www.linkedin.com/in/philippegelis
www.twitter.com/Pgelis

Veja o capítulo:
Por que os Bancos de FinTech Dominarão o Mundo

Don Ginsel
Fundador, Holland FinTech
www.linkedin.com/in/donginsel
www.twitter.com/donginsel

Veja o capítulo:
A Jornada em Direção a um Ecossistema FinTech Integrado – A Holanda

Alexandre Glas
Cofundador e CMO, The Assets
www.linkedin.com/in/alexandreglas
www.twitter.com/Alexandre_Glas

Veja o capítulo:
Tendências Atuais em Tecnologia Financeira

Chris Gledhill
CEO & Cofundador, Secco Bank
www.linkedin.com/in/chrisgledhill
www.twitter.com/cgledhill

Veja o capítulo:
Um Futuro Sem Dinheiro

Markus Gnirck
Cofundador, Startupbootcamp FinTech
www.linkedin.com/in/mgnirck/en
www.twitter.com/mgnirck

Veja o capítulo:
Singapura, o Hub FinTech para o Sudeste da Ásia

Mark Goldspink
CEO, The AI Corporation
https://uk.linkedin.com/in/mark-goldspink-1249881a
Veja o resumo:
Managing a "Point of Sale" Revolution

Rodolfo Gonzalez
Sócio, Foundation Capital
www.linkedin.com/in/gonzalezrodolfo
www.twitter.com/fifaifofo
Veja o capítulo:
Empréstimo (de Capital) no Século XXI

Richard Goold
Chefe de Lei Tecnológica, EY (Reino Unido e Irlanda)
www.linkedin.com/in/richardgoold
www.twitter.com/GooldRichard
Veja o capítulo:
Investmento e Capital – De Volta ao Básico

Daniel Gradenegger
CBDO & Cofundador, MUUME AG
www.linkedin.com/pub/daniel-gradenegger/27/95b/b19/en
Veja o resumo:
Effortless Shopping

Peta Grewal
Vendas & Marketing, Kontainers UK
www.linkedin.com/in/petagrewal
Veja o resumo:
The Disconnects of the Connected World: Welcome to the Great Digital Divide

Julia Groves
Fundadora, UK Crowdfunding Association
www.linkedin.com/in/juliasgroves
www.twitter.com/juliasgroves
Veja o resumo:
Seven Forces for Financial Innovation

Sophie Guibaud
Vice-presidente de Expansão Europeia, Fidor Group
www.linkedin.com/in/sophieguibaud
www.twitter.com/SophieGuibaud
Veja o capítulo:
A Ascensão de BankTech – A Beleza de um Modelo Híbrido para Bancos

David Gyori
CEO, Banking Reports
www.linkedin.com/in/davidgyoribankingreports
www.twitter.com/Banking_Reports
Veja o capítulo:
FinTech é o Próprio Futuro

Sebastian Haas
Cofundador & Sócio Administrativo, MEP Mobile Equity Partner
www.linkedin.com/in/sebastianoskarhaas
www.twitter.com/SebOskarHaas
Veja o capítulo:
Viena como Hub FinTech N° 1 em Pagamentos Móveis?

Luke Hally
CEO & Fundador, DragonBill
www.linkedin.com/in/lukehally
www.twitter.com/digitalGeek_au
Veja o capítulo:
Soluções FinTech para Pequenos Negócios

Georgia Hanias
Chefe de Comunicações Globais, Innovate Finance
www.linkedin.com/pub/georgia-hanias/22/836/282
www.twitter.com/GeorgiaHanias
Veja o resumo:
Why London is the Epicentre of FinTech

Alessandro Hatami
Fundador, The Pacemakers
www.linkedin.com/in/aehatami
www.twitter.com/ahatami
Veja o capítulo:
Bancos Podem Inovar?

Adam Hayes
Cofundador & CEO, ChainLink
www.linkedin.com/in/ahayes4?
Veja o capítulo:
Blockchain e Criptomoedas

George Heiler
Cofundador, predictR
www.linkedin.com/in/georg-heiler-019b3767?
Veja o capítulo:
Algoritmos de Previsão – Soluções Inovadoras de Internet Banking

Karin Hodnigg
Gestora de Produto, Econob
www.linkedin.com/in/karinhodnigg
www.twitter.com/hodnigg
Veja o capítulo:
Análise de Texto Ultrarrápida em Estratégias Comerciais

Damian Horton
CEO & Cofundador, Huffle
www.linkedin.com/in/damianhorton
www.twitter.com/AussieHuffle
Veja o resumo:
From Dynamic Growth to Dynamic Capital

Rube Huljev
Antigo Diretor de Vendas, CardMobili
www.linkedin.com/in/telcosales
www.twitter.com/getkingdon
Veja o capítulo:
Inovações de Pagamentos e Pontos de Venda (PDV)

Edwin Jacobs
Advogado de TI e FinTech (Sócio), time.lex
www.linkedin.com/in/jacobsedwin
www.twitter.com/FinTechLawyers
Veja o resumo:
Creative Innovation and FinTech Laws & Regulations

Tanay Jaipuria
Analista de Negócios, McKinsey & Company
www.linkedin.com/in/tanayjaipuria
www.twitter.com/tanayj
Veja o resumo:
The State of Consumer FinTech

Curt Jensen
CEO, Connexxs
https://www.linkedin.com/in/curt-jensen-11732450
Veja o resumo:
Financing Mobile Phones

Vinesh Jha
CEO, ExtractAlpha
www.linkedin.com/pub/vinesh-jha/0/441/503
Veja o capítulo:
Crowdsourced Alpha

Oscar A. Jofre
Fundador & CEO, KoreConX
www.linkedin.com/in/oscarjofre/
www.twitter.com/oscarjofre
Veja o capítulo:
Ecossistemas de Crowdfunding Regulados

Susan Joseph
Fundadora, Leverige LLC
www.linkedin.com/in/susangjoseph
www.twitter.com/SusanJoseph1786
Veja o capítulo:
FinTech: O Não Tão Pequeno Mecanismo Capaz

Bjoern Erik Juengerkes
Chefe de Desenvolvimento de Negócios, biw AG
www.linkedin.com/in/juengerkes/en
www.twitter.com/juengerkes
Veja o capítulo:
FinTechs e Bancos – Colaboração é a Chave

Sukhi Jutla
Líder de Pensamento FinTech
www.linkedin.com/pub/suki-jutla/68/1ab/44b
https://twitter.com/SukhiJutla
Veja o capítulo:
Ecossistema FinTech da Índia
Veja os resumos:
How Can FinTech be Utilised to Prevent Market Manipulation Activities and Help Banks to Become More Compliant?
Will Wearable Technology Revolutionise People's Financial Health?

Manoj K. Kashyap
Sócio de Seguro, Banco e Mercados Capitais, Global FinTech Leader, PwC
www.linkedin.com/in/manoj-kashyap-69070695
Veja o capítulo:
Como Tecnologias Emergentes Mudarão os Serviços Financeiros

Husayn Kassai
CEO & Cofundador, Onfido Background Checks
www.linkedin.com/in/husaynkassai
www.twitter.com/HusaynKassai
Veja o resumo:
Background Checking: The Silent Engine Driving FinTech Forward

Robert J. Kauffman
Professor, Singapore Management University
www.twitter.com/rob7585/
Veja o resumo:
Faster Clearing and Settlement of Payments: A Freakonomics View of a "Hidden Side" of the Future of Money

Scott Kerr
Sócio Corporativo, Harper Macleod LLP
www.linkedin.com/in/scotttrkerr
www.twitter.com/ScottKerr_MN
Veja o resumo:
FinTech Hubs – Spokes or Cogs?

Sudhir Kesavan
Chefe de Gestão de Produto, FinTech & Digital Solutions
www.linkedin.com/pub/sudhir-kesavan/0/a74/627
www.twitter.com/Sudkes
Veja o resumo:
FinTech and the Promise of Prosperity

Faisal Khan
Consultor Bancário & Pagamentos, Faisal Khan & Company
www.linkedin.com/in/faisalkhan99
www.twitter.com/babushka99
Veja o resumo:
The Difficulty Facing the Payment Industry in Pakistan

Max Kortrakul
CEO, StockRadars
www.linkedin.com/in/teerachart
www.twitter.com/maxxam
Veja o resumo:
Why Simplicity Can Make Stock Investment a Lot Sexier?

Benedikt Kramer
Fundador & CEO, BCB Biometric Credit Bureau
www.linkedin.com/in/benediktkramer
Veja o resumo:
Technology Changed Micro-Finance in Africa

Arunkumar Krishnakumar
Gerente Sênior, FS Data, FinTech & Blockchain, PwC
www.linkedin.com/in/arunkumarkrishnakumar
www.twitter.com/Karunk
Veja o resumo:
Data – Fuel of the FinTech Customer Journey

Sachin Kumar
Facilitador FinTech
www.linkedin.com/pub/sachin-kumar/6/733/a43
www.twitter.com/SachinLKumar
Veja o resumo:
Bank Orchestrated Auto Purchase of Tomorrow

Stuart Lacey
Fundador & CEO, Trunomi
www.linkedin.com/pub/stuart-lacey/29/b46/585
www.twitter.com/trunomi
Veja o resumo:
Why Business-led Data Monetisation is a Mere Stepping-stone to the Consent to Share End Game

Daniel Liebau
Fundador, Lightbulb Capital
www.linkedin.com/pub/dan-liebau/3/692/b13
www.twitter.com/liebauda
Veja o resumo:
Let's Value FinTech

Marc Lien
Diretor de Inovação & Desenvolvimento Digital, Lloyds Banking Group
www.linkedin.com/in/marclien
www.twitter.com/marclien
Veja o capítulo:
Parcerias São a Chave para Abordar a Exclusão Financeira e Digital

Bernard Lunn
Sócio-fundador, Daily FinTech Advisers
www.linkedin.com/in/bernardlunn
www.twitter.com/bernardlunn
Veja o capítulo:
Bancos em Parceria com Startups de FinTech para Criar uma Experiência Integrada do Cliente

Antonios Manessis
Cofundador & CEO, BETCAFE.com
www.linkedin.com/in/manessis
www.twitter.com/Tonemanessis
Veja o resumo:
Betting with Cryptocurrencies

Spiros Margaris
Conselheiro, FinTech Forum; CEO, Margaris Advisory
www.linkedin.com/pub/spiros-margaris/b/735/57b
www.twitter.com/SpirosMargaris
Veja o capítulo:
O Supermercado de FinTech – O Banco está Morto, Vida Longa ao Banco!
Veja o resumo:
The FinTech Agent Who Came in from the Cold

Nako Mbelle
Fundador & CEO, FinTech Recruiters Inc
www.linkedin.com/in/fintechrecruiters
www.twitter.com/NakoMbelle
Veja o resumo:
9 Hiring Strategies to Win the FinTech Talent War

Warren Mead
Sócio, Chefe de Challenger Banks e Colíder FinTech Global, KPMG
www.linkedin.com/in/warrenmeadkpmguk
www.twitter.com/mrfintech
Veja o capítulo:
Bancos e o Momento E-Book

Anshuman Mehta
Fundador & CEO, Casteller, Inc.
www.linkedin.com/in/connectanshuman
www.twitter.com/anshumanmehta
Veja os resumos:
Disrupting the Disruptors – In Defense of the Freelancer
Towards B2B Marketplace Innovation

Michael Mellinghoff
Diretor Administrativo, TechFluence
www.linkedin.com/pub/michael-mellinghoff/0/372/646
www.twitter.com/Mellinghoff

Veja o capítulo:
O Espaço de Investimento Digital – De Negociação Social a Serviços Bancários Privados Digitais – Um Setor FinTech Feito para Disrupção?

Rébecca Menat
Diretora de Comunicações, The Assets
www.linkedin.com/profile/view?id=306963402
www.twitter.com/RebMelMen

Veja o capítulo:
Por que Estamos tão Animados com FinTech

Devie Mohan
Marketing de Serviços, Thomson Reuters
www.linkedin.com/in/deviemohan
www.twitter.com/devie_mohan

Veja o resumo:
A Trend Analysis: Which Path Will FinTech Choose?

Eric Mouilleron
Fundador & CEO, Bankable
www.linkedin.com/pub/eric-mouilleron/12/391/390
www.twitter.com/wearebankable

Veja o capítulo:
Bankable – Banco como Serviço

Neringa Murauskiene
Gestor de Exportação, Flokati
www.linkedin.com/pub/neringa-murauskiene/77/552/848
www.twitter.com/FOBISS_BV

Veja o resumo:
Would You Employ Artificial Intelligence to Manage the Cash at Your Bank?

Sam Murrant
Analista de Pagamentos do Consumidor, DataMonitor
www.linkedin.com/pub/sam-murrant/55/97a/461
www.twitter.com/SamMurrant

Veja o resumo:
The Big Payments Question: Why Should I Use This?

Kunal Nandwani
Fundador & CEO, uTrade Solutions
www.linkedin.com/in/kunalnandwani
www.twitter.com/kunalnandwani

Veja o resumo:
Future of FinTech

Indrek Neivelt
CEO, Pocopay
www.linkedin.com/pub/indrek-neivelt/23/b68/271

Veja o resumo:
FinTech Alliances to Compete with Banks

Wah Chun Ng
Analista Graduado, Credit Suisse
www.linkedin.com/in/wahchun
www.twitter.com/wahchun927

Veja o resumo:
Why You Should Launch Your FinTech Startup in Singapore

Rachel Nienaber
VP Engenharia, Currency Cloud
www.linkedin.com/in/rachelswailes
www.twitter.com/currency_cloud

Veja o capítulo:
Banks Need to Think Collaboration Rather Than Competition

Yinka Opaneye
CEO, OKA Consulting
twitter.com/OKAConsulting

Veja os resumos:
Financial Inclusion/ FinTech Exclusion In 'FinTech' We Trust

Péter Orlovácz
Antigo Chefe de Digital, AXA Bank Europe
www.linkedin.com/in/peteror
www.twitter.com/peteror_

Veja o capítulo:
A Oportunidade de Seguro

Carrie Osman
Chief Provocateur & Cofundadora, CRUXY&CO
www.linkedin.com/pub/carrie-osman/16/a2/757
www.twitter.com/carrie_loves_

Veja o resumo:
The Future of FinTech: It's Time to Disrupt

Francisco Meré Palafox
CEO & Cofundador, Bankaool, S.A. Institución de Banca Múltiple
www.linkedin.com/pub/francisco-mer%C3%A9-palafox/5/4b4/454
www.twitter.com/paco_mere

Veja o capítulo:
Por que Não Serei Capaz de Entrar em um Banco?

Jean-Michel Pailhon
Líder de Pensamento FinTech
www.linkedin.com/in/jeanmichelpailhon

Veja o capítulo:
A Conexão FinTech (Francesa)

Kitty Parry
Fundador & CEO, Social Media Compliance Ltd
www.linkedin.com/in/kittyparry
www.twitter.com/KittyParry

Veja o resumo:
When Innovation and Technology Are Global and Rapid, Can Financial Services Keep Up?

Jeff Paterson
Cofundador, Fourex

Veja o resumo:
A Common Cents Solution To Currency Exchange

Brandon Pazitka
Brand Provocateur & Consultor, CRUXY&CO and BJLP Ltd.
www.linkedin.com/in/bpazitka
www.twitter.com/CRUXY_CO

Veja o resumo:
What it Takes to Create a Consumer-centric Solution?

Richard Peers
Diretor, Indústria de Serviços Financeiros, Microsoft
www.linkedin.com/in/microsofta2z
www.twitter.com/peerster

Veja o capítulo:
Abraçando a Economia API Conectada

Jesus Perez
CEO, Financialred.com
www.linkedin.com/in/jesusperezsanchez
www.twitter.com/especulacion

Veja o resumo:
Media Role in FinTech

Sarah-Rose Perry
Gestora de Risco & Conformidade, WestPac Institutional Bank
www.linkedin.com/in/srrogers
www.twitter.com/sarahroserogers

Veja o resumo:
The Evolution of Banks in a Mobile Era: Internal Innovation, Unbundling, or Just Rolling the Dice

Patrick Pfeffer
CEO, Aescuvest
www.twitter.com/aescuvest

Veja o resumo:
From FinTech to HealthCare

Dobromir Piekarski
CEO, Finanteq and eLeader
www.linkedin.com/in/dobromirpiekarski
www.twitter.com/dobry365

Veja o resumo:
How Superwallets Move Banks From the Background to the Front of the Value Chain

Loic Pitrou
Diretor APAC, Additiv and Solutions2Markets
www.linkedin.com/in/loicpitrou
www.twitter.com/FinTechSG

Veja os resumos:
APAC Digital Journey for Private Banking
Robo-Advisors in APAC

Martin Prebio
Cofundador, predictR and 25th-floor
www.linkedin.com/in/martinprebio
www.twitter.com/bountin

Veja o capítulo:
Algoritmos de Previsão – Soluções Inovadoras de Internet Banking

Frederique Prevost
Coach Executivo, Aware Square Ltd
www.linkedin.com/in/fredprevost
www.twitter.com/AwareSquare

Veja o resumo:
FinTech Evolution Needs Ethics Revolution

Andreas Pusch
CEO, finatris Financial Solutions
https://de.linkedin.com/in/andreas-pusch-191440

Veja o resumo:
Private Banking 2020

Efi Pylarinou
Sócio-fundador, Daily FinTech Advisers
www.linkedin.com/in/efipylarinou
www.twitter.com/efipm

Veja o resumo:
Mirror, Mirror on the Wall, Where is the Juiciest Part of This All?

Kayar Raghavan
Investidor-anjo e Diretor Não Executivo
www.linkedin.com/pub/kayar-raghavan/0/88/931
www.twitter.com/kayarraghavan

Veja o capítulo:
Fornecendo Capital e Além

Shashi Rana
Arquiteto Empresarial e de Estratégia, Microsoft
www.linkedin.com/in/srana

Veja o capítulo:
Abraçando a Economia API Conectada

Zahir Rana
Presidente, Spior
www.linkedin.com/in/zahirrana
www.twitter.com/zahirrana2

Veja o resumo:
Financial ICT Infrastructure

Liliana Reasor
CEO & Fundadora, Novus Ordo Capital
www.linkedin.com/pub/liliana-reasor/7/b4/827
www.twitter.com/lreasor

Veja o resumo:
Is Bitcoin Merely a Payment System and Who Might Want to Hold Bitcoins?

Cesar Jimenez Richardson
VP, Vendas e Operações, Strands Americas
www.linkedin.com/in/jimenezcesar
www.twitter.com/alwayscesar
Veja o capítulo:
Smartphones, FinTech e Educação – Ajudando os Sem-banco a Alcançar a Inclusão Financeira

Robert Ritacca
Cofundador & CIO, GoVesting.com
www.linkedin.com/pub/robert-ritacca/49/139/561
Veja o resumo:
The Future of Robo-Advisory and RIA's: Working Together to Provide Uber Like P2P Benefits

Jorge Ruiz
Chefe Global, Digital Acceleration, Citi
www.linkedin.com/in/jorgearuiz
www.twitter.com/jorge_a_ruiz
Veja o capítulo:
O Próximo Capítulo na História de Inovação da Citi

Valentin Saportas
CEO, MortgageHippo
www.linkedin.com/pub/valentin-saportas/7/132/348
www.twitter.com/vsaportas
Veja o resumo:
The Changing Role of Loan Officers in Online Lending

Markus Schicho
CEO, Econob
www.linkedin.com/pub/markus-schicho/55/788/8a0/en
www.twitter.com/econob
Veja o capítulo:
Análises de Texto Ultrarrápidas em Estratégias Comerciais

Frank Schwab
Cofundador, FinTech Forum; Antigo CEO, Fidor TecS AG
www.linkedin.com/in/frankschwab
www.twitter.com/FrankJSchwab
Veja o capítulo:
A Ascensão de BankTech – A Beleza de um Modelo Híbrido para Bancos

Mike Simcock
CEO, ClearMacro
www.linkedin.com/in/michael-simcock-49547786
Veja o resumo:
Investment Communication and Technology, The New Frontier

Paolo Sironi
Líder de Pensamento, Wealth Management Investment Analytics, IBM
www.linkedin.com/in/paolosironipso
www.twitter.com/thepsironi
Veja o capítulo:
Meu Robo-advisor era um iPod – Aplicando as Lições de Outros Setores de Disrupção de FinTech

Karl M Sjogren
Blogger, FairShare Model
www.linkedin.com/in/karlsjogren
www.twitter.com/fairsharemodel
Veja o resumo:
The Fairshare Model

Jan Skoyles
Gestor de Marketing, Coinsilium
www.linkedin.com/in/janskoyles
www.twitter.com/Skoylesy
Veja o resumo:
FinTech: A Golden Opportunity

Christopher Smith
Antigo Editor de Conteúdo, Syndicate Room
www.linkedin.com/in/smithcn
www.twitter.com/smithcn
Veja o capítulo:
Abrindo Caminho com uma Abordagem a Crowdfunding Orientada por Investidores

Vipul Somaiya
Cofundador, Tax-Plus Accountants
www.linkedin.com/in/vipulsomaiya
Veja o resumo:
Unleashing Emerging India

Frank Sonder
CEO & Cofundador, foresee
www.linkedin.com/in/franksonder
Veja o capítulo:
Fornecendo Serviços Bancários como Água

Andra Sonea
Líder de Pensamento FinTech
www.linkedin.com/in/andrasonea
www.twitter.com/andrasonea
Veja o capítulo:
Então Você Acha que o Laboratório de Inovação é a Resposta?
Veja o resumo:
Banking Architecture: A Framework for Assessing If and Where Your FinTech Concept Might Apply

Matthieu Soule
Analista Estratégico Sênior, L' Atelier BNP Paribas US
www.linkedin.com/in/matthieusoule/en
www.twitter.com/matthieusoule
Veja o resumo:
Future of Privacy for Financial Services: From Physical Vaults and Bank Secrecy to Data Leverage and Digital Literacy?

Bob Stark
VP Estratégia, Kyriba Corporation
www.linkedin.com/pub/bob-stark/3/488/b61
www.twitter.com/kyribacorp
Veja o resumo:
Why the CFO is the MVP of the Organization

Daniel Steeves
Consultor, Conselheiro, Arquiteto e CEO at Beyond Solutions
www.linkedin.com/in/danielsteeves
www.twitter.com/DanielSteeves
Veja o capítulo:
O Impacto Social de FinTech na Nigéria

Russell Stern
CEO, SolarFlare Communications
www.linkedin.com/pub/russell-stern/1/22/b71
www.twitter.com/stern10g
Veja o resumo:
The Next Generation Cyber Defense – Distributed, Active Security

Narendiran Sundararajan
Gestor – Pesquisa (ICT), Centre for Innovation Incubation and Entrepreneurship, IIM Ahmedabad
www.linkedin.com/in/naren2108
www.twitter.com/naren2108
Veja o capítulo:
Ecossistema FinTech da Índia

Shankar Sundarrajan
Estrategista Digital
www.linkedin.com/profile/view?id=6581740&trk=nav_responsive_tab_profile
www.twitter.com/Shankarsundar
Veja os resumos:
After Emotional Quotient and Intelligent Quotient, Make Way for "Financial Wellbeing Quotient"
We All Have Some Bytes of the Customer Data but Who Will Own the Customer Relationship and What Will Be the Distribution Model?

Avinash Swamy
Marketing Industrial, Mercados Bancário e FInanceiro, IBM
www.linkedin.com/in/avinashswamy
www.twitter.com/AvinashSwamy
Veja o resumo:
How Are Banks Responding to FinTech?

Brian W. Tang
Diretor Administrativo, Asia Capital Markets Institute (ACMI)
www.linkedin.com/pub/brian-w-tang/3/129/713
www.twitter.com/CapMarketsProf
Veja o capítulo:
Crowdfunding e Mercado de Empréstimo (P2P) – Mercados de Capital Online como Novas Classes de Ativos para Acessar Financiamento

Paolo Tasca
Economista, Deutsche Bundesbank
www.linkedin.com/in/ptasca
www.twitter.com/PaoloTasca
Veja o capítulo:
Blockchain e Criptomoedas

Denis Thomas
Consultor Administrativo, KPMG
www.linkedin.com/in/tdenisk
www.twitter.com/tdenisk
Veja o capítulo:
Soluções de Pagamento Incluindo Apple Pay

Dr. Marc Torrens
CIO, Strands Labs
www.linkedin.com/in/marctorrens
www.twitter.com/marctorrens
Veja o capítulo:
Serviços Bancários em Inovação por meio de Dados

Stefano L. Tresca
Sócio Administrativo, iSeed; Autor, Mentor and Investor
www.linkedin.com/in/stefanotresca
www.twitter.com/StartupAgora
Veja o capítulo:
A Ascensão do Resto em FinTech

Huy Nguyen Trieu
Diretor Administrativo, Citi; Autor, Disruptive Finance
www.linkedin.com/in/huynguyentrieu
www.twitter.com/Huynguyentrieu
Veja o capítulo:
Ética em FinTech?

Marcin Truszel
CEO, Kontomatik
www.linkedin.com/in/marcintruszel
www.twitter.com/mtruszel
Veja o capítulo:
Tendências Atuais em Tecnologia Financeira

Daniel Tyoschitz
Coach de Estratégia, 650 Labs
www.linkedin.com/in/danieltyoschitz/en
www.twitter.com/DanielTyoschitz
Veja o resumo:
The Lens To The Future – Still Silicon Valley

Alan Underdown
Diretor Administrativo, UK/Europe em Satuit Technologies
www.linkedin.com/in/underdown
www.twitter.com/underdown_alan
Veja o resumo:
How Virtual Reality is Becoming Actuality in Financial Services

Teun van den Dries
Fundador & CEO, GeoPhy
www.linkedin.com/in/teunvandendries
www.twitter.com/TeunvandenDries
Veja o resumo:
Big Data Analytics – Opening Up the Opaque Market of Real Estate

Eric van der Kleij
Antigo Chefe do Acelerador de Tecnologia Level 39; Managing Director, ENTIQ
www.linkedin.com/pub/eric-van-der-kleij/35/676/8a7
www.twitter.com/Ericvanderkleij
Veja o capítulo:
Gigantes Tecnológicos Tornando-se Bancos Não Bancos

Fabian Vandenreydt
Chefe Global de Mercados de Valores Mobiliários, Innotribe & The SWIFT Institute, SWIFT
www.linkedin.com/in/fvandenreydt
www.twitter.com/fvandenreydt
Veja o capítulo:
Tendências FinTech da Linha de Frente – Construindo Oportunidades Colaborativas para Startups, Infraestruturas de Mercado e Bancos de Atacado

Lea Veran
CMO, FinexKap
www.linkedin.com/pub/l%C3%A9a-veran/40/85/4/en
www.twitter.com/Leaveran
Veja o resumo:
A Cry for Regulation

Fabrizio Villani
Gestor de Grupo, FinTech Itália
www.linkedin.com/in/fabriziovillani/en
www.twitter.com/FintechItalia
Veja os resumos:
FinTech Global Tour Goes to Italy to Discover an Entrepreneurial Renaissance
FinTech Global Tour Goes to Spain to Find Both Local & Global Innovation

Gerben Visser
Sócio Administrativo, Incubasia Ventures
www.linkedin.com/in/vissergerben
www.twitter.com/gerbenvisser
Veja o capítulo:
Singapura, o Hub FinTech para o Sudeste da Ásia

Dirk Vonden
Gestor Sênior, ARKADIA Management Consultants GmbH
www.linkedin.com/in/dirkvonden
www.twitter.com/Dvonden
Veja o resumo:
It's the End of the Bank As We Know It

Rich Wagner
CEO, Advanced Payment Solutions
www.linkedin.com/pub/rich-wagner/1/5aa/3b5
www.twitter.com/Rich_at_APS
Veja o resumo:
Traditional Banking Systems Not Fit for Purpose: UK's Unwanted Borrowers

Benjamin Wakeham
Fundador & CEO, Pollen
www.linkedin.com/in/benjiwakeham
www.twitter.com/BenjiWakeham
Veja o capítulo:
A Próxima Grande Inovação em FinTech – Identidade

Johannes Waldstein
Cofundador & UK MD, Finalogic
www.linkedin.com/in/johanneswaldstein
www.twitter.com/waldsteinj
Veja o resumo:
The Agile Stadium (FinTech in Sports)

Grégory Weber
Diretor e Líder FinTech, PwC Luxembourg
www.linkedin.com/pub/gr%C3%A9gory-weber/5/610/610
Veja o capítulo:
Como Tecnologias Emergentes Mudarão os Serviços Financeiros

Jan C. Wendenburg
Membro, Conselho Executivo, XCOMpetence AG
www.linkedin.com/in/wendenburg
www.twitter.com/JanWendenburg

Veja o capítulo:
Acordo Global é a Chave

Ivo Weevers
Cofundador, Albert – Mobile Invoicing App
www.linkedin.com/in/ivoweevers
www.twitter.com/ivoweevers

Veja o capítulo:
Design Não é Mais uma Opção – Experiência do Usuário (UX) em FinTech

Claudio Wilhelmer
Cofundador & CEO, Sweep GmbH
www.linkedin.com/pub/claudio-wilhelmer/66/5a0/982

Veja o resumo:
Payment 2.0: The Race to Become Your Mobile Wallet Has Begun

Nick Williams
Diretor de Consumo Digital, Lloyds Banking Group
www.linkedin.com/in/nick-williams-4a285710
www.twitter.com/nick_williams38

Veja o capítulo:
Parcerias São a Chave para Abordar a Exclusão Financeira e Digital

Michael David Wolper
CMO, GlobeOne
www.linkedin.com/in/michaeldwolper
www.twitter.com/MichaelWolper

Veja o capítulo:
Remessas – Pagamentos FX Internacionais a Baixo Custo

Roman Zrazhevskiy
SVP Estratégia de Produto, ETNA
www.linkedin.com/in/romanzrazhevskiy
www.twitter.com/etnasoft

Veja o resumo:
How to Build FinTech Without Going Broke

Nasir Zubairi
Sócio do Empreendimento, FinLeap
www.linkedin.com/in/nasirzubairi
www.twitter.com/naszub

Veja o resumo:
How To Get A FinTech Right

Todos os capítulos estão inclusos neste livro, e todos os resumos podem ser lidos online em www.TheFINTECHBook.com (conteúdo em inglês).

Índice

A

B

C

D

E

F

G

J

L

M

N

O

P

T

U

V

W

CONHEÇA OUTROS LIVROS DE NEGÓCIOS DA ALTA BOOKS!

Negócios - Nacionais - Comunicação - Guias de Viagem - Interesse Geral - Informática - Idiomas

Todas as imagens são meramente ilustrativas.

Impressão e acabamento:
Grupo Smart Printer
Soluções em impressão